POINTS AVENTURE
un esprit de liberté

UNE COLLECTION DIRIGÉE PAR PATRICE FRANCESCHI

Il y a 2 500 ans, Pindare disait : « N'aspire pas à l'existence éternelle mais épuise le champ du possible. » Cette exhortation à un dépassement de la vie était aussi un appel à la liberté et aux liens qui l'unissent à l'esprit d'aventure.
Vingt-cinq siècles plus tard, l'énergie vitale de Pindare ne serait-elle pas un remède au désenchantement de nos sociétés de plus en plus formatées et encadrées ? Et l'esprit d'aventure l'un des derniers espaces de liberté où il serait encore possible de respirer à son aise, d'agir et de penser par soi-même ?
C'est sans doute ce que nous disent les livres qui, associant aventure et littérature, tentent de transformer l'expérience en conscience.

Patrice F.

De la Tasmanie au Sahara oriental et de la mer de Chine à l'Amazonie, Patrice Franceschi tente depuis quarante ans d'« épuiser le champ du possible », menant à coup sûr plusieurs vies de front. Il a suivi de longues études de philosophie à la Sorbonne et s'est engagé dans les rangs de la résistance afghane au cours de la guerre contre les Soviétiques. Il a été le premier aviateur à effectuer le tour du monde en ULM dans les années 1980 et est aujourd'hui le capitaine du trois-mâts d'exploration *La Boudeuse*. Il a écrit de très nombreux livres, récits, romans, poésies, essais, tout en menant des expéditions aux quatre coins du monde.

En 2015, il a reçu le prix Goncourt de la nouvelle pour *Première Personne du singulier*.

Patrice Franceschi

GRANDES TRAVERSÉES

Qui a bu l'eau du Nil...
&
Raid papou

Points

Photo de couverture : Patrice Franceschi avec la caravane de contrebande de Suleyman.
Désert de Nubie, Nil, novembre 1978.

Qui a bu l'eau du Nil... & Raid papou :
1re édition, Robert Laffont, 1989

ISBN 978-2-7578-7126-3

QUI A BU L'EAU DU NIL…

Aventure d'Afrique

À Philippe, Didier,
Lionel et Éric, fraternellement

À Jean Laporte, l'homme du Nil

Avant-propos

Voici un voyage d'aventure qu'il serait impossible d'entreprendre aujourd'hui… Du fait de la violence et de la guerre, le Nil ne peut plus accorder à quiconque l'honneur qu'il m'a fait, il y a plus de trente ans, de me laisser le parcourir de sa source à la mer. C'est avec tristesse que je lis aujourd'hui les nouvelles en provenance d'Égypte, du Soudan, du Rwanda, du Burundi… Rien que du chaos, de la haine, du banditisme, de la bêtise collective : un concentré des maux de la planète. Moi qui étais parti autrefois pour vivre une histoire d'amitié avec le plus long fleuve de la planète, je me sens presque floué maintenant. Pour tout dire, rattrapé par l'Histoire, comme si elle s'était ingéniée à détruire ce vieux rêve accompli au temps de ma jeunesse. J'avais vingt-trois ans.

Ma consternation redouble quand je me rends compte que, pour un géopoliticien, *Qui a bu l'eau du Nil…* peut être lu aujourd'hui comme un état des lieux des pays nilotiques à un moment précis de leur histoire, quand tout allait bien encore. Je n'aurais pas aimé savoir cela en écrivant mon livre…

Lorsque, de la même manière, j'examine les aventures, voyages et expéditions que j'ai vécus au cours des années suivantes dans bien des pays du monde, je constate qu'il me serait également impossible de les revivre, à quelques exceptions près. Si ce n'est pas la guerre qui a fait imploser ces pays, ce sont la délinquance, la drogue ou le crime organisé qui s'y sont imposés. Ils ont gagné partout.

C'est ainsi que le voyage d'aventure s'est découvert une utilité tardive et insoupçonnée : permettre de savoir a posteriori si nous gagnons ou perdons en *civilisation*. Ce n'est pas un mince avantage. Et le constat est clair : nous avons terriblement perdu en trente ans. Le recul des idées d'humanisme et d'universalisme, nées il y a deux siècles avec l'idée de « progrès », est manifeste. On parle bien moins de cette débâcle humaine que de la destruction de l'environnement. C'est un tort. Cette perte de civilisation risque de nous rattraper bien avant. Et elle se conjuguera au divorce déjà consommé entre progrès humain et progrès technologique pour produire des effets auxquels il vaut mieux ne pas penser avant de s'endormir…

En attendant, nous autres Occidentaux devrions nous rappeler plus souvent que nous avons le privilège d'habiter la part protégée du monde.

Le voyage d'aventure – celui qui, contrairement au tourisme, ne cherche pas à aller là où tout va bien – est également un poste d'observation privilégié pour poser une question rarement évoquée par les spécialistes de tous bords : notre planète gagne-t-elle en beauté ou en laideur ? C'est un point d'esthétique, certes, mais avons-nous besoin de l'évacuer de nos préoccupations ? Dit d'une autre manière, la question est pour moi celle-ci : même si règnent la paix et la prospérité, dans quel cadre de vie ai-je envie que mes enfants existent ?

Lorsque je ferme les yeux et passe en revue les images de mon long voyage le long du Nil, peu de laideurs remontent à la surface. Les paysages n'étaient souillés par rien : ni les vertes collines du Burundi, ni les plaines arides plantées d'acacias du Sud-Soudan, encore moins les rivages du Nil Blanc et moins encore les immenses dunes dorées du Sahara oriental entrecoupées de plateaux pierreux où passaient d'interminables caravanes de chameaux : pas de cheminées d'usines salissant les nuages, pas de trous béants d'excavations minières peuplés d'énormes insectes d'acier, pas de champs pétroliers piqués de torchères géantes, pas même de lignes électriques en enfilade tailladant les forêts. Il y avait bien quelques chantiers ici ou là, mais à taille humaine pour ainsi dire.

Quant aux villes, elles préservaient à peu près l'architecture qui les avait vues naître dans leur identité. Les bourgades essaimées le long du Nil en longs chapelets venaient toutes d'un autre temps. Lorsque j'y faisais étape, j'étais réellement « ailleurs », c'est-à-dire chez « l'autre ». Le voyage avait un sens, la poésie était partout. Même la plate Khartoum, avec ses rues poussiéreuses, conservait le charme suranné de sa propre histoire. Aujourd'hui, elle n'est plus qu'un entassement de baraques sans formes ponctué de décharges à ciel ouvert qui ne cessent de gagner sur le désert.

Désormais, de la Chine à la Mongolie et du Brésil à la Russie, la beauté détale à toutes jambes devant l'expansion des dizaines de millions d'hommes supplémentaires que la planète compte chaque année. Était-ce cette modernité que nous attendions ? Même les blancheurs de l'Arctique et du Grand Nord canadien sont envahies par des escadrons toujours plus nombreux d'investisseurs avides d'exploiter sans frein les dernières ressources naturelles. Les tyrannosaures sont de retour sous un autre masque. Les steppes sont labourées par les bulldozers de ces prédateurs, les déserts de glace fracassés par leurs caterpillars, les jungles rasées par leurs scies électriques – et le Sahara est désormais peuplé pour les siècles à venir de mines antipersonnel jetées à tout va par d'autres carnassiers... Les villes prennent toutes la même forme, dans un effrayant manque de goût qui déteint sur leurs habitants dont le rêve dominant est celui de la trilogie béton-mica-néon. Plus d'architecture, juste des cubes de béton amoncelés à la hâte, grêlés des verrues sans grâce de myriades de climatiseurs bon marché, traversés de fouillis de fils électriques, hérissés de fers à béton. Les immenses mégalopoles d'Asie ou d'Afrique sont devenues de vastes poubelles saturées de gaz d'échappements et d'embouteillages monstrueux. Rawalpindi, Caracas, Lagos, Mexico, Jakarta, Manille... Il n'y a plus rien à voir. Les fuir au plus vite. Gagner les tout derniers espaces naturels encore préservés avant qu'ils ne soient plus que des souvenirs inscrits dans les livres.

On peut être favorable au progrès technique et se désoler *quand même* de cette vilenie qui s'étend partout comme une nappe de pétrole sur une grève déserte.

Par contrecoup, Paris, Londres, Amsterdam, Prague ou Vienne restent belles et uniques. On n'y construit pas n'importe comment, on n'y fait pas n'importe quoi. On y vit toujours à hauteur d'homme. Tous ceux qui passent d'un coup d'avion de Jakarta à Paris ou de Manille à Amsterdam savent ce que je veux dire. Là encore, nous ne voyons plus, nous autres Européens, que nous habitons *aussi* une part du monde protégée de la laideur.

Pendant les quelque huit mois qu'a duré mon périple le long du Nil, j'ai connu l'isolement. J'étais le plus souvent seul, ou avec des compagnons de circonstance, pour parcourir des milliers de kilomètres à pied, en barque ou à chameau. À cette époque, il n'y avait pas encore de GPS pour ne jamais se perdre, pas d'ordinateur pour capter la wifi afin de connaître les nouvelles du monde, pas de téléphone satellite pour joindre quelqu'un de chez soi – même dans les villes, il fallait un temps considérable pour obtenir une ligne. Je m'en suis bien porté. Je ne m'en étais pas allé de chez moi pour, d'une certaine manière, y revenir par des voies tortueuses. Il faut savoir ce que l'on veut. L'immersion complète dans l'*ailleurs* et le *différent* est une condition nécessaire au voyage pour en tirer vraiment parti. Le reste est affaire de tourisme.

Cet isolement que j'ai connu et qui faisait mon bonheur est en voie de disparition. On devrait l'inscrire au tableau des espèces menacées… Et y mettre aussi le silence. Celui-là, la modernité le congédie comme un malpropre, aussi bien le silence qui n'est peuplé par rien, que le silence habité par le bruit des caravanes, le son du vent dans les arbres ou la rumeur du ressac sur les plages. Il faut aller de plus en plus loin pour trouver ces silences-là – et l'isolement véritable. Ce seront demain des denrées précieuses. On peut parier qu'avant longtemps elles deviendront des marchandises, comme à peu près tout ce qui existe. Mais il y aura peu de candidats à leur achat. Où qu'ils aillent, la plupart des hommes préfèrent la rumeur de la mondialisation.

Les voyageurs par choix me laissent ainsi rêveur. Leurs besoins sont devenus tels sous la pression de l'« esprit de commodité » de notre temps qu'ils s'exonèrent rarement des prothèses technologiques qui leur sont offertes pour éviter silence et isolement. On est en Amazonie ou au Machu Picchu, mais on « skype » le soir pour ne pas être seul, on envoie des courriels afin de continuer à exister, on « google earth » pour voir les détails de ce que l'on ne regarde plus, on échange le meilleur et le pire sur Facebook, on téléphone pour un rien. On y fait la même chose qu'au bureau, à la maison, en voiture… On ne part plus vraiment. À quoi bon s'en aller, alors ? Plus que jamais on trimballe son univers avec soi – et le monde que l'on était venu découvrir devient, sans que l'on s'en aperçoive, plus transparent qu'une vitre. Il n'est plus vraiment là. Comment s'étonner : on existe par écrans interposés. Voilà une nouveauté qui remplace l'ancienne vie par procuration, quand on ne voulait pas vivre vraiment. Le gain est mince. Sans doute remplit-on un vide emporté dès les premiers pas hors de chez soi. La « montée de l'insignifiance » a contaminé le voyage et l'aventure.

L'isolement apportait la force irremplaçable des retrouvailles, le silence offrait le nécessaire écrin au recueillement, la solitude obligeait à aller chercher « l'autre », la boussole permettait de se perdre pour mieux se retrouver.

Tout cela, c'est terminé.

À titre personnel, *Qui a bu l'eau du Nil* – que j'ai écrit sur dix années – représente le point focal d'une erreur d'aiguillage dans le parcours que j'aurais aimé suivre. Comme on le devinera sans doute à la lecture de ce récit, c'est la partie saharienne du Nil qui m'a le plus profondément marqué. Le choc émotionnel ressenti dans cet immense désert, lorsque je l'ai traversé avec une caravane de contrebande de deux cents chameaux, a été tel que j'y suis retourné dès l'année suivante, en 1979. J'ai alors traversé le Darfour et le Kordofan. Le désert, c'était propre, c'était vide, c'était silencieux, c'était austère, c'était exigeant, c'était poétique. C'était un monde que je voulais pour moi. Il convenait à mon âme.

Et puis la guerre d'Afghanistan, survenue quelques mois plus tard, m'a écarté du désert et emporté dans une tourmente que je ne maîtrisais pas. Je pensais revenir très vite dans ce Sahara oriental, vierge de toute atteinte humaine. C'était mon but, mais je n'ai pas pris garde à l'écoulement du temps comme à l'avidité qui était la mienne de sans cesse découvrir du neuf et de l'inconnu. J'ai toujours eu plus soif que mon gosier ne pouvait en contenir et j'ai été puni. Par un étrange effet des circonstances, c'est la jungle qui, en tant que milieu naturel, a dominé les vingt années qui ont suivi – et la mer, les dix années suivantes. J'aime profondément la jungle et j'aime passionnément la mer. Mais c'était le désert que je voulais. Je n'y suis jamais retourné et il est désormais trop tard pour que j'y retrouve ce qu'était sa virginité d'antan. C'est mon erreur d'aiguillage. Un rendez-vous manqué, une nostalgie qui ne s'éteint pas.

Quant au Nil lui-même, emporté par le tourbillon de la vie, je ne l'ai jamais revu non plus. Je l'ai tout au plus entraperçu au Caire à deux ou trois reprises et une fois au Soudan, du côté de Malakal. Pas davantage.

Mais le proverbe ne dit-il pas : qui a bu l'eau du Nil en reboira ?…

Sens, Perrigny, été 2013

PROLOGUE

Les larmes d'Isis

Hassan qui va devant moi arrête tout à coup son chameau et se retourne d'un mouvement souple sur sa selle. Un sourire indéfinissable éclaire son visage à demi masqué par le turban. Du doigt il indique l'horizon et dit simplement :

– Batn el-Haggar, le « Ventre de la Pierre ».

Et il se tait, les mains posées bien à plat sur son pommeau, l'air méditatif. Je le rejoins du pas élancé de ma monture. Le soleil déjà presque à la verticale inonde le désert d'une lumière aveuglante. L'air est si sec qu'à chaque inspiration on sent sa brûlure jusqu'au fond de la poitrine. Je demande :

– C'est la région dangereuse dont a parlé Suleïman ?

Hassan hoche la tête sans détourner son regard du chaos minéral qui nous fait face.

– Oui, dit-il enfin. À partir d'ici, il n'y a plus un brin d'herbe, plus une goutte d'eau. Rien pour boire, rien pour manger. Pendant au moins deux semaines, jusqu'à Assouan…

Puis, se souvenant qu'il est un contrebandier, il éclate de rire en ajoutant :

– Mais au moins, nous ne risquerons plus de rencontrer une patrouille…

Je souris à mon tour. Pour parvenir jusqu'ici, il a fallu éviter les oasis du Nil un peu trop peuplées et ruser pour échapper à tout contrôle gouvernemental. Rien de bien difficile en fait. Les soldats soudanais n'aiment pas sortir de leurs postes…

Je me retourne. Le reste de la caravane nous rejoint déjà : deux cents chameaux que Suleïman et un autre chef vont vendre en Égypte pour rapporter chez eux les produits les plus rares et les plus recherchés. Une opération fructueuse si tout se passe bien.

J'ai les lèvres sèches et le visage brûlé mais un sentiment puissant est entré en moi. Le « Ventre de la Pierre », cela signifie la fournaise le jour et un vent glacial pour balayer les nuits d'une pureté vertigineuse sous les étoiles, mais aussi une suite de marches harassantes dans un univers où des hommes de chair n'ont que faire.

Une odeur de sable et de roc surchauffé flotte dans l'air au milieu de paysages lunaires, presque fantomatiques malgré la lumière. J'ai l'impression d'être dans ce désert immense depuis des siècles.

Je saute à terre. Les outres aux flancs de mon chameau sont presque vides et se balancent en glougloutant. Je demande à Suleïman :

– Tu crois que nous aurons assez d'eau pour traverser le Batn el-Haggar ?

– *Inch' Allah*, répond le chamelier avec un geste fataliste. Il y en aura assez pour nous les hommes. Si nous ne buvons pas trop, si nous n'en perdons pas. Mais il faudra marcher vite… Si Dieu nous abandonne, nous gagnerons le Nil pour sauver les bêtes.

Hassan frappe sa cuisse droite de son fouet de cuir et dit avec force :

– Le Batn el-Haggar, je l'ai traversé souvent. J'ai parfois perdu des chameaux, tous morts de soif et d'épuisement. Mais je suis toujours arrivé de l'autre côté. Ce sera encore ainsi, *Inch' Allah*…

Les autres, qui nous ont rejoints, approuvent joyeusement, invoquant sans modestie le courage légendaire des chameliers. Puis sans plus attendre, tous poussent leurs montures en avant.

Oui, si Dieu veut…

D'un rétablissement, je me remets en selle mais retiens Simoun. Depuis des jours je vais en tête. Cette fois, je décide de rester avec l'arrière-garde. Je laisse la caravane défiler devant moi de son pas lent. L'air se remplit du crissement soyeux du sable martelé par des centaines de soles, du blatèrement des chameaux qui se bousculent, des cris des chameliers surveillant la horde.

Je songe à l'étrangeté des choses.

J'ai quitté la France le 25 avril 1978, il y a plus de six mois. Depuis, que de chemin parcouru ! Bientôt, j'atteindrai le but que je me suis fixé un an auparavant : rejoindre le delta du Nil après être parti de sa source…

Le Nil…

Je tourne mon regard vers la droite. À l'horizon, on aperçoit les crêtes des reliefs desséchés de la Nubie. Bien avant, à une journée de chameau, coule le Nil. Je pense à lui, maintenant, à ce fleuve légendaire qui a fasciné les explorateurs durant deux mille cinq cents ans, attachant à ses pas les plus grands noms, d'Hérodote à Livingstone, et les légendes les plus étranges. Les anciens Égyptiens croyaient que des génies l'habitaient en amont de l'île Éléphantine et que ses crues étaient les larmes d'Isis pleurant la mort de son époux

Osiris. C'est même près de ses sources, inconnues alors, que certains situaient le pays des Pygmées, ces hommes de « la terre du soleil au sud » que le pharaon Néferkara saluait du titre de « danseurs de Dieu ». C'est aussi aux mystérieuses « montagnes de la lune » qu'on situa plus tard la naissance du fleuve.

Rien n'est simple avec celui-ci. Aujourd'hui encore on se dispute sur le nombre et la situation de ses sources, sans oublier de le confondre avec… lui-même – là où il s'appelle Nil Blanc – ou plus facilement encore avec son affluent, le Nil Bleu.

La source des plus longues eaux, celle qui peut être considérée comme la seule véritable, n'a été découverte qu'en 1937, par un Allemand.

Depuis, le Nil naît « officiellement » au Burundi, près d'une petite mission catholique perdue dans des collines odorantes. La mission s'appelle Rutovu et la colline au bas de laquelle se trouve la source porte le nom de Kizizi. À cet endroit commencent les premiers mètres du Nil qui achève son voyage 6 700 kilomètres plus loin, mourant chaque jour dans la Méditerranée pour renaître éternellement…

Je suis parti de la source, seul, à pied, un simple sac sur le dos.

Je n'avais nullement l'intention de suivre le Nil en historien, en explorateur ou en stakhanoviste du voyage. Plutôt en vagabond solitaire qui se soucie davantage de son humeur et de ses intuitions que des rigueurs de la géographie…

Mais un vagabond avec au fond des poches du papier, beaucoup de papier et de quoi écrire.

Pour l'aventure…

Décidé dès le départ à me déplacer à pied ou en employant des solutions traditionnelles – seule méthode pour atteindre au maximum de l'aventure – je comptais néanmoins utiliser des moyens de locomotion rapides et motorisés partout où le Nil n'offre aucun attrait.

Mais avant tout, je voulais aller à ma convenance, les sens en alerte, laissant faire la providence et m'écartant du chemin tracé chaque fois qu'une terre proche me semblerait plus étrange ou attirante que le Nil lui-même.

Alors, les détours n'ont pas manqué, ni les milliers de kilomètres à pied.

Pour me retrouver ici, dans ce désert inviolé au milieu duquel le Nil se fraye un passage pour atteindre l'Égypte, j'ai dû traverser tout le Burundi et la brousse tanzanienne jusqu'au lac Victoria, franchir avec des ânes les territoires des farouches tribus *toposas* dans le sud du Soudan, naviguer des semaines entières dans une barque au milieu des hippopotames et des crocodiles du Nil Blanc, me joindre enfin à cette caravane de contrebande…

Les derniers chameaux passent devant moi, dodelinant de la tête sous le soleil accablant. Je flatte les flancs rêches de ma monture toujours immobile, enfin la pousse de mes talons croisés sur son encolure. En avant ! Avant deux mois je serai sur le delta, je verrai la Méditerranée.

Exaltation.

J'ai vingt-trois ans et le vent chaud du *haboob* me souffle au visage des milliers de grains de sable qui piquettent ma peau.

Mais comme pour tous les récits, commençons par le commencement…

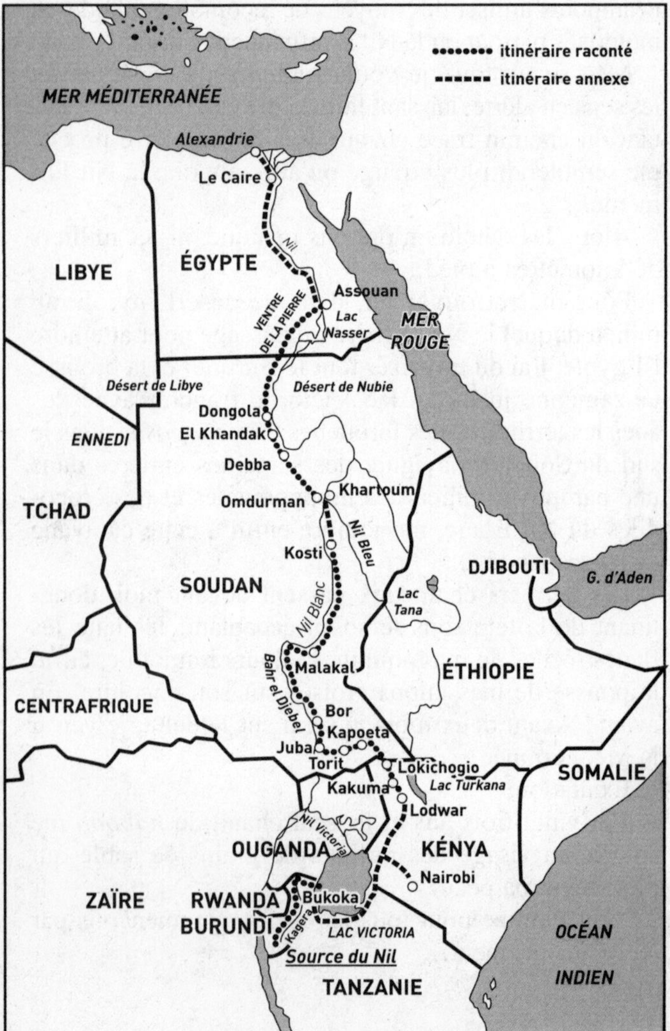

itinéraire raconté
itinéraire annexe
MER MÉDITERRANÉE
Alexandrie
Le Caire
Nil
LIBYE
ÉGYPTE
Assouan
VENTRE DE LA PIERRE
Lac Nasser
MER ROUGE
Désert de Libye
Désert de Nubie
Dongola
El Khandak
ENNEDI
Debba
Khartoum
Omdurman
TCHAD
Nil Bleu
Kosti
DJIBOUTI
G. d'Aden
SOUDAN
Lac Tana
Nil Blanc
Bahr el Djebel
Malakal
ÉTHIOPIE
CENTRAFRIQUE
Bor
Kapoeta
Juba
Torit
Lokichogio
SOMALIE
Lac Turkana
Kakuma
Lodwar
Nil Victoria
OUGANDA
KÉNYA
Nairobi
ZAÏRE
RWANDA
Bukoka
BURUNDI
Kagera
LAC VICTORIA
OCÉAN
Source du Nil
INDIEN
TANZANIE

PREMIÈRE PARTIE

LA SOURCE DU NIL

Tanzanie, juin 1978

– Où allez-vous comme ça, tout seuls dans la brousse ? nous demandent-ils chaque fois avec surprise.

– À Bukoba, à Bukoba, répondons-nous invariablement.

– Ouh… Ouh…, font-ils alors avec des mimiques inquiètes : les Simbas, c'est très méchant, ça va vous manger, ces bêtes-là…

Décidément, les lions semblent être la terreur de la brousse. Mais je suis persuadé que la peur qu'ils provoquent est plus mythique que réelle. La légende de Simba se forge davantage le soir autour des feux à l'écoute des récits épiques des sages que dans la vérité de la savane ; on est toujours un peu victime de l'imagination populaire ou de la poésie sauvage propre aux vastes étendues. Mais qu'importe au fond : Simba n'est peut-être pour le chasseur quittant à l'aube le foyer rassurant de sa case que cette épreuve qu'il a créée lui-même pour se forcer au courage.

I

Pour une poignée de gouttes d'eau

Burundi

J'arrive à la mission de Rutovu à l'heure où prend fin la grand-messe dominicale.

Il fait chaud : une lumière crue inonde les lieux, tranchant dans le vert des bananiers et l'ocre du sol. La voiture se gare au pied de l'église en brique rouge et j'attends, appuyé à la carrosserie brûlante.

Le voyage depuis Bujumbura, la capitale, s'est déroulé sans incidents notables. Nous avons grimpé à travers les montagnes par d'étroites pistes bordées d'arbres majestueux qui prodiguent une ombre humide, longeant des précipices au bas desquels s'épanche une épaisse végétation piquetée de loin en loin de cases de boue séchée. Puis, après quelques heures de route nous avons atteint notre but.

La porte de l'église s'ouvre et une foule de paysans noirs endimanchés de couleurs vives sort pour s'agglutiner sur la place. Le père missionnaire apparaît sous un auvent de toile porté par quatre jeunes garçons. C'est un Burundais aux gestes affables. Il prend la tête d'une procession escortée de joueurs de tam-tam, de porte-bannières et d'enfants de chœur flottant dans des aubes trop blanches. La foule se joint au cortège avec des airs de méditation profonde et la petite troupe s'éloigne.

La source du Nil se trouve à quelque sept kilomètres de là, accessible par une piste de terre. Il a fallu des siècles aux explorateurs pour la découvrir. Aujourd'hui, chacun peut s'y rendre sans beaucoup de peine… Je quitte la mission après avoir donné congé au chauffeur.

Nous sommes le 29 mai 1978.

J'avance le long de la piste, grimpe des sentiers aux pentes douces, enfin j'y suis : devant moi, au sommet d'un tertre pelé se dresse une pyramide de quatre mètres. Je la contemple un moment de loin. Bâtie autrefois par Waldeker à l'emplacement de la source la plus méridionale du Nil qu'il venait de découvrir, elle est le symbole de la réussite d'une entreprise qui a demandé des millénaires. Mais qui se soucie encore de la découverte des sources du Nil ?

Un vent léger caresse la colline et son chuintement dans les herbes aiguise le silence qui pèse sur ces lieux oubliés. À perte de vue s'étendent des champs et d'autres collines parsemées de roches éclatées.

Une odeur de romarin flotte dans l'air.

Au loin, des volutes de fumée s'échappent de cases aux toits de chaume.

La Suisse de l'Afrique.

Je me penche vers la plaque fixée à la base de la pyramide et lis ces mots latins à demi effacés par les années : CAPUT NILI MERIDIONISSIMUM EST CAPUT KASUMO[1]… *Caput Nili*, la source du Nil, le rêve devenu réalité. Je confronte les deux en ce jour unique. Je suis à la source du plus long fleuve du monde…

1. La source du Nil la plus méridionale est la source de la Kasumo.

Fragile nouveau né de la géographie, il naît en contrebas dans un marais noyé de verdure d'où s'échappe un ruisselet qui zigzague dans les herbes.

Le Nil…

Il porte à cet endroit le nom de Kasumo. Quelques centaines de mètres plus bas il adopte celui de Kigira puis celui de Luvironza et ainsi de suite jusqu'en Égypte. De pays en pays il change de nom au gré des différentes populations qui l'ont baptisé autrefois sans connaître ni son origine ni sa destinée.

Pour la première fois je contemple le Nil.

Le Nil, que je vais accompagner jusqu'au bout de son voyage…

Dans quelques instants, je vais commencer à suivre sa branche originelle qui commence ici et se jette dans le lac Victoria après 900 kilomètres de méandres à travers le Burundi, la Tanzanie et l'Ouganda. Je vais partir à pied, suivant le fleuve. En utilisant une piste à l'est de la région marécageuse de la Kagera – à peu près à mi-chemin – je compte réduire mon propre trajet à 600 kilomètres environ, dont plus de la moitié devront s'effectuer directement à travers la brousse.

Six cents kilomètres à pied pour cette première partie de l'aventure… Alexandrie et le delta du Nil me semblent au bout de la terre…

Allons, ne perdons plus de temps !

Sac au dos.

Un pas, deux pas, trois pas.

Les voyages débutent toujours de la même manière…

Après la source, le Nil s'élargit très vite. Il atteint bientôt un mètre de large et serpente dans les herbes à petite allure au milieu de paysages plantés d'eucalyptus qui grincent sous le vent.

J'ai un mal fou à suivre ses méandres. On imagine mal les difficultés rencontrées pour longer une rivière à pied… Les berges sont le plus souvent impraticables, emplies de mille pièges, couvertes d'une végétation qui rend la progression lente et pénible. Parfois aussi elles disparaissent brutalement pour laisser place à des zones inondées dans lesquelles on patauge sans jamais penser en voir la fin…

Je trébuche, grogne et décide au bout du compte de suivre la rivière d'un peu plus loin, sur les flancs des collines.

Je marche trois jours ainsi, dormant dans des forêts silencieuses ou chez des missionnaires perdus au fond de la brousse. Le Nil grandit à mes côtés, traversant vallées et collines avec un calme désarmant. Son enfance est sans histoire et se déroule dans des paysages sereins, parmi des hommes de l'Afrique d'aujourd'hui.

Partout je trouve des champs de mil dont les lourds épis dépassent ma tête, des bananeraies à la fraîcheur déconcertante, des sentiers d'hommes et d'animaux, des hameaux peuplés de Tutsi et de Hutu, les deux ethnies principales du pays. C'est parmi eux que je me procure les porteurs successifs nécessaires à mon avance. Quatre en tout jusqu'en Tanzanie, pour charger les vivres du voyage.

Je progresse souvent sur des lignes de crêtes, en vue du Nil. Atteindre l'une de ces crêtes après des heures de marche est un plaisir chaque fois renouvelé. Je connais peu de sensations aussi riches de liberté que celle de voir l'horizon restreint à quelques mètres s'ouvrir soudain devant soi jusqu'à l'infini.

Puis, j'atteins la Ruvubu – la rivière des hippopotames – quatrième nom du Nil depuis la source. Ses flots ocre se mêlent à une végétation impénétrable. Le pays devient moins paisible, les habitants se font plus rares. La Ruvubu est large et tourmentée. Des remous la creusent d'entonnoirs mouvants et l'on devine le courant très fort au milieu des rochers qui émergent de son lit.

Plus loin, des bras d'eau morts miroitent dans la lumière et leur immobilité ajoute au sentiment d'inquiétude qui se dégage de la rivière des hippopotames.

Malgré les rives inhospitalières, je serre la Ruvubu au plus près. Mais je me heurte à des amoncellements d'épineux qui forment de véritables murailles. Je progresse à la machette, trempé de sueur et lacéré.

La Ruvubu ne se laisse pas faire.

Finalement, je suis contraint de la longer à nouveau par les crêtes des collines qui l'encadrent.

Trois jours de marche encore.

Mes souvenirs se confondent dans une litanie éprouvante. Je monte, je descends, je tombe, je grimpe des pentes abruptes couvertes d'herbes hautes et d'arbustes à la consistance caoutchouteuse, des cailloux glissent sous mes pas et s'en vont rouler jusque dans le Nil, je dors au creux de mon hamac sous les étoiles, partage les repas de mil ou de maïs de chasseurs solitaires qui portent des arcs et des sagaies.

J'avance dans une sorte de rêve où se mélangent les sensations : vision balzacienne de missionnaires à barbiches blanches dont les gestes ont la douceur triste de vieilles sucreries abandonnées sur un guéridon, histoires horribles qu'on me raconte sur les massacres de 1972 entre Tutsi et Hutu, faim et obsession de nourritures connues, image étrange d'un gnome portant un tam-tam en bandoulière et qui m'observe caché derrière la porte d'une case avec un sourire grimaçant…

La nuit nous a surpris aux abords d'une cabane perdue et je décide d'y faire halte. Un homme seul y vit. C'est une sorte d'ermite vêtu d'un pagne. Il ne nous adresse pas la parole et se retire dans son antre.

La rivière des hippopotames roule ses eaux lugubres quelques centaines de mètres en contrebas. Je suis éreinté, le corps rompu de fatigue. La machette au bout de ma main pèse des tonnes.

Mon porteur du moment s'appelle Grégory. Il est chrétien et psalmodie des prières depuis qu'il m'a rencontré… Je le laisse allumer le feu du bivouac et étends mon hamac entre deux arbres. La lune se dresse sur le bord du ciel, la brousse environnante frémit dans l'obscurité.

Je fume, caressé par la chaleur des flammes, surveillant la cuisson des aliments. Plaisir sensuel du bivouac sous les étoiles. Nous mangeons sans bruit, échangeant quelques mots, avant de nous endormir dans le silence.

Toute la nuit l'homme de la hutte pousse de longs cris, debout dans l'obscurité, sa sagaie à la main à cause des hippopotames qui rôdent. Il semble appeler désespérément des compagnons égarés.

Il ne nous demande rien et nous ne posons pas de questions.

À l'aube nous reprenons le chemin de la brousse, suivant toujours la ténébreuse Ruvubu, pataugeant dans des marécages tortueux. Bientôt nous coupons des sommets arrondis qui sifflent sous le vent et derrière eux débouchons dans une contrée qui semble plus accueillante.

Une bourgade perdue se dresse là. J'y passe la nuit sur un grabat infesté de vermine et le lendemain arrive à Muhinga, ma première étape importante.

Je suis parti depuis dix jours.

Muhinga

Rien qu'une petite ville de province endormie au bout d'une longue allée, avec des marchands pakistanais et un hôpital tenu par des Français.

Mais un air de civilisation.

J'ai traversé presque tout le Burundi du sud au nord et je suis maintenant à deux pas de la frontière tanzanienne. La Ruvubu s'y engage avant de se jeter dans la Kagera – la rivière profonde – dernier nom du Nil avant le lac Victoria.

Le 7 juin au matin je me rapproche d'une vingtaine de kilomètres de la frontière, au lieu-dit Kinasi.

Grégory étant retourné chez les siens, j'ai trouvé un nouveau porteur pour cette journée. Il s'appelle Jean et ne manque pas d'aplomb : à tous ceux que nous rencontrons, il affirme avec importance que je vais jusque sur le lac Victoria.

Sans préciser que lui-même s'arrête au bout de quelques kilomètres…

Je ne suis plus très loin de la Kagera et il ne semble pas impossible de la descendre en pirogue à partir du lac Rweru sur la frontière rwandaise. Ce serait un dérivatif agréable à la marche. Il faut simplement en vérifier la possibilité auprès des Pères Blancs qui vivent sur ses rives. Quelqu'un m'emmène jusqu'à leur mission.

J'y trouve trois vieux pères.

Le plus âgé flotte dans une longue aube marron et se déplace sans bruit, comme fendant le silence à l'odeur indéfinissable de cantine d'école religieuse. Il est arrivé ici en 1935, ses deux compagnons juste après la guerre.

Tous trois vivent repliés sur leur petit monde, parmi leurs ouailles. Ils cultivent leurs jardins, élèvent des troupeaux, produisent presque tout eux-mêmes. Ils ont introduit le soja, planté des arbres fruitiers, développé l'agriculture.

Ils me parlent d'histoires de poison qui courent la région, méthode fréquemment utilisée par l'entremise de sorciers pour se débarrasser d'un ennemi. L'un des Pères se souvient :

– Un jour, en entrant dans une case, j'ai vu un Noir assis devant une bassine. Il se faisait vomir de toutes ses forces. Il buvait de grandes gorgées d'eau puis s'enfonçait une paille dans la gorge et rendait un horrible liquide verdâtre : « Tu vois, me dit l'homme, c'est du poison. On a voulu me tuer… »

Mais quand j'en viens à mon projet, ils affirment que je ne trouverai aucun moyen de descendre la Kagera.

– Les pirogues chez nous sont très mauvaises, m'expliquent-ils. Les gens ici sont des hommes de la brousse, pas de la rivière. Ils ont très peur des crocodiles et des hippopotames. Or la Kagera s'enfonce dans des marais qui en sont infestés. Vous pouvez être certain que personne n'acceptera jamais ni de vendre sa pirogue ni de pagayer bien longtemps…

Je repars donc à pied de Kinasi le matin suivant en direction de la Tanzanie toute proche. Il pleut et je me protège d'une feuille de bananier sur laquelle tambourinent les gouttes d'eau. Mon sac pèse lourd, il fait triste. Une brume bleutée a envahi les montagnes environnantes. Dans un marais, je vois mes premiers papyrus.

Puis c'est la frontière : trois ou quatre policiers avachis dans une cabane de bois brinquebalante, une table grossière, des rires gras.

On veut m'empêcher de passer. C'est la loi, me dit-on. Une épidémie de choléra et les mouches tsé-tsé – celles de la maladie du sommeil – infestent la région.

Je souris et porte la main à ma poche.

Pour vingt dollars j'entre en Tanzanie…

II

Nicodème, de la tribu des Mwangaza

À partir de là, le voyage s'annonce semé d'embûches…

La région comprise entre la frontière et le lac Victoria est réputée aride et peu fréquentée. En trois jours je peux gagner les chutes de Rusumu où la Ruvubu se jette dans la Kagera. Mais ensuite, la rivière marque un long moment la limite entre le Rwanda et la Tanzanie en s'enfonçant dans une zone marécageuse où il est impossible de progresser à pied. Je devrai donc continuer par la brousse en longeant les marais ou utiliser une piste plus à l'est qui permet de rejoindre la ville de Bukoba sur le lac Victoria sans trop s'éloigner du Nil.

Quel que soit le chemin, j'ai au moins deux semaines de marche devant moi.

Pour quelques dollars de plus, l'un des policiers m'accompagne au village voisin pour m'aider à chercher un nouveau porteur. Sur la place, au marché, dans les échoppes branlantes tenues par des Arabes, il explique le but de mon voyage. Tous les habitants l'écoutent avec attention puis s'exclament en levant les bras au ciel :

– Bukoba à pied par le bush ! Mais il est fou cet étranger, il n'a qu'à faire le détour et prendre le bus depuis N'Gara comme tout le monde…

Au bout d'une heure on me déniche tout de même un pauvre bougre en haillons, vieux, cagneux, les yeux larmoyants. Il a très peur : « Je vais emmener mon arc et ma sagaie à cause des lions », dit-il. « Oui, oui, approuvent quelques hommes, les Simbas dans le bush c'est très méchant. Ils vont vous manger… »

Trouvant chez d'autres que lui confirmation de sa terreur, le vieux se met alors à trembler si fort que je préfère chercher quelqu'un de plus sûr…

Un garçon de mon âge se présente bientôt. Il parle quelques mots d'anglais et paraît solide. Nous tombons rapidement d'accord sur un prix quotidien auquel j'ajoute un billet de bus pour revenir par N'Gara. J'accepte aussi de lui acheter une fois arrivé à Bukoba la paire de chaussures vernies dont il a très envie…

L'homme appartient à la tribu des Mwangaza et s'appelle Nicodème.

Tout cela nous a amenés à la nuit. L'orage qui menaçait depuis le matin éclate brusquement, inondant la savane d'une pluie lourde et tiède. C'est ce moment que la police locale choisit pour intervenir dans mes affaires. Tout à coup il ne peut être question de me laisser partir : « Trop dangereux, comprenez-vous… » « Des tas de malheureux se sont fait manger par des lions… » « Autorisation de notre chef à N'Gara… » « Par le bush, impossible de passer, trop dur… » « Le bus, très sûr, pas cher, très intéressant, vous y serez plus vite… » Ils décourageraient un hippopotame de traverser un ruisseau.

Je passe une nuit inquiète troublée de cauchemars d'échec.

Et puis le matin, tout aussi soudainement, on se ravise sur mon sort. Après tout, je n'ai qu'à aller me faire pendre ailleurs au lieu de perturber la sérénité de ces lieux endormis. Je n'en demande pas plus.

Nicodème arrive, vêtu d'un imperméable triste et de vieux souliers sans lacets. Sans attendre, nous quittons le poste et en deux heures rejoignons la Ruvubu. Un groupe d'hommes remonte de la rivière. En apprenant nos projets ils s'écrient de stupéfaction et nous traitent eux aussi de fous, ce qui apparemment semble être une habitude du pays.

Aussitôt la peur s'empare de Nicodème :

– Je vais rentrer à ma case, dit-il la tête basse. Les lions, vraiment, ça... trop mauvais. Tant pis chaussures brillantes...

Cette fois, je risque de me retrouver seul comme un idiot au bord du fleuve. Unique solution, l'électrochoc...

– Tu es plus peureux que les enfants de ton village, lui dis-je. Allez, je n'ai pas besoin d'un lâche, donne ta charge et va-t'en, je pars sans toi !

Je prends son sac, le pose sur ma tête et m'en vais à travers les hautes herbes. Je compte bien entendu sur un revirement de la part de Nicodème, misant sans scrupules sur sa honte, la mise en doute de son courage et les fameuses chaussures brillantes.

Je n'ai pas fait cent pas que le bruit d'une course précipitée se fait entendre derrière moi :

– *Sir, sir*, arrêtez, je viens avec vous.

Je ne daigne pas répondre et continue de plus belle.

– *Sir, sir*, c'est moi, Nicodème. Les Simbas ça va aller. Donnez mon sac. Jusqu'à Bukoba je porte avec vous...

Cette fois je m'arrête, me retourne, le regarde d'un air condescendant et lui lance sa charge.

– OK, Nicodème, jusqu'à Bukoba on ne se quitte plus.

Et c'est ainsi que nous partons ensemble, l'un derrière l'autre, en direction du lac Victoria.

III

Au fond du bush

Durant trois jours nous marchons au fond d'un bush de plus en plus sauvage, souvent couvert de hautes herbes. Nous longeons la Ruvubu d'aussi près que nous pouvons, pataugeant dans d'immondes marais. Le franchissement des affluents nous pose à chaque fois de durs problèmes et nous ne trouvons ni pistes ni ponts pour faciliter notre avance. Nous progressons à vue du fleuve ou à la boussole, visant colline après colline.

Le hasard pourvoit le plus souvent à notre nourriture et je n'ai guère à cuisiner. Partout sur notre chemin nous trouvons des cases isolées. Il y a toujours quelque chose pour nous sur le feu. Dans ces cases, la vie se dévide jour après jour, faite des mêmes scènes paisibles qui se répètent sous nos yeux : femmes égrenant des haricots, jeunes filles revenant de la rivière, gosses jouant dans la poussière.

La plupart des hommes que nous rencontrons sont armés d'arcs ou de sagaies :

– Où allez-vous comme ça, tout seuls dans la brousse ? nous demandent-ils à chaque fois avec surprise.

– À Bukoba, à Bukoba, répondons-nous invariablement.

– Ouh… Ouh… font-ils alors avec des mimiques inquiètes : les Simbas, c'est très méchant, ça va vous manger ces bêtes-là…

Décidément, les lions semblent être la terreur de la brousse. Mais je suis persuadé que la peur qu'ils provoquent est plus mythique que réelle. La légende de Simba se forge davantage le soir autour des feux à l'écoute des récits épiques des vieux sages que dans la vérité de la savane. On est toujours un peu victime de l'imagination populaire ou de la poésie sauvage propre aux vastes étendues. Mais qu'importe au fond : Simba n'est peut-être pour le chasseur quittant à l'aube le foyer rassurant de sa case que cette épreuve qu'il a créée lui-même pour se forcer au courage.

Simba ou pas, nous allons ainsi, montagne après montagne, sous le soleil, mon sac sur le dos, Nicodème le sien sur la tête, sans trop nous soucier du lendemain. Nous partageons les quelques cigarettes qui me restent et que je casse dans ma pipe, les mêmes couches dans les cases ou à la belle étoile, les mêmes repas. Nous parlons peu faute d'un langage commun suffisant mais lentement nous apprenons à nous comprendre.

La seconde journée depuis la frontière nous mène sur un plateau brûlé de soleil. Avec Nicodème je dors dans un champ de maïs en compagnie d'un vieux bonhomme équipé d'une lampe frontale et d'un fusil rafistolé de caoutchouc. Des cochons sauvages saccagent ses récoltes et il doit faire bonne garde. Le vieux Noir est humble et bon. Nous mangeons ensemble du maïs grillé sur les braises en nous souriant l'un l'autre sans pouvoir beaucoup nous parler. Puis, à la lueur de sa lampe, le vieux lit pieusement une bible tandis que je fume en regardant les étoiles.

Le lendemain, les paysages se font plus sauvages, les sommets plus effilés. Quelques acacias apparaissent, annonciateurs de contrées moins verdoyantes.

Le soir du 11 juin nous atteignons les chutes de Rusumu. Un bac rudimentaire fait d'un ponton de fer et d'un câble-guide permet de passer la Ruvubu. Un peu plus loin, la rivière se jette dans la Kagera qui disparaît presque aussitôt dans les chutes avant de repartir vers son destin.

Nicodème laisse percer son inquiétude :

– À partir de demain, ce sera dur, dit-il. Il n'y a personne par là-bas, faudra toujours dormir dehors.

IV

La piste de la soif

Le choix ne m'est guère donné pour continuer à suivre la Kagera. Entrer dans les immenses marais qui bordent le fleuve représente une folie suicidaire. Il me faut donc soit les longer par la brousse, soit les éviter franchement en rejoignant à l'est la piste qui venant du sud gagne Bukoba.

La population vivant autour des chutes n'est pas encourageante.

À l'en croire, nous ne trouverons pratiquement personne devant nous et l'eau sera rare à moins de rester au contact des marais, ce à quoi je ne veux pas songer. Notre autonomie en eau est particulièrement réduite et nous ne pouvons porter davantage. Il vaut donc mieux opter pour la piste, au moins les premiers jours, en laissant le soin à la providence de mettre de temps à autre sur notre chemin quelque véhicule pour nous ravitailler.

À partir des chutes de Rusumu une journée suffit pour gagner cette piste. Nous aurons ensuite à supporter trois autres journées difficiles avant de rencontrer les villages de Naichosi, Bugene et Kyaka.

Le 12 juin au matin nous prenons la route de l'est, laissant le Nil-Kagera sur notre gauche. En longs méandres il s'en va vers le nord. Nous ne le reverrons pas avant une semaine.

Autour de nous s'étend maintenant une brousse arbustive coupée de reliefs arides, emplie de bruits qui alarment Nicodème. Des hordes de phacochères noirs bondissent devant nous, martelant le sol poudreux de leurs sabots. Les oiseaux s'envolent à notre approche.

Un serpent, le premier, file entre mes jambes.

À chaque halte nous buvons quelques gorgées d'une eau tiède qui vient bientôt à manquer. À 40 °C, un homme en plein effort peut avoir besoin de huit litres par jour.

Nous sommes deux.

Mon bidon contient deux litres.

Nous ne trouverons pas la moindre habitation avant deux jours.

J'aime mieux me forcer à l'insouciance en comptant comme prévu sur le passage d'un véhicule.

Tout à coup, dans un étroit défilé, Nicodème se penche vers le sol :

– Simba, Simba, s'écrie-t-il effrayé, en désignant du doigt de nombreuses traces de lion.

Je me penche à mon tour… ces traces paraissent récentes… Je scrute les environs avec appréhension mais ne vois rien. Les avertissements des paysans me reviennent à l'esprit. Et s'ils n'avaient pas exagéré ?…

Nous repartons du même pas que je veux tranquille. Mais l'inquiétude de mon compagnon qui se retourne sans cesse finit par me gagner et j'en viens comme lui à épier le moindre bruit, redoutant une attaque par surprise.

Soudain, derrière un acacia, j'aperçois l'un de ces fauves, prêt à bondir… Je me ramasse sur moi-même, la main sur mon poignard…

Non, c'est l'ombre d'un rocher… Nos cœurs battent… Et cette chose qui bouge brusquement dix mètres derrière nous ?…

Allons, du calme, ce n'est qu'un oiseau…

Nous continuons, l'angoisse au ventre. Mais plus rien ne vient nous alerter. Sans doute avons-nous été victimes de notre imagination, ce jour-là. Les lions devaient être déjà loin. Mais dans cette brousse sauvage, seuls et armés de simples poignards, comment se sentir rassurés ?

Nous atteignons avec soulagement la piste de Bukoba en fin d'après-midi. Le long ruban de terre rouge qui va nous mener au terme de cette première partie du Nil s'enfonce loin devant, vers le nord, à travers une contrée désertique et plate.

Deux huttes se dressent là, abandonnées depuis longtemps. Nous y trouvons refuge pour la nuit. Nicodème barricade l'entrée de branchages et allume un grand feu à l'extérieur afin d'éloigner les fauves. Je prépare un repas sommaire.

Un groupe de chasseurs armés d'arcs et de flèches passe alors sans bruit avant de s'évanouir dans l'obscurité naissante. Ils n'ont pas dit un mot, nous ont à peine regardés et je songe à quelque image d'un rêve lointain.

Au matin je découvre la vraie soif.

Il faut reprendre la piste sans eau, le bidon vide tintinnabulant sans joie à mon côté.

Le soleil écrase la brousse.

Dans la lumière vive on dirait celle-ci prête à s'embraser. Nous marchons lourdement, à peine attentifs aux essaims de mouches tsé-tsé qui nous harcèlent, s'engluant dans notre sueur. Je tue ces maudites mouches par paquets entiers, la bouche sèche, râpeuse, gonflée…

Bientôt, une bave visqueuse remplace ma salive.

Mes lèvres se craquellent.

J'en viens à sucer ma sueur.

Jamais je n'aurais imaginé cela. Je me déshydrate à une vitesse terrifiante qui dépasse toutes mes craintes. Je ne suis rationné en eau que depuis deux jours et je me sens déjà hagard, racorni comme un chameau mort dans le désert. J'ai connu la faim des semaines durant, perdu dans les jungles du Nord-Congo. Mais le calvaire de la soif est pire, foudroyant. Il ne laisse que peu de répit.

Nicodème va à peine mieux. Il a le regard un peu fou, mais ne transpire guère. Il garde son anxiété pour les lions dont il surveille toujours l'approche.

Comme dans un mauvais film quelques vautours tournoient loin au-dessus de nos têtes. Je ne leur prête aucune attention, ni à de nouveaux serpents fuyant devant nous, ni aux sauterelles qui, affolées par nos pas, bondissent et nous frappent au visage.

Je rêve à des torrents d'eau limpide.

Au miracle de l'eau fraîche jaillissant d'un robinet.

Et je me promets de respecter dorénavant tous les robinets, ce qu'évidemment je ne ferai jamais…

En milieu de journée nous marchons comme des automates, assommés de chaleur, et je me demande bien ce que nous allons devenir. Nous avons à peine parcouru une vingtaine de kilomètres. Si comme je l'espère un véhicule passe aujourd'hui, tout ira bien. Dans le cas contraire, nous tiendrons le reste du jour mais le lendemain sera décisif.

Je prends soudain conscience que nous pouvons très bien mourir de soif…

J'en suis là de ces pensées moroses, quand, venant de je ne sais où, un vieux camion de brousse conduit par un Noir débonnaire émerge d'un nuage de terre et stoppe à notre hauteur…

Sauvés.

Je réponds à peine à la curiosité du chauffeur et me jette sur le jerrican d'eau qu'il me tend. Nous buvons jusqu'à sentir nos ventres près d'exploser. L'homme rit aux éclats. Mais ce liquide tiède à l'odeur d'essence est comme la vie qui coule, imprégnant ma chair. Une renaissance.

Mon bidon à nouveau plein, nous n'hésitons pas à continuer, toute souffrance de la soif oubliée. Que faire d'autre de toute manière sinon renoncer ? Par chance, nous parvenons bientôt à un groupe de cases en dur à demi abandonnées où campent quatre hommes pitoyables, sortes de spectres de la savane. Ils nous apprennent qu'entre ces cases et le village de Naichosi, à près de cent kilomètres, nous ne trouverons qu'une hutte de passage, rarement habitée. Quarante kilomètres nous en séparent encore et dans notre état, ce serait une folie de repartir aussitôt.

Ces hommes viennent d'un village situé près de la Kagera. Ils nous donneraient volontiers de l'eau dans leurs calebasses, mais nous ne pourrions pas la transporter. Le problème de notre autonomie se réduit toujours à celui, insoluble, du poids.

Je décide donc d'attendre le lendemain. L'hospitalité des hommes étant généralement inversement proportionnelle à leur richesse, nous sommes traités avec générosité par les quatre inconnus qui partagent avec nous leur repas de courge et de haricots.

Tout le reste du jour je me réhydrate, buvant d'heure en heure, insatiablement.

J'ai abandonné tout espoir maintenant de me rapprocher de la Kagera en marchant à travers la brousse comme au Burundi. Entre les marécages et la soif il y a une voie médiane, la piste. Il faut y rester, hélas.

Je profite de ce repos forcé pour faire l'inventaire de mes provisions. La veille au soir, des rats en quête de nourriture ont crevé le sac de riz ; mais en nous rationnant il nous en reste suffisamment pour trois jours. Je peux aussi compter sur une demi-douzaine d'épis de maïs, de l'huile, des pommes de terre, quelques fruits, le tout pour sept ou huit repas. Je ne crains donc rien de ce côté-là.

Ce répit est en définitive bienvenu. J'ai quitté la source du Nil depuis bientôt vingt jours, marchant dans des conditions difficiles, sous un soleil qui m'a brûlé la peau, sans beaucoup de nourriture, sans réel repos, et je sens dans mes jambes et mes pieds abîmés les centaines de kilomètres déjà parcourus.

De son côté, Nicodème semble s'être fait à l'aventure. Il ne parle plus d'abandonner et se transforme peu à peu en compagnon à part entière. Il vérifie l'état des vivres, se renseigne sur ce que nous trouverons devant nous, se préoccupe d'un emplacement de bivouac pour la nuit, m'aide aux corvées habituelles.

Et puis, nous approchons du but et il doit penser davantage à sa paire de chaussures vernies.

Mais j'oublie souvent qu'il est un homme de la brousse, qui en dehors de son environnement naturel connaît peu de chose. Quand je lui montre l'image d'une pieuvre dans un livre, il ne veut pas croire qu'il s'agisse d'un animal réel. Pour plaisanter je lui en exagère les dangers et il s'inquiète vivement de savoir si on trouve des monstres pareils dans le lac Victoria…

La jonction avec Naichosi, le premier village bâti sur la piste, nous demande encore deux nouvelles journées d'efforts. Je rationne l'eau dont pas une goutte n'est perdue mais la soif reste avec les Simbas notre hantise principale.

Partout la brousse demeure égale à elle-même, désertique et inhospitalière, peuplée d'épineux et d'arbustes squelettiques. En Land Rover une journée suffirait pour traverser ce bush. À pied, il s'agit d'un autre monde, bien plus vaste et dangereux, un monde à une échelle différente qui transforme les collines en montagnes et chaque kilomètre en épreuve de fond.

À de nombreuses reprises notre chemin croise celui de troupeaux d'antilopes ou de nouvelles hordes de phacochères qui passent la tête haute sans daigner jeter de longs regards sur nous.

Nous découvrons encore des traces de lion sur le sol, précises et nettes, presque surréalistes tant elles symbolisent le mythe du roi de la savane. Elles ravivent les craintes de Nicodème, mais j'ai bien trop soif pour m'en préoccuper.

Dans ces conditions difficiles, le temps adopte un rythme propre qui ne se soucie ni de logique ni de mathématique : les aiguilles de ma montre se traînent insupportablement pendant la marche et se mettent à courir à une vitesse folle dès le moment de la halte…

Enfin, le monde alentour s'adoucit pour laisser la place à de nouvelles plantations, des bananeraies, des cases, la vie. Ce spectacle, trop empreint de douceur, semble irréel. Nous avons traversé le bush et c'est une sorte de paradis auquel nous accédons. Couverts de poussière, brûlés par le soleil, assoiffés, les jambes raides, nous n'avons pas fière allure mais nous sommes à Naichosi. Devant nous il y a encore cinq journées d'efforts mais plusieurs villages et deux bourgs, Bugene et Kyaka. Une simple balade en somme.

Le plus dur est fait.

Le 17 juin, nous atteignons la ville Far West de Bugene bâtie sur une ligne de crête entourée de montagnes. Une cinquantaine de cases et de baraques en dur s'alignent de part et d'autre de la piste : échoppes, bars crasseux, « lodgings » sommaires mais accueillants, restaurants aux enseignes rouillées servant le thé au lait hérité des Anglais et des chapatis moelleux. Sur le sol, près des boutiques, des hommes jouent aux cartes. Les bars sont pleins. Dans un coin, près d'une pompe à essence bosselée, un camion et deux bus antédiluviens, modernes diligences, sont en panne. Plus loin, une famille de voyageurs patiente, assise sur ses valises au bord de la piste, insouciante des nuages de poussière que soulèvent sur leur passage les lourds véhicules.

Encore quarante-huit heures et nous gagnons Kyaka. J'y retrouve le Nil, plus étroit ici qu'à son confluent avec la Ruvubu. Il n'a pas traversé les marais du Rwanda sans leur payer un tribut en eau. Le fleuve s'en va désormais vers l'est, passe en Ouganda et se jette dans le lac Victoria au nord de Bukoba.

Nicodème maintenant raconte complaisamment nos aventures à qui veut l'entendre. Il s'attable avec des amis de rencontre dans quelque gargote de village et mène la conversation sur notre voyage. Après l'avoir accompli, il s'en montre fier quoique avec désinvolture. Comme il doit en rajouter, ses interlocuteurs s'écrient d'admiration, tout en se disant, je pense : « Quels imbéciles, ne savent-ils pas qu'on peut venir ici en bus ! »

Nicodème est à l'image de mes amis brésiliens du Mato Grosso. Un jour de 1974, j'avais tué par là-bas un grand tamanoir d'une manière peu commune à la région. Nous avions poursuivi l'animal un long moment à travers la brousse, réussissant seulement à le blesser d'une balle dans l'échine.

Mon revolver fut bientôt vide.

Restait mon poignard.

Je le dégainai et à cinq mètres tout au plus le lançai sur le tamanoir qui s'abattit, mon arme fichée dans le côté.

Les jours suivants, mes compagnons rapportèrent cet « exploit » dans les tavernes des fazendas. De verre en verre, la distance de mon lancer augmentait avec l'enthousiasme. Lorsque je quittai le pays, on racontait que j'étais capable de tuer n'importe quel fauve au poignard à plus de cinquante mètres…

Nous passons la nuit suivante non loin de Bukoba dans une maison abandonnée, harcelés par des armées de moustiques qui nous obligent à allumer un feu.

Et le 21 juin, vingt-quatre jours après mon départ de la source du Nil, j'aperçois d'une hauteur l'étendue immense comme une mer du lac Victoria.

V

En passant par le Kenya…

Bukoba, enfin…

Sous mes yeux s'achève la branche originelle du Nil : plaisir intérieur d'être allé jusqu'au bout.

La ville, bruyante, ne fait pas attention à nous. Après le vide de la brousse, nous voilà bousculés dans les rues, happés par la foule, plongés dans un anonymat total.

Une fois logés dans un quartier malfamé, nous partons à la recherche des fameuses chaussures vernies…

Nicodème trouve son bonheur dans une boutique du centre. Comme il aime le clinquant, il choisit une paire de souliers marron aux lacets colorés, de quoi épater son village, et s'en va ainsi, fier et content, son morceau de civilisation aux pieds.

Je me retrouve seul, très amaigri. Le miroir de ma chambre où courent d'infatigables cancrelats me renvoie une image aux traits creusés. Je laisse donc libre cours à ma faim et les jours suivants me gave jusqu'à la nausée. Je tombe même malade, victime une fois de plus de la boulimie consécutive aux privations.

Je me rends sur les bords du lac et contemple les îles qui le piquettent ici et là, pensant à ces eaux du Nil que je viens de suivre et qui se perdent dans cette immensité glauque pour renaître à l'autre bout, fortifiées, avant de repartir à travers l'Ouganda, le Soudan, l'Égypte.

Je songe à la suite de l'aventure.

J'ai prévu d'abandonner le Nil quelque temps et de contourner l'Ouganda par l'est. Je vais manquer toute une zone de cataractes et de lacs mais en m'enfonçant à pied dans les régions semi-désertiques du Nord-Kenya et du Sud-Soudan, je sais trouver mieux : deux des tribus nilotiques les plus primitives du continent, les Turkanas et les Toposas.

Pour traverser leurs territoires je dois partir du bourg de Lodwar, près du lac Turkana – ex-Rodolphe – et, cheminant au nord-ouest puis à l'ouest, rejoindre Juba sur le Nil. Soit environ 600 kilomètres de brousse à parcourir. Au moins quarante jours de marche.

Comme il est impossible de s'enfoncer dans cette région sans de sérieuses provisions d'eau et de nourriture, il me faudra trouver à Lodwar un ou deux pisteurs turkanas pour former une petite caravane d'ânes ou de chameaux.

Mais je dois d'abord gagner le Kenya et Nairobi pour préparer cette seconde partie de mon aventure le long du Nil. Sans m'attarder, je quitte donc Bukoba dans un vieux bus Leyland qui a connu de meilleurs jours. Mwanza, Mussoma, Tarime, Sirari ponctuent les soixante-douze heures nécessaires au voyage. Les pistes tanzaniennes sont défoncées, cahoteuses. On s'arrête pour des riens, pour manger, réparer, discuter. Les passagers traînent derrière eux d'invraisemblables bagages, valises de carton mal ficelées, ballots, sacs éventrés, bassines, animaux…

À Nairobi je me procure les vivres nécessaires à l'expédition :

– 1 litre d'huile tanzanienne,

– 1 kilo de sel kenyan,
– 4 kilos de riz malais,
– 500 g de thé indien,
– 20 boîtes de hareng polonais,
– 10 boîtes de sardines fumées anglaises,
– 10 boîtes de maquereau japonais,
– 4 kilos de pâtes italiennes…

Une poésie alimentaire cosmopolite comme je les aime au bout du monde…

À cela j'ajoute pour le troc un kilo de *tumbacco*, le tabac brut de ces régions, et me sens prêt à repartir.

Après une semaine il est temps de s'arracher au confort de la ville.

VI

L'accident

Comme la vingtaine de personnes en partance pour Lodwar, je me rue à l'assaut du camion dans une bousculade impitoyable… Pas de quartier, les bonnes places sont rares et la meute sans états d'âme : il y a là des hommes et des femmes, des vieux, des jeunes, des enfants, une énorme matrone qui ne s'en laisse pas conter et trois énigmatiques marchands somalis que leurs affaires appellent dans le Nord.

Nous sommes bientôt entassés dans la benne déjà pleine de sacs et de ballots, de caisses et marchandises diverses, amoncelés au milieu d'un bric-à-brac invraisemblable. Chacun cherche un coin pour s'installer, assis, allongé, debout, accroupi ou cramponné aux arceaux. L'amas informe ainsi constitué tressaute sur les cahots de la piste au même rythme que les bourrelets graisseux de la matrone qui chante à tue-tête des hymnes religieux, accompagnée par des femmes au regard langoureux.

C'est là l'étrange équipage qui par les pistes du Nord prend le chemin de Lodwar.

Tout le jour nous roulons dans une boue collante comme de la poix, traversant des paysages plantés d'euphorbes, d'aloès et d'acacias, noyés de brume et de pluie fine.

Les trois marchands somalis, le corps long et maigre, prennent des attitudes de seigneurs dominant la masse des Noirs.

Ils voyagent avec de petits sacs.

L'air mystérieux.

Le sourire fin.

Mâchonnant du khat avec désinvolture.

Ce sont trois frères et ils commercent je ne sais quoi entre les frontières du Kenya, du Soudan et de la Somalie.

Ils m'apprennent que les chameaux de la région de Lodwar sont réservés à l'élevage mais que je n'aurai aucune peine à me procurer des ânes de bât.

En fin d'après-midi le camion aborde une zone montagneuse faite de reliefs hérissés de pics. La piste, très étroite, commence à grimper et descendre, longeant des ravins touffus coupés de torrents où le camion tangue comme un navire au milieu de la tempête. Nous avançons à peine plus vite qu'un homme au pas, dans un bourbier infernal. Deux heures après la tombée de la nuit il faut stopper dans un village, dormir sur des nattes hâtivement déroulées et ne songer à repartir que le lendemain.

Le sommeil ne profite guère à la grosse matrone. Au petit jour, ivre morte, elle s'agrippe à mon bras et se met à chanter à pleins poumons en me jetant des regards d'ogresse en mal de chair fraîche. Le chauffeur, je m'en apercevrai plus tard, n'est pas dans un meilleur état...

Le voyage se poursuit sur la même piste glissante, dans des régions de plus en plus reculées. Des femmes apparaissent, vêtues de peaux tannées et de ceintures de cories. Elles ont de grands anneaux passés dans les oreilles et les cheveux tressés à la boue.

En les regardant, les trois Somalis me disent que les gens de ces territoires sont tous des sauvages…

– Nous ne craignons rien ici, me précise le plus jeune en mâchant son khat. Mais à quelques kilomètres de cette piste nous risquons de recevoir une flèche. Savez-vous que les hommes de ces tribus doivent tuer quelqu'un avant de se marier pour faire la preuve de leur courage ?

Ses deux frères me racontent les mœurs « épouvantables » de ces peuplades primitives et leur façon animale de vivre. J'imagine assez leurs paroles dans la bouche de quelque colon blanc des premiers temps de la conquête de l'Afrique. Le racisme est bien la chose du monde la mieux partagée et le mépris des peuples différents le plus répandu des sentiments. Mais si le racisme chez nous, se tempère aujourd'hui d'un peu de culpabilité venue de notre histoire collective, il n'en est pas de même ailleurs où il s'affiche parfois avec beaucoup d'arrogance : les Pygmées sont des bons à rien pour les Bantous, les Macuje d'Amazonie des sauvages pour leurs voisins Macuna, les Hazaras d'Afghanistan de pauvres bougres incultes pour les Pachtouns, la liste est interminable. Tous les peuples du monde ont leurs « races inférieures »…

Peu après le départ le camion se trouve bloqué dans une pente et se met à patiner. La boue gicle de tous côtés, les pneus fument mais n'arrivent pas à mordre dans le magma gluant de la piste.

Le chauffeur, perdu dans son rêve éthylique, s'obstine, donnant de furieux coups de volant, accélérant, reculant.

Soudain, la roue arrière gauche bute contre un talus et le lourd mastodonte se penche sur le côté.

Un instant il semble hésiter, au point de rupture de son équilibre.

Puis d'un coup il se tord dans une sinistre lenteur et bascule sur la piste, s'écrasant dans un fracas de tôles broyées, de sacs éventrés, de cris et de gémissements.

Debout à l'arrière, j'ai eu le réflexe de plonger dans le sens opposé de la chute. Je me relève avec une simple estafilade à la main droite. La plupart des voyageurs n'ont pas eu cette chance. Heureusement des véhicules suivent et l'on m'aide à dégager les corps étouffés par des amoncellements de sacs de farine.

Pas de morts en apparence. La grosse matrone, dégrisée, pousse des cris hystériques, assise sur le talus.

Près d'elle, une jeune fille s'est évanouie, la cuisse transpercée par une barre de fer.

Le plus âgé des trois Somalis, sous l'effet du khat, sourit béatement, indifférent à tout, perdant son sang.

Il n'y a évidemment ni ambulance, ni médecin, ni téléphone. Une voiture embarque les blessés. En un lieu aussi désert ils ne trouveront pas à être soignés avant des heures.

Je panse sommairement ma main et prends place dans un autre camion poursuivant sur Lodwar.

Je ne peux rien faire de plus.

Nous quittons la montagne au bout d'une heure pour une plaine qui va en se desséchant au fur et à mesure de notre avance. Bientôt un semi-désert au sol de terre sableuse planté d'épineux nous environne de toutes parts. Au bord de la piste que coupent des oueds à sec, des hommes nus armés d'arcs nous regardent passer d'un air détaché.

Nous entrons dans une région d'une grandeur sauvage.

Enfin, dans le lointain, se dressent des montagnes en chapeau chinois et au pied de l'une d'elles, Lodwar, bourgade perdue aux confins de ce qui semble être un autre monde.

DEUXIÈME PARTIE

TERRES ARIDES

Soudan, juillet 1978

Ils se matérialisent sans bruit, à quelques mètres du feu qui crépite, et restent là.

Debout.

Sans mot dire ni sourire.

Intégralement nus, ils s'appuient sur des lances acérées, et d'épais boucliers de peau ornés de plumes sont accrochés à leurs avant-bras ; certains portent des haches rudimentaires passées sur leurs épaules : ce sont de magnifiques guerriers aux visages tatoués de cicatrices, les lèvres et les oreilles percées d'ornements d'ivoire ou de cuivre.

VII

On l'appelle « petite hutte »

Debout devant moi dans la lumière du jour, Benson attend ma réponse près du vieux chef qui l'accompagne, drapé dans une toge de peau.

La chaleur est accablante. Elle s'agrippe à nous et mêle à la sueur de nos corps la poussière des troupeaux qui cheminent au loin.

Une senteur âcre se dégage du sol surchauffé.

Les mouches bourdonnent.

Personne ne bouge : Benson me fixe, les yeux brillants de l'enthousiasme de ses dix-huit ans. Derrière lui, le vieillard s'appuie sur une canne qu'il caresse de ses doigts déformés, le regard perdu dans sa barbiche blanche.

Deux heures auparavant, j'ai fait part au « district officer » de mon intention de rallier le Nil à pied avec un pisteur turkana et la nouvelle n'a pas tardé à se propager…

Benson s'est présenté le premier : un visage ouvert et naïf, des jambes grêles passées dans un short élimé, une casquette sale posée de travers sur la tête.

C'est un de ces Turkanas sédentarisés comme on en voit beaucoup à Lodwar.

– *Sir*, m'a-t-il dit d'une voix timide, je m'appelle Benson Etambo. Ça veut dire « petite hutte » dans ma langue. Je ne sais pas pourquoi mes parents m'ont donné ce nom, mais c'est comme ça. Le chef raconte que vous allez partir au Soudan à pied. Quelle aventure ! J'aimerais bien aller avec vous, *sir*, très loin. Ici, je ne fais rien. J'ai pas de famille. Emmenez-moi avec vous. Je m'occuperai de tout, vous verrez. Je sais faire beaucoup de choses et je connais la brousse. Pas très loin d'ici, mais je la connais quand même. Je suis Turkana, vous aurez besoin de moi…

Et il s'est tu, le regard plein d'espoir. Une telle ardeur m'a étonné. Je suis plus habitué à m'entendre traiter de fou ou d'inconscient.

– Je vais jusqu'en Égypte, lui ai-je répondu. C'est très loin, à l'autre bout de l'Afrique.

Alors, il s'est approché à me toucher, m'a pris le bras très doucement pour me dire : « *Sir*, j'aime l'aventure. » Il a prononcé ces trois mots d'un ton si sérieux que je n'ai pu retenir un sourire. Il y avait quelque chose de pathétique dans son attitude volontaire, si différente de la langueur du vieillard à nos côtés.

Benson veut voir sa vie à travers le miroir de l'aventure. La terre qui l'a vu naître, plus généreuse pour les troupeaux que pour les hommes, ne peut rien lui offrir de ce qu'il désire. Depuis longtemps il n'attend qu'un signe pour échapper à l'univers dont il se sent prisonnier.

Tout ce qu'il possède tient dans un petit coffre de bois cerclé de fer dont la clé pend à son cou. Un temps j'ai eu la même dans d'autres aventures. Il est libre d'attaches comme je le suis et ne songe qu'à découvrir le monde, prêt à tous les risques pour se mesurer à ses routes incertaines.

Un compagnon idéal a priori. Parce qu'il me ressemble…

J'hésite cependant. Pour m'accompagner jusque sur le Nil, j'ai besoin d'un homme sûr qui n'abandonnera pas en chemin.

Je cherche encore à jauger l'esprit d'entreprise de Benson.

Atteindre Juba sur le fleuve représente plus de 600 kilomètres à parcourir à pied dans des territoires le plus souvent semi-désertiques.

Un dur chemin en perspective.

Je saisis une branche morte et penché sur la terre trace pour Benson l'itinéraire des jours à venir. Le jeune Turkana observe mes arabesques de tous ses yeux où brille une joie qui me rassure.

La première grande étape avant le Nil passe par le bourg de Kapoéta au Soudan, à peu près à mi-parcours. Une piste très peu fréquentée y conduit. On la dit impraticable sur de nombreux tronçons, courant au fond d'oueds dans des ravines impossibles. Certains racontent qu'au moment des pluies il faut interrompre son voyage des semaines entières.

De toute façon, je n'ai pas l'intention de m'engager sur cette piste.

– Il faut d'abord aller à Kapoéta, dis-je à Benson en me relevant. Ce ne devrait pas être trop difficile, même à travers la brousse.

– Non *sir*, approuve Benson. On trouvera des Turkanas partout et pour l'eau on se débrouillera. Il y a des puits.

D'une caresse de ma botte, j'efface la carte sur le sol :

– On passera aussi par les villages de Kakuma et de Lokichokkio. On pourra s'y reposer et trouver des vivres. Peut-être même y a-t-il des missions ?

– Je ne sais pas, *sir*. Je ne connais pas là-bas. Alors, vous m'emmenez ?

Je regarde un instant les troupeaux au loin dans leur halo de poussière, le vieux chef qui s'endort sous le soleil, enfin Benson qui attend toujours, inquiet.

– All right, dis-je en souriant de son plaisir. On part ensemble pour Kapoéta. Ensuite nous verrons…

VIII
Étranges Turkanas

Lodwar, non loin du lac Turkana, est sans conteste le terminus des voyageurs partis à la découverte du Nord-Kenya. Peu s'enhardissent plus avant vers le Soudan ou l'Éthiopie. On s'arrête en général au seul lodging du bourg avant de s'en retourner très vite, à moins qu'on ne choisisse de longer les rives du lac où vivent les plus gros crocodiles du monde.

Lodwar représente le centre de l'ethnie Turkana qui appartient, avec les Karamodjong, les Toposas et quelques autres tribus apparentées, au groupe nilotique des Karamodjas dont l'aire d'habitat s'étend de l'Est ougandais au sud du Soudan et au nord-ouest du Kenya.

L'aridité du pays a depuis toujours contraint ces populations à l'élevage et à la transhumance aux époques les plus sèches. Le bétail, vaches, moutons, ânes, chèvres, chameaux, est devenu pour eux le moteur de la vie sociale, leur principale richesse et la source de leur art.

Façonnés par leur terre, ces hommes sont de farouches guerriers qui croient en un dieu suprême et ne dédaignent pas la sorcellerie.

Leur principale occupation consiste à agrandir leurs troupeaux en pillant ceux des voisins…

Cette avidité de posséder jointe à l'amour mythique qu'ils portent à leurs bêtes – surtout à leurs vaches – est à l'origine de guerres incessantes entre tribus qui mènent des razzias les unes chez les autres dans des batailles souvent féroces. On ne compte plus les guerriers tombés au combat pour quelque belle Hélène à quatre pattes…

Ces tribus sont restées très attachées à leur culture. Dispersées dans la brousse par petits groupes, elles respectent toujours la complexité de l'organisation sociale en classes d'âge, la polygamie, les règles d'exogamie et les devins.

Isolés dans leurs territoires, ces hommes ont opposé une vive résistance à la colonisation jusque dans les années trente et celle-ci n'a jamais réussi à s'imposer tout à fait dans la brousse.

Lodwar est ainsi à la périphérie d'une zone géographique parmi les plus primitives du globe et qui s'étend jusqu'au Soudan et à l'Éthiopie. Là, outre les Karamodjas vivent les Karo, les Mursi aux femmes-à-plateaux, les Bodi, les Bumé, les Batchas, les Baris, les Rendilles et bien d'autres encore.

La ville, bâtie autour d'un oued ombragé d'acacias, est à l'image de ce qui l'entoure : sauvage et fascinante comme une oasis au milieu du désert.

Peut-on d'ailleurs appeler ville ce rassemblement de huttes dispersées jusque très loin dans la brousse ? On trouve bien dans le centre quelques habitations en dur, basses, délabrées, au style colonial languissant, un poste de police, des bâtiments administratifs, une mission, mais tout cela comme posé au hasard sur le sol poudreux, sans rues véritables, au milieu des bosquets d'épineux dont c'est là le royaume incontestable, parmi les troupeaux de chameaux, de chèvres ou de moutons qui vont et viennent d'un pas tranquille.

Lodwar, c'est d'abord le grand campement des Turkanas avec ses innombrables huttes et ses centaines d'hommes, de femmes et d'enfants, venus de tous les horizons, attirés par la ville et ses plaisirs, mais qui pour la plupart parviennent à rester eux-mêmes.

On peut en voir partout, assis sous les arbres à discuter interminablement ou déambulant chez les marchands arabes et somalis en quête de visions nouvelles, aussi anachroniques au milieu des camions et des rares voitures que des banquiers en complet trois pièces au cœur d'une jungle impénétrable…

Les hommes, grands et nus, se drapent dans des toges de peau ou de tissu ocre, exhibant parfois leur sexe. Leurs têtes s'ornent de parures de plumes plantées dans des chevelures imposantes teintées et tressées à la boue.

Ils vont noblement.

Un air de fierté sur le front.

Seuls ou par groupe, le pas indolent, la tête bien droite, un poignard circulaire au poignet, un petit siège en bois poli passé à un biceps par une courroie de cuir.

Quand ils se rencontrent, ils se serrent la main en hurlant presque les salutations rituelles, puis, avec des gestes mesurés, infiniment souples et portés par l'habitude, ils font glisser leur siège le long de leurs bras noirs et musclés, le posent bien à plat derrière eux et s'assoient sans hâte avec une maîtrise parfaite de l'équilibre. C'est à peine s'ils peuvent mettre le tiers de leurs fesses sur ces minuscules sièges en forme de T mais ils semblent les tenir pour l'élément le plus raffiné de leur confort… Pour dormir sans abîmer leurs savantes coiffures, ils y posent la tête avec d'infinies précautions…

Les femmes ont les seins nus ou recouverts d'un plastron de cuir, les reins ceints d'une peau tombant jusqu'aux chevilles. Des dizaines de lourds colliers encerclent leurs cous des épaules à la nuque et s'entrechoquent au rythme de leurs pas.

Tous vont chaussés de sandales en cuir de vache et semblent ne rien vouloir porter qui leur soit étranger.

De tels hommes sont exceptionnels si près d'un foyer de civilisation. Les groupes primitifs touchés ailleurs dans le monde se clochardisent habituellement très vite, fascinés par ce qu'ils découvrent et soudain conscients de l'écart monstrueux qui les sépare des sociétés modernes. Le vêtement, immédiatement discernable à l'œil, est alors le premier signe d'acculturation d'un peuple, le signal de sa transformation imminente et de son manque d'intérêt pour sa propre culture.

Au premier abord, il n'y a rien de semblable chez les Turkanas de Lodwar. Du moins pour ceux qui viennent de la brousse.

Avec Benson je parcours la ville et ses environs à la recherche d'ânes pour constituer ma caravane. Comme les Turkanas nous devrons utiliser des animaux de bât pour le transport de l'eau et des vivres.

Nous marchons longtemps sous un soleil torride. La saison des pluies approche et la chaleur nous englue d'un poids presque insupportable. Je traîne la jambe, les yeux éblouis, la tête lourde.

J'aimerais partir avec des chameaux. Mais Benson me confirme qu'aucun Turkana n'utilise ces animaux pour voyager. Ils réservent ce rôle à leurs ânes, qu'ils ne montent jamais. Quelle évolution a donc suivie ce peuple pour négliger l'utilité première du « vaisseau du désert » alors que leurs voisins, les Rendilles, par exemple, l'ont découverte et mise à profit !

Malgré tous nos efforts, nos recherches restent vaines. Non pas que la région manque d'ânes, au contraire. Mais dans chaque kraal où je me présente, on exige des prix exorbitants, en rapport avec l'estimation que l'on se fait du poids de ma bourse…

– Écoute, finis-je par dire à Benson. On n'y arrivera jamais ainsi. Ces gens me croient riche parce que je suis Blanc. Mais je n'ai pas les moyens de payer mes ânes dix fois leur prix. Je vais rentrer au lodging et tu vas t'occuper seul de ce problème. Tu diras que tu veux acheter les ânes pour toi. Ça marchera mieux comme ça.

Benson file sans attendre et à ma grande surprise réapparaît moins d'une demi-heure plus tard, l'air joyeux :

– Ça y est *sir*, m'annonce-t-il d'une voix satisfaite. Tout est réglé. J'ai deux ânes, un mâle et une femelle, et leur équipement complet : 200 shillings le tout. Ça va ?

– Si ça va, Benson ? Mon vieux, tu viens de réaliser le premier exploit de l'expédition. Avec un prix pareil on pourrait s'acheter un troupeau. Où sont-ils ?

– Ne sois pas pressé. L'homme à qui je les ai achetés les gardera jusqu'à notre départ demain. Il les amènera ici ce soir et passera la nuit avec eux pour que personne ne les vole. Tu devras lui donner cinq shillings de plus, *sir*.

– Parfait Benson, mais tu peux arrêter avec tes *sir* ; je m'appelle Patrice, d'accord ?

– Yes, *sir*.

– Bon, je vois, ça viendra plus tard. Pour l'instant, retournons en ville. Il nous manque pas mal de choses.

Le reste de la journée est utilisé à l'achat de quelques provisions, de *tumbacco* supplémentaire, fort prisé par les Turkanas, et de jerricans pour le transport de l'eau. Les outres semblent inconnues dans la région et les calebasses, d'un maniement peu commode, ne me tentent guère.

Nous trouvons tout ce que nous cherchons chez les marchands arabes ou pakistanais qui tiennent boutique dans le centre. Benson se révèle un compagnon parfait. En moins d'une journée, cette expédition est devenue la sienne et il négocie les prix avec la détermination d'un vieux maquignon. Quand par lassitude je me refuse à marchander pour quelques shillings, il s'interpose et me dit d'un air de reproche : « *Sir*, tu n'es pas millionnaire, il faut économiser » et il repart dans d'âpres discussions où il tient tête au plus roublard des commerçants : débrouillardise, intelligence, finesse, je ne suis pas mal tombé avec Benson. Il s'assure à tout moment de la qualité des marchandises que nous emportons et ne me lâche pas d'une semelle comme si nous devions être attaqués par des pillards de la brousse…

Amusé, je le laisse faire. Il a l'œil à tout et ne se montre pas avare de conseils.

Je lui achète une solide paire de tennis et une nouvelle casquette contre le soleil. Ce qu'il porte aux pieds et sur la tête ne tiendrait pas quinze jours de plus. Enfin, je le décide malgré ses récriminations à accepter un salaire. Je tiens à ce qu'il sorte de notre odyssée muni d'un petit pécule.

Le soir, je m'endors d'un coup dans ma chambre nue du lodging. Le reste du monde peut bien aller où bon lui semble, j'ai ma caravane, et l'inconnu est devant moi.

Dehors, mes deux ânes braient de tristesse. Devinent-ils que ce sera à eux de supporter les plus lourdes fatigues d'un voyage qu'ils n'ont pas choisi ?

IX

Deux ânes et moi…

Au petit matin, Benson tambourine à ma porte :

– *Sir, sir*, c'est l'heure, on part.

Les premières lueurs du jour filtrent à travers les volets en fines raies de lumière tremblotante.

Je saute de mon lit de fer.

Les bagages sont prêts, ficelés, conditionnés.

Benson y ajoute le sien, un simple sac rempli de quelques vêtements et d'un drap pour la nuit. Il laisse son coffre de bois à une connaissance et ne s'en soucie guère.

Nous transportons notre attirail à l'extérieur près des ânes et de l'homme qui les garde. Une foule nombreuse les entoure : on ne voit pas tous les jours un Blanc jouer les Turkanas…

Nos deux ânes sont de petites bêtes au pelage gris coupé de deux bandes de crin noir qui vont d'un jarret à l'autre et du garrot à la croupe, comme de grandes croix posées sur leur dos. Le mâle, quoique minuscule, paraît bien assis sur ses quatre fins sabots noirs. Il a les jambes nerveuses, l'encolure solide. Mais son regard laisse deviner un cabochard peu commode. La femelle, plus trapue, semble moins énergique.

Debout sous le soleil naissant, ils attendent le départ en se frottant l'un contre l'autre. Ils prêtent tellement à rire que je baptise le mâle Laurel et sa compagne Hardy…

En un tournemain ils ont leurs bâts sur le dos. Ce sont de pesants cadres de bois en forme de W, tressés d'osier ou de boyaux d'animaux et que l'on attache par le ventre, la croupe et le poitrail à l'aide de cordes de chanvre. Cela fait, il nous faut encore répartir les charges et les équilibrer, puis ficeler entre elles les branches extérieures du W pour arrimer le tout. Sous les bâts, des peaux de chèvre servent de protection contre les frottements.

Sur un dernier signe d'adieu nous partons à la boussole vers le nord-ouest, laissant Lodwar derrière nous.

J'y ai passé moins de trente-six heures…

Nous avons à peine fait cinq cents mètres qu'un jeune garçon venant de la ville accourt en poussant de grands cris. Il porte un baluchon sur le dos et mouline le ciel de ses bras pour attirer notre attention. J'arrête la caravane et l'inconnu parvient à notre hauteur.

À peine essoufflé, il parlemente vivement avec Benson en me jetant de brefs coups d'œil.

– Cet homme s'appelle Kamaïs, explique le Turkana. Il va jusqu'à Kakuma et voudrait se joindre à nous. Il n'aime pas voyager seul…

Et il ajoute à voix plus basse, comme en confidence :

– Je crois qu'il aimerait bien que nos ânes portent son sac. Mais il connaît le chemin. Ce serait pas mal, *sir*.

Contrairement aux autres Turkanas, Kamaïs est petit et trapu. Il doit avoir notre âge et ne me déplaît pas avec son bandeau blanc autour du front, ses airs de pirate tranquille, son œil vif, son allure de simplicité et d'assurance. Je ne demande pas mieux que de l'avoir avec moi. Nous ne serons pas trop de trois pour mener les ânes qui menacent déjà de n'en faire qu'à leur tête.

– D'accord, dis-je à Benson. On l'emmène.

Le visage de Kamaïs s'éclaire d'un coup. Il me remercie d'un grognement, jette son baluchon sur Hardy et nous partons ensemble, les deux Turkanas devisant entre eux :

– Des histoires de femmes, me confie Benson avec un clin d'œil.

Jusqu'à ce jour, mes rapports avec les ânes ont été singulièrement limités et c'est à peine si j'ai à leur encontre les préjugés habituels.

Les hasards de l'aventure me transforment maintenant en ânier et je dois tout apprendre sur ces animaux.

Laurel et Hardy portent des licols autour du cou ou à travers les naseaux. Je crois donc qu'il sera très simple de les tirer derrière nous comme on mène des chevaux par la bride. Mais à chaque traction un peu trop appuyée, ils pilent des antérieurs et ne veulent plus rien entendre. Le front bas, butés, bramant de colère, ils se refusent à faire le moindre pas. Tirer davantage ne fait que renforcer leur détermination et ils s'arc-boutent définitivement sur leurs sabots plantés dans le sol.

Avec de pareils compagnons je ne suis pas près de revoir le Nil…

Changement de manière, nous les poussons devant nous à l'aide des cannes turkanas à gros pommeau dont nous nous sommes munis. Le résultat semble un peu meilleur mais les deux compères s'en vont au petit bonheur, broutant de-ci de-là sans se préoccuper de la direction à suivre. Nullement pressés, ils s'amusent encore à perdre du temps en se heurtant l'un l'autre, ce qui n'arrange ni les charges ni notre allure.

Bientôt je n'hésite plus à laisser Benson et Kamaïs utiliser leur méthode. Ces animaux à moitié sauvages sont trop peu soucieux de logique cartésienne.

– Tu vois, *sir*, m'explique Benson. Il suffit de marcher derrière eux en les encadrant de chaque côté. Comme ça, ils vont tout droit. Et pour qu'ils aillent plus vite, tu cries ou tu leur piques l'anus avec ta canne. Ou alors, tu traînes les pieds très fort. Ils ont peur et ils courent…

J'adopterai cette technique mais, quoi que nous fassions jamais, Laurel et Hardy se révéleront aussi peu coopératifs que possible. Ces deux ânes vont avoir le don prodigieux de susciter chez moi tous les sentiments, de la haine à l'amour, durant les quarante-deux jours de notre marche vers Juba…

Pour l'heure, je m'évertue sans beaucoup de succès à les faire avancer droit au milieu des paysages hostiles dans lesquels nous venons d'entrer et que nous ne quitterons pas avant trois semaines.

Le pays Turkana est fait de plaines et de plateaux arides, coupés çà et là de chaînes montagneuses. Nous cheminons trois jours sans encombre sous un soleil qui incendie le ciel d'une transparence vaporeuse. Sur notre route, nous foulons tantôt des sols de sable ou de terre poudreuse plantée de touffes rases, tantôt des champs de lave, noirâtres et sinistres, ou encore des étendues de cailloux tranchants qui se dérobent sous nos pas.

Mais nous sommes d'abord dans le monde de l'épine qui prend toutes les formes, du grand acacia au maigre bosquet. Il en pousse partout comme par négligence. Au passage, ces horribles plantes tendent leurs doigts griffus pour lacérer nos vêtements et nos peaux nues se marquent de fils rouges.

Seuls nos ânes ont pour elles une attirance d'amoureux transis. Ils se précipitent dessus et s'en gavent du matin au soir…

Des oueds à sec coupent régulièrement notre route. Nous dégringolons leurs flancs abrupts et friables pour progresser dans les fonds sableux où nous savons trouver quelques points d'eau. S'il n'y en a pas, nous creusons le sable de nos mains pour nous désaltérer d'une eau qui crisse sous les dents.

Partout nous croisons des troupeaux avec leurs pasteurs armés d'arcs et de flèches. Les Turkanas vivent très dispersés mais sont présents partout. Ils ne sont pas toujours accueillants mais ne nous montrent jamais d'hostilité contrairement aux Toposas que nous rencontrerons plus tard.

Tous vivent dans des campements de quelques huttes de branchages recouvertes d'écorce et de peaux de chèvre dont les couleurs ocre se fondent dans le désert. Autour d'elles se dressent des enclos faits d'épineux où sont enfermés les animaux la nuit.

De temps en temps, Benson ou Kamaïs rapportent de ces kraals des jarres de bois pleines de lait de chamelle encore tiède qu'ils boivent à grandes rasades ravies.

D'emblée nous adoptons un rythme de marche convenant aux animaux. Avec eux, impossible de respecter ces pauses horaires dont le principal mérite est de cadencer la marche en accoutumant le corps mais qui nécessiteraient ici un nombre considérable de chargements et de déchargements. Aussi partons-nous chaque matin à l'aube pour avancer d'une traite jusqu'à midi. Une halte nous repose alors au moment des grandes chaleurs et nous repartons en milieu d'après-midi pour continuer jusqu'à la tombée du jour.

Une telle progression pourrait être simple. Mais en route, il faut à chaque instant vérifier l'équilibrage des charges qui ont tendance à glisser d'un côté ou de l'autre, resserrer des nœuds, ou rebâter complètement l'une des bêtes.

La nuit, nous dormons dans quelque campement, sous la paix des étoiles, avec le sol dur pour litière, le vent caressant nos corps enroulés dans les couvertures près du feu qui rougeoie.

Alors, les chameaux parqués dans les kraals se cisèlent sur le ciel d'encre comme de grandes fresques mouvantes.

X

De plus en plus loin

Un jour, nous rencontrons une caravane menée par une vieille femme et un enfant sur les talons duquel trottine un petit chien noir.

En nous apercevant, ils s'arrêtent pour parlementer. Nous ne sommes pas si nombreux dans ce pays pour nous ignorer comme sur les trottoirs d'une grande ville…

– Ils vont dans les montagnes qui sont devant nous, traduit Benson. Ils voudraient que nous fassions route ensemble jusque-là.

La femme me sourit de sa bouche édentée en montrant la brousse avec insistance. L'âge et le soleil ont ratatiné son visage qui ressemble à une noix et ses seins morts flottent sur son ventre. Des nattes tressées à la graisse de chameau retombent sur ses épaules voûtées. Près d'elle, le chien grogne en mordillant les jambes des ânes qui lui envoient de courtes ruades. Le gamin, immobile, m'observe en écarquillant les yeux.

La perspective d'agrandir ma caravane pour quelque temps et de partager la vie de ces deux Turkanas n'est pas pour me déplaire. Sans doute irons-nous moins vite mais c'est un inconvénient mineur comparé aux avantages d'une marche commune. Mes contacts avec les clans de la région en seront sûrement facilités.

– Dis-lui que c'est d'accord, Benson. Ajoute aussi que nous sommes contents de voyager avec elle.

La vieille hoche vigoureusement la tête en riant, faisant tinter ses plaques de colliers et les bracelets entortillés le long de ses bras. Puis, sans se retourner, elle part en avant excitant les animaux de quelques coups de canne diaboliquement précis.

Nous voyageons deux jours ensemble, d'oued en oued, au pas lent des caravanes qui vont sans compter le temps et rythment leur marche sur celle du soleil.

Peu à peu je découvre Kamaïs. Il connaît parfaitement le pays et ses conseils nous sont plus utiles que tous les manuels du monde. Il chantonne en marchant, les mains posées sur sa canne passée entre ses deux épaules, crache avec une précision remarquable, et si d'aventure nous nous sommes procuré de la viande dans un campement, il n'en laisse pas un pouce sur les os, brisant même ceux-ci à coups de mâchoire pour en avaler la moelle :

– Cet homme est capable de manger une chèvre à lui seul, raconte Benson avec admiration.

Comme la plupart des Turkanas, Kamaïs ne se nourrit que de lait, de viande et de sang tiré de la jugulaire des animaux. C'est à peu près tout ce que la nature offre à l'homme dans ces régions précaires avec les produits d'un peu d'agriculture, de cueillette et de chasse. On n'y trouve rien d'autre et le désert a engendré des guerriers aussi fiers que durs à la souffrance.

Kamaïs se méfie ainsi des aliments inconnus. Il se refuse à manger des pâtes, croyant que j'avale des vers… Quant aux sardines en boîte que je lui montre un jour en riant, il ne veut pas croire que pareille chose soit comestible…

Je lui ai donné du *tumbacco*, comme aux Turkanas de rencontre, et je le vois à l'occasion piocher dans sa réserve pour le mâcher mélangé à du sel. Benson n'approuve pas :

– Ça rend ivre ces trucs-là, dit-il d'un air de dégoût. Ce n'est pas bon, *sir*.

Benson est à son affaire partout et je peux compter sur lui. Il vérifie l'état des vivres, suggère les rationnements, me freine même dans ma consommation de cigarettes pour que je n'en manque pas... Il ne se plaint jamais et de temps à autre, sa casquette de travers sur la tête, il me confie son plaisir de l'aventure.

Les haltes d'oued sont notre joie quotidienne car leurs bords touffus nous fournissent un semblant de fraîcheur pour nous soustraire à l'ardeur du soleil : ailleurs la chaleur est intense.

Dans ces oueds nous trouvons presque à chaque fois des puits de plusieurs mètres de profondeur, simples trous dans lesquels il faut se laisser glisser pour remplir les jerricans d'une eau ocre à laquelle viennent boire tous les troupeaux. Nous allumons ensuite le feu sur le sable entre trois pierres et cuisinons tout en devisant avec les Turkanas qui ne manquent pas d'apparaître.

Ces hommes ont une aptitude inouïe à surgir de nulle part et à disparaître aussi mystérieusement, comme avalés par une brousse magique.

Ils s'assoient généralement devant moi et commentent le moindre de mes gestes. Il y a chez ces Turkanas un curieux mélange d'indifférence et d'intérêt.

La vieille de son côté profite des haltes pour recoudre des peaux à l'aide de crin animal et d'une longue épine, ou se refaire une coiffure en femme coquette.

Seuls les ânes ont le don de nous exaspérer. La bagarre est continuelle avec eux, pour les conduire, les bâter, les retrouver après les pauses. Je ne connais pas d'animal aussi buté, borné, cabochard et têtu. Mais je suis apitoyé le soir, lorsque, fatigués de leur course du jour, ils braient désespérément dans la nuit.

Benson et Kamaïs m'enseignent l'essentiel sur ces ânes : comment les calmer au moment des chargements en leur tapotant le front, comment les obliger à se tenir cois en leur tordant les oreilles, comment protéger leur peau des frottements ou soigner leurs plaies avec de la terre et de la salive.

Puis nous entrons dans une brousse monotone qui un jour se parsème de termitières dures comme l'acier. Elles se dressent à trois ou quatre mètres du sol, appuyées sur des socles dont mes bras ne font pas le tour.

On croirait d'immenses cierges plantés par quelque tribu démiurge adoratrice du ciel…

XI
Brousse magique

Le sol criblé d'épineux semble flotter sous le soleil et s'évaporer dans l'air brûlant.

De ces ondulations surgit un homme semblable à ses frères Turkanas, grand, le corps fin, la tête droite et fière.

Sa coiffure de boue séchée piquetée de plumes tombe sur ses épaules. Il avance à longues enjambées, drapé dans sa toge de peau, son sexe balançant devant lui, sa canne à pommeau à la main, une rondelle d'ivoire passée dans la lèvre inférieure.

À son poignet droit il porte le poignard rond et aiguisé si redoutable dans les combats. Au bras gauche est accroché son siège de bois poli. Ses sandales de cuir soulèvent la poussière.

C'est un guerrier.

Il approche de son pas souple, infatigable, et lève le bras en apercevant Kamaïs.

– Edjoka, salut !

Notre compagnon, aussitôt, se porte à sa rencontre et le salue en retour. Puis ils se serrent la main dans les interminables congratulations d'usage.

– C'est un homme de son clan, me souffle Benson, tandis que nous attendons à quelques mètres.

Les salutations achevées, les deux Turkanas posent délicatement leurs sièges sur le sol et s'assoient face à face au milieu de l'immensité plate.

À n'en pas douter, ils se sentent orgueilleusement seuls, sans le moindre souci du monde extérieur. La terre pourrait s'ouvrir sous leurs pieds qu'ils lui accorderaient à peine un regard… Ils ont à discuter et le reste importe peu…

Comme tous leurs frères de race, ils ne peuvent engager de palabres sans paraître se disputer.

Ils ne parlent pas, ils crient.

À leurs expressions, à leurs gestes démesurés, on pourrait les croire en colère, furieux l'un contre l'autre, prêts à se prendre à la gorge.

Ils échangent des banalités de la brousse…

– Ils disent que la pluie est tombée au sud, me traduit Benson, et qu'elle a fait pousser de la bonne herbe pour les animaux. Ils parlent aussi des autres pâturages, des femmes de chez eux et de leurs amis. Rien que de bonnes nouvelles…

Un peu plus tard, nous faisons halte dans un campement à l'heure où les jeunes garçons rentrent les troupeaux qui emplissent nos oreilles de cris et de bêlements.

Nous nous installons non loin du kraal. Les huttes sont si étroites qu'il n'y a jamais de place pour Benson et moi. Hommes et femmes viennent ensuite s'entretenir avec nous et nous offrir du lait et de la viande en échange de *tumbacco*.

À la nuit tombée Benson m'amène une femme qui gémit :

– Un serpent l'a mordue à la jambe ce matin. Elle n'est pas bien. Tu peux faire quelque chose ?

J'approche ma lampe pour examiner la morsure mais la femme recule d'un coup en hurlant. Benson éclate de rire :

– Elle a eu peur d'être brûlée… Elle n'a jamais vu de torche, elle croit que c'est du feu…

Je ris à mon tour :

– Explique-lui qu'elle n'a rien à craindre. Je vais lui mettre un pansement et ça ira mieux demain. Le serpent ne devait pas être dangereux sinon elle serait déjà morte.

Benson traduit tandis que je nettoie la plaie. Quand j'ai terminé le pansement, la femme retourne sous sa hutte et je prépare les couchages. Benson sort alors le poignard dont je lui ai fait cadeau et qu'il a soigneusement aiguisé, et me souffle à voix basse d'un air mystérieux :

– *Sir*, ce soir, il ne faut pas mettre nos armes dans les sacs mais sous nos têtes. Ici, c'est pas sûr, on est près des montagnes et des bandits peuvent nous attaquer.

Je souris et demande en étendant ma couverture :

– Mais quels bandits ?

Il prend un air de conspirateur en s'allongeant près de moi, chuchote : « des pillards… On ne sait jamais » et, jetant sa couverture sur lui, il ajoute :

– Sous la tête, *sir*, sous la tête…

La vieille Turkana s'arrête tout à coup derrière un acacia.

Elle se retourne et nous fait signe que nos chemins se séparent. Elle doit rejoindre son campement tandis que nous continuons vers Kakuma.

Une séparation pour le moins rapide et sans manières…

Au beau milieu de la brousse…

Mais avant de nous quitter, elle parlemente avec Benson qui m'explique :

– La vieille trouve que c'est dangereux d'être seul comme toi dans ce pays. Si tu es d'accord, elle veut bien devenir ta mère adoptive.

Ma mère adoptive ? Quelle idée ! Je n'hésite pourtant pas. Dans ma situation, une nouvelle mère n'est pas à dédaigner…

– OK, dis-je en riant. Elle me plaît.

– Alors, vous devez échanger un âne. C'est la coutume chez nous.

Je ne me fais pas prier et Hardy change de main, échappant sans le savoir au sort peu enviable de Laurel… En contrepartie, je reçois un mâle de la même taille, qu'avec beaucoup d'imagination je baptise Hardy II. Celui-là n'a pas encore idée de la longue marche qui l'attend…

Ma mère semble enchantée de son acquisition. Elle flatte la croupe de l'animal et l'examine d'un air entendu sans un regard pour moi, son nouveau fils bien-aimé.

Je pourrais me sentir vexé.

Je me demande plutôt si je ne viens pas de conclure quelque mauvaise opération commerciale. Je le dis sans détour à Benson.

– Peut-être, s'étonne-t-il. Une femelle, c'est mieux qu'un mâle, ça fait des petits… Oui, peut-être. Tu crois qu'on s'est fait avoir ?

Je hausse les épaules. Je n'ai pas acheté Hardy pour me pondre des ânes et si cela peut faire le bonheur de ma mère, pourquoi pas…

– De toute façon, on ne peut pas le reprendre, dis-je, ironique. Tu vois d'ici ce qu'on raconterait dans les tribus de la région. Fils indigne… Voleur de sa mère et tout… Non, on ne peut plus.

Benson acquiesce de la tête mais stoppe mon bras lorsque je fais mine de prendre une photo de la vieille.

– Surtout pas, *sir*, s'exclame-t-il. Elle a très peur de ça. Hier, elle a dit que ces boîtes-là prennent l'esprit des gens, que c'est de la sorcellerie. Elle croit que le jour où tu regarderas son image, elle mourra.

Résigné, je range mon appareil et salue ma nouvelle mère avec tout le respect filial qui lui est dû. Elle rit, ravie, et sur un dernier signe, s'éclipse derrière sa caravane.

– Attachons les oreilles des ânes avec des lanières d'écorce, dit Kamaïs quand elle a disparu. S'ils entendent crier les autres, ils vont leur courir après.

L'opération demande moins de cinq minutes et nous partons à notre tour.

Désespérément, Laurel se met à pousser des beuglements de tristesse, cherchant à tourner sa bonne tête vers sa compagne perdue.

Durant deux jours, il appellera ainsi Hardy, heure après heure, l'encolure basse, l'œil éteint.

Puis il l'oubliera…

XII

Les clochards de la brousse

Plus nous avançons, plus la civilisation recule.

Devant nous, le pays devient chaque jour plus primitif.

Des troupeaux de gazelles s'enfuient au galop à notre approche et le soir, des bandes de chacals rôdent autour de nos bivouacs en hurlant sinistrement.

Seules des concentrations comme Kakuma ou Lokichokkio forment des oasis avec des marchands arabes ou somalis, des voitures de brousse, quelques missionnaires.

Ma peau est maintenant si brûlée de soleil que les Turkanas de rencontre me prennent pour l'un de ces marchands somalis qu'ils méprisent tant. Ils s'approchent alors des ânes et s'enquièrent négligemment du contenu de mes boîtes et de mes sacs, farfouillant à l'intérieur. Kamaïs et Benson les rabrouent, expliquant que je ne suis pas un vulgaire Somali. Surpris, ils marmonnent deux ou trois mots, me saluent de hochements de tête qui balancent leurs plumes d'autruche et repartent comme ils sont venus.

Enfin, au sixième jour depuis Lodwar apparaît la tache blanche de Kakuma.

Kakuma : dix échoppes de terre, une mission irlandaise recroquevillée sur elle-même avec son père et quelques sœurs, des rassemblements de huttes parsemant la plaine de bossellements couleur de rouille.

Nous y arrivons en poussant toujours nos ânes devant nous. Sur le seuil de leurs portes, les marchands somalis nous regardent passer, les mains sur les hanches. Ils ont des mines fières et poussent leurs ventres en avant, le regard dominateur : à leurs pieds, tels des sujets devant leurs princes, des Turkanas s'enivrent d'alcool local en se disputant des bouteilles. Ils gesticulent stupidement dans des rires d'ivrognes, vêtus de vieilles nippes européennes. Il ne reste rien de leurs savantes coiffures. Les plumes s'effilochent et la boue sur leurs cheveux est toute craquelée.

L'histoire de ces hommes est simple :

Ils sont venus un jour ici, ils ont vu une Jeep, un Blanc, des maisons solides, des marchands aux coffres de bois emplis de richesses inconnues. On leur a dit qu'ils étaient des sauvages et qu'on ne sortait pas ainsi, le sexe à l'air, sans se couvrir de honte. On leur a montré ce qui est bien et les avantages de la civilisation. Sans leur dire que leurs fils seulement pourraient peut-être en bénéficier.

Pour la plupart ils sont repartis, sans se retourner.

De leur long pas souple.

Ceux-là ont pu revenir sans rien perdre d'eux-mêmes. Mais quelques-uns sont restés, croyant pouvoir maîtriser cet univers nouveau. Ils n'ont eu accès qu'au plus facile, et leurs soi-disant bienfaiteurs s'en sont réjouis en secret.

Devenus clochards du monde moderne, sans défense et sans recours, ils regardent maintenant d'un œil torve leurs frères demeurés dieux de la brousse.

En traversant le village, nos ânes marquent leur fatigue, dodelinant de la tête, trébuchant sur la moindre bosse. Je décide de rester deux jours à Kakuma afin d'y prendre un peu de repos et d'acheter des vivres.

La mission irlandaise s'élève sur un tertre, un peu à l'écart. À tout hasard j'y dirige ma caravane pour y passer la nuit.

J'attache les ânes devant la porte du bâtiment et attends. Kamaïs est désormais chez lui et Benson s'est découvert un vague cousin dans les parages. Tous deux ont plaisir à trouver du monde et à échanger des nouvelles avec les Turkanas qui s'attroupent autour de nous pour mendier une tasse de thé ou un peu de nourriture.

Le missionnaire apparaît alors.

Plus exactement il se décroche d'une gravure du siècle dernier et descend jusqu'à nous.

Flegmatique et désuet.

Il est vêtu d'un costume colonial d'un blanc immaculé qui contraste avec la saleté et le désordre de la mission.

Surpris, j'examine l'homme, son short à l'anglaise, ses chaussettes montantes, sa chemisette légère. Il lui manque quelque chose…

Ah oui, le stick !

Il n'a pas de stick sous le bras pour souligner sa raideur… Dommage, me dis-je, il n'a sans doute pas assez lu Kipling ou alors garde le sens du ridicule.

Le missionnaire nous salue, très digne et compassé. Mes compagnons lui répondent respectueusement. Nous avons faim mais il ne nous invite pas à manger. Il nous désigne une pièce aux carreaux brisés par où le vent s'engouffre en rafales poussiéreuses et nous installons nos affaires sans grand enthousiasme.

Benson laisse errer un regard méprisant sur les lieux et conclut que s'il était le boy de cette mission, elle ne serait pas dans un état pareil… Kamaïs reprend son baluchon, jamais ouvert durant le trajet, et s'éloigne avec les animaux. Jusqu'à notre départ il se chargera de les nourrir et de les faire boire.

Je passe les premières heures à remettre en état le matériel très éprouvé par le voyage. Ensuite seulement je rends visite aux Somalis. Dans leurs échoppes sombres et fraîches s'amoncellent des sacs de farine, des fûts d'huile et de riz, des caisses de tabac, de grandes boîtes pleines de sucre fin, et sur les étagères la civilisation a déposé sa bimbeloterie douteuse : miroirs, verroteries, cotonnades criardes, sandales en plastique, pacotilles de toutes sortes. Partout s'entassent des piles à transistor, des lampes torches en fer-blanc, des lames de rasoir, des boîtes de conserve, de mauvais coffres de fer, des valises en carton bouilli, des jerricans et de lourdes cantines aux cadenas énormes.

Ces boutiques branlantes sont de véritables cavernes d'Ali Baba de la brousse.

Hautains, les marchands tournent dans ce bric-à-brac en poussant des coups de gueule. Ils se grattent cérémonieusement le ventre, frappent sur les doigts tendus des Turkanas qui se bousculent pour toucher, comptent leurs pièces de monnaie, et de temps à autre pèsent du *tumbacco* sur des balances d'acier jauni. Les acheteurs regardent la balance, le tabac que le marchand jette par pincées sur le plateau, et s'écrient, indignés, lorsque enfin celui-ci bascule :

– Quoi, c'est tout pour ce prix !

Je complète mes provisions et achète deux coffrets de fer destinés à la nourriture la plus fragile : riz, sucre, thé et sel.

Le lendemain, j'envoie Benson chez le chef du village, à la recherche d'un pisteur. Kamaïs va nous quitter et je me suis mis en tête de lui trouver un remplaçant jusqu'à Lokichokkio, le prochain village sur notre route vers le Soudan.

Car ni Benson ni moi ne connaissons le plus court chemin par les points d'eau.

Le Turkana revient dans l'après-midi, Kamaïs sur ses talons. Assis sur une hauteur, nous tenons conseil. De notre colline, le regard porte jusqu'à l'horizon dans un ciel tourmenté de nuages. Au loin vers le nord-ouest, se dessinent des montagnes aiguës.

– C'est dans ces montagnes que se réfugient les Turkanas quand la sécheresse tue les troupeaux, m'explique Benson. Mais les pluies vont bientôt arriver. Il faudra être prudent et ne pas dormir dans les oueds. S'il pleut, même très loin, ils grossissent d'un seul coup comme de vraies rivières. C'est très dangereux et terrible si ça arrive.

Le vent souffle comme chaque jour, polissant le sol et les pierres. Des chameaux s'en vont d'un pas paisible vers l'oued Tarach qui s'ouvre devant nous, bordé de végétation et de huttes.

– Ici, c'est très mauvais, reprend Benson. Les gens n'arrêtent pas de boire. Ils sont tous fous et très pauvres. Hier, on m'a cherché la bagarre dans les boutiques. Il vaut mieux partir de ce village et retourner dans la brousse. Même le Père n'est pas bon. Ce matin, j'ai voulu aller aux toilettes de la mission. Il n'a pas voulu. Il m'a dit que c'était réservé aux Blancs. Tous les hommes sont frères qu'il dit aussi dans son église. Tu parles !…

Puis il se tourne vers Kamaïs qui a posé son menton sur ses genoux et laisse errer son regard dans le vague.

– Le chef du village m'a proposé un type comme pisteur. Mais il ne vaut rien non plus. Kamaïs m'a dit que c'était un mauvais homme qui nous volerait en route. Il s'est saoulé pendant qu'on parlait et il voulait 200 shillings pour venir avec nous. C'est beaucoup trop cher. En tout cas, il faut s'en aller d'ici.

Kamaïs me met la main sur l'épaule :

– Je ne sais pas pourquoi tu veux aller à Lokichokkio et au Soudan. C'est très loin et c'est très fatigant. Mais l'autre Blanc pourrait t'aider.

– Tu sais, ce missionnaire n'est pas de mon pays et il ne nous a pas bien accueillis.

– Ah, s'étonne-t-il, mais je croyais que tous les Blancs c'était la même tribu !

Je ris de ce raccourci habituellement propre à mes compatriotes lorsqu'ils considèrent les Noirs et en quelques mots lui explique la multitude des peuples et des langues de l'Occident.

– Alors, c'est comme chez nous, fait Kamaïs encore plus ébahi. C'est la même chose.

Et il s'enfonce un moment dans des pensées insondables.

– Je veux bien venir avec toi jusqu'à Lokichokkio, finit-il par dire. Je veux bien puisque tu as besoin de moi. Tu me donneras ce que tu voudras pour me remercier, ça n'a pas d'importance.

Quoique touché de l'amitié que me témoigne le Turkana, je lui demande quand même s'il connaît le chemin.

Un instant il paraît interloqué. Puis il étend le bras devant lui et répond avec orgueil :

– Non, je ne suis jamais allé par là-bas. Mais cette terre est la mienne. Tout ce que tu vois d'ici est le pays des Turkanas. Je peux aller où je veux, dans les montagnes ou les plaines car partout c'est la terre des Turkanas. Sur notre route nous rencontrerons d'autres Turkanas et ils m'indiqueront la bonne direction, les puits pour faire boire tes ânes et les campements pour dormir. Tu vois, ce n'est pas difficile, c'est le pays des Turkanas.

XIII

Les fantômes de cendre

À le voir, on croirait qu'il vient de conquérir le monde.

Il est grand, assez âgé, et se tient drapé dans sa toge comme un patricien romain face à l'ennemi.

C'est le frère de Kamaïs.

Pour nous l'équivalent de la peste bubonique…

Il est arrivé juste avant notre départ pour réclamer notre ami qui lui doit je ne sais quelle corvée de pâturage. Depuis, Benson tente de plaider notre cause.

En pure perte. Le Turkana ne veut rien entendre.

Au bout d'une heure de palabres à n'en plus finir, d'offres de cadeaux, de menaces, j'abandonne la partie. Résignés, nous faisons nos adieux à Kamaïs qui se désole de ne pouvoir tenir la promesse qu'il m'a faite la veille. Peut-être espérait-il échapper à la fameuse corvée… Je le rassure cependant en mettant sur le compte du destin ce mauvais coup du sort…

Il ne reste plus qu'à prendre le cap à la boussole : 320 degrés vers Lokichokkio.

– Allez Benson, en route, nous trouverons peut-être un pisteur plus loin…

Pour une fois, les ânes se sont laissé bâter sans faire d'histoires et j'ai réparti leurs charges le plus savamment possible. Laurel porte les deux jerricans d'eau et mon sac à dos, Hardy II la réserve de conserves, les deux coffrets de fer, le sac à vêtements et le couchage.

Nous quittons Kakuma par une chaleur infernale. Il faut d'abord traverser l'oued Tarach. Mais ni Benson ni moi n'avons prêté attention à la zone sombre qui marque ses bords.

Mal nous en prend.

Car il s'agit de sables mouvants dans lesquels nos bêtes, qui vont devant, tombent presque aussitôt en s'enfonçant jusqu'au poitrail...

Terrorisés, les deux ânes secouent leurs membres grêles en tous sens, dégagent une jambe, s'appuient sur une autre qui s'enlise aussitôt, chutent, se relèvent d'un coup de reins terrible et finissent par retomber dans un braiment de désespoir.

Conjuguant nos forces, nous les tirons de ce piège, par la queue, les bâts, tout ce qui peut servir de prise. Crottés des pieds à la tête, nous faisons piètre figure. Heureusement ces marais ne sont guère étendus. Surgis avec les premières pluies, ils disparaîtront lors des crues qui rempliront l'oued.

Benson, parti en éclaireur, trouve un meilleur passage et nous abordons la rive opposée pour nous heurter aussitôt à une muraille d'épineux. C'est à la machette que je dois nous frayer une route pour retrouver l'air libre...

Durant deux jours nous ne varions pas notre cap d'un seul degré, obligeant les ânes à suivre la direction choisie. Hardy II s'impose comme animal de tête. Un coup de canne sur la droite du bât et il va à gauche, un coup à gauche et il va à droite. Nous le mettons devant et Laurel suit tel un petit chien fidèle.

Durant cette période ce dernier se rend insupportable. Il n'a aucune conscience du volume de sa charge et se jette souvent tête baissée dans les branches basses des arbustes, forçant sottement jusqu'à ce que son bât s'écroule. Le reste du temps, il nous lorgne de côté, attentif à nos moindres gestes. Dès que l'un de nous fait mine de lever sa canne, il accélère, trottinant avec des airs d'enfant pris en faute. Mais s'il nous arrive de le dépasser, ne serait-ce que d'une tête, il s'arrête, patiente un moment pour s'assurer que personne ne l'a remarqué et se met à brouter tranquillement. À la fin, il faut aller le chercher pour le remettre dans ce qui est à notre sens le droit chemin…

Peu à peu, la contrée devant nous se fait moins aride. Les premières pluies ont fécondé la terre et nos ânes se précipitent sur l'herbe qui tapisse le bord des oueds. À l'évidence ces pauvres bêtes se gavent habituellement d'épineux parce qu'elles ne trouvent rien d'autre à se mettre sous la dent.

Les zones d'acacias nains deviennent aussi plus denses et fréquentes. Ces arbustes de deux à trois mètres de haut poussent si serrés par endroits qu'ils forment de longues barrières d'épines. Nous les traversons à la queue leu leu, tirant les ânes par leur licol, taillant à la machette jusqu'à ne plus sentir nos bras.

À cela s'ajoute un vent de plus en plus puissant. Interminablement il soulève des tourbillons de terre et nos corps se criblent de mille pointes douloureuses.

Un soir nous trouvons une hutte isolée entourée de son enclos.

Des hommes nus l'habitent.

Leurs corps sont enduits de cendre grise pour les protéger des insectes et leur apparition dans l'obscurité naissante me laisse au cœur le sentiment d'une armée de spectres égarés parmi les humains.

Ces fantômes aux gestes lents vont passer des heures autour de nous, accroupis sur leurs talons, à commenter tout ce qu'ils voient et notamment mes bottes en disant que « ça, ce doit être bon la nuit contre les serpents ».

Ils n'ont jamais vu d'appareil photo et leur hutte, comme c'est fréquemment le cas dans cette brousse, ne contient aucun ustensile étranger à la culture turkana.

Et cela malgré la proximité de centres comme Kakuma où l'acculturation est déjà un fait.

Fascinante authenticité. Si la « civilisation » n'est pas encore partout présente, du moins ses objets rudimentaires pénètrent-ils dans les zones les plus reculées des jungles et des déserts, utilisant les voies énigmatiques du troc de tribu à tribu et des marchands ambulants : bassines d'aluminium, machettes, pièces d'étoffe, miroirs, perles sont parfois utilisés par des hommes qui ne sont jamais entrés en contact avec la culture qui les a produits.

Ici, ces objets sont rarissimes comme si les Somalis et leurs boutiques n'existaient pas. La fierté des Turkanas restés dans la brousse, leur attachement aux traditions, leur manque de richesses y sont sans doute pour quelque chose.

Ces hommes allument le feu par la méthode du frottement rotatif d'un bois friable et inflammable sur une pièce de bois plus dure, ils cuisinent dans des calebasses et ne se servent que de peaux, d'écorce, de terre, et de résidus de fer.

Benson tombe malade le 14 juillet.

Nous venons d'atteindre l'oued Natira au lit sablonneux comme une plage des îles, quand il demande à faire halte :

– J'ai la tête chaude, se plaint-il en s'adossant à un arbre, ça dure depuis deux jours. J'ai mal aux bras, j'ai mal aux jambes.

Inquiet de ces lamentations peu dans ses habitudes, j'arrête les ânes, décidé à bivouaquer sur place. Mais je n'ai pas achevé de décharger les bagages que Benson est pris de vomissements.

Aussitôt je l'installe dans mon hamac et lui fais avaler de l'aspirine. Je n'ose pas lui donner autre chose mais le rassure :

– On va rester ici le temps nécessaire. Le coin n'est pas mal et nous avons des vivres en quantité. On verra si tu vas mieux demain.

– Ce ne sera rien, Patrice, dit-il en s'efforçant de paraître gai, mais pour l'instant je me sens faible, très faible…

Je rattrape les ânes partis brouter et les attache à un arbre. Ils mangeront plus tard. J'installe rapidement le camp en carré autour du hamac et allume le feu pour préparer un repas à l'intention de Benson. Mais pris de violentes nausées, il ne peut rien avaler.

Comme toujours, des Turkanas jaillis de nulle part s'installent parmi nous. Derrière eux, comme un mirage, apparaissent des femmes superbes qui s'en vont puiser de l'eau. Les hommes portent des jambières de peau qui ajoutées aux toges et aux casques des chevelures leur donnent une étrange allure de soldats romains.

De son hamac Benson interroge un vieux guerrier à barbiche grise sur le chemin à suivre. Deux arêtes de poisson dépassent des lèvres de l'homme à la place des canines – ornement très prisé chez certains clans – mais cela ne l'empêche nullement de répondre à nos questions.

Il accepte même de nous accompagner jusqu'à Lokichokkio en échange d'une toge que je lui achèterai une fois arrivé là-bas.

Je lui demande son nom. Du doigt il m'indique une variété d'acacias qui poussent non loin.

Il s'appelle Ébégno, du nom de cet arbuste.

Comprenant que nous ne partirons pas sur-le-champ, le Turkana s'allonge en posant précautionneusement sa coiffure sophistiquée sur son siège de bois.

Les autres restent à me contempler jusqu'à la nuit. Ils s'intéressent vivement à mes boîtes de conserve vides. Ils les regardent par en dessous, les tournent dans tous les sens, caressent le métal brillant, jaugent leur solidité et les font finalement disparaître sous leurs toges.

Lorsque vient l'obscurité, je ravive le feu et cherche longtemps le sommeil.

C'est l'heure unique où la fatigue du jour aiguise la perception du corps. Ébégno est immobile, drapé dans sa toge comme dans un linceul. Les autres Turkanas ont disparu un à un, sans bruit. Benson se balance dans son hamac. Sur l'autre rive, des hordes de chacals hurlent la mort à tous les échos, se répondant les uns les autres dans une cacophonie lugubre.

Dans un coin, Laurel et Hardy II ronflent de la manière la plus indécente qui soit…

XIV

Farouches Toposas

Jusqu'ici, le semi-désert a été notre univers, la sécheresse notre lot et l'ardeur du soleil une épreuve permanente.

À partir de l'oued Natira, tout change.

Les chameaux disparaissent, le soleil ne daigne plus apparaître que rarement et la pluie s'installe dans nos craintes tant elle rend pénible notre progression.

La pluie…

Le matin du 15 juillet 1978, Benson cesse de vomir et peut enfin tenir sur ses jambes. Mais sa faiblesse demeure extrême :

– Ça va beaucoup mieux, dit-il cependant, on va pouvoir partir.

Doutant d'une amélioration durable de son état, je commets la maladresse de lui dire qu'il devra sans doute abandonner le voyage à Lokichokkio. S'il reste aussi diminué, il pâtira le premier d'une poursuite de l'aventure.

Les larmes aux yeux il me répond que nous trouverons peut-être un missionnaire pour le soigner et que de toute façon il a assez de forces pour continuer jusqu'au bout.

Quoi qu'il en soit, nous ne pouvons rester indéfiniment dans l'oued. Puisque Benson va mieux, il faut lever le camp et rejoindre Lokichokkio.

Une fois les bagages pliés, je donne le signal du départ.

Sa lance d'une main, sa canne de l'autre, Ébégno prend la tête de la caravane. Il mène les ânes d'une main de maître, frappant seulement quand il le faut, avec mesure, mais chaque fois aux endroits les plus sensibles. Il ne tarde pas à faire remarquer avec mépris que nos bêtes ne valent à peu près rien…

En début de matinée nous affrontons le premier orage de notre voyage vers Kapoéta.

Un ciel tumultueux, venu très vite à notre rencontre, s'ouvre d'un coup au-dessus de nos têtes, déversant des trombes d'eau glaciales au milieu du tonnerre et des éclairs.

Nous n'avons qu'un poncho et une bâche plastique pour nous protéger. Ils vont en priorité recouvrir le matériel et nous restons sans défense…

La marche se poursuit ainsi sous la tornade. Je connais peu d'épreuves aussi pénibles quand on n'a même pas l'espoir d'un asile prochain où se sécher.

Bientôt nous sommes glacés jusqu'aux os. Alors, Ébégno n'y tient plus. Pour se protéger du froid il ôte sa toge et complètement nu, claquant des dents, il continue à croupetons.

Un vrai canard effarouché par la hache d'un paysan…

Benson et moi n'en pouvons plus de rire. Les bras repliés sur le ventre, la tête rentrée dans les épaules, les deux arêtes de poisson dépassant de ses lèvres comme des crocs, le grand guerrier n'a plus fière allure.

Quand une hutte abandonnée se présente par hasard non loin d'un oued, nous ne cachons pas notre soulagement. Les ânes sont déchargés en hâte, les sacs empilés dans la boue et le toit percé recouvert de la bâche.

Nous grelottons, transis.

Une cigarette passe de main en main, humide et tremblotante. J'allume ma pipe pour me réchauffer. Benson sort d'un baluchon la gamelle de riz au lait que je fais parfois cuire le soir pour l'étape du lendemain. Nous piochons dedans à tour de rôle, attendant une accalmie.

Elle survient au bout d'une heure, presque d'un coup. L'orage passe et s'en va dévaster d'autres régions. Un rayon de soleil timide se fraye un passage entre deux nuages.

Alors, dans le silence revenu, nous entendons un fracas puissant provenant de l'oued.

– C'est l'eau qui arrive, s'exclame Benson avec une pointe d'admiration dans la voix. Écoute comme c'est fort. Elle vient des montagnes, elle doit tout emporter sur son passage. Heureusement que nous n'étions pas dans l'oued tout à l'heure. Mais comment allons-nous le traverser maintenant ?

– Rassure-toi, dis-je avec détachement, on y arrivera. Fais comme Ébégno, ne t'occupe pas de l'avenir.

Nous sortons de la hutte sous les dernières gouttes de pluie. Le froid nous semble toujours intense dans nos vêtements trempés. Je me déshabille presque entièrement et encourage Benson à m'imiter. Puis sous l'œil ébahi d'Ébégno toujours recroquevillé, nous nous mettons à courir autour de la hutte, accomplissant force mouvements. Lentement une douce chaleur gagne nos corps.

Cependant que nous gesticulons, des Turkanas aussi mouillés que nous apparaissent. Que peut bien signifier pour eux ce Blanc surgi de nulle part qui gambade autour d'une hutte ? Sans m'arrêter je les salue d'un « Edjoka » et continue de plus belle.

Interloqués, ils se regardent un instant, puis s'assoient sur leurs sièges pour mieux observer la scène qu'ils commentent dans des hochements de tête sceptiques…

L'oued, grossi par les pluies, charrie une eau tumultueuse encombrée de gravats et de branches qui tourbillonnent dans le courant.

Spectacle impressionnant.

D'un long sillon, sec comme un sarment de vigne, la nature a fait d'un coup un véritable torrent.

Comme toujours les ânes s'engagent stupidement dans le passage le plus difficile, là où le flot les emporterait. Ils ne s'y prendraient pas autrement, si, las de l'aventure, ils avaient décidé de mettre fin à leurs jours…

À grands cris, je leur fais rebrousser chemin et nous cherchons un gué praticable que nous trouvons entre deux berges abruptes coupées d'une faille transversale.

Benson s'y aventure le premier, tirant Hardy II par son licol. Ils dévalent la pente qui s'effrite sous leur poids, touchent l'oued dans de grands éclaboussements et avancent en tâtant le lit à la recherche du moindre piège.

Je les suis avec Ébégno et Laurel. Lorsque l'eau bouillonnante commence à battre leurs flancs, les deux ânes entonnent des braiments d'effroi… Nous les poussons sans ménagement pour leur ôter tout désir de revenir en arrière.

Bientôt leur tête seule émerge de l'écume, pauvre chose secouée de droite et de gauche. Mais ils ont pied et tiennent bon.

Nous continuons à les pousser ainsi, les soulevant presque, hurlant des encouragements. Enfin l'autre rive est atteinte. Hardy II plante ses antérieurs dans la boue, réussit à faire un ou deux mètres mais retombe en arrière dans une glissade qui le ramène vers l'eau furieuse. Lourdement chargés, les deux ânes ne peuvent y arriver sans nous.

Ils sont comme hébétés.

Nous les saisissons un par un, halant, tirant, portant, jusqu'à ce que nous soyons tous les cinq en sûreté de l'autre côté.

Le franchissement de l'oued, pourtant étroit, nous laisse abattus. Sans enthousiasme je songe à ce que risque d'être la suite du voyage si les pluies continuent de la sorte.

Inquiétude prémonitoire.

Car les jours suivants apportent une suite continuelle d'orages.

De véritables déluges.

Aussi la scène de la traversée de l'oued se répète-t-elle un nombre incalculable de fois. Ces oueds semblent naître du sol comme par enchantement. Nous marchons couverts de boue, les chaussures pesantes, les yeux constamment levés vers le ciel dans la crainte de nouvelles épreuves.

En même temps, la pluie apporte avec elle tous les insectes de la terre. Moustiques et taons, jusqu'alors inconnus, nous laissent peu de répit, même la nuit. Quant aux crapauds, ils mêlent leurs coassements aux aboiements des chacals pour nous tenir souvent éveillés jusqu'à l'aube.

Durant cette période, nous vivons trempés jour et nuit. Laurel et Hardy II montrent un épuisement alarmant, Benson avance tel un somnambule et je suis pour ma part éreinté.

Seul Ébégno se dit en bonne forme et en tire vanité. Benson finit par lui répondre vertement que s'il était parti comme nous de Lodwar, il ne montrerait pas tant d'ardeur…

Aux approches de Lokichokkio nous découvrons la piste de Kapoéta qui se coule au pied de reliefs noirs dont les pics se perdent dans la brume. Elle est coupée d'oueds et de crevasses de plusieurs mètres de profondeur.

La piste disparaît presque dans la plaine suivante, mais nous atteignons Lokichokkio en quelques heures.

Le village s'étend autour d'un oued verdoyant bordé des habituels rassemblements turkanas.

La fin de l'étape a été harassante et cette sorte d'oasis est comme un réconfort. Le désert inhospitalier du Sud-Est nous paraît loin, comme enfoui dans nos mémoires et nos jambes douloureuses.

La frontière du Soudan est proche maintenant. Une ou deux journées de marche tout au plus. Aussi Lokichokkio possède-t-il un petit poste de police.

Aussi endormi qu'un âne sous le soleil…

Le premier policier qui m'apparaît est un gros sergent dépenaillé. Il se traîne jusqu'à nous : l'archétype parfait du fonctionnaire oublié au fond de la brousse par son administration.

L'homme nous offre une cahute de tôle en guise d'abri et grogne quelques mots inintelligibles lorsque je lui demande des nouvelles du monde…

Nos relations vont se limiter à ces onomatopées et un vague tampon sur mon passeport. Pas une question, pas la moindre curiosité, je pourrais aussi bien ne pas exister. Tant mieux pour une fois…

Je décide de rester deux jours à Lokichokkio. Il faut soigner Benson, reposer les ânes qui n'en peuvent plus et réparer le matériel.

Il y a au village un jeune missionnaire et une sœur. La sœur examine Benson et décrète une crise de malaria. Je lui achète la quinine nécessaire et quelques doses de cheval administrées séance tenante le rétablissent en deux jours.

On ne parle plus de se séparer avant Kapoéta.

Je me procure aussi deux nouveaux bâts, ceux de Lodwar étant hors d'usage.

Puis je vais trouver le marchand somali du village pour nous réapprovisionner en vivres. L'homme a dressé boutique dans une baraque de terre qui s'élève de guingois au bord de l'oued. Je le découvre assis sur une caisse, l'air abattu. Lorsqu'il m'aperçoit, son œil se rallume et il entame comiquement une longue litanie sur les aléas de la vie de commerçant au bout du monde.

Il me vend une partie de sa réserve de haricots et je lui fais part de mes projets. Alors, changeant de sujet il m'entretient des risques du voyage. À l'en croire, les Toposas dans le territoire desquels je vais m'engager ne me laisseront pas vivant…

J'entends ces propos un peu partout. Ils inquiètent Benson. Les Toposas ne sont pas les meilleurs amis des Turkanas et une solide réputation les précède : on les dit particulièrement primitifs et agressifs.

– N'allez pas en pleine brousse, monsieur, me soufflent certains, penchés vers moi comme pour me transmettre de mystérieux secrets. Personne n'y va d'ailleurs. Pour quoi faire ?

– Et puis, affirment d'autres avec des gestes théâtraux, c'est rempli de lions, d'éléphants, de bêtes cruelles là-dedans. Elles seront sur vous avant que vous ne les entendiez. Elles attaquent par surprise vous savez, traîtreusement, à toute vitesse, et elles vous digèrent aussi vite, comme ça, crac, d'un coup de dents…

Et leurs yeux roulent méchamment pour me faire sentir l'horreur de ce qui m'attend.

– Et les Toposas, ajoutent quelques-uns avec une répugnance à peine dissimulée, des sauvages nus sans éducation, des pillards. Ils vous voleront tout. Si ça vous arrive et ça vous arrivera, estimez-vous heureux de sauver votre vie. Au moins, prenez la piste, les Toposas par là sont moins fous, ils voient passer du monde…

À toutes ces histoires, je ne réponds rien. Je hoche moi aussi la tête et adopte l'air navré de celui qui n'a plus d'autre choix que d'achever ce qu'il a commencé.

XV

La malédiction des Toposas

Il arrive pendant que nous sellons les ânes et s'appuie nonchalamment sur sa canne pour nous observer, la tête penchée sur le côté, un peu à l'écart des autres villageois venus assister à notre départ. Sa silhouette est élancée, ses épaules fines, son visage lisse, presque immobile.

Je ne dis rien et continue à charger les animaux, aidé de Benson, jusqu'à ce que tout soit prêt.

Alors, sans doute satisfait de son examen, le Turkana s'avance et me salue :

– *Edjoka !*

– *Edjoka.*

Il tourne un instant autour des ânes, d'un air faussement indifférent.

– Kapoéta est très loin, étranger, dit-il.

– Hmm, très loin…

Je resserre une sangle qui paraît trop lâche sous le poitrail de Laurel.

– Et la route est très longue.

– Hmm, très longue, Turkana.

– On m'appelle Ekrata. Ça veut dire « arbre ». Je connais cette brousse. Et les Toposas aussi. Ce sont nos ennemis mais je les connais. Donne-moi un bon salaire et tu n'auras pas d'ennuis avec eux. Je te conduirai jusqu'à Kapoéta.

Benson se penche vers moi. Son œil brille d'intérêt et il me souffle à l'oreille :

– Il faut accepter, *sir*. Avec lui on ne sera pas attaqués. Il est sûr… Tout seuls, nous n'y arriverons pas.

J'observe l'homme quelques secondes :

– OK, dis-je à Benson. Vois avec lui pour l'argent.

Le marché est conclu en quelques secondes et sans plus de formalités Ekrata prend la tête de notre colonne, n'emportant rien d'autre que ses vêtements et sa lance.

Nous quittons Lokichokkio sous un soleil revenu qui fige la boue dans une dureté de pierre. D'un seul élan nous franchissons l'oued vers le nord-ouest, nous enfonçant dans des champs de lave bordés de courtes falaises.

Une odeur douceâtre se dégage du sol chaud et le piétinement de nos pas résonne comme un roulement de tambour irréel.

Dans l'après-midi nous faisons halte sur un col venteux que nous avons atteint après une longue montée. À nos pieds la plaine court jusqu'à l'horizon dans le moutonnement de millions d'arbustes épineux.

On croirait des vagues immobiles qui se donnent la main.

Au loin, à la rencontre du ciel et de la terre se dresse une montagne pointue dont les contours se liquéfient dans la lumière. Ekrata tend le bras vers elle et dit simplement :

– *Kapoéta.*

Nous y serons dans quatre ou cinq jours.

Nous passons cette nuit-là dans le dernier village turkana de la région.

Le lendemain nous entrons dans les territoires toposas, plus verdoyants, avec de vrais arbres et de vraies rivières.

Nous franchissons la frontière soudanaise quelque part dans la brousse, entre deux buissons sans doute. Aucun d'entre nous ne pourrait le dire avec certitude.

Et je suis le seul à me préoccuper d'un tel détail…

Les Toposas se signalent d'abord par leurs troupeaux de vaches efflanquées qui errent en quête de nourriture. Ces grandes bêtes portent aux flancs les marques de leurs propriétaires et leurs cornes, modelées pendant la croissance, ont toutes les formes imaginables : guidons de vélos, lyres, amphores…

Pas une n'est semblable à sa voisine.

Personne ne semble garder ces troupeaux. Parfois cependant, une silhouette furtive et bondissante se laisse entrevoir au travers des fourrés. Mes deux Turkanas devisent à voix basse en jetant des coups d'œil par-dessus leurs épaules.

– Ils ne se montrent pas, me souffle Benson, inquiet. Mais ils sont là. Ils nous surveillent. Il ne faut surtout pas s'approcher de leurs vaches.

Les premiers Toposas apparaissent lors d'une halte alors que nous mangeons à l'ombre d'un grand acacia.

Ils se matérialisent sans bruit, à quelques mètres du feu qui crépite, et restent là.

Debout.

Sans mot dire ni sourire.

Intégralement nus, ils s'appuient sur des lances acérées, et d'épais boucliers de peau ornés de plumes sont accrochés à leurs avant-bras. Certains portent des haches rudimentaires passées sur leurs épaules : ce sont de magnifiques guerriers aux visages tatoués de cicatrices, les lèvres et les oreilles percées d'ornements d'ivoire ou de cuivre.

– Ils viennent voir qui nous sommes, me jette Benson sans cesser d'avaler son chapati. Ne dis rien, laisse faire Ekrata.

Le Turkana se met à parler sans se lever, avec des gestes expressifs, la voix douce puis brusquement rauque, le ton conciliant puis soudain agressif.

Il parle en homme qui connaît son affaire.

Les Toposas écoutent en silence. Leurs peaux noires tachées de poussière se coupent de rigoles de sueur qui luisent sous le soleil.

Ils ne bougent pas d'un pouce, laissant seulement errer leur regard sur notre campement.

À l'instant exact où Ekrata achève de parler, ils sortent de leur immobilité : d'un coup ils se précipitent sur nos boîtes de conserve vides en se criant mutuellement je ne sais quoi et disparaissent aussitôt.

Je reste stupéfait :

– Eh bien, dis-je à Benson, je n'ai jamais vu ça. Ces Toposas me mettent mal à l'aise. Qu'a dit Ekrata ?

– Beaucoup de bonnes choses. Mais il a surtout expliqué à ces gens que nous allions simplement traverser leur territoire sans voler leurs vaches et qu'ils n'avaient rien à craindre. Maintenant, ça va se savoir partout. Peut-être qu'on nous laissera tranquilles.

Devant nous, la brousse se fait peu à peu plus riche, les sentiers d'hommes plus fréquents, les animaux plus nombreux. Nos pas croisent le cheminement de tortues terrorisées par notre approche ou la course d'antilopes qui s'en vont au loin, inaccessibles.

Des vautours nous regardent passer parfois, perchés dans les arbres, avant de reprendre leur vol pesant dans de grands claquements d'ailes.

Inlassablement des taons se placent dans le sillage des ânes. Les pauvres bêtes s'affolent sous leurs piqûres. Munis de branchages, nous flagellons leurs croupes et leurs encolures ensanglantées qu'il faut bientôt couvrir de pansements tant ces blessures s'enveniment avec le frottement des bâts.

Un soir, nous campons sous des arbres et je peux installer mon hamac recouvert de sa bâche plastique. Le ciel menace une fois encore.

Nous nous préparons au sommeil quand un Toposa solitaire fait irruption au milieu du bivouac, le visage fermé, sa lance en avant, la poitrine protégée de son bouclier.

Apparition inquiétante, agressive. Nous ne bougeons pas, retenant presque notre respiration.

Le Toposa semble aussi peu rassuré que nous.

Sans dire un mot il inspecte notre installation, regarde le hamac, les ânes. Puis, aussi silencieusement, il s'éclipse vers la brousse en me laissant au coin du cœur un vague sentiment d'insécurité.

Il pleut à verse toute la nuit.

Benson et moi dormons tête-bêche et Ekrata se réfugie sous le hamac où il reste pelotonné. Entre deux averses qui tambourinent sur la bâche je me moque de lui. Car il n'a rien emporté pour se protéger de la pluie, m'affirmant avec morgue qu'un Turkana ne craint pas les orages…

Quand on interroge l'un de ces guerriers sur ses besoins en voyage, il estime généralement la question sans intérêt. Un rien suffit aux Turkanas et ils n'emportent leurs maigres effets que pour de longs déplacements ou une migration. En voyage, ils agissent de même pour leur alimentation, laissant à la providence le soin de les nourrir. Ils jeûnent donc plus qu'ils ne ripaillent et portent à la nourriture l'admiration sans bornes des hommes habitués à vivre avec la faim. Ekrata m'affirmera par la suite que si je suis capable de bien remplir le ventre d'un homme de la brousse, quel qu'il soit, il me suivra n'importe où…

À l'aube, tout est trempé.

Je déteste ces réveils lugubres après la pluie, entre la brume qui flotte, le bourdonnement des moucherons et les arbres qui s'égouttent en flip-flops mélancoliques.

Le Toposa de la veille choisit ce moment pour réapparaître. Mais cette fois il amène en renfort une demi-douzaine de ses congénères. La lance à la main ils examinent mes bagages.

L'œil cupide.

Me demandant en grognant de leur donner à peu près tout ce que je possède :

« Ohoo, ohoo », fait l'un en désignant mon poignard d'un geste de son bouclier. « Ouho, ouho », gronde un autre en montrant les ânes. Et certains déjà ramassent mes cordes dans des gloussements de joie ou s'approprient les couvertures qu'ils tournent en tous sens pour en palper l'étoffe.

Benson et Ekrata se taisent, peu rassurés, attendant que je décide d'une réaction. À voir faire les Toposas, je comprends que si je n'interviens pas sur-le-champ, je me retrouverai dépouillé jusqu'à ma dernière chemise.

Perspective peu réjouissante en un tel lieu…

Un coup de lance est vite donné mais je n'ai pas le choix, il faut que je réagisse malgré les risques. Je m'interpose donc, le sourire aux lèvres mais reprenant d'autorité les cordes, les couvertures, les ustensiles de cuisine.

Un pari dangereux.

Nos visiteurs peuvent être impressionnés par cette attitude ou au contraire rendus plus agressifs encore… Je joue le tout pour le tout.

Devant mon assurance les Toposas restent interloqués un instant puis se mettent à trépigner.

Ils sont furieux.

Certains vocifèrent des injures, d'autres brandissent leurs armes, mieux vaut ne pas s'attarder.

Je presse les deux Turkanas et nous sellons les ânes en un temps record. Notre aplomb tranquille doit dérouter les Toposas car ils n'osent pas nous empêcher de plier le camp.

Nous quittons le bivouac sous leurs imprécations.

– *Sir*, ils jettent des malédictions, me dit Benson tandis que nous nous éloignons, poussant les ânes. Ils veulent qu'on se noie dans l'oued Loyuro que nous traverserons ce soir ou demain…

Un peu d'effroi passe dans la voix du Turkana. Je m'étonne :

– Tu crois vraiment à ces histoires ?

– Ô *sir*, ne te moque pas. Chez nous, c'est très grave ces choses-là.

– Mais enfin, dis-je, tu ne voulais tout de même pas que je me laisse piller par ces types. Qu'est-ce qu'on ferait maintenant ?

– Non, non, tu as raison, ces Toposas sont très méchants. Mais quand même, la malédiction c'est pas bon…

Je ris :

– Écoute, l'oued Loyuro, je le passerai le premier, d'accord ? On verra bien si je me noie…

Jusqu'au soir des groupes de Toposas nous escortent de loin en loin. Certains surgissent sur nos flancs, parlementent avec Ekrata d'un ton rogue et disparaissent aussi subrepticement. Pas un seul ne sourit et ces rencontres empreintes d'hostilité me sont plus pénibles que l'appréhension des lions ou des éléphants dont nous apercevons souvent les traces mais que nous ne voyons jamais.

Peu avant la nuit nous atteignons l'oued Loyuro gonflé par les pluies.

Ses flots charrient une eau creusée de violents tourbillons.

Mais je le juge peu profond. Moins d'un mètre cinquante à coup sûr. Il n'y a à mon avis aucun obstacle à le franchir et je décide de tenter l'aventure sans attendre pour ne pas marcher mouillé le lendemain.

Mes deux Turkanas hésitent à s'engager dans la rivière. Visiblement, les malédictions du matin résonnent encore à leurs oreilles. Une fois les ânes déchargés je prends un de mes sacs et avance dans le flot boueux.

Le courant se révèle puissant mais il est possible de lui résister en avançant en crabe.

Quant à l'eau, elle atteint à peine ma ceinture aux pires endroits. En moins de cinq minutes je franchis la vingtaine de mètres séparant les deux rives.

Je crie à mes compagnons :

– Vous voyez, je ne suis pas mort. Les Toposas racontent n'importe quoi. Allez, faites passer l'un des ânes.

À coups de canne ils poussent Laurel dans l'oued, aussi effrayés que lui. Mais ils ont à peine quitté la berge que l'animal se cabre et refuse de faire un pas de plus. Les Turkanas n'osent pas le forcer comme si leur volonté s'était envolée avec les menaces des Toposas.

Je les encourage de mes cris mais rien n'y fait.

À la fin, je retraverse l'oued, saisis Laurel et le propulse sans ménagement devant moi. Il est bientôt de l'autre côté et les deux Turkanas, rassurés de me voir toujours en vie, se décident enfin à m'imiter avec Hardy II. Puis le matériel est transbordé en quelques passages et un quart d'heure plus tard nous dressons le bivouac entre les racines d'un grand arbre.

Le feu illumine la nuit et nous trouvons le repos parmi une bande de singes qui se chamaillent dans les feuillages jusqu'à l'aube.

Le soir suivant, nous abordons un village toposa, le premier que nous rencontrons, véritable hameau fortifié constitué d'une trentaine de cases coniques protégées d'une palissade.

Nous approchons de l'enceinte et Ekrata parlemente avec quelques hommes. Nous sommes comme des chevaliers hélant la garde au pied d'un château fort pour demander l'hospitalité au seigneur des lieux…

Précédés d'un groupe de guerriers, nous pénétrons à l'intérieur. Une dizaine de jeunes filles se précipitent sur nous en piaillant. Certaines ont la tête rasée, d'autres les cheveux tressés à la graisse, en courtes nattes, mais toutes sont vêtues de peaux tannées décorées de perles. Des colliers pendent à leurs cous et des bracelets tintent à leurs poignets.

Impudentes et lascives, elles jacassent entre elles en se moquant de nous et de nos ânes crottés.

– C'est un village de vieillards, fait Ekrata avec mépris en examinant l'endroit. Il n'y a pas beaucoup de jeunes et ce sont les femmes qui commandent. C'est une mauvaise chose ça. Regarde, tu leur as donné du *tumbacco* et elles ne nous apportent même pas une jarre de lait.

Et de dépit il crache entre ses jambes.

Malgré ce que peut dire Ekrata, ce village dénote une richesse bien supérieure à l'austérité du désert Turkana. Ici on plante du mil que des femmes pilent sur des pierres, les cases sont fraîches et spacieuses, bien construites, les troupeaux dans leurs kraals semblent robustes et les hommes comme les femmes portent des parures d'une grande beauté.

Sous un arbre, des vieillards bavardent en attendant la nuit. Ils ont beaucoup d'allure et je les salue avec plaisir. Leurs barbiches s'inclinent doucement sur leurs maigres poitrines et pour la première fois je vois sourire des Toposas…

La nuit se met à tomber lorsqu'on nous installe dans une case sans toit. Des femmes nous ont suivis et s'amusent encore à nos dépens. Puis un homme arrive qui d'un geste les disperse.

Alors l'inconnu s'accroupit face à moi et d'un morceau de tissu sort une petite pierre jaune qu'il me montre à la clarté de la lune. J'examine la pierre.

De l'or !…

Une pépite d'or.

D'une jolie taille.

– Cet homme vient des oueds de la montagne, traduit Benson. C'est de là-bas qu'il ramène l'or. Il dit qu'on en trouve beaucoup et que les Somalis aiment ça. Il demande si ça t'intéresse.

Un instant des images d'aventures fabuleuses défilent devant mes yeux. Je n'ai qu'à dire un mot pour suivre ce Toposa et vivre à ses côtés quelque chose de sans doute exceptionnel. Puis, je revois le Nil. J'ai un but et ne dois pas m'en écarter.

– Dis-lui que je ne veux pas d'or et que je ne suis pas Somali. Je pars demain pour Kapoéta et sa montagne est très loin…

Sans un mot l'homme remet la pépite dans son bout d'étoffe, me salue, et sa lance sur l'épaule disparaît dans l'ombre.

Cette nuit-là et d'autres encore, je vais rêver à cette aventure que j'ai écartée comme on laisse passer une chance de la vie.

Le lendemain 23 juillet 1978 nous cheminons dans une contrée parsemée de nombreux hameaux toposas. Nous approchons à nouveau d'un foyer de civilisation et les hommes croisés sur notre route ne sont plus aussi agressifs qu'au milieu de la brousse malgré les arcs et les flèches portés par certains.

En milieu d'après-midi nous découvrons enfin Kapoéta. J'y parviens heureux et satisfait.

Mais j'ai à peine parcouru la moitié du chemin qui doit me ramener sur le Nil.

XVI

Kapoéta

Au Soudan, rien ne va plus…

Tout manque, à commencer par la farine, le sucre et l'essence.

De véritables restrictions de guerre.

Un véhicule peut rester bloqué des semaines faute de carburant et une région entière souffrir de disette sans qu'on le sache dans la capitale, à des milliers de kilomètres de là.

La carence des voies de communication dans ce pays grand comme cinq fois la France donne le vertige : les pistes vers le nord sont impraticables des mois durant, les rares avions restent aussi fantasques qu'imprévus et la voie navigable du Nil – entre Juba et Kosti – n'est empruntée que par quelques barges et des steamers datant de l'époque coloniale.

Bref, c'est la déroute…

Un seul avantage à cette situation : éloigner les hordes touristiques… Qu'elles viennent du nord ou du sud, d'Égypte ou du Kenya, ces armées d'envahisseurs modernes s'arrêtent aux frontières du Soudan.

Devant moi désormais, je ne trouverai plus que des savanes sauvages au sud et des déserts intouchés au nord.

Un morceau de planète resté à l'écart du monde.

Dans les échoppes de Kapoéta – sœur jumelle des bourgades du Nord-Kenya – je découvre le bric-à-brac habituel de pacotilles et d'objets courants.

Ekrata y dépense l'essentiel de sa paie. S'estimant indécent il troque son pagne pour un short et quelques tee-shirts qu'il me fait admirer.

Il ne comprend pas mon haussement d'épaules. Il me rappelle Moïshé et Ismaël, deux Indiens Muinani qui m'avaient accompagné durant la descente du rio Cahuinari en Amazonie colombienne, dans un territoire quasi inexploré. Nous avions passé des semaines à pagayer sur ce fleuve au milieu d'une nature extraordinairement vierge, comme il n'y en aura plus dans vingt ou trente ans. Puis nous avions atteint la civilisation et le village de La Pedrera.

Un autre univers.

Une *lancha* brésilienne de commerce venait d'accoster, apportant des villes de l'Est sa cargaison d'objets manufacturés. Leur argent en poche, les deux Indiens étaient partis jeter un œil sur ces merveilles. Ils étaient revenus habillés de pantalons verts, de chaussettes rouges et de chemises jaunes…

Je revois encore leurs mines réjouies, leur façon gauche de marcher. Se sentaient-ils davantage des hommes parce qu'ils ressemblaient aux Blancs ?

Le soir, ils avaient subtilisé la pirogue et s'étaient laissé entraîner dans un village voisin pour se saouler jusqu'à l'aube en compagnie de pauvres bougres clochardisés.

Tristesse…

Benson non plus n'est pas à l'abri de ces tentations frelatées. Un après-midi, il arrive, traînant un gros poste radio en plastique rouge. Un Soudanais l'a convaincu d'acheter l'appareil qui ne vaut pas grand-chose.

Pauvre Benson !

Il a mieux à faire de son argent et je le lui dis sans détour. Déçu, il rapporte le poste et me garde peut-être un peu rancune de l'empêcher d'acquérir la promotion sociale attachée aux transistors…

De temps à autre nous allons flâner dans les gargotes du village. Benson s'y sent comme moi en terre étrangère. À l'intérieur de ces cases au sol de terre battue on sert du thé sur des tables poisseuses agglutinées les unes contre les autres.

Il y a toujours foule.

Benson observe tout et vante son pays à qui veut l'entendre. Ce Kenya maintenant lointain prend dans sa tête la dimension d'un pays de cocagne : la viande y est moins chère, le thé meilleur, les arbres plus grands…

On l'écoute plein d'admiration ou avec des sourires sceptiques. Comme tant d'autres, Benson ne prend conscience de son appartenance à sa communauté qu'éloigné d'elle. Mais il tombe tête baissée dans le piège classique de l'idéalisation…

Nos aventures communes m'ont convaincu que je ne peux trouver meilleur compagnon sur le Nil et nous souhaitons continuer ensemble. Hélas, le chef de poste lui interdit d'aller plus loin.

Benson ne possède pas de passeport, il n'a pas de visa et il y a au-dessus de nous des lois qui n'autorisent pas à passer les frontières sans papiers.

Le XXe siècle laisse Benson à la porte.

Pas d'autre choix pour lui que de regagner le Kenya avec Ekrata. Mais il ne restera pas à Lodwar. Balayant tout confort intellectuel, toute prudence financière, j'ai accepté de l'aider à venir à Paris…

Mais les Champs-Élysées sont à des années-lumière de la brousse turkana. Aussi ai-je mis une condition : qu'il apprenne d'abord le français à l'Alliance française de Nairobi. Je paierai ses études et s'il les mène à terme en se débrouillant seul pour le reste, je lui chercherai du travail en France.

Les deux Turkanas partent peu après dans le camion d'un marchand pakistanais qui va tenter de passer par la piste malgré les pluies. Benson porte mon poignard à la ceinture et dans la poche son petit pécule serré contre un mot d'introduction pour un ami de l'ambassade. Il se sent probablement capable de trouver du travail à Nairobi et d'apprendre très vite le français.

À mon retour à Paris, je recevrai une lettre de lui. Il a commencé à étudier, me dira-t-il, mais la vie est impitoyable dans la capitale. Il veut me rejoindre sans attendre. Je lui rappellerai notre accord : s'il ne peut se débrouiller seul à Nairobi, il n'aura aucune chance en France.

Quelques mois plus tard, on me renverra le chèque destiné à payer ses études de français.

Benson a renoncé.

Il n'a pu surmonter les obstacles de la grande ville et s'en est retourné à Lodwar.

Peut-être est-ce mieux ainsi.

En attendant, j'ai à préparer la suite du voyage.

Mon intention première est de poursuivre vers Juba comme jusqu'ici, sans utiliser la piste conduisant au Nil. L'étape de Lodwar m'a comblé à cet égard. Mais il me faut à nouveau un ou deux solides pisteurs.

Dès le lendemain de mon arrivée je demande à rencontrer le chef toposa du village. Hélas, il est en

Ouganda pour mettre fin à une guerre entre Karamodjas et Toposas. Des vols de troupeaux sont encore à l'origine du conflit qui, m'explique-t-on, a refréné l'ardeur combative des Toposas envers les Turkanas.

Il paraît même que c'est pour cela que je suis arrivé entier à Kapoéta…

Je cherche donc par moi-même, mais sans résultat. Je n'obtiens même pas de renseignements valables sur les régions que je compte traverser au nord de la piste. Mes informateurs ne sont jamais d'accord. Une seule certitude, ils me promettent les pires ennuis avec des tribus hostiles si je m'aventure dans cette région.

À en croire tout le monde, je cours à une mort certaine…

Comme à Lokichokkio, ces réactions éveillent en moi davantage d'intérêt que de crainte. J'ai l'habitude maintenant des exagérations de la brousse. Bien qu'ils ne m'aient pas réservé un très bon accueil, les Toposas ne m'ont pas dévoré tout cru…

Mais après plusieurs jours de recherche je dois me rendre à l'évidence : personne n'accepte de m'accompagner.

L'inconnu est pour moi le sens même de l'aventure mais il représente d'abord inconfort, dangers et difficultés pour les hommes de Kapoéta. Ils n'ont que faire d'aventure. C'est une préoccupation de nanti…

Les pisteurs éventuels refusent, comme c'est souvent le cas, de dépasser les limites du territoire de leur tribu.

Je ne peux pourtant pas partir seul. Le voyage depuis Lodwar prouve qu'il me faut au moins un compagnon pour mener les ânes.

Au cours de mes recherches, j'ai fait la connaissance de deux marchands, Farouk et Ibrahim.

Le premier, un Arabe du Kordofan, est une sorte de bouddha doré et poilu dont les yeux de cocker et les cheveux grisonnants inspirent confiance. Le second est un Noir filiforme toujours vêtu d'une galabieh immaculée et coiffé d'un galurin de feutre coquettement piqué d'une plume.

Un après-midi, comme nous parlons dans leur case du temps exécrable et des pluies qui transforment Kapoéta en bourbier, je leur fais part de mes tentatives infructueuses pour rejoindre Juba :

– C'est que vous voulez passer trop au nord, m'explique Farouk avec un petit geste de ses mains potelées. Vous ne trouverez aucun pisteur toposa dans ces conditions, croyez-moi.

– Et puis, par ce chemin, vous allez mettre des mois, renchérit Ibrahim. On dit qu'il y pousse des herbes plus hautes qu'un homme, infranchissables. Sans parler des rivières, de véritables rivières, n'est-ce pas…

– Nous avons interrogé des Toposas sur ces coins-là, reprend Farouk. Ce qu'ils nous ont dit n'est pas rassurant. Vous savez que ce ne sont pas des gens très pacifiques. Eh bien malgré ça ils ont la frousse des tribus de cette région. Vraiment, n'allez pas par là, vous allez vous faire attaquer dans les collines. Vous n'avez même pas de fusil pour vous défendre.

J'écoute ces tirades, accablé. Je m'imagine déjà croupissant des semaines à Kapoéta sans espoir de repartir comme je l'entends.

– Il y a pourtant une solution, finit par dire Farouk en jetant un coup d'œil à Ibrahim qui opine de la tête. Voyez-vous, tout au long de l'année, nous achetons des vaches aux tribus toposas des environs, puis nous les réunissons en troupeaux que nous faisons convoyer jusqu'à Juba ou Torit, une petite ville à mi-chemin.

Ce sont des Toposas d'ici que nous chargeons de ce travail. Ils prennent le plus court chemin, tantôt par la brousse, tantôt par la piste. L'un de nos troupeaux part justement demain pour Torit. Si le cœur vous en dit, accompagnez-le. Vous y serez en moins d'une semaine. Bien sûr, vous passerez plus au sud que vous ne le souhaitez et de Torit vous serez obligé de continuer par la piste jusqu'à Juba, mais c'est beaucoup mieux que de ne jamais partir avec vos ânes…

Je réfléchis à peine avant d'accepter la proposition des deux marchands. Elle est ma seule porte de sortie. Et puis, à la réflexion, ces « cow-boys » soudanais représentent une aventure inattendue, sans m'éloigner de mon but.

Il faut parfois se laisser entraîner par le destin et lui faire confiance…

XVII
Comment on devient « cow-boy »

Depuis le matin, quarante-deux postérieurs de vaches se trémoussent devant mes yeux, danse si surréaliste qu'elle en arrive à me fasciner. Mais les propriétaires de ces arrière-trains gélatineux sont des bêtes de choix, belles et énormes, surmontées de garrots graisseux.

Le devant vaut le derrière : ces drôles de vaches, avec leurs poches sous les yeux, leurs bajoues et leurs rides n'ont rien à envier à des grands-mères bougonnes. Noires, brunes ou blanches, elles trottinent gaillardement vers leur destin de viande fraîche impatiemment attendue par les habitants de Torit.

Derrière elles courent six hommes et un enfant qui malgré leurs cannes et leurs cris ont bien du mal à conduire en droite ligne ce bétail mugissant. Tous portent sur l'épaule des lances qu'ils ne quittent jamais et quelques-uns ont posé sur leur tête des sacs remplis des aliments du voyage : farine, huile, sucre et sel, thé, lamelles de viande séchée.

Leur chef est un Toposa noueux et plein d'humour du nom de Lokotoya.

J'apprendrai par la suite que Farouk l'a personnellement chargé de veiller sur moi. Son second s'appelle Shôl. C'est un jeune Dinka qui sait quelques mots d'anglais et que le bon marchand a rajouté à la troupe à mon intention.

Tous ces hommes sont des « acculturés » qui parlent l'arabe soudanais, vivent à proximité d'un grand centre et travaillent de temps à autre. Comme leurs frères qui ont vendu ces vaches, ils connaissent la valeur de l'argent et apprécient son pouvoir.

Des traditions, ils ont cependant gardé le sens de l'hospitalité et une certaine fraternité. Mais ils méprisent déjà le seul d'entre eux qui ne comprend pas l'arabe. Le malheureux sert de tête de Turc. Houspillé à la moindre occasion, il est chargé des corvées les plus pénibles et porte le sac de nourriture le plus lourd...

Nous marchons droit devant nous par la piste ou coupant à travers les hautes herbes.

De toutes parts nous encadrent des montagnes d'une étonnante beauté, souvent d'un noir profond, comme saupoudrées de suie, et parsemées de pains de sucre ocre qui émergent de ravines plus sombres.

Ces reliefs chaotiques vont nous suivre jusqu'à Torit au milieu d'une végétation de plus en plus épaisse.

Mes deux ânes se sont d'abord mêlés aux vaches. Mais elles n'ont pas apprécié l'intrusion et les ont envoyés bouler dans les fossés... Depuis, ils suivent à distance respectueuse sous ma surveillance et celle de Lokotoya.

Devant nous, le troupeau file à toute allure, excité par les hommes qui semblent vouloir battre je ne sais quel record. Laurel et Hardy II, toujours tenaillés par la faim, ne parviennent pas à tenir le rythme tout en broutant. De guerre lasse ils adoptent une tactique nouvelle. Ils galopent de leurs courtes pattes jusqu'au troupeau, s'arrêtent, soufflent, mangent et repartent lorsque nous parvenons à leur hauteur.

Malgré tout, ils finissent par exprimer leur énervement par des grognements de colère. La fatigue les gagne. Je les ai pourtant allégés au mieux et ils ne portent plus de réserves d'eau comme dans le désert turkana. Ces réserves sont maintenant au-dessus de nos têtes – dans le ciel qui tonne par intervalles et nous arrose à sa guise.

Hardy II chemine toujours devant Laurel et quand la soif le prend, il s'arrête au milieu d'une flaque, boit goulûment, puis, sans bouger d'un pouce, écarte les postérieurs pour uriner voluptueusement sous le nez de son compère…

Le premier jour, nous avons avancé onze heures à une allure d'enfer. Depuis, rien ne nous a ralentis. Ces Toposas sont de redoutables marcheurs. En les regardant, j'envie leur pas régulier qui semble pouvoir les mener au bout du monde. Marcher fait partie de la vie de ces hommes au même titre que manger ou dormir. C'est une activité parmi d'autres, naturelle et nécessaire, et ils l'accomplissent avec la même aisance, la même insouciance. Il faut des étapes inhabituelles pour les éreinter. Mais alors, ils se plaignent et trouvent rarement en eux-mêmes une raison de continuer.

Le second soir, les nuages et le soleil jouent avec les pics qui se profilent devant nous, les caressant de lueurs mauves et ondoyantes.

Puis la nuit vient et tout sombre dans un noir insondable. Alors, les « cow-boys » choisissent un village au bord de la piste et s'installent sur une esplanade. Nous sommes arrivés dans le territoire des Boyas avec lesquels les Toposas semblent entretenir des rapports ambigus. Ils les saluent de loin et restent discrets. Je comprends pourquoi mes compagnons s'imposent de transporter leur nourriture. Ainsi, ils n'ont rien à demander à personne qu'un vague coin pour dormir la nuit et parquer le bétail, ce que personne ne peut refuser dans la brousse.

Dans ce village, comme presque partout, je profite en tant que Blanc d'avantages qui ne sont pas octroyés à mes compagnons noirs, situation admise par tous mais qui me met mal à l'aise.

On parle souvent de l'hospitalité des peuples non technologiques. Elle est objectivement réelle. Mais d'autant plus importante que le bénéficiaire est le représentant d'un monde jugé riche et puissant…

Lokotoya se préoccupe des blessures de mes ânes, apposant sur leurs plaies un mélange de terre et de cendre froide comme il l'a toujours fait pour ses vaches. En examinant mes bêtes, je crains pour la première fois qu'elles ne tombent raides mortes à un moment ou à un autre. Elles n'ont déjà plus la force de désobéir.

Dans l'intervalle, « Tête de Turc » allume le feu et prépare la doura, le plat invariable de ces régions. Il jette des poignées de farine de mil dans une marmite d'eau bouillante et mélange le tout à l'aide d'un bâton.

Les Boyas vivent nus, mais les femmes sont vêtues de peaux et nous regardent en fumant de longues pipes à large foyer. Comme les Toposas ils habitent des cases coniques, portent des lances et de petits sièges en forme de cep de vigne. Ils possèdent cependant de curieuses épées de fer et un nombre inhabituel d'arcs et de flèches. Sans doute la chasse est-elle fructueuse dans cette région verdoyante.

Manifestement, je suis sorti de la zone d'influence de Kapoéta et n'ai pas encore pénétré celle de Torit. Je mesure ici les limites dans l'espace de l'emprise des grands centres sur la brousse.

Je m'endors dans mon hamac. Les flammes projettent des ombres démesurées hors du cercle de lumière et transforment les lances posées en rond contre les cases en une armée de géants inquiétants…

La nuit n'est qu'un concert de meuglements, de courses effrénées, de cris de rage, de piétinements d'hommes lancés à la poursuite de bêtes récalcitrantes… Le caractère des vaches est aussi fantasque que celui des ânes. Sur les quarante-deux, il y en a toujours au moins une pour nous tenir éveillés. Certaines trouvent même le moyen de me bousculer dans mon hamac ou de se frotter aux arbres qui le soutiennent.

Le convoi s'ébranle avant le lever du jour.

Encore endormi, je me lève dans la fraîcheur de l'aube et nous partons ainsi, à travers la brousse, sous la lueur dansante des étoiles.

Les vaches bondissent de tous côtés, poursuivies par les hommes qui hurlent aussi fort qu'elles meuglent…

Le petit matin me révèle de nouveaux villages, des plantations de mil, de maïs et d'arachides, une population plus nombreuse qui s'étonne de voir des ânes. Un peu partout de jeunes garçons sont juchés sur des miradors de paille et de branchages construits dans les arbres au bord des champs. Beaucoup soufflent dans des sortes de conques et ces sonneries, légères comme des airs de pipeau, résonnent aux quatre coins du ciel. Que surveillent-ils ainsi ?

Vers midi Shôl m'annonce que nous entrons en territoire Didinga.

Les hommes que nous croisons portent peu la lance et lui préfèrent de petits arcs aux flèches sans empennage. Ils nous regardent passer avec une certaine hauteur. Quelques-uns déjà s'habillent de pièces de tissu effiloché. Nous avons atteint maintenant la zone d'influence de Torit.

Je ne prête guère attention à ces nouvelles rencontres : j'ai les pieds en sang pour la première fois depuis Lodwar.

À cause des oueds.

Il n'est pas question de s'arrêter avant de les traverser, car les vaches n'attendent pas, et je dois les franchir sans me déchausser. Mes pieds mouillés travaillent dans les bottes de cuir et la peau s'en va par morceaux…

Le surlendemain, la pluie nous surprend à l'aube, parmi des bergers. Nous trouvons refuge dans une case perdue. Le temps est gris, infiniment triste. « Tête de Turc » s'isole pour prolonger son sommeil. Ses compagnons, assis autour d'un feu qui réchauffe nos membres engourdis, se moquent de sa fatigue et comme toujours de son ignorance de l'arabe : « C'est un être stupide », me dit Shôl. « Il ne comprend jamais rien », ajoute un autre. Un troisième le secoue : « Va chercher de l'eau, on doit faire la cuisine. » Il ouvre les yeux et nous regarde sans rien dire. C'est un Toposa sans âge, toujours digne et discret, que j'imagine rêvant jour après jour à sa brousse perdue. Il me rappelle Kamaïs le Turkana et si ce voyage était plus long, nous deviendrions probablement amis. Il se lève, silencieux, et s'en va chercher l'eau qu'on lui réclame. Il obéit mais une sorte de fierté intouchable émane de lui comme si les choses de ce monde avaient cessé de le préoccuper.

Il revient bientôt, trempé, et Lokotoya prépare un peu de doura. Nous le regardons faire, entassés dans la chaleur de la case qui crée une intimité réconfortante.

Nous quittons ces lieux sous une pluie fine. Les montagnes s'enveloppent d'écharpes de brume blanche. Nous suivons la piste plusieurs heures.

Puis Laurel se couche brusquement au milieu d'un village, refusant de faire un pas de plus.

Au bout du rouleau.

Il souffle bruyamment, la tête penchée, insensible à nos encouragements. Le troupeau n'attend pas et je reste seul avec Lokotoya.

Nous n'avons plus d'autre choix que de dormir sur place et de rejoindre les autres au lever du jour.

XVIII

Djaden, roi des vaches

Je l'appelle « l'homme léger ».

C'est un Latuka si maigre qu'il pourrait s'envoler au premier coup de vent… Il passe ses journées assis sur un tronc à fumer une pipe de cuivre, les yeux perdus dans le vague.

Depuis deux jours, je vis dans une de ses cases, au bord de la piste.

Je me suis décidé à cet arrêt pour reposer les ânes. Ils n'en peuvent vraiment plus. Le lendemain de la chute de Laurel, Hardy II est tombé à son tour sans pouvoir se relever. J'ai dû laisser filer le troupeau et ses « cowboys ».

Je suis à moins de trente kilomètres de Torit et je me débrouillerai seul pour mener mes bêtes sur ce bout de chemin. Dans l'immédiat je les laisse paître dans un champ et soigne leurs plaies à la cendre comme me l'a appris Lokotoya. Durant ce long voyage, ils se sont souvent montrés récalcitrants. Maintenant qu'ils m'inspirent pitié je caresse leurs dos rêches et poussiéreux en pensant à leur destin futur.

Ils vont bientôt découvrir le Nil.

Je m'interroge aussi sur les raisons de leur épuisement : aurais-je dû les charger moins, emporter une nourriture appropriée ? Leur ai-je demandé un effort démesuré ? Les ai-je trop malmenés ?

Après la dure marche de ces derniers jours l'inaction me plonge dans les souvenirs.

Je me balance dans mon hamac et rêve aux Indiens Macuje de la forêt amazonienne. J'ai vécu à leurs côtés bien des instants semblables à ceux-ci, au retour de la chasse ou de la cueillette.

Moments privilégiés de contemplation.

Ici comme là-bas, le temps semble suspendu pour toujours entre le bercement des hamacs et la fumée des feux qui se dilue dans l'air. Le silence prend une consistance particulière et une vague tristesse se mêle alors à la conscience de ce temps immobile. C'est comme une approche du néant dans laquelle les sens s'aiguiseraient à l'extrême pour percevoir l'imperceptible : j'entends les termites ronger le toit de la case, le cri des insectes souterrains, le chuchotement des herbes sous le vent.

Je quitte « l'homme léger » le 3 août au matin, seul avec mes deux ânes, les poussant devant moi sur la piste. Il pleut presque tout le jour et je chemine torse nu et transi sous l'orage jusqu'à ce qu'apparaissent les premières cases de Torit.

Torit.

Cette fois, plus rien n'est comme avant.

La brousse sauvage est désormais derrière moi.

Je retrouve une Afrique plus habituelle avec des camions dans les rues, des *lodgings*, des cafés et quelques-unes de ces laideurs que transporte partout la civilisation.

Pour la première fois la police s'intéresse à moi. J'ai le malheur de voyager différemment des autres Blancs et je passe une nuit au poste à côté de malheureux que l'on malmène pour des peccadilles. Puis on me relâche : je ne suis vraiment qu'un voyageur qui passe avec deux pauvres ânes.

Sans trop de peine je retrouve Lokotoya et sa bande de « cow-boys ». Sur la place du marché on débite déjà les vaches à coups de hachoir sous les yeux gourmands d'une multitude qui se précipite sur chaque morceau : « parce qu'il n'y a pas grand-chose à manger », m'explique l'un des gaillards qui s'en va dévorer un bout de l'une de mes compagnes de voyage…

Lokotoya me présente à Djaden, le maître des vaches, sorte d'immense bonze noir aux oreilles pointues et à la peau luisante.

Le roitelet du village, l'homme par qui le bétail lointain se transforme en viande fraîche…

Il me loge dans son domaine, cinq cases aux toits de chaume bâties dans une cour cernée d'une palissade. J'y reste quelques jours, reposant les ânes que je laisse vaquer en toute liberté dans la ville : « On ne te les volera pas, m'a dit Shôl, celui qui essaierait n'arriverait même pas à les faire avancer. Ils sont trop têtus… »

Midi et soir, puis le soir seulement lorsque le ramadan arrive, je mange à la table de Djaden avec trois ou quatre Arabes de ses amis. Chaque fois c'est un spectacle : une demi-douzaine de serviteurs entourent la table installée au milieu de la cour. Djaden arrive, colossale masse de chair tremblotante et s'écroule sur un tabouret qui disparaît sous lui. Les serviteurs apportent aussitôt deux ou trois bassines de viande en sauce mélangée de pili-pili, d'oignons et d'abats grillés, de quoi nourrir vingt personnes, et reculent, prêts à satisfaire les moindres désirs du maître.

Dans l'intervalle, celui-ci s'est précipité sur la viande, engouffrant d'énormes portions sous l'œil respectueux de ses femmes. La sauce dégouline le long de sa moustache, saute du menton au cou de taureau, glisse jusque sur son ventre. Il lèche ses doigts avec des lapements sonores et il faut manger aussi vite que lui sous peine de mourir de faim. Car en quelques minutes tout est dit et les boys remportent les plats vides.

Alors, repu, Djaden allonge ses jambes monstrueuses sur la table, éructe en lançant des plaisanteries, crache et se cure les dents.

L'arrivée du ramadan lui est un supplice. Dès le midi il tourne autour des braseros comme une âme en peine. Sa vie ne reprend qu'au coucher du soleil lorsqu'il peut enfin se précipiter sur son repas et s'empiffrer au moins une ou deux heures…

Chez le roi des vaches, je suis au cœur de la vie soudanaise et de ses grands centres arabisés. L'arabe est parlé par presque tous et l'on ne met plus de lait dans le thé devenu noir et âpre.

Je passe des jours tranquilles : un marchand du Nord m'apprend mes premiers mots d'arabe, un boulanger grec tout fripé m'initie à la fabrication du pain blanc qu'adore Djaden et un Éthiopien maigrelet se passionne pour Laurel et Hardy II dont il veut tout savoir pour écrire une encyclopédie sur les ânes…

Je quitte Torit le 7 août, seul comme j'y suis entré.

Mon départ est l'attraction du jour. Des centaines d'hommes et de gamins m'accompagnent sur la piste, poussant mes bêtes en criant de joie. Puis leur masse se clairsème, de kilomètre en kilomètre, jusqu'à ce qu'il n'y ait plus personne.

Le 8 août est jour de corrida. Laurel et Hardy II ont décidé de retourner au Kenya, et au galop encore… Je mets une heure à les rattraper. Cette fantaisie leur coûte une correction magistrale. Laurel se venge un peu plus loin en m'envoyant mordre la poussière alors que je le débâte près d'un village. Des éclats de rire secouent les cases et je me relève avec une estafilade au bras. Laurel me regarde en biais et je crois bien voir dans ses yeux le plaisir que lui procure ce bon tour…

Le 9 août, la nouvelle qu'un Blanc arrive du Kenya avec deux ânes court d'un bout à l'autre de la piste. Tout le monde me salue, les camions s'arrêtent, on m'offre des fruits. Dans un village on me donne une case et je dors au milieu des moustiques.

Le 10 août j'entre en territoire Bari. Les femmes portent leurs nourrissons dans des peaux de chèvre taillées en paniers avec des anses.

La famine semble sévir.

Je distribue mes réserves de nourriture, découvrant sur les visages des expressions de bêtes affamées.

Un homme porte une plaie au pied. Je le panse rapidement. Une gélule d'antibiotique tombe à terre : dix Baris se précipitent pour la ramasser. L'un d'eux s'interpose, les bras écartés, les pieds plantés dans le sol et s'écrie en bon élève des dispensaires : « N'approchez pas, elle a touché le sol, elle est contaminée maintenant… »

Le 11 août 1978 j'atteins la piste de Nimule. Le Nil est tout proche. À la nuit j'aperçois les lueurs de Juba, la grande capitale du Sud tant attendue. J'avance vers elle avec une lenteur voulue pour faire durer ce plaisir d'arriver.

J'entre dans la ville par le pont qui enjambe le fleuve. Sous moi et mes ânes que l'écartement des traverses affole, le Nil coule sans bruit.

TROISIÈME PARTIE

NIL BLANC

Soudan, septembre 1978

Nous commençons à nous assoupir quand ce qui ressemble à un énorme souffle nous tire de notre torpeur.

Nous nous redressons en hâte.

Échangeant un regard inquiet…

Le « cri » n'a pas été poussé à plus de trois ou quatre mètres. Je n'ai jamais rien entendu de pareil :

– Je crois que ce sont des hippos, me souffle Hughes, en général ils n'attaquent pas l'homme.

– Je sais, mais ils sont capables de nous écrabouiller sans même s'en rendre compte.

Des piétinements d'herbes interrompent nos chuchotements. Puis un nouveau cri déchire le silence et un troisième, plus puissant encore. Le remue-ménage qui suit à de quoi impressionner les plus téméraires.

XIX

Un steamer sur le Nil

Je ne m'attarde pas à Juba.

Réalité ou effet de mon imagination, la ville me semble terne et sans attrait comparée à la brousse environnante.

Sans parler des difficultés pour trouver des vivres. Partout la population accuse les Arabes du Nord d'empêcher l'arrivée des approvisionnements. À Torit, j'ai croisé Farouk et Ibrahim qui en revenaient. Ils se lamentaient comme des bourgeois mécontents d'un circuit organisé par le Club : « C'est un endroit terrible, me dirent-ils comiquement, on y souffre de la faim, notre hôtel était horrible et l'essence, Patrice, on te la donne au compte-gouttes… » Et ils avaient levé les bras au ciel dans leurs galabiehs blanches tachées d'huile et de poussière…

Un steamer quitte la ville le 14 août à destination de Kosti au sud de Khartoum. Comme nul ne sait quand partira le prochain, j'embarque à son bord pour franchir la zone du Saad.

Le Saad, ce sont des marais.

Peut-être les pires de la planète…

Ils couvrent la région sur des dizaines de milliers de kilomètres carrés. Pendant des siècles, ils ont été l'obstacle principal à la découverte des sources du Nil par les explorateurs qui remontaient le fleuve.

Ces marais ne me tentent pas. Je me vois mal pagayer des semaines entières dans un dédale de chenaux avec pour seul horizon la muraille de végétation infernale qui les borde. De toute façon, il me faudrait une grande embarcation, plusieurs hommes et beaucoup de provisions. Seule la pénétration de l'intérieur des terres à la recherche de contacts avec les Dinkas vivant dans ces territoires présenterait un réel intérêt. Mais un tel projet demande une solide préparation. C'est une expédition en soi, éloignée de l'esprit de mon aventure.

Dans l'immédiat, je tiens à rester libre de mes mouvements. Je ne veux pas non plus m'écarter davantage du Nil alors que je viens de le retrouver.

Je vais donc gagner avec le steamer la prochaine grande ville du fleuve, Malakal, et reprendre à ce niveau la troisième partie du voyage. Hughes Tissandier, compagnon d'autres aventures au Congo et en Amazonie, doit m'y rejoindre. Nous comptons trouver une pirogue et descendre le Nil – dit Nil Blanc à partir de là – sur les 600 kilomètres qui séparent Malakal de Kosti. J'aurai alors atteint le seuil du Sahara et repartirai de Khartoum pour le traverser.

L'odyssée de Laurel et Hardy II s'achève à Juba. Je les vends à un porteur d'eau qui m'offre cinq fois leur prix d'achat. Les ânes sont rares dans l'extrême Sud.

Je les quitte à regret. Ils n'ont pas été des collaborateurs zélés mais je n'ai sans doute pas été un excellent ânier. Nous sommes quittes en quelque sorte.

La corde au cou ils suivent leur nouveau maître vers ces rivages du Nil où jour après jour, jusqu'à leur mort peut-être, ils vont puiser l'eau limoneuse qui a changé leur destin.

Pour mon plaisir, j'emporte l'un des bâts. Il va m'encombrer jusqu'à Khartoum mais de là parviendra à Paris où il moisira quelques années dans un grenier. Puis, j'en perdrai la trace comme pour beaucoup d'autres souvenirs…

Le steamer de la compagnie soudanaise quitte Juba à l'aube du 14 août 1978. Il s'appelle le *Marra*, du nom du djebel surplombant la province du Darfour. C'est un de ces rafiots de l'époque coloniale, tout en bois et ferraille, avec une cheminée qui expire d'épaisses volutes noires, des ponts à balustrade et des cabines vieillottes.

À l'arrière, une énorme roue à aube propulse le bateau, creusant l'eau du flac-flac de ses pales. Cinq barges de fer sont arrimées au steamer par des câbles : trois à l'avant, deux sur les côtés. L'ensemble forme un attelage à peu près ingouvernable.

Trois mille personnes ont pris place à bord, là où trois cents tiennent déjà avec peine…

Une fourmilière.

Quelques dizaines de privilégiés profitent des cabines, les autres s'amoncellent sur les ponts. Une véritable ville flottante s'en va ainsi vers le nord : on trouve là des Dinkas et des Shilluks ahuris, des fonctionnaires noirs en costume guindé regagnant leur poste, une demi-douzaine de policiers en congé, des marmailles de gosses, des femmes qui cuisinent sur des balles de coton, des commerçants assis sur leurs tas de marchandises, quelques routards nonchalants, deux ou trois autres Blancs travaillant pour des organismes humanitaires, une bonne dizaine de filles de joie dont on ne sait trop si elles voyagent ou officient, quelques soldats dépenaillés, leur fusil sous le bras, des contrôleurs en casquette qui font la chasse aux billets, des chômeurs en partance pour quelque terre de fortune, une bonne centaine de poules, des chèvres en quantité et même des vaches, le tout dans un entassement de sacs, de ballots et de caisses qui laisse pensif sur les capacités des hommes à vivre les uns sur les autres…

Le voyage de Malakal va durer sept jours. Au début, le Nil mérite mal son nom de Bahr el Djebel, le fleuve des montagnes. Tout est bien plat en vérité…

Le steamer fait d'abord halte dans des villages comme Bor plantés à l'entrée du Saad, puis il pénètre dans les marais. Je comprends alors l'effroi qui a pu s'emparer des premiers explorateurs du Nil. Le fleuve en s'évasant se perd dans un labyrinthe inimaginable. Le courant est imperceptible et des bras secondaires se dessinent partout pour tromper l'intrus aventuré dans ces parages. S'engager dans l'un d'eux signifie se perdre irrémédiablement en aboutissant à un cul-de-sac de papyrus ou au mieux à un village perdu…

On raconte à bord d'effroyables histoires sur les malheureux qui se sont égarés dans ces marais, errant jusqu'à la folie et la mort pour retrouver leur chemin. On dit aussi, mais sans doute exagère-t-on, qu'une panne du steamer aurait toute chance de nous être fatale. Personne ne serait prévenu avant longtemps et une fois les vivres épuisés tout le monde mourrait de faim non sans s'être auparavant entre-dévoré…

Un rempart de papyrus et de jacinthes d'eau borde le chenal principal et monte presque aussi haut que le toit des cabines. Du dernier pont nous dominons cet enchevêtrement verdâtre et le regard glisse jusqu'à l'horizon sur un tapis herbeux fait d'un mélange d'eau et de végétation.

Une région où l'on n'a pas envie de s'attarder.

Seuls les poissons, les crocodiles, les hippopotames et une variété infinie d'oiseaux peuvent vivre dans un tel milieu. Un arbre isolé, un village ou un troupeau d'éléphants rompent de temps à autre cette monotonie, annonçant une avancée de terre au milieu de l'univers liquide.

Le chenal principal, qui permet d'entrer dans le Saad et d'en sortir, est balisé de loin en loin sur les quelque mille kilomètres de son parcours. On imagine sans peine les souffrances et les privations endurées par les hommes qui ont réalisé ce travail de fourmi. Dans cet enfer végétal, pire que toutes les jungles du monde, ouvrir une voie navigable représente un travail de titan. La masse d'herbes et d'eau tient tête à tous les explosifs et les jacinthes se reproduisent plus vite qu'on ne peut les couper.

Elles sont la plaie du fleuve.

Plus à l'est, une entreprise française trace le canal de Jongleï qui une fois achevé permettra de relier le sud et le nord du pays. Pour mener à bien sa tâche, elle utilise les plus grosses machines du monde dont une simple roue rend ridicule la taille d'un homme.

Le steamer a bien du mal à gouverner dans l'étroit passage du Saad. À vrai dire, il avance de la façon la plus incroyable que j'aie jamais vue. À chaque courbe il se laisse aller pesamment contre le mur de papyrus opposé, glisse au ralenti contre lui et repart lorsque son tournoiement l'a ramené dans l'axe de la nouvelle ligne droite. Il n'a plus qu'à recommencer au prochain tournant.

Nous sommes ainsi ballottés de berge à berge et le voyage se rythme des chocs mous et crissants de la coque contre la végétation environnante.

À nous frotter au monde du Saad, il arrive qu'un animal bascule à bord, aussi surpris que nous de sa culbute. Quand la mésaventure a pour héros un échassier, personne n'y trouve à redire, ni les fonctionnaires en costume, ni les policiers en vacances, ni les soldats, ni les chômeurs, ni les routards, qui se font au contraire une joie de la distraction. Mais quand un bébé crocodile tombe un jour au milieu de la foule, c'est la panique…

Un gaillard plus hardi que les autres profite de l'occasion pour faire la preuve d'on ne sait quoi. Dépliant un canif minuscule, il plonge sur le saurien et lui porte dans le dos un coup terrible… qui évidemment dérape sur la carapace. Tout bébé qu'il est, le crocodile ne laisse pas échapper pareille occasion. Il happe au passage la main de l'imprudent qui s'en tire de justesse avec de profondes blessures. Une volée de coups de pied fait mieux que le canif et l'importun passe par-dessus bord.

Un autre divertissement des voyageurs peu avant l'entrée du Saad consiste à lancer des bananes aux Dinkas qui observent le passage du steamer, dissimulés dans les herbes. Ces grands Noirs qui vivent nus, le corps ceint de corsets de fer, se précipitent sur ces bananes tombées du ciel et en réclament de nouvelles en gesticulant. La manne redouble alors dans les cris de joie des passagers qui voient dans ces singeries de zoo un passe-temps agréable. Les Dinkas suivent le bateau à la course aussi longtemps qu'ils le peuvent, cherchant à attraper les fruits au vol, ramassant ceux qui s'écrasent par terre. Quelquefois, l'un d'eux glisse et s'étale dans les roseaux sous les quolibets. Puis le steamer les distance et nous les voyons disparaître au loin.

À Juba je n'ai pas trouvé de cabine et j'erre sept jours sur le pont ou les barges, passant de l'une à l'autre pour partager l'existence de cette communauté réunie par les nécessités du voyage.

Chacun vit à bord comme à terre. Les familles se sont toutes inventé un territoire exigu et les solitaires comme moi s'entassent entre eux. Partout on cuisine, mange, dort, fait l'amour, chante, parle, joue, boit aux grandes jarres de terre cuite qui gardent l'eau fraîche sous le soleil. Il n'y a d'ailleurs rien d'autre à faire que vivre normalement ou à peu près, étant donné le total inconfort et la place réduite dévolue à chacun. Sur chaque pont les moustiquaires s'entremêlent jusqu'à s'écrouler, et accomplir les besoins de la nature relève de la haute voltige.

Durant le trajet, il y aura des morts et des naissances, une ou deux bagarres, de nombreuses disputes et beaucoup de rêves échangés.

Puis le lac Nô apparaît, annonçant la fin des marais. Le Nil s'élargit d'un coup et redevient fleuve. Il ne lui reste plus qu'à s'élancer vers Malakal où nous arrivons par un petit matin de crachin.

XX
Le bout du monde

On dit de Malakal que ce n'est pas le bout du monde mais que de cet endroit on peut l'apercevoir… La boutade me paraît exagérée le premier jour, infiniment moins deux semaines plus tard.

Pourtant, la ville dispose de tout ce qui fait une vraie cité d'hommes : un hôpital délabré, un cinéma en plein air envahi la nuit de millions d'insectes, un zoo où moisissent une douzaine de bêtes pelées, deux missions tranquilles, une unité de soldats qui n'a à peu près rien à faire, un aérodrome encombré de vaches, quelques rues commerçantes avec leurs éternelles échoppes.

Simplement, il est difficile d'y arriver ou d'en partir. En cette saison les pluies coupent les pistes du nord et du sud, les avions arrivent quand ils le veulent bien ou s'ils trouvent du carburant et les bateaux sur le Nil ne sont pas si fréquents que cela. L'ennui finit par s'appesantir sur le malheureux égaré en pareil lieu sous la chaleur poisseuse.

La ville elle-même s'étend sur la berge est du fleuve et s'éparpille dans une brousse aussi plate que la pampa d'Argentine. Quand on fixe l'horizon, rien n'arrête le regard que le toit des cases ou d'énormes Arabes juchés sur des ânes minuscules.

À ma descente du steamer je fais la connaissance d'Antoine et d'Ibrahim, deux jeunes pères palestiniens du Patriarcat latin de Jérusalem. Volontaires pour évangéliser l'Afrique, ils ont abouti dans ce presque bout du monde en compagnie d'un vieux missionnaire italien.

Ils m'invitent à séjourner chez eux.

La mission catholique de Malakal, simple maison entourée d'un jardin, se situe à la lisière nord de la ville. J'y passe dix-sept jours à attendre Hughes qui a bien du mal à dénicher un avion.

Nous sortons assez peu avec les pères. La réserve d'essence de leur Jeep est épuisée depuis si longtemps que les clés de contact ont rouillé… Au surplus, des tornades diluviennes transforment les rues en cloaques.

La saison des pluies bat son plein. Notre descente du Nil Blanc ne sera pas une partie de plaisir.

Quand ils ne disent pas la messe dans la chapelle proche ou n'instruisent pas leurs séminaristes, Antoine et Ibrahim disputent avec moi d'infernales parties d'échecs… Le reste du temps, nous parlons des heures entières sur la véranda. L'ambiance de la mission est languissante comme le temps qui égrène ses jours.

Un accès de paludisme me cloue au lit près d'une semaine, première manifestation du poids de cette aventure sur ma santé. La fièvre me rappelle à des réalités que je néglige le plus souvent. J'avale ma dose de quinine et attends d'aller mieux en dévorant les livres de la bibliothèque.

Trois tribus nilotiques peuplent ces rivages du Nil Blanc : les Dinkas, les Nuers et les Shilluks.

Les ethnologues décrivent les Dinkas et les Nuers qui leur sont apparentés comme indépendants et belliqueux. Leur société et leur mode de vie rappellent ceux des Turkanas et des Toposas : élevage de bovins qui tiennent une place essentielle dans la vie économique et religieuse, migrations pour les pâturages, razzias de troupeaux chez les voisins, petite culture céréalière.

Les Dinkas cependant possèdent une importante classe d'hommes qui participent au gouvernement du Sud-Soudan. La guerre civile contre le Nord entre 1955 et 1972 a provoqué des pertes sévères parmi eux.

Les Shilluks, numériquement moins nombreux, gardent des activités d'élevage mais se sont sédentarisés en développant une agriculture relativement poussée. Ils se remarquent au premier abord par la frange de « perles de peau » qui orne leur front. Ces impressionnantes scarifications en relief les distinguent des autres tribus de même que l'existence chez eux d'un roi divin, le Reth, descendant du héros mythique Nyikang, fondateur de la dynastie. La hiérarchisation de leur société en hommes libres, vassaux du roi et esclaves est également une caractéristique notable.

Tous ces peuples ont été largement étudiés par des chercheurs anglo-saxons. En descendant le Nil Blanc je vais naviguer parmi eux sans autre prétention que de partager quelques moments de leur vie et de découvrir les personnalités humaines cachées derrière les études scientifiques.

On raconte bien des histoires sur les hommes de ce pays.

On prétend, par exemple, que le tam-tam de Kongor, un instrument de plus de trois mètres de haut, est habité par un esprit parlant. Sans doute à l'étroit là où il termine ses jours, il a demandé à changer de place et on s'apprête à le déménager après les pluies…

Un petit village près de Bor a également été le théâtre d'événements peu communs. En 1947, une case de ce village abritait des lances dans lesquelles les esprits s'étaient réfugiés. Un jour, elles ordonnèrent aux hommes de la tribu de tuer leur chef, ce qu'ils firent. Apprenant la cause du crime, les Anglais, malins et diplomates, n'arrêtèrent pas les hommes mais les lances et les emprisonnèrent à Khartoum. Vingt-cinq ans plus tard, le gouvernement accepta de libérer les criminelles et le steamer les ramena en grande pompe au village. On tua cent vaches pour fêter ce retour et leurs crânes furent alignés le long de la berge où ils sont toujours.

Une fois ma crise de paludisme passée, je me mets à la recherche d'une pirogue, aidé d'Ibrahim. Afin de convaincre les pêcheurs de m'aider, il me fait passer pour le nouvel évêque de la ville… Pas moins. Flatté de la promotion, je joue mon rôle le plus dignement possible malgré mon short et mes sandales. Mais, hélas, Shilluks ou Dinkas n'ont pas pour habitude de naviguer loin sur le Nil. La qualité de leurs pirogues laisse à désirer. Elles sont toujours trop courtes ou trop tordues ou trop instables ou, pire encore, faites de ce bois d'embach qui s'imbibe d'eau très vite.

Nous embarquer sur l'un de ces rafiots équivaudrait à couler en cours de route…

Je regrette avec nostalgie les solides pirogues du Congo ou de l'Amazonie.

Finalement, je déniche une barque qui fera l'affaire à défaut d'embarcation plus racée.

Hughes arrive sur ces entrefaites chargé de trois grosses cantines, de son attirail de cinéma, d'un paquet de courrier attendu avec impatience et fort heureusement de vivres pour le voyage. Un Fokker à hélices a enfin atterri à Malakal.

Toute la journée du 6 septembre est consacrée aux préparatifs. Nous travaillons dans la fièvre.

L'action revient enfin.

Le soir, côte à côte dans nos lits de fer, nous échangeons nos espérances de l'aventure en écoutant la pluie tambouriner sur le toit de tôles de la mission.

XXI

Sauvé des hippopotames

Nous quittons Malakal le 7 septembre vers 10 heures, sous une bruine désagréable, emportant avec nous l'image des deux braves Pères qui agitent leurs mains sur le rivage.

Devenus marins d'eau douce, nous nous installons dans la barque avec défiance. C'est une coquille de noix comparée aux barges et aux steamers naviguant sur le Nil : elle mesure environ quatre mètres avec une étrave effilée et pontée sous laquelle nous avons enfermé les provisions. Un banc central et un plat-bord à l'arrière permettent de s'asseoir et nous avons disposé les trois cantines d'Hughes au milieu de l'esquif pour servir de table et de lit.

Le matériel s'entasse pêle-mêle autour de nous. Il y a à peine un espace libre pour aller de l'avant vers l'arrière, en escaladant les cantines. Nous sommes comme des pachas installés sur leur précieuse fortune…

Pour notre malheur, les rames d'origine ont été perdues et un ouvrier en a taillé de nouvelles dans un bois si lourd qu'il flotte à peine. Ces rames sont épouvantables à manier. Il faut les soulever de toutes ses forces, le dos au chemin à suivre, et les plonger ensuite dans l'eau en les retenant d'un coup de reins, sans quoi elles y entrent n'importe comment et nous avançons par à-coups désordonnés.

Une heure de cet exercice me convainc de les échanger à la première occasion contre des pagaies shilluks.

En attendant, nous ramons vers le nord, cherchant le plus court chemin entre les courbes géantes du fleuve. L'affaire n'est pas simple. Tout est si plat et envahi de jacinthes d'eau que l'horizon se résume à une barre verte où il est impossible de distinguer sa route.

Au niveau de Malakal, le Nil Blanc ne mesure pas moins de 400 mètres de large. De quoi se sentir bien seuls malgré les villages qui laissent apercevoir leurs toits pointus de loin en loin et les Shilluks qui longent les berges dans des canots d'embach aux proues surélevées. Des bandes d'oiseaux criards s'en vont avec nous et les papyrus au bord de l'eau inclinent leur tête de clown vers des pêcheurs qui lancent leurs filets avec une grâce alanguie. Les îles sont innombrables. Quelques-unes méritent vraiment ce nom. Mais la plupart, monceaux d'herbes en vrac, n'ont aucune attache et flottent vers des destins inutiles. Certaines, faites de roseaux et de branchages, ressemblent à des huttes qui seraient tombées dans le fleuve. Elles ne sont pas perdues pour tout le monde : des hérons et des cormorans juchés sur leurs toits profitent de ces embarcations pour se laisser dériver d'un air goguenard.

Les plus grandes de ces îles sont nées dans le Sud de la rencontre de quelques jacinthes et voyagent vers Khartoum au gré du courant. De jour en jour elles accrochent des îles plus petites et leur masse augmente interminablement jusqu'à ce que devenues trop grandes pour le Nil lui-même elles achèvent leur périple au fond d'une courbe et se morcellent au fil du temps.

Nous avons quitté Malakal depuis deux heures environ lorsqu'un groupe de Shilluks nous hèle de la rive droite.

Ne comprenant rien à leurs gestes forcenés, nous mettons le cap sur eux pour en avoir le cœur net.

Nous abordons.

Ils sont trois ou quatre assis dans les herbes qui font du bateau-stop pour regagner leur village… De loin ils nous ont pris pour des congénères fortunés et ne se sont pas gênés pour leur demander assistance. Ils se sentent gênés maintenant d'avoir « dérangé » deux Blancs… C'est du moins ce que je comprends à leurs explications embarrassées.

Riant de leur méprise nous les invitons à monter à bord. Un petit détour est sans importance.

Ils s'installent gauchement sur nos cantines, encombrés de leurs lances et de leurs paquets, et nous piquons vers le centre du fleuve. Jusqu'à leur village où nous les déposons, ils nous regardent peiner sur les avirons sans savoir quelle contenance prendre : c'est à coup sûr la première fois que des Blancs rament pour eux…

Peu avant la nuit nous approchons de la rive gauche, scrutant les herbes à la recherche d'un emplacement de bivouac. Les habitations ont disparu et tout paraît désert sur le fleuve. Les berges offrent peu d'abri. Le même rideau de végétation défile devant nous et l'on devine rarement un bout de terre ferme.

L'un de ces havres apparaît tout de même avant le coucher du soleil. C'est une crique boueuse plantée d'arbres. Un tronc abattu s'avance dans l'eau en éperon et pourra protéger la barque du courant. L'emplacement est idéal.

La barque amarrée, je dresse le camp, laissant Hughes allumer le feu et préparer nos derniers spaghettis.

Hélas, nous n'allons guère en profiter. Comme nous commençons à manger, assis sur nos nattes d'osier, des hordes de fourmis nous attaquent de toutes parts.

D'où viennent-elles ? Impossible à dire. Mais elles, mordent, piquent, grimpent jusque dans les cheveux. Nous continuons le repas debout, sautillant sur place, nous giflant le corps…

C'est alors que pour notre plus grand malheur le soleil se couche. Car la nuit apporte avec elle les plus redoutés de nos ennemis : les moustiques.

Ils déboulent par milliers.

Et sans pitié, prêtent main-forte aux fourmis pour nous rendre la vie intenable. J'aimerais découvrir un jour de quoi vivent les bestioles de ces coins perdus quand moi ou mes semblables ne sommes pas là…

En tout cas, le combat est cette fois perdu d'avance et nous nous réfugions dans mon hamac – Hughes a cru bon de ne pas emporter le sien. Imaginant les pires tortures pour tous les insectes de la terre, je rabats la moustiquaire et nous cherchons le sommeil, installés tête-bêche.

Nous commençons, à nous assoupir quand ce qui ressemble à un énorme souffle nous tire de notre torpeur.

Nous nous redressons en hâte.

Échangeant un regard inquiet.

Le « cri » n'a pas été poussé à plus de trois ou quatre mètres. Je n'ai jamais rien entendu de pareil :

– Je crois que ce sont des hippos, me souffle Hughes. En général ils n'attaquent pas l'homme.

– Je sais, mais ils sont capables de nous écrabouiller sans même s'en rendre compte.

Des piétinements d'herbes interrompent nos chuchotements. Puis un nouveau cri déchire le silence et un troisième, plus puissant encore. Le remue-ménage qui suit a de quoi impressionner les plus téméraires.

Je murmure :

– Ils sont sur la berge. On est presque à les toucher.

– On a encore choisi le mauvais coin, maugrée Hughes. Ils doivent avoir l'habitude de venir manger ici. Qu'est-ce qu'on fait ?

– Si tu ne crains pas le ridicule, grimpons à toute vitesse dans l'arbre qui est derrière moi. Je ne vois aucune autre solution…

Aussitôt dit, aussitôt fait. Je me laisse glisser du hamac, suivi de mon compagnon d'infortune et nous escaladons l'arbre, toute honte bue.

Les hippopotames approchent en rugissant de plus belle.

Je me cale entre deux branches, enroulé dans mon duvet, et Hughes fait de même un peu plus haut. L'arbre tangue sous nos poids conjugués mais cette position stratégique est imprenable. Des armées d'hippos peuvent faire ce qu'elles veulent, nous sommes en sécurité. Il suffit de patienter en supportant fourmis et moustiques.

Cris et piétinements se poursuivent plusieurs heures à nos pieds. Nos visiteurs ne se pressent guère pour accomplir leur mystérieuse tâche nocturne. Nous somnolons tout ce temps, accrochés aux branches pour ne pas tomber.

Beaucoup plus tard Hughes me secoue :

– On n'entend rien depuis un moment. Je vais jeter un œil.

Il saute à terre, disparaît vers la rive. Enfin j'entends sa voix :

– Ils sont partis et ils n'ont pas démoli le hamac. On va pouvoir dormir.

Je descends de l'arbre à mon tour, heureux, et découvre que les moustiques sont devenus innombrables à hauteur d'homme : au moins quelques centaines de milliers. Inutile de les compter. La moustiquaire à peine rabattue devient plus noire que la nuit elle-même… Les moustiques cognent rageusement contre elle pour nous atteindre. Quel chahut ! On se croirait dans une ruche.

Ces bourdonnements sont insupportables à quelques centimètres de nos oreilles. Pris de rage j'expédie à travers la moustiquaire des giclées d'une bombe insecticide achetée par Hughes à Khartoum. L'effet est foudroyant. Des pans entiers de moustiques s'écroulent avec un ensemble parfait mais, hélas, une multitude de leurs congénères les remplacent immédiatement, aussi furieux et voraces.

L'aube nous trouve fourbus. Le disque rouge du soleil apparaît presque devant nous, chassant les moustiques. La journée s'annonce étincelante. Nous quittons la crique de malheur sans regrets, retournant à nos rames comme des galériens.

L'occasion de nous procurer des pagaies se présente moins d'une heure plus tard lorsqu'un village shilluk apparaît sur la rive opposée. Ramant à toute force nous traversons le Nil et échouons la barque sur une berge sablonneuse.

Une vingtaine de cases se dressent devant nous par groupes de trois ou quatre. Les cases de chaque groupe sont reliées entre elles par des palissades décalées les unes des autres pour ménager des entrées. Sur la place, des vaches et des chèvres attachées à des piquets se vautrent dans le purin.

Un groupe d'hommes nus accourt à notre rencontre et nous offre des jattes de lait tiède. Ces Shilluks sont affables et bavards. Je déniche sans peine deux pagaies longilignes qui traînent dans un coin. Je les paye leur prix et nous rembarquons après avoir remisé les rames contre les plats-bords.

L'avance se révèle moins rapide en pagayant assis à l'arrière mais la route à suivre se déroule enfin sous nos yeux.

XXII

Tempête sur le Nil

Le Nil est infini.

Et nous naviguons toujours.

Nous pourrions nous croire perdus au milieu d'un lac sans bornes connues, piqueté de touffes d'herbe. Une dure solitude nous enveloppe, à peine troublée par nos bavardages, les chamailleries des oiseaux et le claquement des pagaies. Des hérons perchés sur des îles flottantes nous regardent passer, un hippopotame émerge parfois du rivage, la gueule ouverte dans un morne bâillement, son impressionnant corps boudiné luisant en paillettes sous la lumière.

Les rares villages sont nichés dans l'intérieur des terres sans qu'on aperçoive le moindre chenal permettant d'y accéder. Tout est démesurément plat et la réverbération si intense que nous devons continuellement nous asperger d'eau. Les vêtements sèchent en quelques minutes. Impossible de les ôter. Une natte d'osier nous sert à construire une tonnelle mais cet abri de fortune nous protège mal.

Je vois venir le soir avec soulagement. Mon corps brûle, une douleur intenable me vrille la tête.

Nous cherchons longtemps un refuge pour la nuit. Mais le monde autour de nous se réduit à un univers d'eau et d'herbes. Nous ne trouvons rien. Le soleil glisse sur ces étendues pétrifiées, disparaît derrière la frange des jacinthes et l'obscurité nous recouvre d'un coup. Nous allons passer la nuit à bord.

Hughes prend le premier tour de veille. Impossible de dormir en même temps sans danger. Il faut maintenir la barque loin des amas herbeux et des berges où les hippopotames cherchent leur pitance. Que l'un d'eux surgisse sous notre embarcation et nous achèverons notre périple le derrière sur une île flottante…

La barque file toute la nuit dans une atmosphère d'irréalité.

L'homme de garde n'a d'autre occupation que de fumer sa pipe en surveillant les cris des hippos qui semblent ne jamais dormir. De temps à autre il plonge sa pagaie dans les étoiles que le ciel pose sur les flots noirs et écarte la barque des îles et des rives où le courant nous ramène sans cesse. S'il vient à trop rêvasser, nous finissons immanquablement par longer les berges de très près. L'étourderie se termine par une alerte générale et une ruée sur les pagaies car un hippopotame finit toujours par jaillir à quelques mètres de la barque… La chose arrive bien deux ou trois fois cette nuit-là et pas seulement à cause de négligences. Des îles nous rattrapent parfois sur notre arrière, charriant quelques-uns de ces pachydermes.

Vers minuit, des roulements de tam-tam et des chœurs primitifs nous tirent de notre engourdissement. Ils viennent de très loin. Dressés sur les plats-bords, nous fouillons l'obscurité. Mais nous ne distinguons rien, pas même la lueur d'un feu de camp… Pourtant, quelque part dans la brousse se déroule une de ces grandes fêtes des hommes noirs.

Sans le savoir nous passons Kodok.

Kodok où s'affrontèrent autrefois Marchand et Kitchener lorsque ce village s'appelait encore Fachoda...

D'après mes calculs le village est beaucoup plus loin. Je me trompe, notre avance a été plus rapide que prévu. Le silence revenu je m'assoupis sur les cantines, bercé par le clapotis de l'eau contre la coque. Les heures s'égrènent. Puis, peu avant l'aube l'horizon se déchire d'éclairs fulgurants et silencieux.

Une tornade approche.

Le vent se lève déjà, drossant la barque vers la rive gauche. Dans l'obscurité nous entassons le matériel autour des trois cantines et recouvrons l'ensemble de notre bâche. Alors, arc-boutés sur les pagaies, nous tentons de gagner la berge opposée apparemment plus accueillante.

En vain.

Les vagues se font de plus en plus hautes et le vent devient si violent, hurlant à nos oreilles, qu'il est inutile de lutter contre lui. Pour éviter le naufrage nous laissons les bourrasques pousser l'embarcation vers l'autre rive. Aussitôt, nous filons comme une feuille morte dans la tempête, tournoyant au gré des éléments, la peur au ventre. Enfin, nous touchons la berge. La barque s'y encastre au milieu des jacinthes. Des îles flottantes qui ont suivi le même chemin nous environnent peu à peu. Cette fois je vois leur masse grouillante sans déplaisir. Elles nous bloquent de toutes parts, atténuant la hauteur des vagues. Nous sommes presque à l'abri malgré le vent qui écrase les herbes, et ne songeons plus au péril des hippopotames. Il a fui devant un danger plus immédiat et sans doute plus grand.

Les éclairs se rapprochent bientôt, déchirant la nuit de stridences lumineuses. Revêtus des ponchos imperméables, nous attendons le gros de nos tourments.

Il ne tarde pas.

La tornade est sur nous en un instant.

Le ciel explose et un déluge tel que je n'en ai jamais vu se déverse sur le Nil. La barque tangue sous les coups de boutoir du fleuve. Accrochés aux plats-bords, ballottés en tous sens, nous courbons le dos sous le tonnerre assourdissant. Chaque éclair nous aveugle de longues secondes et il arrive que l'un d'eux éclate au-dessus de nos têtes en une boule rouge incandescente. Rien ne manque à cette colère de la nature. J'imagine ainsi la naissance du monde : un fantastique débordement de forces incontrôlées.

Dans la nuit d'encre le spectacle est à la fois magnifique et cauchemardesque.

La tornade se calme avec le jour. Le soleil se lève sur un fleuve apaisé, à peine voilé de pluie fine. Nous mangeons quelques biscuits mouillés et reprenons la route, écartant les amas de Saad qui nous ont si bien protégés.

Le temps est gris et morne : l'envie d'être chez soi, au sec et au chaud. C'est l'heure où le corps éreinté demande grâce à l'esprit qui reste sourd à toute souffrance.

Nous somnolons de fatigue. Le goût âcre des nuits sans sommeil ne me quitte pas. La barque file dans la grisaille et les écharpes de brume. Il fait froid.

Nous dérivons ainsi plusieurs heures, sans grande conscience de l'écoulement du temps. Puis une case isolée apparaît, debout sur un coin de terre ferme. Je n'ai guère idée de l'endroit où nous a menés notre course. Nous abordons : les lieux sont abandonnés. À moins d'un kilomètre j'aperçois cependant une quinzaine d'autres cases. J'amarre la barque à l'une des pagaies plantée dans le sol et nous gagnons le village.

Des Dinkas nus et couverts de cendre l'habitent.

Certains fument de longues pipes en bois sculpté ou en terre cuite, d'autres reviennent de la pêche, des poissons argentés passés dans leurs harpons. Ils nous accueillent sans montrer de surprise. Mais après tout, nous ne sommes que des hommes…

En apprenant que nous avons manqué Fachoda où nous comptions prendre du repos, le courage nous manque pour continuer le jour même. Nous acceptons l'offre des Dinkas de ne repartir que le lendemain.

Ils nous installent dans une case, au milieu d'une famille apparemment satisfaite de la distraction que nous représentons. Une claie d'osier clôture hermétiquement la porte ovale de l'entrée : elle évite de dormir parmi les moustiques… Les murs sont faits d'une boue si tassée qu'on dirait du ciment. À l'intérieur, des calebasses, des sacs de peau, des perruques de fibre, des ustensiles de cuisine pendent en vrac aux poutres noircies de fumée.

Toutes ces cases sont identiques, rondes, sans fenêtres, surmontées de toits de chaume coniques. Leur construction me paraît très élaborée, de quoi procurer des années de travail à un ethnologue consciencieux…

Pour ma part, je préfère découvrir ces Dinkas que le hasard a mis sur notre route. Nous sommes sans interprète mais avec l'habitude, quelques gestes et des sourires suffisent à la compréhension des choses essentielles. À Malakal, personne n'a voulu nous suivre. Gagner Kosti dans une barque semblait aux habitants une de ces stupidités dont sont coutumiers les Blancs… Dans ce domaine, rien n'a changé depuis le Burundi.

Le village dinka est bâti dans une échancrure de brousse au-delà de laquelle s'étendent des champs de maïs. Des femmes très belles y travaillent, coupant les épis qu'elles rapportent en bottes sur leurs têtes.

Une impression de vide, d'infini et de force se dégage de ces lieux où la vie se dévide identique depuis des siècles.

Au soir, des feux sont allumés devant chaque case et des hommes ramènent les vaches parties paître durant le jour. Ils les parquent au centre du village et se lavent les cheveux de leur urine. Malgré cette scène, chaque bruit, chaque meuglement, chaque mouvement semble à sa place, en harmonie avec le reste du monde, avec la fumée bleutée des feux montant vers le ciel, avec la lumière qui va diminuant, et les ombres qui s'agrandissent sur le sol. Tout paraît vain hormis cette sérénité.

À ce moment précis, on envisage fugitivement de ne jamais quitter des lieux d'une telle douceur. Pourquoi le reste de l'univers alors qu'ici, tout semble dit ?… Et puis la raison reprend ses droits. On se souvient des moustiques, des tempêtes, de la nourriture rare et invariable, du soleil écrasant, des maladies, de tout ce qu'offre aussi la vie ailleurs. Et l'on émerge du rêve…

Bientôt nous adoptons un rythme nouveau pour pagayer : une demi-heure en poste à gauche, une demi-heure en poste à droite, un quart d'heure de pause toutes les heures.

Une telle rigueur dans la marche n'a rien d'enthousiasmant. C'est l'usine. Mais nos muscles endoloris nous sont reconnaissants de cette répartition de l'effort.

Le Nil dévide sa monotonie, toujours immense, toujours silencieux. Sans le faible courant, l'envol des oiseaux ou le frémissement des herbes sous la brise, on pourrait croire ces paysages figés à jamais devant la ligne verte de l'horizon. À la place de la nature, j'aurais mis là quelques montagnes et deux ou trois petites forêts. Le regard aurait chevauché ces obstacles sans s'égarer dans l'infini…

Les lignes droites du fleuve sont interminables. Quant aux rares courbes, elles présentent un angle si large que les deux rives se confondent jusqu'au dernier moment. Il faut attendre d'être presque à les toucher pour distinguer dans quel sens elles tournent…

Le soleil est notre plus implacable ennemi. L'hiver, chez moi, je rêve comme tout un chacun de plages de sable couvertes de lumière. Sur le Nil, cette dernière est si insoutenable que seul le climat lapon me paraît supportable à un être humain doué de raison. Nous éprouvons sans arrêt le besoin de nous asperger d'eau. La peau de nos visages part en lambeaux et nous sommes obligés de les couvrir de graisse pour les protéger.

Nous aimerions plonger dans le fleuve de temps en temps mais les propriétaires des lieux nous en dissuadent chaque fois. Les hippopotames ouvrent leurs gueules rosés beaucoup trop près à notre goût et les crocodiles ne sont pas rares, tout comme les serpents. L'un d'eux, zigzaguant la tête hors de l'eau, essaie même une fois de grimper à bord. Il ne sort pas vivant de l'affaire…

Les jacinthes nous occasionnent aussi tous les ennuis du monde. Il est souvent impossible d'éviter une de leurs nappes. Il faut alors se frayer un passage dans leur masse. L'entreprise est épuisante. Les jacinthes s'accumulent devant l'étrave, enserrent la barque et nous avançons à la vitesse d'un escargot malgré nos coups de pagaie forcenés.

Enfin, le quatrième jour depuis Malakal nous abordons une dernière ligne droite qui nous mène à notre première véritable étape, Melut : quelques constructions en dur adossées à des villages de cases qui s'étendent loin dans les terres.

XXIII

Dinkas de malheur !

Le Nil nous a donné tout ce que nous voulions.

Mais il n'a pas répondu à une question : qu'y a-t-il au-delà de ses rives ? Quels mystères renferment ces étendues vertes qui défilent devant nous depuis des jours ?

L'aventure est faite pour répondre aux questions.

À toutes les questions…

Alors, à peine arrivés à Melut, entre la dernière heure du jour mourant et les premiers signes du sommeil, nous décidons d'une parenthèse dans la descente du fleuve pour tenter une incursion à pied, droit vers l'est.

À l'intérieur des territoires dinkas.

Juste pour découvrir ce qu'il y a derrière le Nil… Comme on pousse un paravent chinois afin de savoir qui se trouve de l'autre côté…

Ce sera la première déception du voyage.

L'existence d'une sucrerie en construction aux abords de Melut aurait dû nous servir de présage : anachronique au milieu des hippopotames, des crocodiles et des Dinkas, elle annonçait que des temps nouveaux se levaient sur le haut Nil.

Le chantier de la sucrerie se dresse à quelques kilomètres de Melut. Un tracteur nous y mène par une piste boueuse. Au bout nous découvrons le gigantisme de l'homme blanc au cœur de la savane. L'usine commence à sortir de terre comme une verrue sur une peau satinée. Les ouvriers soudanais, en shorts et tricots de peau, sont encadrés par une trentaine de Philippins. Une demi-douzaine d'Européens dirigent les travaux.

Je peux bien me frotter les yeux, cette « chose » existe vraiment.

Des Dinkas nus, appuyés sur leurs lances, regardent ce monde incroyable qui naît devant eux. Que signifient pour ces hommes les énormes caterpillars, les grues déhanchées sur leurs socles, les camions qui pétaradent ? Imaginent-ils leur avenir en cet instant ?

Dans leurs yeux je ne découvre que la passivité.

Deux jours plus tard nous partons à pied pour Paloich, le dernier village vers l'est. De là, nous comptons nous enfoncer le plus avant possible dans la même direction, sans limite précise, à la recherche de tribus primitives ou de n'importe quel inconnu.

Peut-être le rencontrerons-nous du côté de l'horizon, là où tout semble possible.

Les administrateurs noirs de Melut – qui se plaignent comme de vieux coloniaux de la paresse de leurs congénères – nous ont procuré trois porteurs dinkas râleurs et peu aimables pour charger les bagages réduits que nous emportons : quelques vivres, le matériel de bivouac, les appareils d'Hughes. Nous laissons la barque et le reste de nos affaires à la garde du chef de poste.

Passé le chantier nous retrouvons le silence obsédant de la brousse, rompu du galop lointain des antilopes. La plaine est infinie comme le Nil, couverte de hautes herbes d'où émergent de-ci de-là les cases de chaume de villages dinkas. Le sol, partout inégal, meurtrit nos pieds qui se posent rarement à plat. Une piste existe, semble-t-il, à la saison sèche. Mais les pluies l'ont comme effacée, transformant ce qui reste du chemin en bourbier.

J'avance, heureux de cette marche qui délie mes membres engourdis par le voyage en barque. Les jours à venir me semblent pleins de promesses. Une terre inconnue c'est d'abord une terre que l'on n'a jamais pénétrée soi-même…

Nous allons bon train derrière les porteurs dont les têtes seules émergent des herbes sous leurs charges. Le soleil est brûlant, la lumière éblouissante, la sueur colle aux vêtements.

De temps à autre, nous faisons halte dans des villages. C'est l'occasion de contacts avec les populations, sans lesquels une aventure perd l'essentiel de son intérêt. Mais ici, on nous accueille comme des intrus : pas de saluts, pas d'échange de nourriture, pas de sourires, des grognements pour toute réponse à nos questions. Impossible de savoir pourquoi. Mais je finis par abréger ces haltes. Je me dis que ces Dinkas sont une exception et qu'il vaut mieux atteindre Paloich le plus vite possible. À coup sûr, les Dinkas là-bas nous feront meilleur accueil.

Nos rapports avec les porteurs n'arrangent rien. Visiblement nous sommes pour eux une source de revenus qu'il convient d'exploiter sans attendre compte tenu de sa brièveté. À chaque occasion, à chaque passage difficile, ils quémandent une augmentation de leur salaire ou un objet quelconque, mettant à tout une mauvaise volonté grincheuse. Quand je leur demande le temps encore nécessaire pour atteindre Paloich, ils répondent n'importe quoi et se moquent de nos préoccupations. Lentement, la curiosité de nos découvertes futures fait place à une sorte de désabusement.

En fin d'après-midi le vent se lève, courbant les herbes. Le ciel s'obscurcit sous le champignon noir de notre tornade quotidienne. Elle est sur nous à la nuit et la pluie nous enveloppe, battant les cirés des ponchos. Nous continuons, dans le flic-floc de nos bottes. Puis Paloich apparaît entre deux éclairs, village indigène posé au milieu de la brousse. Un homme en galabieh blanche surgit de la pluie et parlemente avec les porteurs : on nous mène dans une case abandonnée.

Je suis fatigué. Nous n'avons rien mangé depuis la veille et nous sommes affamés. Par malheur il n'y a pas le moindre bout de bois sec pour préparer un feu. Nous remettons le repas au lendemain.

Nous installons les couchages parmi les moustiques qui ont découvert cet abri avant nous, suspendant les moustiquaires à tâtons. En d'autres circonstances, les porteurs en auraient profité. Mais leur comportement ne nous incite à aucune générosité. Nous les laissons pelotonnés dans leur coin…

Le vrombissement des moustiques et le crépitement de la pluie me tiennent longtemps éveillé. Une monotonie trouble s'est installée dans mon univers au cours de la journée. J'ignore d'où vient ce sentiment, d'une certaine lassitude peut-être, mais il a jeté en moi une gêne indéfinissable.

Je sais alors que je n'aime pas la plaine dans laquelle nous avons pénétré. Les hommes qui l'habitent nous l'ont rendue hostile.

Vers 2 heures du matin, les porteurs exténués me demandent l'heure pour savoir combien de temps ils vont encore subir l'assaut des moustiques. Je me souviens de mes questions du jour à propos du nombre d'heures restant pour atteindre Paloich. Les rôles s'inversent et je décide de prendre une innocente revanche :

– Il est 4 heures, dis-je.

Les trois hommes se redressent sur-le-champ, heureux comme des condamnés à mort apprenant leur grâce… L'aube est proche, ils vont pouvoir l'attendre en bavardant pour oublier piqûres et démangeaisons.

Une heure passe. Je ne trouve toujours pas le sommeil, tourmenté de mille rêves. Les porteurs s'étonnent entre eux de la venue tardive du jour. Ils me redemandent l'heure :

– 3 heures, dis-je, très content de moi.

– Quoi ? s'écrie celui qui baragouine l'anglais. Avant il était 4 heures et maintenant il est 3 heures… C'est une chose impossible ça…

J'éclate de rire arguant du mauvais fonctionnement de ma montre. Furieux et comprenant qu'on se moque d'eux, les trois Dinkas se recouchent en grommelant, tous leurs espoirs brisés : les heures vont être longues parmi les moustiques…

Le jour nous découvre Paloich, rassemblement de cases groupées autour de quelques arbres, dans une immensité plate.

Lugubre.

Nous donnons congé aux porteurs et en cherchons d'autres. Le village bourdonne de notre demande. Nous attendons dans la case. À tout instant des groupes de Dinkas viennent aux nouvelles. Habituellement nous trouvons plaisir à ces rencontres. Mais ces Dinkas nous irritent par leur sans-gêne et leur mépris. Ils s'installent face à nous, crachent entre nos jambes, jacassent de la pire manière et nous apostrophent avec des rires satisfaits. Beaucoup ont la mendicité agressive comme si notre devoir était de leur donner tout ce que nous possédons…

L'inimitié de ces hommes ne provient même pas de quelque ressentiment de l'époque coloniale. Ils l'ont vécue de très loin. Non, ils sont ainsi faits et nous devons nous en accommoder. Malgré moi je les compare aux Pygmées et aux Indiens que j'ai connus autrefois, à leur dignité humaine par-delà les malheurs quotidiens.

Au soir, quatre porteurs se présentent, identiques à leurs prédécesseurs : mêmes jambes maigres, même sagaie sur l'épaule, même indiscrétion désagréable. Ils sont malheureusement les seuls volontaires dont nous puissions disposer en si peu de temps.

Une fois le prix convenu ils nous demandent où nous comptons nous rendre exactement. Souhaitant simplement nous enfoncer le plus loin possible vers l'est, je leur indique cette direction.

Les quatre Dinkas se regardent, sceptiques :

– Par là, il n'y a rien, affirme l'un d'eux, la brousse, la brousse… C'est tout…

– On verra bien, dis-je. C'est quand même par là qu'on va.

Et nous partons le lendemain sans plus de formalités.

La savane est égale à elle-même, uniforme et couverte d'herbes. Les quatre porteurs filent vite, droit devant eux, leurs charges sur la tête.

Notre enthousiasme a faibli et je ne crois plus au succès de ce raid. À chaque halte, les Dinkas se permettent de fouiller nos affaires à la recherche de quelque objet qui leur convienne. Nous devons y mettre bon ordre et cette sourde lutte ajoute au désenchantement général.

L'impression s'insinue bientôt en moi que tout ayant mal commencé depuis notre départ de Melut, tout se terminera de la même manière. Nous ne sommes pas sous un bon signe…

En une demi-journée nous parvenons néanmoins à un hameau de quelques cases. Les habitants nous ignorent si superbement que nous continuons sans attendre par un chemin qui longe un champ de maïs.

Moins d'un kilomètre plus loin le sentier s'arrête net devant un foisonnement d'herbes. Les hommes posent leurs charges et montrent l'horizon :

– De ce côté, il n'y a plus rien. Fini. Plus de village, plus d'eau pour boire, plus de piste.

Nous restons là, les bras ballants, sans savoir que faire.

Nous avons exigé d'aller droit vers l'est et les porteurs ont obéi. Maintenant ils nous mettent devant l'évidence, refusant de continuer dans ce qu'ils considèrent manifestement comme un désert. Je ne suis pourtant pas sûr de leurs raisons véritables. Se peut-il qu'il n'y ait plus rien devant nous ? Tant de raisons peuvent expliquer le comportement des porteurs : le prochain village est peut-être très éloigné, peut-être est-il proche mais appartient-il à un clan rival ? Peut-être aussi nos hommes sont-ils fatigués et l'appât du gain moins puissant que cette fatigue ?

Je ne cherche pas plus longtemps les raisons des Dinkas. Notre envie de continuer parmi ce pays et ces hommes a disparu. Ce qu'il peut y avoir devant nous m'est devenu indifférent. J'ai même l'impression que jusqu'en Éthiopie, il n'y a que de l'herbe et encore de l'herbe, avec des Dinkas aussi hostiles que ceux qui nous accompagnent. Les porteurs nous fournissent eux-mêmes un prétexte pour tout arrêter et revenir à la descente du Nil. Je demande à Hughes :

– On rentre sur le fleuve ?

– On rentre.

Sans plus discuter nous rebroussons chemin vers le hameau que nous venons de quitter. La journée est déjà très avancée et nous décidons d'y passer la nuit avant de rejoindre Paloich.

L'idée n'est pas des meilleures. On ne nous invite pas à partager le repas du soir, chose inimaginable dans la brousse, et lorsque la tornade du jour éclate après avoir envahi la moitié du ciel, nous sommes obligés de nous imposer dans une case pour ne pas rester sous le déluge…

À Paloich, nous perdons une journée faute de porteurs. Résignés, nous regardons couler la vie de ces lieux perdus, faite d'une inébranlable monotonie. Ce qui m'est apparu ailleurs comme une existence sereine me semble maintenant insupportable. Mon jugement se fausse de la maigre considération dans laquelle je tiens désormais les Dinkas.

Au fond d'une cour je découvre une chaise en fer avec une jambe de bois : cet objet infirme, pauvre chose oubliée, me paraît plus humain que les hommes autour de moi.

Nous allons nous endormir ce soir-là quand des tam-tams se mettent soudain à battre. Leur rythme monocorde monte dans la nuit, enfle, retombe, comme le pouls d'une bête à l'agonie. Une force primitive se dégage de ces roulements. N'importe où ailleurs je serais sorti de la case pour aller à la rencontre de ces tam-tams. Ici, je refuse de bouger d'un millimètre…

Nous regagnons Melut le lendemain avec quatre nouveaux porteurs. Le chemin nous semble court malgré des pluies intermittentes et les marigots qui ont encore grossi : nous avons hâte de rentrer.

Je retrouve avec joie la barque et les rivages du Nil, les femmes langoureuses occupées à leur bain du soir, les papyrus au bord du fleuve. Nous sommes très las, affaiblis depuis plusieurs jours par une amibiase.

Nous quittons Melut le 19 septembre. Sans regrets.

Je préfère considérer que la marche de Paloich n'a été qu'un mauvais rêve déjà oublié…

XXIV

Trois fois la mort de près…

En quelques heures de pagaie nous gagnons Kaka, le dernier village de la zone Dinka-Shilluk.

L'un des habitants se souvient de trois Blancs qui se sont arrêtés ici autrefois quand il était enfant :

– Ils voyageaient dans de drôles de pirogues, explique-t-il en hochant la tête, ils disaient qu'ils allaient jusqu'au bout du fleuve.

Sans le savoir, il a vu passer trente années auparavant Jean Laporte et ses compagnons David et Goddard, les premiers hommes à avoir descendu le Nil en kayak…

Puis nous repartons vers Renk, la prochaine étape sur la route de Kosti. Un vent du sud nous pousse, reposant nos bras. Mais l'intense luminosité de l'eau et du ciel ne nous épargne pas un instant. Du lever au coucher du soleil nous vivons gorgés d'eau, de soleil et de ciel bleu jusqu'à la nausée. J'oublie un jour mes bottes à l'avant de la barque. Le soir, la pointe touche le haut des guêtres et je n'ai plus qu'à jeter ces bouts de cuir racornis… Désormais j'irai en sandales.

En quittant Kaka, nous sommes entrés dans les territoires des tribus Choukouriehs qui forment une transition géographique et ethnique entre le sud et le nord du Soudan. Ces Choukouriehs vivent pour la plupart dans l'intérieur des terres et jusqu'à Renk nous ne rencontrons pratiquement pas âme qui vive : un village tout au plus.

Les rives du Nil dans cette région sont aussi inhabitées que le désert lui-même.

Tout en naviguant nous croquons des biscuits de mer ou des poignées de dattes séchées. Nous n'avons de repas chaud que le matin et le soir au bivouac. Je regrette l'absence de fusil qui permettrait d'améliorer l'ordinaire. Le gibier abonde au coucher du soleil à l'heure où les animaux viennent boire au fleuve.

La parole est notre seul remède contre l'uniformité du voyage. Hughes et moi parlons de tout et de rien comme toujours dans ces circonstances. Le Nil et nos projets respectifs forment deux sujets inépuisables. Le troisième se confond avec les raisons de nos disputes. Car il nous en vient parfois, pour des choses insignifiantes, dues à la vie en promiscuité…

Nous longeons la berge d'assez près et je somnole presque sur ma pagaie, les paumes des mains déjà toutes calleuses.

Soudain, une masse fuselée jaillit sous mes yeux, à quelques mètres, et plonge sur nous depuis les herbes de la rive.

Un crocodile énorme.

Deux yeux noirs et fixes, des écailles sombres, un corps massif, je ne vois rien d'autre pendant la fraction de seconde où il passe à nous frôler…

Avant de disparaître juste devant la barque dans une gerbe d'écume.

Peur…

Il aurait aussi bien pu tomber à nos pieds et emporter une de nos jambes au passage.

– Bon sang, dit Hughes, interdit, tu crois qu'il nous a ratés ou qu'il a sauté parce qu'on lui a fichu la trouille.

– La seconde solution plutôt. Mais on a eu chaud quand même…

Un second crocodile se montre deux jours plus tard comme nous abordons près d'un village. Nous n'avons rien décelé de particulier et Hughes s'apprête à sauter hors de l'embarcation lorsqu'il retient brusquement son geste : un mufle trapu glisse le long de la coque, laissant derrière lui un sillage triangulaire…

À quelques secondes près il était trop tard.

Nous en sommes quittes pour une peur rétrospective. Désormais, nous ouvrirons l'œil.

Peu avant Renk, les jacinthes nous causent à nouveau des problèmes. Ces damnées plantes, qui disparaissent certains jours, surgissent à d'autres moments pour s'emparer de presque tout le fleuve. Chaque fois c'est un combat épuisant pour les traverser à coups de pagaie terribles qui font gargouiller la matière spongieuse sur notre passage.

Nous abordons Renk un soir et Geigar l'après-midi suivant. Kosti approche, avec plus loin Khartoum, la capitale du Soudan, et encore derrière le désert jusqu'en Égypte.

Alexandrie à 2 500 kilomètres, peut-être…

La sensation pour la première fois de me rapprocher du but.

Nous avons pu nous approvisionner à Renk – dattes et biscuits – et la fin du voyage ne s'annonce pas sous de trop mauvais auspices. Des villages réapparaissent ainsi que des palmiers et même un jour des buissons d'arbres couverts de milliers d'oiseaux blancs qui leur font comme un manteau de neige.

La nuit du 27 septembre, nous frôlons à nouveau la catastrophe. Le vent creuse le fleuve de vagues puissantes comme une respiration géante et son souffle qui vient du sud bourdonne si fort à nos oreilles qu'il nous assourdit. Vers 1 heure du matin nous n'entendons pas le steamer de Juba qui arrive sur notre arrière… Lorsque j'aperçois sa masse courant vers nous, il est à moins de cinquante mètres, se découpant sur le ciel plombé, grossissant de seconde en seconde.

Une montagne d'acier qui va nous percuter, nous écraser.

Cette fois, je nous crois perdus…

Mais la barque est maniable, sûre et docile : arcboutés sur les pagaies aux limites de nos forces, nous évitons l'abordage de justesse.

Le steamer passe à nous toucher dans l'énorme battement de ses pales et nous dansons longtemps sur la crête de ses remous, le cœur battant à l'unisson de notre peur.

Nous naviguons beaucoup d'autres nuits, contraints par les circonstances. Je ne le regrette jamais malgré les risques. Car ces nuits sur le fleuve immense portent au paroxysme l'intensité des sensations. Je vis comme suspendu entre vie et sommeil. L'obscurité aiguise l'anxiété, et l'espérance de l'aube avive les rêves les plus fous, les souvenirs qui se bousculent. Chaque bruit, la moindre odeur portée par le vent semblent empreints d'une force inconnue. Je redécouvre la plénitude des nuits de veille, sur la mer, dans la jungle ou les montagnes quand chaque chose s'est endormie et que l'on reste seul au monde ; l'imagination vagabondant au hasard et sans souci des problèmes du jour. Les premières lueurs du matin ne détruisent pas ce charme. Elles le laissent s'évanouir pas à pas comme un songe qui s'en va. Le Nil baigne dans une lumière rosée très douce et nous nous endormons côte à côte, laissant la barque aller son chemin. Le soleil se charge de notre réveil lorsque ses rayons deviennent insupportables, et nous reprenons les pagaies.

Nous approchons de Kosti le 29 septembre. Les rives du Nil se désertifient maintenant au fur et à mesure de notre avance. Les premiers chameaux font leur apparition et le sable par endroits remplace les herbes et les papyrus.

C'est ce jour-là que nous subissons notre premier vent de sable.

Il surgit brutalement de l'horizon, sans prévenir, et obscurcit les rives d'un rideau opaque presque aussi rouge que le disque du soleil. Au centre du fleuve, le vent devient vite si violent que les oiseaux renoncent à voler. Plusieurs, surpris par l'arrivée de la tempête, prennent d'abord le parti de lutter contre elle. Ils battent furieusement des ailes mais restent suspendus dans le ciel, comme arrêtés par un filet invisible. Comprenant alors l'inutilité d'un tel combat, ils virent d'un coup de reins dans le sens du vent et partent comme des flèches se poser à l'abri des herbes.

Même sur un fleuve les vagues peuvent atteindre des dimensions impressionnantes. Devant leur ampleur, nous imitons les oiseaux et suivons le vent. Par prudence. Nous gardons un souvenir cuisant de la tornade qui a failli nous faire faire naufrage du côté de Malakal…

Après une longue course la barque percute les papyrus d'une île et disparaît presque sous leur masse. Nous attendons une accalmie, accrochés à nos pagaies. Le sable ne parvient pas jusqu'à nous et se contente de ravager la terre ferme de ses tourbillons. La tempête se calme bien après le coucher du soleil. Une fois de plus nous sommes contraints à continuer de nuit. Hélas, tout recommence vers minuit : le vent se précipite sur le Nil, les vagues nous secouent comme un fétu de paille. L'eau se met à fouetter nos bras au ras des plats-bords et la coque claque si fort dans les creux des vagues que je crois ne jamais voir Khartoum…

Terreur.

Tout est noir autour de nous.

Le vent hurle, l'eau se fracasse sur la barque, nous tournoyons sur nous-mêmes comme une toupie emportée par les éléments.

Maelström.

Mais il est dit que nous verrons Khartoum et la fin de l'aventure. Ruisselants d'eau, nous parvenons à maîtriser la barque, et dès lors, accrochés aux pagaies comme des naufragés, nous consacrons toutes nos forces à garder l'étrave dans le sens du vent pour éviter d'être retournés.

Mais occupés à cet effort, nous perdons tout sens de l'orientation. Bientôt nous ne savons plus par quel chemin rejoindre la berge la plus proche.

Nous sommes perdus sur le Nil.

En pleine nuit.

Il y a bien des lumières qui tremblotent sur les rives mais elles forment comme un cercle très loin autour de nous. Au hasard nous en choisissons une pour nous diriger vers elle de notre mieux, fouettés de plus en plus fort par la tempête. La lumière grandit peu à peu, à la force de nos bras éreintés et disparaît soudain. Au même instant j'entrevois la ligne sombre et basse de la terre ferme. Un dernier coup de vent nous catapulte dans les herbes. Je saute à l'eau, tire l'embarcation à l'abri.

Nous sommes saufs cette fois encore.

Comme j'amarre la barque, de l'eau jusqu'à la taille, une sangsue s'agrippe à ma jambe. De dégoût je laisse tout pour l'arracher mais elle glisse entre mes doigts impatients. Hughes lui fait lâcher prise à la flamme de son briquet, la seule chose qui leur fasse entendre raison…

Par chance, nous trouvons deux arbres et tendons le hamac recouvert de sa bâche plastique. Nous grelottons. La barque est déjà submergée de jacinthes. À peine réfugiés dans notre précaire abri, nous subissons une incroyable sarabande : le vent secoue les arbres, balançant le hamac en tous sens. Chacun de nos bras tient un pan de la bâche pour empêcher notre édifice de s'envoler et nous restons ainsi plusieurs heures, écartelés comme des lapins sur un étal de boucher, la pluie ruisselant en rigoles sur nos ventres. Les éclairs illuminent par à-coups l'intérieur de la tente suspendue, révélant les visages blafards, le désordre des vêtements et des sacs entassés sur nous.

Peu avant l'aube la tornade s'éloigne enfin. Mais nos tourments ne sont pas finis pour autant.

Il reste à affronter les moustiques.

Un général, quelque part, doit diriger leurs armées car à la dernière goutte de pluie ils jaillissent du néant et s'élancent à l'assaut en vagues tournoyantes : nul besoin de cris et de clairons pour les encourager au combat. Ce sont de vrais kamikazes. Mais nous les attendons de pied ferme, prêts à soutenir un siège.

La bombe insecticide est devenue notre arme de prédilection. À l'échelle de nos ennemis elle possède la puissance destructrice d'une grosse Bertha et chaque goutte de notre sang leur coûte pour le moins un régiment. Au matin nous en découvrirons des milliers écrasés entre la moustiquaire et la bâche.

Nous arrivons à Kosti le 30 septembre 1978, vingt-quatre jours après notre départ de Malakal. Un pont métallique enjambe le Nil peu avant la ville. À lui seul, il dit combien nous sommes proches de la capitale soudanaise. Dans le port encombré de marchandises et de bateaux, un steamer attend sous le soleil. Nous y laissons la barque, emportant nos pagaies et les cantines.

À la gare sans quai un train à vapeur exhale des volutes de fumée noire. Il part pour Khartoum et une cohue désordonnée s'agrippe aux wagons. Nous sautons dans l'un d'eux, bondé jusque sur le toit.

Il y a alors de longs coups de sifflet déchirants, mélancoliques comme des sirènes de bateaux, les cris des derniers voyageurs en retard, puis le halètement sourd de la machine qui nous emporte vers l'entrée du désert.

XXV

Khartoum

Il s'appelle El Narheïn : « les Deux Roses » en arabe.

C'est un antre mystérieux perdu dans une rue de terre envahie de tourbillons de poussière. Un portail de fer donne sur deux cours le long desquelles s'ouvrent une succession de portes.

El Narheïn est un « hôtel ».

Des ventilateurs tournent aux plafonds des chambres pour le plaisir unique des cancrelats : la plupart des lits – des *angarebs* de bois tressées de cordes – se trouvent dans les cours à cause de la chaleur. On y dort au milieu des ronflements, des bavardages tardifs et des milliers de sauterelles qui logent à l'œil parmi les clients. Les trois ou quatre chats de la maison leur font une chasse impitoyable, en tuant quelques dizaines à l'heure, mais le danger terrifie les autres qui volettent comme des folles d'un mur à l'autre. On passe son temps à être cogné par ces malheureux insectes.

C'est là que nous débarquons à Khartoum.

Avec nos cantines à gros cadenas et nos pagaies shilluks.

Khartoum où nous n'avons plus à lever la tête pour savoir si le ciel va nous réserver l'épreuve de la pluie, du soleil ou du vent. Khartoum où la nourriture abonde comme au paradis d'Allah empli de miel et de lait…

Mis à part les cancrelats, les sauterelles et nous, « Les Deux Roses » sont peuplées d'une faune inquiétante qui va et vient dans le frou-frou des *galabiehs*, le ronronnement des braseros et l'odeur acide du vieux cuir. Il y a là de grands Noirs du Sud en visite à la capitale et des Arabes en turban qui semblent vissés à perpétuité sur leurs *angarebs* pour siroter du thé noir : ceux-là parlent à voix basse de transactions commerciales et de marché noir.

De prime abord, on prendrait « Les Deux Roses » pour un hôtel borgne ou un coupe-jarret. À vrai dire, nous y sommes plus en sécurité que sur le Nil ou n'importe où ailleurs. Le Soudan est l'un des pays les plus sûrs qui soient. Pas moyen de se faire attaquer ou voler… Nous pouvons tout laisser dans les chambres communes, il ne manque jamais rien.

Les premiers jours, nous jouons les aventuriers retour de brousse. Mon odyssée m'ayant laissé à peu près nu, j'achète dans un souk un large pantalon blanc, une chemise de la même couleur et nous faisons les bars, pas rasés, la pipe à la bouche, lorgnant les filles. Aux meilleures tables de la ville – sinistres en vérité car tout est relatif – nous commandons midi et soir les plats les plus chers, rotons de satisfaction et personne ne peut nous regarder de travers.

Nous prenons du bon temps.

Il faut bien que les privations endurées sur le Nil se payent de quelques débordements… Puis nous redevenons sages, partageant nos activités entre l'ambassade pour nos affaires et le club américain pour les plaisirs quotidiens. Des amis de rencontre nous ont fait découvrir ce nec plus ultra du farniente et de la vie diplomatique. Les bureaux fermés vers 14 heures, tout le monde se précipite au club pour laisser filer le temps entre les tables au bord de la piscine et les conversations sur les qualités respectives des différents boys ou les prochains arrivages d'alcool au free-shop…

Nous suivons le rythme deux semaines sans faire grand-chose d'autre, nous préoccupant à peine de la suite du voyage. Je n'ai pourtant qu'une idée en tête : continuer à suivre le Nil, mais cette fois en traversant le désert à chameau, jusqu'en Égypte. Je ne sais pas encore comment je vais m'y prendre mais mon intention est ferme. Une fois en Égypte, je compte terminer l'aventure en utilisant une felouque pour descendre jusqu'à Alexandrie.

Je m'aperçois très vite que la communauté d'expatriés ne peut m'aider dans mes projets. On y vit en vase clos. Peu de Français sont introduits dans la vie soudanaise. La plupart n'aiment pas Khartoum. De fait, seule la confluence du Nil Blanc et du Nil Bleu venant d'Éthiopie est grandiose. Le reste frise la médiocrité. Le centre de la ville est minable, simple carrefour poussiéreux, et l'architecture ne subjugue personne : hormis les anciennes constructions coloniales à colonnades et arcades, Khartoum ne forme qu'un amas de cubes mal dégrossis. En outre, il y fait chaud comme dans une serre et la routine se partage entre les coupures d'électricité, les queues géantes aux stations-service – les garages des diplomates sont transformés en réserves d'essence – et les restrictions en tout genre. Bref, Khartoum ce n'est pas le Pérou…

Vers la mi-octobre je m'inquiète enfin de mon périple vers l'Égypte que je vais accomplir sans Hughes. Au récit de mon voyage chez les Turkanas et les Toposas il a décidé de continuer son film chez eux et il se prépare à retourner dans le Sud. De toute manière, il ne pouvait filmer en Égypte sans passer d'abord par Le Caire.

En vagabondant dans Khartoum, j'apprends que des caravanes sillonnent d'année en année tout le Sahara oriental de l'Ennedi à la mer Rouge et du Kordofan à la Nubie.

Une moitié de Sahara vierge de routes et de tourisme.

Avec au milieu le Nil et Khartoum.

Les colporteurs et les marchands racontent que ces caravanes sont menées par des contrebandiers qui trafiquent le chameau vers le Tchad, la Libye, l'Arabie et… l'Égypte.

Le Soudan élève les meilleurs chameaux d'Afrique. On les demande partout pour leur taille, leur force, leur endurance ou même leur viande. À écouter ces histoires récoltées dans les souks et les bazars, une idée têtue entre dans ma tête, la seule raisonnable d'ailleurs pour traverser le désert : me joindre à l'une de ces caravanes partant pour l'Égypte.

On me dit alors qu'Omdurman sert de plaque tournante à toutes celles qui se dirigent vers le nord-est. C'est donc là que je vais traîner, les mains dans les poches.

Omdurman, la cité traditionnelle d'où partit autrefois la révolte du Mahdi, fait face à Khartoum au nord de la confluence des deux Nils. C'est un univers de fourmilière au milieu des ruelles sombres. J'y découvre des souks gorgés de trésors perdus sous des amoncellements de marchandises, des mosquées miniatures comme tirées d'enluminures du Coran, des marchés pleins de bruits, des rues de terre encombrées de toute une vie partagée entre l'Afrique et le monde musulman.

En traversant Omdurman on parvient à la lisière du désert. Là se tient le grand marché aux animaux : des milliers de chèvres, de vaches, de moutons, d'ânes ou de chevaux meuglent, hennissent, bêlent, braient dans un tintamarre de foire.

Une longue plaine rase est réservée aux chameaux. Il y en a partout, grognant dans des enclos ou tirant sur leurs licols au milieu de la foule des marchands. Les chameliers, qu'on reconnaît de loin, sont des hommes d'apparence austère qui campent près de leurs bêtes sous des tentes rudimentaires. Ils allument des feux que le vent couche, entassent pêle-mêle autour d'eux les selles de bois et les outres de peaux, les fouets de cuir et les ustensiles de cuisine, enfin, attendent de vendre ou d'acheter, un œil sur les chameaux qui cherchent à se battre entre eux.

Les caravanes se font et se défont ainsi, dans les cris et les marchandages de ces caravansérails que ravitaillent en herbe et foin des tombereaux tirés par des chevaux malingres.

Plus loin vers le sud-ouest, se dresse le « souk Libya ». On y trouve à bas prix toutes les marchandises en provenance de ce pays. Les marchands offrent leur bimbeloterie à la criée, agitant des clochettes pour attirer le chaland. Dans leurs cahutes de terre, de paille ou de bois on vend à boire et à manger ainsi que des cordes, des peaux, des outres, tout ce dont a besoin un chamelier pour le désert.

À Omdurman arrivent des caravanes du Darfour et du Kordofan. Dans les villes de ces provinces de l'Ouest, Nyala, El Obeid, Gineina, El Fasher, les éleveurs rassemblent des troupeaux et les convoient vers le Tchad, la Libye ou Omdurman.

Durant une semaine je viens chaque jour au marché aux chameaux. Un jeune Soudanais m'accompagne pour me servir d'interprète. En trois mois de Soudan j'ai appris suffisamment d'arabe local pour me faire comprendre mais je peine encore dans mes explications.

Chacune de ces journées je m'assieds parmi les hommes, bavarde, offre le thé qu'on boit très sucré dans de petits verres, pose des questions, lie connaissance. Je regarde cette vie nouvelle, j'écoute les histoires des chameliers qui racontent les rivages de la mer Rouge, les tribus Hadendoas et Rachaïdas qu'on dit redoutables, les oasis de Libye qui prennent vie devant moi avec des mots enveloppés d'épices et de sable crissant. J'en arrive bientôt à ne rien vouloir d'autre qu'un bon chameau et une selle confortable pour courir le désert sans but…

Mais les jours passent et je me morfonds sans dénicher une seule caravane qui veuille bien partir pour l'Égypte.

Le 22 octobre enfin, j'apprends que l'une d'elles se forme pour Bimban au nord d'Assouan. L'occasion tant attendue.

Je suis décidé à la saisir à tout prix.

XXVI
Comment on devient chamelier

C'est un minuscule bonhomme d'une quarantaine d'années originaire d'El Fasher au Darfour : il a la peau foncée des tribus de l'Ouest, des traits fins comme ciselés dans l'ambre, une petite moustache et un turban blanc sur la tête. Il s'appelle Suleïman et parle à toute vitesse d'une voix de fausset.

C'est le chef de la caravane.

Je ne sais comment lui présenter les choses. Il peut me prendre pour un fou, un original, ou pire un repris de justice cherchant à fuir le Soudan à la barbe des autorités.

Je me décide à dire la simple vérité et lui fais part de mon désir de l'accompagner en Égypte comme n'importe lequel de ses hommes.

Ma demande doit être si incroyable qu'il part d'un petit rire de tête en me regardant de haut en bas d'un air incrédule : « Tu es blanc, dit-il enfin, qu'est-ce que tu pourrais bien faire dans le désert ? »

Et il s'en retourne vers ses bêtes sans plus se soucier de moi. Vexé mais toujours décidé, je le rattrape et reviens à la charge :

– Je tiens réellement à partir avec vous. Je me débrouillerai très bien dans le désert.

– Si tu dois aller en Égypte, me répond Suleïman, tu peux prendre le train qui traverse la Nubie à l'est.

Il va jusqu'à Wadi Halfa. De là, il y a des steamers qui traversent le lac Nasser. Tu peux gagner Assouan de cette manière.

– Ça ne m'intéresse pas, tu m'indiques le chemin de tous les étrangers. Je veux passer comme toi par l'ouest, en suivant le Nil.

– Alors, prends une voiture de brousse, elles longent le fleuve.

– Non, je tiens à suivre les pistes caravanières avec mon propre chameau et avec vous.

Notre conversation a attiré quelques hommes. L'un d'eux dit :

– Mais c'est trop loin pour toi. Il y a 1 200 kilomètres de désert jusqu'à Assouan. C'est plus d'un mois de voyage, tu ne pourras jamais marcher autant…

– Écoute, dis-je à l'homme qui vient de parler, partons immédiatement, toi et moi, à pied, droit vers le désert. On verra bien qui criera le premier de fatigue…

Et, faisant mine d'être furieux, je l'empoigne pour qu'il me suive sans perdre une seconde. Suleïman m'arrête en riant :

– C'est très bien, tu sais marcher, je te crois, mais est-ce que tu sais monter à chameau, hein ?…

– Non. Mais tu peux m'apprendre. J'apprends vite.

– Mais si tu viens avec nous, insiste-t-il, tu mourras de faim et de soif. Le désert est très dur.

– Parfait, Suleïman, on peut voir ça tout de suite. Assieds-toi à côté de moi, oui, ici. On va rester comme ça sans boire et sans manger jusqu'à ce que l'un de nous n'en puisse plus. Ce sera toi qui demanderas grâce le premier…

Cette fois, il s'esclaffe, suivi de tous les autres qui me donnent des bourrades dans le dos. Puis il me regarde bien en face et dit simplement :

– Si tu es comme ça, alors, je t'emmène.

Et c'est ainsi, sans plus de manières, que je suis accepté dans la caravane de Suleïman…

Mais déjà il se préoccupe de ma monture :

– Il lui faut un chameau de selle, crie-t-il à la cantonade.

Un gros marchand s'avance, bousculant les autres :

– J'ai ce qu'il faut pour l'étranger, une bête rare. Elle est si confortable qu'il pourra la mettre au galop et boire son thé en même temps sans le renverser.

– Non, non, ce n'est pas vrai, s'exclame quelqu'un. C'est un chameau cagneux. Il ne fera pas dix jours. Suleïman, j'en ai un, moi, comme personne n'en a jamais vu. Plus beau tu ne trouveras pas d'ici à Port-Soudan…

– C'est des bêtises tout ça, s'écrie un homme du Kordofan en se frayant un chemin jusqu'à nous. Je viens d'arriver avec ma caravane et j'ai deux ou trois bêtes si rapides que personne ne peut les suivre. C'est celles-là que vous devriez venir voir…

– Pftt…, se moque un petit chamelier au teint clair, c'est pas ça qui compte pour arriver en Égypte. Mes animaux à moi peuvent tenir un mois sans boire ni manger. Avec ça, tu vas jusqu'en Arabie, par Allah.

Suleïman finit par se tourner vers moi en souriant :

– Reste ici, me dit-il, et n'écoute personne. Je vais te chercher moi-même un chameau de selle. Je sais où on trouve les meilleurs.

Il part aussitôt et revient une demi-heure plus tard en tirant derrière lui un mâle splendide qui fait bien deux mètres au garrot avec une énorme bosse : « Celui-là est parfait, m'affirme Suleïman en le lâchant parmi les siens. Il te coûtera 190 guinées mais il ne mourra pas sous toi. »

Je ne connais rien aux chameaux mais l'animal paraît aussi solide que le dit Suleïman, apte à couvrir les plus longues étapes. Je le baptise Simoun comme le vent de sable d'Arabie et contemple longuement l'amble souple de son pas, le port fier de sa tête. Suleïman me tire de cette rêverie : « Nous partons demain, tu devrais aller chercher tes affaires et nous rejoindre. »

Je file aux « Deux Roses » et rapporte l'équipement déjà acheté dans les souks d'Omdurman : une selle carrée en bois, tressée de sangles de peau, un coussin de cuir, une épée de chamelier dans son fourreau, un fouet en nerf de bœuf, quelques sacs en peau de mouton et deux grandes fontes en cuir de vache qui s'attachent aux pommeaux de la selle par des ganses. Je me suis habillé d'un pantalon bouffant serré aux chevilles, de ma saharienne blanche, de sandales et de mon vieux chapeau de brousse.

Je suis prêt. J'emporte peu de chose dans mes fontes : mon sac à dos roulé en boule, un duvet, mes carnets, mon appareil photo et une réserve de pellicules, quelques vêtements, ma boussole et mes cartes, des boîtes de conserve, plusieurs kilos de dattes, de figues séchées et de *taania* – la pâte de sésame – ma pipe et cinq paquets de tabac irlandais. J'ai expédié le reste à Paris avec ma pagaie shilluk.

Je suis libre pour le désert.

Je m'installe parmi les hommes sous la tente, laissant s'engager le processus habituel des rencontres : échange des noms, des âges, des origines, premières impressions, détails des visages où l'on cherche à deviner les caractères, à sonder les intentions cachées.

Ils sont sept qui accompagnent Suleïman, tous jeunes et nés dans l'Ouest. Abdul, un petit Noir musclé, vient d'El Fasher. Abu Youssef est originaire de Nyala. Saïd, le seul à la peau presque blanche, a vu le jour dans une oasis du Nord. Les autres, Hassan, Mohammed, Ibrahim et Ahmed sont de Nyala au Djebel Marra.

Ils ont mis toute leur fortune dans cette caravane, achetant chacun cinq ou six chameaux pour les revendre en Égypte où on les paye un bon prix. Peut-être l'équivalent de 300 ou 400 francs français par tête. Habituellement, ils font passer leurs bêtes du Darfour à Koufra en Libye par une piste caravanière qui fait étape à l'oasis d'El Atrun. Une demande plus forte en Égypte les a conduits à se mettre sous les ordres de Suleïman qui forme sa vingt-sixième caravane sur Assouan. Abdul en a déjà cinq à son actif et Abu Youssef deux, mais c'est plus qu'insuffisant pour s'y retrouver sans un vrai guide comme Suleïman. Les autres ne connaissent pas encore la région.

Je suis dans une situation identique à la leur à la seule différence que je possède un unique chameau. Comme eux je paye une sorte de tribut à Suleïman, quelques dizaines de guinées, en échange de quoi il a le devoir de nous faire parvenir sains et saufs à destination.

Les chameliers préparent le départ. Quelques-uns enduisent les *guerbas* d'une fine couche de goudron pour assurer leur étanchéité, d'autres vérifient que les bêtes ont leurs rations d'eau et d'herbe, d'autres encore fabriquent des coussins de bât en remplissant des sacs de toile avec de la paille.

Ils ont revêtu des tuniques propres : pantalons bouffants, longues galabiehs, gilets à poches, turban. Chacun porte attaché à l'intérieur du bras un court poignard arabe dans sa gaine de cuir. Les lames en losange sont tranchantes et redoutables.

J'attache mon propre poignard à la ceinture par-dessus ma saharienne serrée à la taille. Je n'ai qu'une idée imprécise de l'odyssée dans laquelle je m'engage et ne veux écarter aucune hypothèse. Je ne sais rien des huit hommes que je vais suivre. Ils ont l'air de braves chameliers mais rien ne dit qu'ils ne me feront pas un sort une fois dans le désert – si telle est leur intention, je n'aurai de toute façon aucun recours. Le contenu de mes sacs et les rouleaux de billets en petites coupures cachés dans mes fontes peuvent les tenter. Après tout, ce sont des contrebandiers, même si les autorités semblent fermer les yeux sur un trafic qui doit rapporter des devises au pays.

Suleïman m'explique son itinéraire en quelques mots. Nous allons d'abord traverser le désert de Bayuda jusqu'à Debba, coupant ainsi la première boucle du Nil. Nous longerons ensuite le fleuve d'assez loin, le long de sa seconde boucle, sur la bordure du désert de Libye, laissant la Nubie sur notre droite. Nous entrerons alors en Égypte par le Batn el-Haggar, le « Ventre de la Pierre », un désert qu'on dit plus terrible que l'enfer, sans une goutte d'eau ni un brin d'herbe. Enfin, nous atteindrons Bimban après plus d'un mois de méharée si tout se passe sans mal.

Le lendemain, les hommes achètent un mouton et l'égorgent près de la tente. Abdul et Mohammed dépècent l'animal, emplissent une bassine de ses viscères et saupoudrent le tout d'un mélange d'épices qu'ils tiennent dans de petits sacs de toile. Cette viande crue passe à la ronde et chacun s'en délecte avec des morceaux d'oignon. Le reste du mouton est mis à griller sur le feu pour servir au premier jour du voyage.

J'observe ces préparatifs avec la sensation d'entrer dans un autre monde.

Encore plus éloigné que celui des Toposas ou des Shilluks…

Avant même le départ, les hommes autour de moi cherchent à me mettre à l'épreuve.

– Quel est ton chameau ? me demande Saïd en montrant du doigt le troupeau devant nous. Tu saurais le reconnaître parmi les autres ?

Je réponds avec le plus d'ironie possible :

– Tu me crois donc aussi bête que ta monture ? Mon chameau, c'est le grand qui porte trois cicatrices sur la gauche du corps, une en X sur le postérieur, une autre en diagonale le long de l'encolure et la dernière à côté des naseaux. On le reconnaît facilement, c'est le plus rapide…

Mon aplomb les stupéfie : « On verra ça dans le désert, s'écrient-ils, on fera la course et on verra bien vraiment. Tu tomberas, Bahrkis » (ils n'arrivent pas et n'arriveront jamais à prononcer « Patrice »).

– Peut-être aussi que je ne tomberai pas, dis-je avec assurance, peut-être même que c'est vous qui tomberez, les uns après les autres.

Cette fois, les chameliers éclatent franchement de rire, ravis de tant d'insolence. Je me montre sous ce jour bravache parce que je sais qu'ils me respecteront d'autant mieux qu'ils me découvriront aussi joyeux, courageux, fort, rusé et endurant qu'ils le sont eux-mêmes. Ces valeurs simples priment toutes les autres dans le désert.

Enfin, le départ se précise.

La quarantaine de chameaux que nous emmenons est rassemblée à grands cris, nos montures baraquées et chargées des bagages. Elles grognent en secouant la tête à chaque fois qu'un homme accroche à leurs flancs les sacs de grain, les ustensiles de cuisine

– théières, bassines et verres à thé – les outres noires qui tremblent comme de la gélatine sous la pression de l'eau, les lourdes fontes dont je n'ai pas encore découvert le contenu…

Ces hommes possèdent peu de chose et l'austérité de leur vie m'apparaît alors. Tous ont une case dans l'Ouest. Mais ils ne la voient qu'une ou deux fois l'an. Pour le reste, ils appartiennent au Sahara. Et ce dépouillement est une forme de liberté qui me paraît soudain convenir au désert.

Puis les bêtes se redressent une à une, lourdement, aiguillonnées par les fouets des hommes qui claquent à leurs oreilles. Quand les neuf chameaux de selle sont tous debout devant les quarante chameaux du troupeau, le silence se fait d'un coup. Suleïman invoque Allah, demandant sa grâce pour le voyage et les hommes prient avec recueillement.

Ensuite, il y a les embrassades avec ceux qui restent, de grands adieux, des mains sur le cœur et la caravane s'ébranle.

Nous sommes le 23 octobre 1978. J'entre enfin dans le désert, avec des hommes qui en ont fait leur domaine, au pas lent de mon chameau.

QUATRIÈME PARTIE

LA CARAVANE DE SULEÏMAN

Batn el-Haggar, novembre 1978

Aussi loin que porte le regard et plus loin encore, s'enchevêtrent dunes et massifs déchiquetés. L'air tremble au-dessus du sol et un silence total pèse sur ces paysages. Devant les chameaux qui semblent hésiter s'étend maintenant un désert si dur et hostile, si inhumain que les Arabes l'ont appelé « Batn el-Haggar », le « Ventre de la Pierre ».

Au pas lent des bêtes, la caravane s'engage dans cet enfer brûlant.

XXVII

Au pas de nos chameaux

Nous bivouaquons cette première nuit non loin d'Omdurman, au pied d'une chaîne de collines qui annoncent déjà le désert de Bayuda, fait d'une succession monotone de sable et de bosquets d'épineux.

Nous n'avons guère échangé de paroles durant la marche et c'est à peine si les chameliers ont répondu à la curiosité des hommes rencontrés en chemin :

– Nous allons à Dongola, ont-ils même inventé entre leurs dents chaque fois qu'on s'intéressait trop à notre destination…

Sous les étoiles, ils abandonnent maintenant toute méfiance et plaisantent au milieu des feux que nous avons allumés. La lueur des flammes rejette dans l'ombre hommes et chameaux, aiguisant ma conscience du monde clos que forme la caravane. L'hostilité du désert la pousse déjà à s'enfermer sur elle-même comme à l'intérieur de murailles protectrices. Il est visible que les problèmes futurs rompront difficilement sa cohésion. Les hommes se replieront sur elle, pas sur eux-mêmes. Personne ne s'engage seul dans le désert. On lie son sort à d'autres pour créer une même pâte solide, inusable contre tout. L'obéissance aux lois ancestrales des caravaniers assure à chacun un refuge face au reste de l'univers.

Saïd est la cible des premières railleries du voyage. Son visage à la Sindbad, prolongé d'une barbiche en pointe, porte des écorchures que j'ai soignées. Peu avant les collines sa monture l'a envoyé mordre la poussière d'un écart brutal. Ses compagnons ont accueilli l'incident avec une joie délicieuse, remerciant Saïd de rompre la routine de la marche en fournissant un sujet de distraction. Dans cette vie nomade où n'entre ni poste radio ni aucune des fantaisies du monde moderne, il ne s'agit pas d'une histoire dérisoire mais d'une petite richesse. On s'amuse d'un rien, de ce que le hasard veut bien accorder. Ainsi, cette chute deviendra un événement méritant des semaines de commentaires…

Saïd est d'ailleurs le premier à rire de son infortune. Il mime sa culbute avec un plaisir féroce qui signifie que même les meilleurs sont à la merci d'une faiblesse. En même temps, ses camarades imitent de façon grotesque le carambolage de ses affaires entre les pattes du chameau et s'esclaffent en montrant le tas de bois que forme maintenant sa pauvre selle. Je ris, avec l'assurance d'être désormais à l'abri du ridicule quand cette mésaventure m'arrivera…

Nous mangeons quelques restes de mouton, une poignée de dattes et de figues sèches. Puis une odeur de caramel imprègne l'obscurité. Près du feu, Ibrahim prépare le thé, laissant longtemps le sucre au fond de la théière, mélangé aux feuilles. Le sable crisse derrière moi, foulé par des pieds nus. Abdul apporte les verres qui tintent entre ses mains. Nous buvons à petites gorgées bruyantes. La nuit est tiède, pleine des senteurs du désert.

Les flammes vacillent bientôt, meurent sur les braises. Nous roulons nos corps dans les couvertures, allongés tous les neuf côte à côte près des chameaux de selle.

Je m'endors à l'écoute de ce bruit incongru qui va dorénavant peupler nos nuits : le raclement des mâchoires de nos montures continuant à ruminer…

Nous marchons quatre jours pour atteindre le puits du *wadi* Muqadam, l'un des plus importants sur notre route vers Debba.

Nous allons sans nous presser. Le désert de Bayuda offre encore eau et pâturages en abondance relative et il faut en profiter pour nourrir les bêtes. Car ensuite, dit Suleïman, nous ne trouverons plus la moindre végétation et les points d'eau seront rares.

À entendre parler d'eau revient en moi l'obsession de la soif.

J'y ai songé chaque jour avant le départ, ne craignant ni la marche, ni la faim, ni la chaleur ou le vent, seulement la soif et rien qu'elle, la soif que j'ai éprouvée en Tanzanie et que tous les récits sur le désert décrivent avec horreur…

Contre ce danger – le plus terrifiant de tous à mon avis de néophyte – je me suis muni de six jerricans de plastique. Je les ai accrochés par-dessus mes fontes et me crois à peu près à l'abri des tortures à venir. Mais dès les premières heures, ils me réservent une eau chaude qui donne la nausée alors que les outres de mes compagnons sont pleines d'un liquide frais quoique au goût très fort.

J'envie leurs *guerbas*. Elles se balancent de part et d'autre des bêtes, toujours mouillées par l'évaporation et parcourues de frissons à chaque pas des chameaux. Ce sont des outres fidèles, faites de peaux de chèvre cousues aux quatre pattes, que l'on remplit par le cou fermé d'un lacet de cuir.

Les chameliers ne se sont pas moqués de mes jerricans. Ils me laissent boire un ou deux jours sans rien dire puis Suleïman les enferme dans un sac et d'un sourire m'invite à suspendre l'une des *guerbas* à ma selle. Dès lors, je fais comme chacun, mettant l'eau en partage.

Néanmoins, l'obsession de la soif ne me quitte pas jusqu'au puits de Muqadam. À chaque halte, j'ingurgite plus d'eau que n'en peut contenir mon estomac et au cours de la marche j'arrête parfois le plus proche de mes compagnons pour boire à même son outre, debout contre le flanc du chameau, alors que mon corps ne demande rien… Les hommes sourient avec indulgence.

À cette obsession s'ajoute la peur de manquer de sel. Cette crainte, plus réelle, persistera jusqu'en Égypte et je m'oblige à avaler trois fois par jour plusieurs pincées de sel que je garde précieusement dans une boîte de fer.

Ces premiers jours passent dans une lumière d'une transparence vaporeuse. Chaque matin, l'aube jette le réveil parmi nous vers 4 h 30. Il fait encore tiède et Mohammed ou Ibrahim préparent le repas suivi du thé, servi mousseux dans nos petits verres. Les hommes désentravent ensuite les chameaux de selle et partent à la recherche des bêtes qui se sont égarées pendant la nuit en quête de nourriture. C'est le premier travail du jour et le plus ardu. Plus tard, là où ne poussera pas la moindre épine, nous ne laisserons jamais les animaux libres la nuit. La faim les entraînerait sur des distances considérables.

Le troupeau rassemblé, nous sellons nos montures et reprenons la route, laissant derrière nous les feux éteints et l'empreinte de nos corps dans le sable.

Dès 7 heures, le soleil se fait écrasant et le *haboob* nous souffle son vent chaud au visage. Nous progressons sous la direction de Suleïman qui jamais ne semble prendre de repères mais nous mène avec une sûreté tranquille.

Nous allons tantôt à pied, tantôt en selle : c'est l'usage de tout chamelier soucieux de préserver sa monture. Nous encadrons le troupeau qui avance souplement dans le sable et les épineux.

Le midi, nous faisons halte pour laisser fuir les grosses chaleurs. Si par chance nous avons découvert un arbuste, nous étendons une bâche sur ses branches et nous protégeons de son ombre, tournant avec le soleil. Ce sont des heures languissantes, occupées aux discussions habituelles, à de menues réparations, à un bref sommeil parfois.

Vers 15 heures, nous levons le camp pour avancer jusqu'à la tombée de la nuit. Suleïman trouve alors quelques puits ou un campement de nomades pour installer le bivouac. Les animaux sont déchargés, les affaires placées en demi-cercle face au vent et les feux allumés. Ainsi s'achève une journée et nous passons la nuit sous le ciel strié d'étoiles filantes.

Toute appréhension me quitte au cours de cette période. Je ne crains plus une traîtrise des chameliers. Ce sont de braves garçons pleins d'humour qui ont pour moi des attentions touchantes. À tout moment ils s'inquiètent de ma santé :

– Bahrkis, es-tu fatigué ? Bahrkis, as-tu assez mangé ? Bahrkis, as-tu suffisamment dormi ?

J'entends ces questions cent fois par jour ! Pendant la marche, il y en a toujours un pour approcher son chameau du mien et s'enquérir de mon état. Je réponds invariablement que tout est pour le mieux, et l'homme s'en retourne au petit trot, satisfait.

Si les chameliers m'observent en tout, c'est moins pour me découvrir que pour voler à mon secours en cas de besoin. Dans ces débuts du voyage quelqu'un est toujours là pour m'aider à ouvrir le col d'une *guerba*, tenir Simoun lorsque je me hisse sur la selle, ou me faire changer de place la nuit de crainte qu'un chameau ne m'écrase.

Ces hommes ménagent aussi mon amour-propre avec délicatesse et je suis longtemps épargné par les moqueries qui sont une de leurs distractions favorites. Ainsi, quand je fais ma première – et unique – chute, se chagrinent-ils pour mon épaule meurtrie, mais sans me lancer le moindre quolibet. Et lorsque plusieurs d'entre eux s'essayent à la course, ils oublient nos plaisanteries d'Omdurman afin de me laisser admirer le galop de leurs chameaux, attendant pour me demander d'y prendre part que j'acquière de l'expérience.

Ce sont des gens simples et pieux. Jamais ils n'oublient leurs cinq prières quotidiennes dont le Coran les dispense pourtant en voyage. La marche elle-même ne réussit pas à vaincre leur piété. Si le moment de la prière survient alors que nous avançons toujours, il n'est question ni d'arrêter la caravane, ni de renoncer à ce moment sacré : on prie à tour de rôle. Un premier chamelier saute à bas de sa monture et se tourne vers La Mecque pour accomplir ses dévotions tandis que nous poursuivons notre route. L'homme a à peine le temps de devenir un point dans le lointain que nous le voyons à nouveau grossir, courant dans le sable, essoufflé. Arrivé à hauteur de son chameau, il s'accroche à l'encolure et se met en selle d'un rétablissement acrobatique. Un autre immédiatement saute à terre, et les mêmes scènes se répètent jusqu'à ce que tous aient rendu grâces à Dieu.

Rien ne trouble notre méharée vers le puits de Muqadam. Le vent se montre violent, charriant des tourbillons à travers les sables, mais ni les vivres ni l'eau ne manquent. Il arrive même que nous soyons la providence de quelque chamelier solitaire surgissant de l'horizon à l'heure de nos haltes. Invité parmi nous d'un geste de Suleïman, l'inconnu baraque sa monture un peu à l'écart, nous salue et s'accroupit près du feu. Un bol d'eau lui est tendu qu'il boit en silence, puis, échangeant des nouvelles avec nous, il pioche dans la marmite de nourriture, mangeant lentement, comme soucieux de tact. Enfin, il rote, s'essuie la bouche, nous fait ses adieux et remonte sur son chameau pour disparaître.

Les campements de tentes sont notre providence à nous. Ils parsèment le désert de Bayuda et Suleïman les choisit pour établir nos bivouacs. Ils apportent la distraction du jour, des nouvelles sur l'étape suivante, parfois une chèvre ou un mouton que nous achetons pour améliorer l'ordinaire.

Le premier contact avec ces inconnus est d'une discrétion remarquable. Nous installons d'abord notre camp suffisamment loin des tentes pour qu'ils ne nous soupçonnent pas de vouloir empiéter sur leur territoire. Ensuite, nous attendons leur visite. Si elle tarde, nous nous rendons nous-mêmes aux tentes. Dans les deux cas, le moment de la rencontre est empreint d'une timidité mêlée d'appréhension. On se serre la main rapidement, le regard en biais, marmonnant les Salam Aleïkoum d'usage, le sourire crispé…

C'est que dans le désert, loin des yeux de toute autorité, règne encore la loi du plus fort. La méfiance est une règle absolue et chacun reste partagé entre cette méfiance et les traditions d'hospitalité.

Seul le thé, rituel des rituels, vient rompre la gêne qui s'est instaurée. Alors, accroupis autour des verres, les pieds bien à plat dans le sable, ils échangent leurs noms et les premiers rires fusent.

Si par hasard l'un de ces inconnus n'en est pas vraiment un, tout change. Il suffit qu'un de mes compagnons ait rencontré l'homme, ne serait-ce qu'une fois, des années auparavant, pour qu'ils se jettent dans les bras l'un de l'autre comme de vieux amis d'enfance après une séparation éprouvante…

Les conversations qui s'ensuivent portent en général sur l'argent et le prix de toute chose sur les marchés du Sahara oriental : « Un bon chameau à Port-Soudan, 200 guinées, dis-tu, mais on le payait 150 l'année dernière, ça c'est intéressant… » « … Un âne ici, on te le donne pour 50 guinées… » « … Par Allah, cela ne fait l'affaire de personne… » « … J'ai entendu dire qu'à l'oasis d'El Atrun, le grain était monté très haut ces temps-ci, tu sais ça, toi qui es de là-bas ?… » « … Ah ! quel malheur, les Égyptiens ne donnent pas plus de 100 guinées actuellement pour une bête de boucherie… »

Ces discussions sont une telle passion pour mes compagnons que je finis par me demander comment ils peuvent être à la fois si intéressés par le commerce de l'argent et si détachés des choses matérielles…

XXVIII

Bagarres pour les puits

Le puits du *wadi* Muqadam apparaît à la fin du quatrième jour : c'est un trou carré profond d'une quarantaine de mètres, creusé à l'écart d'une oasis plantée de cabanes en terre.

Au-dessus du trou bordé de troncs séchés, se dresse un palan muni d'une corde de boyaux à laquelle est attachée une peau cousue en forme de sac.

Abu Youssef arrive le premier au puits. Il saute de son chameau et d'un seul geste envoie au fond du trou le sac de peau qui file en dévidant la corde autour de la poulie. Il y a un choc sourd et lointain. Alors, il balance la corde d'avant en arrière jusqu'à ce que le sac se remplisse et nous lui prêtons main-forte pour remonter sa prise. Bientôt l'eau fraîche éclabousse les auges de terre cuite qui partent du puits comme les rayons d'une roue.

Nos quelque cinquante chameaux rassemblés bosse à bosse se précipitent sur cette manne, se mordant, hurlant, bousculant tout. Ils ont pourtant bu l'avant-veille et sur le moment, je mets en doute leur réputation de sobriété. C'est que j'ai en tête les habituelles fadaises racontées sur le désert. J'imagine volontiers les chameaux vivant de l'air du temps et ne se désaltérant de-ci de-là que par une sorte de distraction…

En fait, ces braves bêtes ne font pas exception à la règle animale. Elles boivent chaque jour. Simplement, leur résistance hors du commun leur permet de se passer d'eau dix ou quinze jours si elles y sont obligées. Mais elles n'affrontent pas ce genre d'épreuve sans souffrance et personne ne peut prévoir quand elles s'écrouleront raides mortes.

Cependant que nous tirons l'eau, trois inconnus surgissent de l'oasis : l'un monte un chameau maigrelet, les deux autres tressautent sur des ânes minuscules, leurs jambes traînant dans la poussière.

Ils galopent vers nous en vociférant, la mine peu amène.

Parvenus à notre hauteur, les trois hommes se jettent au milieu du troupeau et s'emparent de la corde et du sac. S'ensuivent des cris de rage et des invectives proférées à toute vitesse des deux côtés. Je comprends tout de même que nous ne sommes pas les bienvenus. On veut nous empêcher de boire sous des prétextes mal définis. Bientôt, la voix aigrelette de Suleïman s'étrangle d'indignation, les fouets des chameliers claquent de fureur contre leurs cuisses.

La tension monte vertigineusement…

Des mains se portent vers les poignards, on se prépare au combat, nos ennemis tournent leurs regards vers l'oasis comme pour y chercher des renforts, je me range aux côtés des chameliers, prêt à la bagarre.

Alors, comme par enchantement, tout se calme d'un coup. Sans doute conscients que la situation risque de dégénérer, les trois intrus consentent à rendre corde et sac. Ils lancent bien encore deux ou trois phrases avec morgue mais sans doute satisfaits d'avoir fait montre d'autorité, ils s'en retournent dignement vers leurs cahutes…

Néanmoins, nous ne nous attardons pas et repartons au plus vite, repus et les outres pleines à craquer.

Lorsque l'oasis a disparu, nous établissons le camp aux abords d'un bosquet d'arbustes choisi entre plusieurs pour ce qu'il peut offrir : pâturages à proximité, qualité du sol, protection contre le vent.

Ibrahim et Mohammed s'en vont récolter du bois mort, toujours abondant dans la région. Il brûle au premier craquement d'allumette. Deux feux jaillissent au milieu du blatèrement des bêtes. Ahmed fait bouillir l'eau dans la marmite, jette à pleines poignées la farine de mil sortie d'une *guerba* à grain et mélange le tout à l'aide d'un bâton, préparant la *kessra*, invariable nourriture de ces journées de désert. Je laisse en général de côté cette pâte peu ragoûtante pour lui préférer des dattes, du *taania* ou quelque boîte de poisson emportée en réserve…

Entre-temps, Hassan et Abu Youssef ont suspendu les *guerbas* aux branches pour qu'elles ne perdent pas trop d'eau en restant appuyées sur le sol. Maintenant, selles et fontes forment leur muraille autour des feux et nous étendons les couchages à l'intérieur après avoir damé et nettoyé le sable de ses épines et des cram-crams, ces minuscules boules de piquants aux pointes acérées, qui parviennent à se faufiler partout.

Avant de nous endormir, nous entravons les chameaux – une lanière de cuir entre un antérieur et un postérieur – de telle sorte qu'ils puissent se nourrir alentour mais sans aller trop loin.

Cette nuit-là, Khartoum nous offre une dernière fois le spectacle de sa lueur à l'horizon. Le premier soir, elle envahissait la moitié du ciel de sa douce teinte jaune. Puis, de nuit en nuit, elle a diminué, se transformant en un halo de plus en plus faible. Il n'en reste maintenant qu'un vague reflet, pareil à un feu mourant.

Le lendemain, le sol se couvre d'herbes sèches. Elles montent jusqu'au poitrail des animaux et le passage du troupeau les broie dans un craquement continu qui rappelle l'incendie courant à travers la savane.

Le soleil dès après l'aube se montre accablant comme à l'accoutumée et le vent du nord, tiède et visqueux, ajoute à nos difficultés. Il pique les yeux de sable, vrombit dans les oreilles et il faut crier pour s'entendre. Je ne sais que faire de mon chapeau. Si je l'enlève, mes cheveux bataillent en tous sens, si je le garde, en laçant la jugulaire, les bords claquent contre mon nez. Les turbans de Suleïman et de ses hommes tiennent mieux sur leurs crânes rasés et ils vont leur route plus préoccupés de la bonne marche de la caravane que du *haboob*. Il y a fort à faire comme d'habitude : séparer les bêtes qui se battent, encourager les paresseuses, galoper derrière celles qui s'égarent vers quelque bosquet alléchant.

À intervalles réguliers, je marche une heure ou deux reposant mon dos et dégourdissant mes jambes. Je vais alors d'un chamelier à l'autre participer aux discussions du jour, ou suis la croupe déhanchée de Simoun. J'apprends beaucoup sur l'anatomie du chameau à cette époque. Les coussinets de chair et de muscles qui lui servent d'amortisseurs aux quatre chevilles sont extraordinaires. Ils montent et descendent comme des pistons hydrauliques, effaçant les bosses et les creux du sol. J'ai sous les yeux une mécanique merveilleusement adaptée au sable – les narines en forme de clapet sont à cet égard un petit chef-d'œuvre.

En terrain caillouteux, en revanche, il arrive que sous la morsure de pierres tranchantes, les chameaux tanguent comme des navires. Ils avancent alors à petits pas douillets, pareils à des fakirs sur un feu de braises.

Leurs soles, si douces, portent les meurtrissures de tous ces passages difficiles.

En terrain plat, là où les bêtes peuvent adopter un amble régulier, c'est un plaisir de les voir. Elles vont avec une noblesse tranquille, l'encolure servant de balancier au reste du corps, la queue en forme de plumet battant la mesure entre les cuisses.

Mais le plus fameux tout de même est de découvrir que les mâles portent le sexe dans le mauvais sens, vers l'arrière… Il y a, hélas, peu de femelles dans la bande et je ne découvrirai jamais comment ces grands dadais s'y prennent…

Le désert de Bayuda se révèle relativement peuplé. Nous continuons à croiser des tentes de bergers, parfois d'autres caravanes qui nous saluent de loin ou des files d'ânes chargées de *guerbas*, menées par des femmes voilées.

Mais plus nous avançons et moins l'on nous réserve l'accueil amical des premiers jours.

Les tribus du centre Bayuda paraissent aussi étrangères à mes compagnons que je le suis moi-même. Les hommes portent des galabiehs ocre sale et leurs visages sombres s'ornent de moustaches et de cicatrices en croix sur les pommettes.

Ils nous font des ennuis à tous les puits. L'eau est bien l'enjeu principal du désert, source de puissance et de luttes implacables entre sédentaires et nomades. En ce sens, je garde le sentiment que rien n'a changé depuis des siècles dans ce désert.

On se dispute fort comme au *wadi* Muqadam : « L'eau est à tous », proclament mes compagnons. « C'est notre eau », rétorquent les habitants des lieux.

Et ils exigent chaque fois un tribut d'argent ou de farine qu'il faut bien acquitter sans quoi notre choix se réduirait à renoncer à l'eau ou à déclencher des bagarres risquées.

Ces abus de pouvoir indignent les chameliers. Ils payent, mais avec des gestes de rage, et crachent dans le dos de ces « gardiens de chèvres », les maudissant d'avoir perdu l'esprit du désert. « Ce sont de mauvais musulmans », dit Suleïman avec dépit.

Aux abords des puits nous apercevons souvent des femmes. En général elles laissent mes compagnons indifférents. Non par réel désintérêt mais parce qu'il est inutile de songer à ce que l'on ne pourra avoir avant longtemps… Mieux vaut se résigner et faire preuve de fatalisme.

Un jour, cependant, Suleïman me prend le bras et me désignant une femme tirant son eau, il embrasse son index d'un air gourmand : « Ça, c'est bon ! » dit-il en éclatant de rire.

Une autre fois, Ibrahim, le plus jeune et le plus frêle d'entre nous, se lamentant de ce qu'il ne peut réunir les 600 guinées nécessaires à l'achat d'une compagne, veut savoir le prix qu'on les paye chez moi. Quand je lui apprends qu'elles sont « gratuites », il s'exclame de stupéfaction. Et lorsque j'ajoute qu'il arrive même aux parents de remplir la bourse des époux lors du mariage, il décrète de façon définitive que la France est un pays proche du paradis d'Allah…

Ces quelques allusions à l'amour seront les seules du voyage. Passé le désert de Bayuda et la bordure du Nil nous ne rencontrerons d'ailleurs plus personne et les occasions manqueront pour parler de femmes.

L'hostilité que nous rencontrons dans cette région enferme encore davantage la caravane sur elle-même.

Une extraordinaire solidarité règne entre les hommes. Jamais il n'y a de disputes, pas une fois je ne vois l'un d'eux chercher à profiter seul d'une aubaine de passage. Chacun porte attention aux autres, tout est partagé. Dans ma situation, cela revient à laisser presque libres d'accès mes objets personnels. Aucun n'en abuse mais tous estiment naturel d'en bénéficier comme je profite moi-même de ce qu'ils possèdent.

Cette solidarité prend parfois des formes rituelles. Ainsi les repas. Ils s'éternisent toujours parce que, arrivé au fond de la marmite, chacun s'écarte du cercle formé autour et se dit rassasié : « Termine, Hassan, fait Saïd en s'essuyant la bouche d'un revers de la main. J'ai le ventre plein. »

– Non, non, se récrie Hassan, moi aussi, j'ai trop mangé, finis la *kessra*, Mohammed.

– Par Allah, je ne pourrais, affirme celui-ci la main sur le cœur. Vas-y Abu Youssef…

Et cela continue jusqu'à ce qu'au bout du compte, personne ne voulant finir seul, tous replongent la main dans la marmite pour une ultime poignée de nourriture.

Dans cette équipe, Suleïman est un chef rare. Il n'a pas besoin de s'imposer par une force physique qu'il ne possède de toute façon pas. Il *sait* mieux que les autres, et cela suffit à le faire reconnaître. Mais ce savoir et la sagesse qui l'accompagne ne sont récompensés d'aucun privilège. Au contraire. Suleïman doit montrer chaque jour, par son ardeur et son expérience, qu'il mérite bien de diriger la caravane.

Après moins d'une semaine, je commence à participer à la vie commune, courant derrière les chameaux – exercice multiquotidien, de loin le plus fastidieux – ramassant le bois mort ou chargeant les bêtes. La première fois que je me suis mis en tête d'aider les chameliers, ils se sont écriés d'admiration et m'ont félicité à l'égal d'un champion olympique. Puis l'habitude est venue et je me sens maintenant accepté sans arrière-pensées.

Les chameaux et moi faisons connaissance durant cette période où chaque jour apporte son lot de découvertes. De ces animaux fantasques je n'ai qu'une expérience livresque. On les dit agressifs et bornés. En réalité, ils sont avant tout hautains. Plus qu'aucune bête au monde. Il suffit d'observer leur démarche de marquise pour s'en convaincre. La morgue est chez eux une seconde nature et ils l'affichent en toute circonstance pour les ridicules petits hommes que nous sommes. Du haut de leur taille, ils doivent se faire une idée démesurée de leur personne. Peut-être même considèrent-ils dans leur minuscule cervelle, que le fait de devoir nous transporter sur des milliers de kilomètres pour que nous puissions franchir vivants ces distances, leur confère une supériorité sur notre race à deux pattes.

Devinent-ils que sans eux nous ne serions rien dans le désert ? Tout donne à le croire… Mais finalement je me plais à rêver que les chameaux, esclaves de nos volontés, ont choisi ce comportement pour se moquer d'un destin qu'ils n'ont pas décidé.

En fait, ils sont victimes des apparences. Tout, dans la forme de leur tête, concourt à les rendre hautains et arrogants : le faciès allongé et le nez plat figurent un menton porté trop haut. Les yeux enfoncés sous les longs cils et les paupières lourdes laissent croire au regard dominateur. Mais ce sont surtout les lèvres qui, par leur tendance naturelle à prendre, évoquent le dédain.

Quoi qu'il en soit, il suffit de voir ruminer un chameau, passant sa nourriture déglutie d'une joue à l'autre avec un air gourmand mêlé de mépris, pour douter de s'entendre avec lui. Il est impossible de s'en approcher pour le charger sans qu'aussitôt il ne profère des blatèrements d'indignation. Grâce à son encolure interminable il balance la tête jusque sur sa croupe et vous regarde d'un air de dire : « Non mais, vous n'y pensez pas sérieusement ? » On croit commettre quelque crime de lèse-majesté en l'obligeant à travailler. Car ce marcheur infatigable qui porte sans peine deux cents kilos, se laisse naturellement aller à la paresse : brouter, somnoler, ruminer le nez au vent, vaquer dans les étendues sans fin, lui paraît la seule existence digne d'être vécue.

Je ne suis pas loin de partager cette opinion, mais tout de même, nous avons des projets et il faut bien leur faire entendre raison…

Dans leurs démonstrations de mauvaise volonté, je crains longtemps que les chameaux ne veuillent mordre. C'est, m'a-t-on dit dans les milieux européens de Khartoum, l'une de leurs habitudes favorites. Évidemment, cela n'arrivera jamais. La méchanceté n'entre guère dans le caractère de ces animaux bossus. Avec le temps, on parvient d'ailleurs à s'en faire des amis et les chameliers portent à leurs montures une affection véritable. Bien sûr, ils les corrigent à la moindre incartade mais plus souvent encore ils leur parlent, les flattent de la main, s'occupent de leurs misères. Eux ont la certitude de n'être rien sans leurs chameaux de selle.

XXIX
La fuite des chameaux

Le 30 octobre, les paysages se désertifient.

Des collines arides apparaissent, bordées de dunes et de champs de lave. Les bêtes avancent sans joie sur les cailloux, ralentissant notre allure.

L'obsession de la soif ayant maintenant disparu, je bois à la façon des chameliers, aussi souvent que j'en ressens le besoin mais sans me gaver ni gaspiller. Il est plus difficile de se rationner pour ce qui ne touche pas à la boisson : se laver relève de l'utopie et les gamelles ne sont nettoyées que de loin en loin, ce qui n'ajoute pas au plaisir des repas…

Je rêve d'eau abondante et je songe à l'étrangeté de la vie qui me fait espérer dans ce désert ce que j'ai abhorré un peu plus tôt sur le Nil.

Vers 10 heures, ce 30 octobre, j'aperçois tout à coup le fleuve à moins d'un kilomètre vers l'est. Un instant, je nous crois égarés. Je me penche sur ma selle, fronçant les yeux pour mieux détailler cette étendue liquide qui brille sous le soleil. Et je comprends brusquement : un mirage…

Car bien entendu, il ne peut s'agir d'autre chose en plein désert de Bayuda. L'illusion est parfaite. Il faut vraiment être prévenu du phénomène pour ne pas se laisser abuser.

Voulant connaître la réaction des chameliers, je leur désigne le mirage et m'écrie : « Hé, voilà de quoi remplir nos outres. »

Ils éclatent de rire, se méprenant sur mes paroles : « Non, non, Bahrkis, c'est le soleil qui te trompe… Ce n'est pas de l'eau. »

Je proteste aussitôt, affirmant ne pas avoir été abusé mais ils ne veulent rien entendre.

J'ai ma revanche un peu plus tard lorsque surgit un autre mirage. Les chameliers y voient une nouvelle occasion de se moquer de moi et s'exclament : « Oh ! de l'eau, beaucoup d'eau, Bahrkis, allons boire, courons tout de suite. »

Et certains s'élancent même pour me tromper davantage. C'est évidemment mon tour de railler leur supposée crédulité et ils stoppent net, surpris et ravis de voir leur plaisanterie se retourner contre eux…

Les mirages se révélant nombreux ce matin-là, nous continuons ce jeu ridicule dans une sorte de dialogue de sourds qui nous enchante tous… Dans la solitude du désert, tout est bon pour se sentir exister.

Bientôt le *haboob* se remet à souffler du nord, faisant taire nos pitreries. Je maudis ce vent qui nous harcèle depuis une semaine, asséchant mon tabac et m'empêchant même de fumer ma pipe.

Les hommes voilent leurs visages d'un pan de turban et continuent, penchés sur leurs selles. Les chameaux souffrent tout autant. Les fentes de leurs narines suintent et ils secouent la tête en tous sens pour échapper au souffle impitoyable.

Le vent se calme comme nous découvrons un arbre au fond d'un lit d'oued. L'endroit est idéal pour nous réconforter d'un peu d'ombre.

Une fois le feu allumé, Ibrahim détache de sa selle la chèvre achetée le matin à un berger de rencontre, et qui n'a pas cessé de se débattre en bêlant. Un peu à l'écart, il retrousse la manche de sa galabieh, tire son poignard et égorge l'animal d'un coup précis.

Abdul l'aide au dépeçage. Les viscères sont dévorés les premiers avec un bruit incroyable de mâchoires en action, et le reste mis à griller sur le feu. Tout doit être mangé avant vingt-quatre heures, faute de quoi nous aurons une viande grouillante d'asticots. La mésaventure nous est arrivée trois jours plus tôt et nous engage à ne rien laisser.

Ce n'est pas pour déplaire aux chameliers. Chaque fois qu'ils peuvent se goinfrer de viande, ils atteignent à la béatitude.

– Profites-en, me dit Suleïman, cassant les os de sa hachette pour en sucer la moelle. Avant deux semaines nous ne rencontrerons plus personne.

Conseil inutile. Pour moi aussi la viande représente le meilleur des aliments, car sans surprise. J'ai toujours été difficile pour la nourriture. C'est ainsi. Je peux supporter beaucoup mais pas une alimentation détestable. Des mois sous le soleil, le vent ou la pluie, à marcher, dormir sur le sol ou tout ce que l'on veut n'arrive pas à entamer mon moral. Mais quinze jours à manger les pires choses me plonge dans des abîmes de nostalgie gastronomique…

La nuit nous surprend sur une étendue désolée.

À l'instant où le disque du soleil disparaît à l'horizon, le froid nous pénètre.

Depuis l'avant-veille, nous sommes soumis à une alternance terrible de fortes chaleurs le jour et de froid rigoureux la nuit. Nous remontons vers le nord et l'hiver approche.

Je frissonne, jetant un blouson sur ma saharienne. Les hommes s'enveloppent de vestons de laine. Il n'y a rien alentour pour bivouaquer. Nous continuons dans l'obscurité à la recherche d'un lieu plus hospitalier.

C'est alors que survient la catastrophe.

Juste au passage d'un champ de lave bordé de dunes.

Nous cheminons, engourdis par la monotonie de la marche, quand inexplicablement mais avec une incroyable fureur, le troupeau se rue d'un seul coup sur sa droite, bousculant tout.

Une panique folle au cœur de la nuit… En quelques secondes, les chameaux disparaissent dans un galop frénétique.

La scène a été si rapide que nous restons interdits, retenant nos montures affolées. Des selles jonchent le sol parmi des *guerbas*, des gamelles, des sacs de grain. Le flot de la horde a même retourné cul par-dessus tête Mohammed et son chameau. Le malheureux se relève, étourdi, le fouet à la main.

Puis les hommes se ressaisissent. Dans l'obscurité, j'entends des cris gutturaux, des ordres brefs. En un tournemain, les chameaux de selle sont débarrassés des poids encombrants et Suleïman prend la tête des chameliers. Ventre à terre ils s'élancent à la poursuite de leur fortune envolée.

Toute l'affaire n'a pas duré cinq minutes et je reste seul au milieu d'un bric-à-brac indescriptible éparpillé sur des dizaines de mètres. Je cale ma selle dans la rocaille près de Simoun et attends sous la lumière glacée de la lune. Il n'y a rien d'autre à faire.

Cet événement est le premier à rompre la régularité du voyage vers l'Égypte. Depuis le départ d'Omdurman, je vis jour après jour l'ordre immuable des caravanes : lever à l'aube, repas, chargement, marche, halte de midi, nouveau départ, marche, bivouac de nuit, dernier repas, sommeil sous les étoiles. C'est le décor de ce moment de ma vie, fait de sable dans la nourriture, de soleil éblouissant, des bruits du campement, de l'odeur acide du cuir de nos équipements, du goût animal de l'eau tirée des *guerbas*, cette odeur et ce goût si puissants que des années durant ils m'envahiront à la moindre évocation du désert.

Dans la nuit noire, je songe à la précarité de la vie des chameliers. Ils accomplissent sans lassitude tout ce qui m'apparaît à la longue comme des corvées : ils ne se découragent jamais de courir derrière les chameaux, de seller, desseller, de se contenter du rire et de la parole pour toute distraction, de cuisiner dans des conditions précaires, d'avaler une nourriture sans cesse identique, de toujours camper dans l'inconfort.

Ce qui pour moi représente les épreuves d'une aventure leur est quotidien.

Et pourtant, on sent en eux un bonheur tranquille dans le dénuement, un goût de la vie qui ne se dément jamais. À l'instant même, ils doivent galoper dans la rocaille et le sable, maudissant Dieu sait qui de tant de malchance, mais au retour, ils garderont une humeur égale.

S'ils acceptent ces difficultés, c'est en échange de la liberté du désert. Ils connaissent les facilités de la ville et ne dédaignent pas en profiter à l'occasion. Mais ils ont peu d'estime pour les hommes qui les habitent, leurs hiérarchies et leurs contraintes.

Quelques heures plus tard, la rumeur d'une troupe de chameaux en marche me tire de ma torpeur. Suleïman et les autres rentrent, bredouilles. Mohammed manque à l'appel :

– Il cherche encore, dit Suleïman. Nous continuerons demain.

Je lui demande, toujours intrigué :

– Mais que s'est-il passé exactement ?

– Quelque chose a fait peur aux chameaux. Par Allah, je ne sais pas ce que c'était. Un serpent, un bruit, autre chose…

Il a un soupir de tristesse et son visage ambré prend cette luminosité détachée qu'il a parfois :

– Il faudra peut-être plusieurs jours pour retrouver les bêtes, ajoute-t-il en regardant le désastre de nos affaires autour de lui. Préparons le camp pour l'instant.

Les hommes, couverts de poussière et de sueur malgré le froid, s'installent de leur mieux. La fatigue se devine dans leurs gestes. Ils ont couru aux quatre horizons, cherché des traces sur le sol, humé l'air : en vain. Les chameaux ont dû s'enfuir très loin, entraînés par les plus terrorisés d'entre eux.

Nous avalons rapidement un repas sans joie avant de nous allonger les uns contre les autres.

En m'endormant, je songe aux chameaux enfuis. J'aimerais croire que, conscients de leur destin, ils ont machiné toute cette affaire pour retrouver leur liberté.

Mais, hélas, ce ne sont que des chameaux : ils courent au loin lorsque la peur les tenaille et pour le reste vont où on leur dit d'aller…

XXX

Le ciel et le sable

Je regarde l'horizon frangé de sable.

Cet horizon vierge de marques humaines, qui n'appartient à personne.

Et j'aime l'horizon.

Tout y semble possible comme une signification de la liberté absolue.

Un camion apparaît dans le lointain, soulevant un nuage de sable. Camion immobile sous le soleil. Je cligne des yeux, étourdi de chaleur : le camion est une dune plantée d'un arbre. Mirage encore. Je regarde trop l'horizon.

Depuis trois jours, nous attendons dans le vide du désert.

Un puits presque tari s'ouvre à proximité du bosquet d'épineux où nous avons établi le camp le lendemain de la fuite des chameaux. Une partie d'entre eux a été retrouvée ce jour-là. Depuis, les hommes pourchassent à tour de rôle les bêtes manquantes et je reste au bivouac avec ceux dont c'est le tour de repos. Je n'ai pas voulu mêler mon inexpérience à l'inquiétude de leur quête.

Trois jours ont passé et j'attends toujours.

Grâce au puits, j'ai pu retrouver la sensation de plénitude physique que procure l'eau sur un corps couvert de la poussière et de la sueur de la route. J'ai pu également consacrer le temps nécessaire à ôter toutes les épines et les cramcrams semés par le désert dans mes affaires. Mais il est vain de vouloir s'en débarrasser définitivement. Il faudrait renouveler ce travail chaque jour, chaque heure, chaque seconde.

Il faut prendre son parti de vivre comme une pelote d'épingles…

Les chameaux aussi profitent de ce repos forcé. Ils s'empiffrent d'épineux avec une habileté remarquable pour ne pas abîmer leur palais : la bouche grande ouverte, les lèvres retroussées, ils enfournent les branches jusqu'au fond de la gorge, referment délicatement les dents à la base de la tige et tirent en arrière pour la peler de ses épines. Ils mâchent ensuite ces poignées de piquants d'un air de gravité gourmande.

Les chameliers restés au bivouac occupent leur temps à de menus travaux et à l'entretien de leurs montures. Il faut les laver et réparer les soles malmenées par les champs de lave. Pour travailler en paix, ils font baraquer le chameau, lient chacune des pattes et le renversent sur un côté. Saisissant alors une corde, ils la nouent autour de l'encolure et rabattent celle-ci sur la croupe. En un rien de temps, le pauvre animal se retrouve saucissonné comme un poulet au four…

On commence par le laver à l'aide de chiffons mouillés pour nettoyer la peau de la vermine qui y pullule. On trouve surtout des tiques, accrochées dans les replis de chair, gavées de sang. Il y en a tant qu'en suivant un chameau pendant la marche, on est sûr d'en voir tomber quelques-unes, la panse repue.

On passe ensuite aux soles qui présentent de nombreuses déchirures. D'un de leurs sacs, les chameliers tirent des bouts de peau de chèvre, de grands ciseaux, d'énormes aiguilles d'acier et du crin. Après quoi ils taillent les rustines adéquates et les cousent sur les déchirures. Les bêtes se relèvent ainsi rafistolées, prêtes à de nouvelles étapes.

Malgré ces occupations, je vis trois jours de contemplation oisive. Quelques scarabées noirs me donnent un après-midi l'illusion de voir Sisyphe au travail. Surgis de je ne sais où dans ce désert, ils s'emparent chacun d'une fiente de chameau en forme d'olive et la poussent en direction de Khartoum avec un entêtement incroyable. Les bosses sont des collines, les creux, d'immenses crevasses, mais les scarabées poussent et poussent encore vers je ne sais quel but. L'olive, aussi grosse qu'eux, leur échappe cent fois, retombe, roule au bas des montagnes. Inlassablement, ils la reprennent, la tirent de leurs pattes arrière, la poussent de leurs pattes avant, encore et toujours, les antennes frémissantes. Parfois ils s'arrêtent et je jurerais qu'ils soufflent entre leurs dents serrées. S'ils sortaient alors un mouchoir d'une poche invisible pour s'essuyer le front, je ne m'en étonnerais pas… Je suis fasciné par tant d'efforts pour de si piètres richesses. Penché vers eux du haut de ma taille colossale, je les regarde franchir les troncs des épines, les murailles des petits cailloux jusqu'à disparaître au loin vers leur destin.

Une autre fois, en approchant d'une chaîne de courtes dunes, je suis attiré par un bruit inconnu, sorte de crissement monotone, presque métallique. Intrigué, je m'approche et bute soudain sur une incroyable rivière de sauterelles jaune vif : elles vont par milliers, trottinant les unes contre les autres. Je lève les yeux et réprime une exclamation de surprise. Partout devant moi avancent des colonnes semblables, faites des mêmes monstres imperturbables dans leur cheminement.

Une vision d'horreur.

Ahmed qui voit tout cela hausse les épaules. La vie du désert ne l'impressionne guère. Le matin même, Mohammed a tué un scorpion découvert sous une couverture, et la veille, Abu Youssef s'est fait piquer par l'un d'eux. Personne ne s'est ému de l'incident. Le scorpion ne devait pas être dangereux, mais ce détachement m'a étonné. Car ces hommes durs à la peine sont habituellement douillets. Plus exactement, ils prennent un curieux plaisir à se montrer tels, surtout devant moi. La moindre écorchure les précipite dans mes bras pour réclamer pansement et désinfectant. Et quand je m'égratigne moi-même et néglige de me soigner, ils me le reprochent doucement d'un air de dire qu'il est inutile de posséder une pharmacie si c'est pour ne jamais s'en servir…

Le dernier groupe de chameliers rentre le troisième jour en milieu d'après-midi poussant devant lui les chameaux manquants.

Ils débouchent d'une dune qui fume sous le vent, menant les bêtes au fouet, les visages radieux.

Abdul et Mohammed qui sont avec moi ce jour-là les accueillent comme s'ils ne les avaient pas vus depuis des années. Ce ne sont qu'embrassades, cris de joie, gestes prévenants. Hassan saute de son chameau et m'étreint à m'étouffer. J'en jurerais, nous sommes devenus amis à la vie à la mort… Abdul prépare le thé avec célérité, Mohammed apporte la marmite et chacun, assis dans le sable, se met à parler dans la plus grande des cacophonies. Une joie enfantine règne parmi les hommes. Par Allah, semblent-ils dire, qu'il est bon d'être enfin réunis, de retrouver la sécurité de la caravane…

Pour fêter l'événement, je sors une boîte de crème au chocolat rapportée de Paris par Hughes et que je garde en réserve depuis longtemps. C'est une crème au chocolat surréaliste : « servir très frais » conseille l'étiquette…

La nuit venue, Hassan entreprend de prédire mon avenir. À la lueur des feux, il trace des arabesques dans le sable, accroupi sur ses pieds bien à plat, dans cette position familière aux hommes du désert.

Les autres ont fait cercle autour de nous et observent ces signes étranges, la tête penchée dans la lumière et le corps dans l'ombre : visages sérieux au-dessus du crépitement des flammes.

Hassan continue à zébrer le sable, énigmatique. Parfois, il lève la tête, regarde le vide. Enfin il se redresse, lisse son pantalon bouffant et dit exactement : « Bahrkis, dans deux mois tu seras chez toi, avec ta femme, et tu seras très fort. »

Je ne peux retenir un sourire. À moins d'un mauvais coup du sort, Hassan ne prend pas de risques dans ses prévisions…

Un peu plus tard, je les étonne avec quelques tours qui obtiennent toujours le même succès :

– Mohammed, dis-je, tu es un grand chamelier, mais je suis sûr que tu n'aurais pas le courage de te crever les yeux devant nous.

– Par Allah, jamais je ne ferais une chose pareille !

– Eh bien moi, si, espèce de femme peureuse, regarde.

Je saisis mon poignard, leur tourne le dos et fais mine de me le planter par deux fois dans le visage, sans oublier de pousser des hurlements propres à inspirer l'horreur. J'entends derrière moi des cris de stupéfaction, un peu de remue-ménage, mais ne me laisse pas impressionner… Subrepticement, je retourne mes paupières et leur fais face à nouveau, la tête tendue dans la lumière : « Il est aveugle », s'exclame aussitôt Ahmed dans un mouvement de recul, suivi des autres qui poussent des « oh ! » et des « ah ! » de lamentation…

J'éclate de rire et d'un claquement de doigts ouvre les yeux. Cette fois ils s'écrient d'admiration : « Ah, ça, c'est une bonne plaisanterie », dit Suleïman.

Encouragé par leur réceptivité, je leur montre comment se couper l'index sans se le couper vraiment et la manière de bouger les oreilles comme un chameau. Ils rient de ces tours inconnus, en redemandent, surexcités : « C'est très fort, ces choses-là », finit par conclure Ibrahim. Je réponds :

– C'est normal, je suis un grand fleuve…

– Un quoi ?

– Je suis l'un des quatre grands fleuves de ce pays, tu ne le savais pas ? Voyons, il y a le Bahr el-Djebel, d'accord ? Le Bahr el-Zéraf (*bahr* signifie « mer » ou « fleuve » en arabe).

– Oui, et encore le Bahr el-Gazal…

– Exactement. Et moi, je suis le quatrième, le Bahr… kis… !

Ce malheureux jeu de mots sur leur manière de prononcer mon nom déclenche l'hilarité. Et me vaut une bonne semaine de commentaires admiratifs…

XXXI

La lune et le vent

« *Hya, hya !* » Les fouets claquent, déchirant l'air, les chameaux grognent, se bousculant, les outres et les fontes battent les flancs de nos montures : nous sommes de nouveau en route vers Debba.

Abdul chevauche à mes côtés, la croupe de sa bête surchargée de fagots de branches mortes. Nous avons ramassé ce bois en chemin car la végétation se fait de plus en plus rare et nous n'en trouvons pas toujours aux bivouacs.

Abdul est le plus solide de nous tous. Quand il enlève sa *galabieh* aux puits, il laisse voir une musculature puissante et de vrais mollets de sherpa… De la troupe, il est le seul à fumer et je suis sa providence perpétuelle. Ayant tout investi dans l'achat de chameaux, il ne lui est pas resté une seule guinée pour acheter des cigarettes. Dès le début, je lui ai donné l'un de mes rares paquets, mais il l'a fumé en une journée. Depuis, je partage bon gré mal gré mon cher tabac irlandais. Avec horreur, je vois Abdul le rouler dans du papier journal…

Pour la dixième fois au moins en une semaine, je lui demande :

– Debba est encore loin ?

– Nous y serons après-demain, répond le fumeur de tabac irlandais.

– *Inch' Allah*, précise sentencieusement Hassan qui a entendu ma question.

Vaguement excédé d'obtenir toujours la même réponse, je pousse Simoun du talon et me porte en avant de la caravane. Je n'ai aucune hâte à atteindre Debba mais des mois d'aventure n'ont en rien émoussé mes réflexes d'Occidental : je veux toujours savoir où nous sommes et demande des précisions sur tout.

Les chameliers n'ont pas ces préoccupations. Être là ou ailleurs leur semble égal pourvu que le ciel leur accorde le nécessaire et pas trop de souffrances. De toute façon, chaque jour ressemble au précédent.

– Cette fois il a raison, m'affirme Suleïman que je viens de rejoindre, ne t'inquiète pas.

Je le rassure de quelques mots et mets mon énervement sur le compte du soleil et du vent qui nous assourdissent jusqu'à l'obsession.

Je songe à l'univers des chameliers. Quand on aborde avec eux le problème du temps ou de l'espace, qu'on entre dans des détails précis n'ayant pas directement trait au désert, il est impossible d'obtenir des formulations cartésiennes. Ils n'ont pas toujours des comportements cohérents, des actes pesés et réfléchis. Ils vont d'une manière brouillonne et instinctive, vivant dans un quotidien en rapport avec leur sens du temps. Celui-ci n'a pour eux aucune limite particulière. Les repères naturels, nuit, jour, saisons sont parfaitement perçus mais relèvent d'une logique qui n'accorde de réelle importance qu'à Dieu, éventuellement à la mort. Le reste est fatalisme. Si les plus jeunes, Mohammed, Ibrahim et Saïd, possèdent des montres récemment acquises à Khartoum, elles ne leur servent qu'à se demander l'heure dix fois par jour pour s'assurer de leur exactitude mutuelle… Suleïman et les autres regardent le soleil pour déterminer l'heure. Mais le peu d'intérêt accordé à l'écoulement du temps et leur optimisme naturel les portent toujours à anticiper sur notre arrivée à tel ou tel point.

Boussole et carte en main, j'essaie de déterminer notre position. Ahmed et Abu Youssef pressent leurs chameaux contre le mien : « Alors, demandent-ils, impatients, quand arriverons-nous ? »

Ils regardent mes deux objets mystérieux, penchés par-dessus l'encolure de leurs montures, s'étonnant chaque fois que des instruments aussi insignifiants puissent me renseigner sur les distances que nous avons parcourues ou l'endroit où nous sommes exactement.

Le 3 novembre, nous atteignons le dernier puits avant Debba. Puits est d'ailleurs un bien grand mot pour le minuscule trou que nous découvrons au milieu de la plaine.

Plusieurs caravanes se pressent sur ses bords. Il y a là deux cents chameaux assoiffés et impatients. À l'écart, une demi-douzaine d'ânes chétifs somnolent, indifférents à tant de bruit et de rumeurs. Ils restent des heures sous le soleil, totalement immobiles, les paupières lourdes. De temps à autre, l'un d'eux sort de sa léthargie pour braire, criant d'une manière déchirante je ne sais quel message, puis il s'arrête, comme épuisé, et reprend sa pose statufiée.

Nous avançons à la limite du puits et attendons notre tour. Les chameaux se pressent les uns contre les autres, affolés de sentir l'eau si proche. Des bagarres éclatent, bien entendu. Ces diables de bêtes ont une aptitude incontestable au combat. Elles se renversent d'un coup d'épaule bien ajusté, tentent de se rompre le cou, se crochent les pattes à la manière de lutteurs. Malheur à celles qui demeurent trop longtemps à terre… Seuls les fouets leur font lâcher prise.

Enfin, la place est libre.

Suleïman saute dans le trou qui a moins d'un mètre de profondeur et bassine après bassine ramène l'eau que nous jetons dans les auges de bois parsemant les alentours. Nos chameaux se précipitent. Ils plongent la tête, aspirent goulûment des litres et des litres, manquent s'étouffer, relèvent l'encolure et nous aspergent en secouant leurs babines. C'est une manie chez eux chaque fois qu'ils s'empiffrent d'eau…

Deux jours plus tard, nous achevons la traversée du désert de Bayuda et arrivons sans encombre à Debba sur les bords du Nil.

De la ville, je ne vais voir que la frange des palmiers bordant le fleuve et la pointe d'un minaret.

Rien de plus.

Car il n'est pas question pour moi d'en approcher :

« Il y a la police là-bas, me dit Suleïman. Si elle te voit, nous aurons des ennuis. »

Évidemment, un Blanc parmi des caravaniers risque d'attirer l'attention. Les autorités semblent peu soucieuses de contrebande de chameaux, mais mieux vaut éviter de leur fournir un motif de suspicion. Je reste donc avec la caravane qui doit contourner la ville tandis que Suleïman et Ibrahim y entreront seuls pour acheter les vivres dont nous avons besoin.

Ils partent au petit trot sur un dernier signe de la main. Dès qu'ils ont disparu, nous prenons la direction opposée, marchant vers le désert.

Nous trouvons devant nous des paysages rocailleux, bosselés de collines et de crevasses. Les chameaux dévalent ces pentes comme des pantins désarticulés, remontant en soufflant des naseaux, dans un continuel bruit d'éboulis.

Après deux heures d'efforts, les collines s'abaissent d'un coup et nous débouchons dans une plaine démesurément plate, sans le moindre relief pour couper l'horizon.

L'impression brutale d'être sur un navire au milieu d'une mer d'huile.

Mais une mer faite d'un sol dur et poudreux.

Nous parcourons quelques kilomètres puis la caravane, sur un ordre d'Hassan, s'immobilise dans ce vide impressionnant : nous attendons Suleïman et Ibrahim.

Ils arrivent longtemps après, d'abord point infime dans le lointain, flottant au-dessus du sol brûlant, grossissant peu à peu, comme émergeant d'un halo de vapeur. Leurs montures sont surchargées de sacs de grains, les fontes gonflées de dattes, de sucre, de thé, de farine, de *taania*, de sel gemme pour les bêtes.

Nous reprenons la route, enchantés de voir nos provisions reconstituées. Pendant cinq jours nous allons trouver des bourgades le long du Nil, mais ensuite nous serons le plus souvent éloignés de lui et ce sera le néant.

En milieu d'après-midi, nous obliquons vers le fleuve pour établir le camp au pied de dunes bordant la palmeraie. Notre arrivée sur les berges rocailleuses est un véritable choc. En un instant, l'ocre du désert fait place au vert foncé des arbres, au bleu clair des eaux, et ces couleurs reposent nos yeux éblouis. Une douce fraîcheur règne sous les palmiers, on entend des gazouillis d'oiseaux. Une felouque à voile blanche tire des bords dans le lointain : c'est une vision grandiose pour nos corps desséchés, une abondance de paradis, de langueur, de tout ce qui fait l'espérance de l'homme.

Les chameaux déchargés en hâte, nous courons plonger dans le Nil, goûtant au plaisir de cette eau inépuisable que l'on peut gaspiller, jeter de toutes parts et qui ne laisse aucune saveur dans la bouche.

L'obscurité nous ramène au bivouac, les outres pleines et repus de félicité. Les feux brûlent déjà, allumés par Abu Youssef. À l'écart, Hassan et Suleïman méditent comme souvent, agenouillés face à l'est.

Je m'allonge dans le sable près de Simoun, baraqué. La lune, mince croissant levé de l'horizon noir, semble pendre à son cou. Je reste un moment ainsi, cherchant à prolonger le plaisir qui m'a envahi. Les branches craquent dans les flammes, on entend le cliquetis de bois des entraves mises aux genoux des chameaux.

Ibrahim vient me tenir compagnie. C'est le plus expansif des chameliers. Il a une figure un peu ahurie, la naïveté de ceux qui ne connaissent pas le monde extérieur. Assis près de moi, il m'énumère les noms de ses ancêtres jusqu'à une génération très éloignée. Il les cite avec une joie visible, comptant sur ses doigts, fier de son savoir. Il m'interroge sur ma propre famille. J'en sais moins que lui. Rien au-delà de mes pères et grands-pères. Cette ignorance le laisse rêveur. Comment peut-on méconnaître une chose aussi importante ? semble-t-il dire en me regardant, la tête un peu penchée.

Je mets du temps à trouver le sommeil, étendu entre Suleïman et Ahmed. Je grelotte de froid malgré ma couverture, mon duvet et tous mes vêtements. Mais le bavardage des hommes y est pour davantage. J'ai pourtant l'habitude de les voir continuer les discussions du jour jusque dans leurs couches et s'endormir au milieu d'une phrase. Mais ce soir-là, ils n'en finissent plus de comparer je ne sais quoi à propos de je ne sais qui. Finalement, je laisse échapper une remarque peu élogieuse à l'encontre des bavards… Cet accès d'humeur provoque un silence surpris suivi d'une cascade de rires. Je me suis exprimé en français, mais ils ont parfaitement compris et reconnaissent ainsi qu'ils exagèrent.

Riant encore, ils se souhaitent bonne nuit et rabattent les couvertures sur leurs têtes, adoptant pour dormir cette position horrible de cadavres enveloppés de suaires.

XXXII
Le soleil et les étoiles

Nous vivons nos derniers jours de marche paisible. Tout change autour de nous.

Vers l'ouest, s'ouvre un abîme de vide brûlant où l'on peut voyager des semaines sans rencontrer autre chose que des mirages trompeurs. Vers l'est, c'est pire encore, dans les entrailles de la Nubie qui s'étend jusqu'à la mer Rouge.

Cependant, deux bourgades d'importance subsistent encore devant nous, El Khandak et Dongola, accrochées aux rives du Nil : nos dernières « oasis ».

Nous connaissons une époque de transition entre le désert de Bayuda, presque accueillant, que nous laissons derrière nous, et le néant dans lequel nous allons pénétrer après Dongola.

Au milieu de ce vide total coule le Nil que nous avons retrouvé. Et cette vie qui se fraye un chemin au sein de la mort, sans rien lui accorder, est un spectacle d'une grandiose inquiétude.

Dès lors, nous allons plus vite, traînant moins en chemin, marchant souvent la nuit, suivant le Nil de loin aussi longtemps qu'il prend la route la plus courte vers l'Égypte.

De temps à autre, nous quittons le désert pour la palmeraie, profitant de ses dernières douceurs. Comme toute nourriture disparaîtra après Dongola, nous commençons le gavage des chameaux de selle : chaque jour, nous les attachons solidement et leur faisons ingurgiter de force plusieurs bols de mil mélangé d'eau et de sel gemme. Les pauvres bêtes crient de colère, mettent longtemps à se relever, la panse dilatée, et ne nous sont guère reconnaissantes de leur sauver la vie…

Jusqu'à Dongola, le désert demeure cet immense plateau nu découvert après Debba. De quelque côté que l'on se tourne, tout est rigoureusement plat. Seuls les croissants de sable des dunes coupent parfois l'horizon. Ce sont de véritables monstres que nous longeons, pareils à des fourmis au bas d'un escalier. Certaines ont près de cent mètres de haut. Je m'amuse à faire galoper Simoun sur leurs flancs au vent, durs comme la pierre.

El Khandak nous apparaît dans l'après-midi du 8 novembre.

Une vision d'un autre âge : maisons basses à arcades, fortins de terre, minarets graciles, voûtes emplies de fraîcheur. Il me semble basculer dans le temps, au milieu d'une cité en harmonie avec la caravane. Au-dessus de ma tête voyagent des satellites, en cet instant des hommes se parlent par-dessus les océans, des fusées décollent à la conquête des galaxies. Le monde marche vers le futur et je me suis arrêté quelque part dans le passé, il y a des siècles.

Appuyé sur ma selle, je songe à l'avenir de ce désert et imagine cette nature vierge plantée d'immeubles, de panneaux publicitaires, les fils de Suleïman conduisant de gros camions…

Angoisse…

Pour une raison qu'il me sera impossible d'éclaircir, il n'y a pas de risques cette fois-ci à pénétrer tous dans la ville.

En moins d'une heure nous rejoignons les faubourgs et la caravane s'engage dans les ruelles étroites. Suleïman va en tête, aidé d'Ibrahim, Ahmed et Abu Youssef. Nous suivons en arrière du troupeau. Il faut faire en sorte que pas une bête ne jette le désordre dans les échoppes ou ne bouscule un passant.

À la voix et au fouet, nous guidons les animaux dans le labyrinthe de cette cité médiévale. Les caravanes sont nombreuses à faire étape à El Khandak et l'on nous regarde sans étonnement. J'aperçois des voitures, deux ou trois camions qui suivent la piste du Nil, anachroniques au milieu des habitants en galabiehs blanches montant leurs ânes ou leurs chameaux.

Nous venons de nous engager dans une ruelle un peu plus large lorsqu'une des bêtes de tête piétine un feu de braises couvert de cendres que personne n'a remarqué.

Cette douleur inattendue terrorise l'animal.

D'un coup, il bondit en poussant d'horribles gémissements et la panique se propage parmi ses congénères. En un instant, toute la horde se rue en avant, bouche ouverte, yeux affolés. Dans ce chahut incroyable, plusieurs bêtes tombent, piétinées par celles qui suivent. J'entends aussi les cris de villageois qui se précipitent dans les maisons attenantes pour échapper au flot furieux des chameaux, des portes de bois qui claquent, des cris de femmes…

De crainte que nos propres montures ne soient gagnées par cette peur et ne nous écrasent contre les murs, nous sautons à terre.

Les quatre hommes de tête se retournent alors et sans perdre une seconde, à coups de fouet, hurlant, ils stoppent le flot désordonné qui court vers eux. Un moment, le troupeau se fige devant cet obstacle cinglant, parcouru de frémissements, puis, brutalement, fait volte-face et se précipite sur nous.

À notre tour, nous dressons devant lui un barrage de cris et de coups de fouet. Prisonniers, les chameaux se mettent à tourner en rond, se bousculant, heurtant les murs, toutes issues bloquées. Pas à pas nous avançons, parlant avec douceur pour calmer leur désarroi, jusqu'à ce qu'enfin tous s'immobilisent.

Alors nous reprenons nos montures et à pas lents poussons le troupeau devant nous.

Ce n'est pas une mince affaire de sortir d'El Khandak. Au moindre bruit, au moindre mouvement un peu brusque, la panique revient et tout est à recommencer. Finalement, nous n'avons d'autre choix que d'entraver chaque bête et de les faire avancer à cloche-pied, cahin-caha. En d'autres circonstances, le tableau qu'offre ainsi notre caravane prêterait à rire. Mais nous ruisselons de sueur, couverts de poussière, et pensons avant tout à sortir au plus vite de ce mauvais pas.

Nous continuons jusqu'à trouver un lieu isolé dans la palmeraie où personne ne viendra nous importuner et établissons le bivouac bien avant l'heure habituelle.

Ma nuit est hantée de cauchemars. Ils ont été nombreux dans les premiers temps de la caravane, mais l'aube les effaçait sans me laisser de souvenirs marquants. Cette fois, ils sont d'une précision étonnante : je me vois malade au milieu du désert, à des semaines de marche du moindre hôpital, abandonné.

Je m'éveille inquiet, empli de malaise.

Ce rêve va me poursuivre plus d'une semaine, m'obsédant même le jour. Je me mettrai à craindre une appendicite aiguë, je sentirai même des douleurs au côté et songerai amèrement qu'en pareil cas on conseille de poser un sac de glace sur le ventre en attendant l'opération salvatrice… Puis à force de me raisonner, l'angoisse disparaîtra.

Nous contournons Dongola le lendemain peu avant la nuit. La ville est à l'image d'El Khandak, plus grande cependant à ce qu'il me semble et très étalée le long du Nil. Je n'en découvre pas davantage. Comme à Debba, il semble préférable qu'on ne me voie pas et trois hommes seulement, Suleïman, Mohammed et Abdul pénètrent dans la vieille cité. Elle est notre dernier point de ravitaillement avant l'Égypte. Aussi en rapportent-ils autant de sacs de grains que peuvent en porter leurs chameaux. Nous repartons surchargés. Mais ces provisions suffiront à peine à la fin du voyage.

Accroché au sommet du ciel, le soleil nous écrase d'une lumière aveuglante.

Nous avançons assommés de chaleur, penchés en avant pour lutter contre le vent. Dongola a disparu au loin. Bercé par le pas régulier de ma monture, j'écoute distraitement les conversations du jour que rien ne peut faire taire. Parfois, je donne mon avis en français, ce que mes compagnons adorent : « Parle encore dans ta langue », me disent-ils souvent pour le seul plaisir d'écouter ces intonations inconnues.

À d'autres moments, j'observe les chameaux. La plupart avancent les yeux mi-clos, dodelinant de la tête, et ils somnolent peut-être. De toute façon, ils n'ont plus à chercher leur pitance comme dans le désert de Bayuda. Il n'y a qu'à aller tout droit.

Ces longues heures de marche portent au rêve : je me demande si, comme les scarabées découverts un jour, nous ne sommes pas des Sisyphes égarés. Un géant regardant du ciel ces bouts d'hommes avançant dans une immensité sans vie, le croirait peut-être. Allons-nous uniquement en Égypte avec nos chameaux ? Je songe aussi à des visages connus que n'estompe pas le temps. Que deviennent Epata le Pygmée, Peïn l'Indien nomade ? Nicodème a-t-il encore aux pieds ses chaussures brillantes ? Où est Kamaïs le Turkana et que fait donc Benson ?

Dans le lointain que nos regards atteignent à peine apparaît un point noir. Lentement, il se met à grandir, se précisant pas à pas dans l'air flottant au-dessus du sol. Le point devient tache, les contours de la tache se dessinent et nous reconnaissons deux caravanes qui campent côte à côte : elles paraissent imposantes. Nous faisons halte à une centaine de mètres et à quelques-uns partons en reconnaissance.

Une dizaine d'hommes, accroupis autour de leur feu, se redressent à notre approche : *« Salam aleïkoum »*, nous lancent-ils, la main sur le cœur. *« Aleïkoum as Salam »*, répondons-nous en baraquant nos montures.

Nous approchons. Ce sont deux caravanes de cent cinquante chameaux qui viennent d'El Fasher dans le Darfour, non loin de la frontière du Tchad. Elles voyagent depuis plusieurs semaines et comme nous se rendent à Bimban en Égypte. Nous parlementons un moment. L'homme qui les commande est de la trempe de Suleïman mais autant ce dernier est maigre, autant celui-là porte le ventre en avant et des joues potelées. Il a pour nom Hassan et sa jovialité ne manque pas d'onctuosité orientale… Nous devenons amis autour du thé et je crois comprendre qu'il est un riche marchand.

Puisque nous allons tous en Égypte, il est décidé de faire route ensemble. Mais deux cents chameaux groupés en un seul bloc rendraient la moindre manœuvre impossible et il serait difficile pour tout le monde de reconnaître ses animaux. Aussi est-il convenu que les trois caravanes se suivront à cent mètres de distance, chacune encadrée de ses propres hommes.

Nous repartons ainsi formés et gare alors aux bêtes trop curieuses qui font mine d'aller jeter un œil dans les troupeaux voisins. Elles sont poursuivies de tous côtés et c'est un divertissement que de les voir galoper comme des folles, le cou exagérément tendu en avant, un œil surveillant leurs arrières et les lèvres tressautant comme de petites trompes gélatineuses. Cela nous vaut le spectacle de quelques carambolages de chameaux…

Nous sommes en queue de convoi et ramassons la poussière. Cependant, chacun se dit enchanté d'être plus nombreux face aux difficultés à venir. Est-ce le vent, la chaleur, le vide autour de moi, mais je suis grisé par l'allure magnifique qu'a prise la caravane et il m'importe peu de courber la tête pour échapper au sable qui pique mes yeux.

En fin de journée, nous avons droit à un bref repos avant la marche de nuit. Ce qui arrive alors me reste en mémoire comme l'un des moments les plus étonnants de cette méharée : à l'instant où les trois troupeaux s'immobilisent, tous les chameaux, avec un ensemble parfait, écartent leurs postérieurs et se mettent à uriner. C'est un ballet hallucinant de queues battant la mesure et de croupes frémissantes. Il y a là deux cents fontaines qui rompent le silence du désert comme des cataractes du Nil… Quand ces pluies diluviennes cessent, je découvre un de leurs nouveaux plaisirs : ils vont plonger le museau dans la flaque du voisin et relevant la tête vers le ciel, babines retroussées, aspirent ce nectar avec une volupté qui frise la provocation…

Entre-temps, les ombres ont démesurément grandi avant de basculer d'un coup, remplacées par celles de la lune. Le vent tombe, les hommes purifient leurs mains et leurs pieds d'un peu de sable et prient tournés vers La Mecque. Puis les bêtes sont rassemblées une à une comme une armée qu'on mettrait sur les rangs, impressionnante de discipline.

Quand les trois troupeaux sont en place, les chameliers, assis dans leur selle, attendent que tout soit immobile. Enfin, c'est le silence total : alors la caravane se met en marche dans l'obscurité.

Au cours des heures suivantes nous quittons le plateau de Dongola. Des reliefs surgissent un peu partout, formes fantomatiques dans la clarté de la lune, amas de rocs entassés sur notre passage comme des sentinelles noires.

Dans la nuit sans vent, on entend résonner le piétinement feutré de centaines de soles, rompu de temps à autre par un cri bref, un claquement de fouet, des grognements. Nous allons à pied pour réchauffer nos corps engourdis de froid, les sandales pleines de sable et de cailloux, ne quittant pas des yeux la croupe de nos montures. Nous passons des vallons très larges, des défilés encaissés, des cols étroits où chaque bête, chaque homme se découpe sur le ciel avant de disparaître.

Cheminant dans ce monde inconnu, accompagné de plus d'animaux que d'hommes, je me prends à rêver qu'au-dessus de nos têtes brillent autant d'étoiles qu'il y a de chameaux sur terre…

Les jours suivants, nous découvrons le désert dans le désert.

Même les rives du Nil que nous rejoignons quelquefois se font arides. Plus question de paresser en route.

Il n'y a rien à manger pour le troupeau. Nous allons aussi vite que nous pouvons, marchant de l'aube à minuit, gavant les chameaux de selle en leur donnant chaque jour une poignée de grains de mil dans nos couvertures étalées devant eux.

Pendant cette période, le désert nous montre mille visages : parfois, il est entassement de roches, bouleversement de sable et de cailloux parsemés de collines pointues et les chameaux doivent passer en file indienne dans ces ravins, se bousculant, glissant. Ailleurs, on ne sait plus si le désert est pierres recouvertes de sable ou sable jonché de pierres. Plus loin, le sol se transforme en un gigantesque jeu de solitaire aux milliers de trous où nous avançons en cahotant. Il arrive aussi que nous trouvions devant nous tant de collines aiguës qu'il devient impossible d'avancer en ligne droite. La caravane se transforme alors en chenille ondulante, épousant les contours de ces collines plantées dans le sable. Nous nous sentons minuscules dans cet univers aux roches éclatées par l'alternance millénaire de la chaleur et du froid.

Un plateau survient de temps en temps et nous découvrons la Nubie à l'est : ce ne sont que des reliefs aiguisés, bien plus hauts et convulsés que les nôtres.

Dans cet univers, le sable prend toutes les formes. Ici, il est succession de dunes en croissant – les barcanes – plus loin, il comble les creux et les chameaux patinent dans ce tapis moelleux, ailleurs encore il monte à l'assaut des reliefs tabulaires et les bords de ces zones sableuses sont comme des flammèches brûlant la pierre.

Il nous arrive aussi de traverser des régions au sol couvert d'une infinité de cailloux de toutes couleurs, noir, rouge, blanc, rose, vert, bois pétrifié, roches volcaniques polies, que je ramasse en chemin. Me voyant faire, mes compagnons s'intéressent à ces découvertes géologiques et courent partout pour enrichir ma collection…

J'avance tous ces jours dans un bonheur parfait. Mon corps vit de trois fois rien, s'aguerrit au froid et à la chaleur, aux marches pénibles dans le sable, je rêve des heures entières et rien ne compte que nos montures racées, l'infini du désert, la camaraderie qui nous unit tous.

Nos rapports avec les deux autres caravanes vont rester identiques du premier au dernier jour. Nous nous portons mutuellement assistance en toute occasion, mais il n'y a pas de réel mélange. Nous allons les uns derrière les autres, toujours séparés d'une centaine de mètres, et la nuit, nous formons trois bivouacs distincts. Je reste donc avec les miens et ma connaissance des autres chameliers se limite à des échanges de bonnes paroles, des séances de thé ou aux services que nous nous rendons.

Les retours sur le Nil sont nos rares moments de douceur. Si les chameaux ne trouvent rien à manger depuis Dongola, du moins peuvent-ils boire sur les rives désertes. Deux ou trois fois cependant, nous découvrons des palmiers autour de maisons de terre isolées. Hassan et Mohammed utilisent la fibre de leurs troncs pour tresser les cordes dont nous manquons souvent tandis qu'avec les autres je gaule des dattes onctueuses si différentes de nos dattes séchées qui sont aussi dures que des pierres. Il faut de la persévérance pour se nourrir de ces dattes-là. Mais dix ou douze mâchées l'une après l'autre donnent l'impression d'ingurgiter un repas entier.

Près des berges, nous découvrons parfois les ruines de temples anciens, vestiges probables des civilisations égyptiennes qui se sont étendues jusque-là. Il n'en reste que des colonnes brisées, des chapiteaux que le temps a renversés et recouverts de sable. J'interroge les chameliers sur ces temples. Ils ne savent rien et haussent les épaules, regardant à peine ces pierres oubliées. Je passe devant elles en imaginant les hommes qui ont vécu ici et dont plus personne ne garde le souvenir.

À partir du 12 novembre, le désert se jonche de cadavres de chameaux. Je les compte les premiers jours et abandonne après quelques centaines. Ils sont innombrables et jalonnent notre chemin comme autant de repères macabres. Beaucoup de ces carcasses sont là depuis longtemps. Il n'en reste que des ossements blanchis, dispersés par le vent et les pas des chameaux vivants. D'autres sont encore entières, la peau jaunie et tendue à craquer. La mort les a prises dans toutes les postures de l'agonie : pattes crispées, têtes sans lèvres et grimaçantes, encolures arquées… Chaque caravane a laissé quelques-uns des siens sur cette piste d'Égypte : « Pas assez à boire, pas assez à manger », disent les chameliers sans les regarder. Car ces chameaux morts, plus que leur tragédie personnelle, racontent l'histoire de leurs compagnons humains qui ont affronté le désert.

Bientôt nous laissons le Nil amorcer sa dernière courbe avant l'Égypte et continuons tout droit, entrant dans la partie la plus difficile du voyage. Hassan me montre alors l'horizon d'un mouvement de son bras, en homme qui sait ce que réserve l'avenir. Devant nous s'étale un paysage lunaire. Aussi loin que porte le regard et plus loin encore, s'enchevêtrent dunes et massifs déchiquetés. L'air tremble au-dessus du sol et un silence total pèse sur ces paysages. Devant les chameaux qui semblent hésiter, s'étend maintenant un désert si dur et hostile, si inhumain, que les Arabes l'ont appelé « Batn el-Haggar », le « Ventre de la Pierre ».

Au pas lent des bêtes, la caravane s'engage dans cet enfer brûlant.

XXXIII

Le Ventre de la Pierre

Douze jours.

Nous allons mettre douze jours pour traverser le « Ventre de la Pierre » et arriver à Bimban.

Douze jours terribles, de marche harassante sous un soleil si dur que l'arrivée de la nuit est un soulagement.

Nous allons aussi vite que possible, sans plus aucune nourriture pour les chameaux, à peine quelques poignées de mil que nous donnons le matin à nos montures.

L'eau devient notre bien le plus précieux, réservé aux seuls hommes. Les haltes de midi raccourcissent. Il n'y a d'autre ombre pour nous protéger que celle de nos bêtes. Nous mangeons en hâte, parfois sans desseller, et repartons aussitôt, continuant de nuit à la clarté de la lune qui blanchit toutes choses, jusqu'à ce que, fourbus, nous arrêtions la caravane. D'un coin de désert absolument vide nous faisons alors un lieu familier, allumant un unique feu pour préserver nos réserves de bois. En quelques instants, le monde inhospitalier qui nous enveloppe est repoussé par les flammes et c'est pour moi un sentiment extraordinaire de retrouver comme une forme de vie. Mais nous grelottons et nos nuits sont hantées de l'espérance du soleil que nous maudissons pourtant dès les premières heures du jour.

Cette monotonie absolue est semblable à un rêve cent fois répété où les scènes quotidiennes se confondent les unes avec les autres. Mais je vis ce rêve sans lassitude, le corps amaigri et brûlé, exalté du spectacle de la caravane avançant dans ce monde inhumain qui porte la solitude à des dimensions que je n'ai jamais atteintes. Quand je tourne la tête, que mes yeux quittent la colonne des chameaux et se perdent vers l'horizon, je suis pris du même vertige que celui qui saisit l'enfant penché sur un puits.

Le Nil n'est jamais très loin sur notre droite mais nous ne voyons ni Wadi Alfa ni Abu Simbel, les seules bourgades importantes de la région. Nous passons à l'ouest, suivant le plus court chemin vers l'Égypte, celui des milliers de caravanes qui nous ont précédé pendant des siècles.

Au bout de notre route il y a un but précis, les cahutes de terre d'un village, mais j'ai la sensation que le néant devant nous n'a aucune fin connue. Je pourrais haïr cette nature qui me ramène à une échelle infime. Je vois le désert tel qu'il est sans les hommes. Lentement il cesse d'être un obstacle pour entrer en moi et je comprends l'amour que mes compagnons lui portent. Il n'est plus ce sable crissant sous les dents, ce soleil accablant ou ce vent qui balaie tout. Il n'est plus rien des misères du corps. Il est le lieu d'une communion magique avec soi-même. D'un coup je me sens en harmonie avec lui. Quelle étrange symbiose alors, capable de cesser comme un enchantement à l'endroit même où s'arrête le désert, à l'instant précis où on le quitte !

Et puis, je découvre son absolue propreté. Elle est sa marque, comme l'exubérance est celle de la jungle. Et de cette propreté à la pureté originelle il n'y a qu'un pas que l'on franchit inconsciemment entre les dunes… Dès lors, le silence vient ajouter son étrangeté au trouble naissant. Et ce silence gigantesque qui enveloppe la propreté, cette absence des bruits du monde, ce monde de bruits diffus apporté par la caravane, se mêle au mirage de la pureté minérale pour pousser l'homme dans le gouffre horizontal du désert.

Alors, trompé par son infini, on pense toucher à l'absolu.

L'aube pointe son nez sous l'amas de choses informes dont je me suis recouvert pour la nuit. Jamais je n'ai eu aussi froid de ma vie. Je mets même mon tapis de sol sur moi maintenant. Je redresse la tête, jette un regard alentour. Des nuages filandreux courent sur l'horizon et le soleil se lève en rosissant les dunes.

Déjà les hommes s'ébrouent, enroulés dans leurs couvertures et le bivouac reprend vie. Ahmed, recroquevillé près du feu mort, pousse quelques branches dans les cendres, rallume une flamme de chaleur.

Loin autour de nous les deux cents chameaux baraqués se confondent avec le sable.

– Vraiment, il fait trop froid en cette saison, dit Suleïman en frottant ses mains au-dessus du feu. Apporte vite le thé, Ibrahim.

Les petits verres passent de main en main et je bois avec volupté ce liquide noir et brûlant qui sent l'eau des *guerbas* mais réchauffe l'âme.

Je demande à Suleïman : « Tu n'as plus mal partout ? »

Ses compagnons éclatent de rire. Dans la nuit, pris d'un besoin pressant, je me suis levé et me trompant de direction, j'ai littéralement piétiné notre chef bien-aimé… Le bond prodigieux qui l'a propulsé hors de sa couche a jeté un désordre incroyable dans l'alignement des corps endormis. On aurait cru un diable jaillissant de sa boîte…

– Non, non, répond Suleïman, riant lui aussi au souvenir de l'incident. Je n'ai plus mal, ce n'était rien…

Il se lève et range les ustensiles de cuisine, oubliant ce matin-là le verre de thé supplémentaire qu'il m'offre d'habitude. Je ne lui rappelle pas cette petite faveur. Depuis quelque temps, l'attitude des chameliers change à mon égard. Je ne suis plus un étranger et ils me traitent davantage comme l'un des leurs. S'ils continuent à me demander des nouvelles de ma santé, ils ne se précipitent plus pour m'aider et me donnent une place dans la garde du troupeau.

Les bêtes sont chargées et les trois caravanes reprennent à la queue leu leu le chemin de l'Égypte, toujours escortées des carcasses de chameaux morts et de leurs gueules qui semblent rire aux éclats. Leurs congénères vivants vont parfois les renifler mais ne s'attardent guère à cette curiosité morbide. Tous sont épuisés et la disette, ajoutée à la soif, pousse les bêtes du troupeau à se rebeller contre nos montures, ces seigneurs des chameaux qui bénéficient des faveurs de l'homme, dorment à ses côtés et l'aident à maintenir l'ordre dans la horde. Chaque fois que nous leur donnons leur ration de mil, les autres n'hésitent plus à attaquer pour la leur voler. Il faut les écarter à coups de fouet. Mais ils reviennent comme des hyènes affamées et la nuit rôdent autour du feu à la recherche de nourriture. Il arrive même qu'ils nous mordillent à travers les couvertures, attirés par l'odeur du mil qu'elles portent encore.

Je veille jalousement sur la pitance de Simoun. Il maigrit à vue d'œil et sa bosse s'affaisse sous la selle. Nos rapports sont maintenant parfaits. Il me tire par la manche quand il a faim, me fait les yeux doux pour que je lui donne à manger dans le creux de mes mains et flaire mes épaules ou mon chapeau lorsque je m'allonge près de lui à la recherche d'ombre.

Le « Ventre de la Pierre » se poursuit par des ravins aux roches stratifiées semblables à des mille-feuilles et des successions de collines pyramidales reliées entre elles par des dunes. Puis nous débouchons sur un immense plateau auquel succède une sorte de couloir plat au milieu de reliefs tabulaires. Plus loin, nous découvrons des alignements de collines volcaniques qui semblent passées à la suie et la caravane se remet à zigzaguer autour de ces cônes rocheux.

Nous approchons du but et tout va bien. Les *guerbas* sont presque à sec, les outres à grain pratiquement vides, mais il reste juste assez d'eau et de provisions pour atteindre Bimban. La caravane arrivera à bon port sans pertes dans le troupeau et cette certitude met les hommes en joie. Ils reprennent leurs jeux de Bayuda. Mais comme il n'est pas question de faire galoper nos montures, ils organisent des courses à pied… Ils laissent filer les chameaux devant eux, se mettent sur une même ligne, à trois ou quatre, et donnent le signal du départ en hurlant de joie. Ils courent alors comme des fous pour rattraper la caravane, leurs galabiehs flottant au vent, haletant dans le sable mou, et tiennent ensuite des discours essoufflés pour comparer leurs mérites respectifs… Mohammed gagne toujours : « Cours avec nous, me demande-t-il chaque fois, voyons si tu es plus fort que moi. » Je décline ses invitations, peu soucieux de fatigue supplémentaire. Mohammed s'en désole. Sans doute veut-il prouver sa supériorité dans ce domaine. Car quelque temps auparavant, je l'ai égalé dans un concours où il s'agissait de soulever la plus grosse pierre possible… J'y avais gagné une considération nouvelle chez ces hommes qui adorent les démonstrations de force et de puissance.

Le 18 novembre, Abdul me montre le sol sous sa monture et dit en souriant : « Regarde, regarde, l'Égypte… »

Nous sommes sortis du « Ventre de la Pierre »…

La prévoyance de Suleïman, la bonne condition des chameaux, des réserves d'eau et de vivres suffisantes nous ont évité de trop souffrir durant ces douze jours.

Devant nous maintenant, tout va être plus facile.

Le 20 novembre, Simoun et plusieurs autres chameaux se mettent pourtant à saigner du nez, signe d'un épuisement prochain. Il est temps d'arriver…

Le lendemain, nous quittons les derniers reliefs pour une plaine au sol de sable dur. Le 22, nous découvrons des traces de civilisation, l'empreinte de pneus sur le sable. J'avance sans hâte, m'imprégnant des dernières choses du désert, et nous prolongeons notre veillée autour du feu.

Le 24, mes compagnons se recueillent sur la tombe de deux chameliers morts de soif.

À deux pas du but salvateur.

Le 25 novembre enfin, une fine ligne verte se dessine au-dessus de l'horizon.

La palmeraie du Nil.

Nous avançons encore, comme nous le faisons depuis trente-quatre jours, les chameaux dodelinant de la tête. Les yeux fixés sur cette rive lointaine, nous devinons peu à peu la tache ocre d'un village qui grandit au fur et à mesure de notre approche, se précise, se multiplie, devient amas de cahutes de terre.

Bimban, après 1 200 kilomètres de désert.

Nous avançons toujours, pas à pas, dans le silence surchauffé. Nos montures vont sans hâte, nous balançant de leur allure.

Les secondes deviennent des siècles.

Et puis nous touchons le village et Suleïman ordonne d'arrêter la caravane. Je fais baraquer Simoun. Autour de moi, mes compagnons m'imitent et rassemblent le troupeau épuisé pour le mener boire au fleuve.

Nous sommes arrivés.

XXXIV

Déception

Nous chargeons mes affaires sur un âne et Suleïman m'accompagne jusqu'à la felouque qui va m'emmener à Daraw, sur l'autre rive, d'où je pourrai gagner Assouan.

Nous nous faisons de longs adieux.

Émotion.

– Si tu veux, dans trois mois à El Fasher, me dit-il. Nous irons à l'oasis de Koufra et nous conduirons beaucoup de chameaux. *Inch' Allah*...

– *Inch' Allah*, Suleïman...

J'embarque sur la felouque, encombré de ma selle, du fouet, de mes fontes presque vides. La voile est hissée, le vent nous pousse. Un dernier signe de la main, Suleïman disparaît entre les palmiers. Irai-je à El Fasher dans trois mois ? « Si Dieu veut », avons-nous dit...

J'ai revendu Simoun sans gaieté de cœur : pour 160 guinées. Une mauvaise affaire. Mais les marchands égyptiens qui sont venus examiner nos trois caravanes, drapés dans leurs djellabas, ont levé les bras au ciel en jurant sur la tête de qui on voulait que les prix étaient bas depuis des mois et qu'ils ne pouvaient payer bien cher aucun des chameaux que nous amenions...

Mes compagnons n'ont pas caché leur mécontentement et les marchandages ont été d'une rare âpreté. Mais malgré les billets montrés, proposés, refusés, rentrés, les fausses sorties, les bouderies, les réconciliations, malgré des heures de ce rituel ancestral, la vente des bêtes a été médiocre.

À Assouan, j'ai d'abord le plaisir de retrouver des assiettes pour manger et surtout de quoi les remplir, puis la joie de lire des journaux, de prendre un verre à la terrasse d'un café, de dormir dans des draps blancs…

Mais je ne m'attarde pas. J'ai encore toute l'Égypte à traverser : un bon millier de kilomètres…

Avant de repartir pour Alexandrie, je vais me mettre en règle avec la police. On a quelque mal à me croire :

« Oui, je viens du désert… » « … Non, évidemment, je n'ai passé aucun poste frontière… » « … Il faut vérifier votre cas au Caire, monsieur… »

Cela demande trois jours mais les policiers se montrent d'une correction exemplaire. Après quoi ils remplissent deux pages de mon passeport pour expliquer les faits et me laissent repartir.

Pour rejoindre Alexandrie, je compte utiliser une felouque. C'est le moyen royal d'achever mon odyssée et ces embarcations sont nombreuses sur le Nil. Hélas, je m'aperçois vite qu'elles ne vont pas loin. Elles font au mieux du cabotage et beaucoup transportent des touristes… Il n'y en a aucune à ma convenance.

Je persiste une semaine dans mes recherches. Mais je dois me rendre à l'évidence. Il n'y a pas de place pour moi dans ces parages. Le mercantilisme est palpable jusque dans les recoins des mosquées et la pacotille de l'exotisme se vautre aux devantures des boutiques. Le Nil égyptien a subi le choc du tourisme de masse et les hôtels fabriquent à la chaîne un dépaysement factice à coups d'excursions coca-cola et de soirées « typiques, absolument typiques, messieurs-dames ». L'Occident gratte les pierres des ruines pour y laisser le graffiti de son passage. Les terres d'aventure sont désormais derrière moi.

Puisqu'il n'y a pas de felouques pour descendre à Alexandrie, je décide d'y aller à pied…

Je pars le matin du 2 décembre 1978, le long de la route qui suit le fleuve. Je ne vais pas loin. D'abord, il me semble que les centaines de voitures brinquebalantes et de camions qui passent font tout pour me renverser. Puis, lorsque je traverse le premier village, des hordes de gosses me lapident, encouragés par leurs parents…

Je ne dois mon salut qu'à la fuite…

Dans le village suivant, la foule se jette à mes basques, hurlante et moqueuse, ouvrant mon sac pendant que je marche, volant mes cigarettes et me poursuivant sur des kilomètres.

Dans le troisième, on me lapide encore et dans le quatrième village enfin, l'agressivité dépasse l'entendement. Une trentaine d'adolescents s'élancent derrière moi, bêches et pioches à la main, décidés à me faire un mauvais sort…

Je n'échappe au lynchage qu'en sautant dans la benne d'un camion qui ralentit en me voyant en si mauvaise posture…

Cette dernière mésaventure me dégoûte définitivement des lieux. Quel intérêt à continuer à pied sur cette route encombrée de véhicules et de villages inhospitaliers ? Le Soudan me paraît à des années-lumière.

Je gagne Louxor dans mon camion et pendant une semaine encore cherche une felouque. Par acquit de conscience mais sans succès. Aucune ne va à Alexandrie.

Alors, je continue jusqu'au Caire par les transports locaux, toujours le long du Nil pour me consoler au moins de la vision du fleuve qui achève avec moi son long voyage. Une fin rapide, sans joie, que je n'ai pas voulue.

Puis, ce sont les pyramides, souillées de papiers gras, et enfin, le 21 décembre, Alexandrie, tout au bout de l'aventure, devant la Méditerranée immense où se jette le Nil.

Une dernière fois je regarde le fleuve, le delta où il se perd, ces eaux dont quelques gouttes viennent du Burundi et le reste de tous les affluents que j'ai croisés.

Ici meurt le Nil pour mieux renaître 6 671 kilomètres plus au sud.

Ici se termine l'aventure.

Les dernières semaines en Égypte ont érodé mon enthousiasme. C'est avec un peu d'amertume que je vais tremper mes pieds dans la mer comme on accomplit une formalité.

Épilogue

Qui a bu l'eau du Nil en reboira, dit le proverbe.

L'année suivante, en juillet 1979, je lui donne raison en retournant à Khartoum à la confluence des deux Nils. Mais je reviens surtout pour le désert. De Khartoum, je gagne la province du Darfour et me rends à El Fasher dans l'espoir d'y retrouver Suleïman et de me joindre à l'une de ses caravanes.

Je le cherche des jours entiers sans le découvrir nulle part. J'interroge les passants, les vendeurs de chameaux, les marchands et les colporteurs. On me dit qu'il se trouve dans le désert de Libye, peut-être à l'oasis d'El Atrun, ou encore sur le Darb el-Arbaïn, la piste des quarante jours. D'autres le croient en Égypte et quelques-uns le disent même du côté de la mer Rouge…

Je ne reverrai ni Suleïman ni aucun des autres chameliers. Hassan semble être à Nyala, Abu Youssef quelque part près d'Omdurman. Tous sont dans le désert.

Alors, j'achète Haboob et Khamsin, deux solides chameaux de selle, et au cinquième jour du ramadan pars pour Khartoum. Gérard Viguié et un chamelier du nom d'Abder Rahman m'accompagnent.

En vingt-quatre jours de marche à travers le Darfour et le Kordofan nous gagnons la capitale soudanaise où j'arrive juste à temps pour mon mariage… Mais Haboob meurt en chemin des difficultés de l'épreuve.

Deux ans plus tard, en novembre 1981, je décide d'un hommage au plus long fleuve de la planète. Un hommage à ma manière. Entraînant frères et amis vers le plus petit pays du monde, je traverse à pied le Liechtenstein en un peu moins de trente heures…

RAID PAPOU

Une incursion dans la préhistoire

À Béatrice et Iulius.

Avant-propos

Raid papou, récit de la traversée à pied des régions centrales de la Nouvelle-Guinée indonésienne, représente le type même d'entreprise qu'un homme peut se créer de toutes pièces, quand, voulant l'aventure, il a fait le constat que le monde ne peut plus rien lui offrir de ce qu'il cherche. Car quoi : plus de grandes expéditions pour s'en aller explorer les taches blanches de la planète, plus d'escadre à lancer sur les océans afin de toucher des horizons inconnus, plus de grandes batailles à mener pour des causes perdues… Comme dirait le vieux Zorba : rien que des broutilles pour épiciers et comptables. Allez vivre avec ça…

Je m'étais donc dit : « Traversons en solitaire les territoires les plus inaccessibles du pays des Papous, ce sera toujours ça de gagné ! » C'était ma manière à moi de conserver le patrimoine.

Et j'étais parti…

Chacun sa route.

En 1989, le centre de la Nouvelle-Guinée est une terre à la réputation hostile, traversée de hautes montagnes couvertes de forêts vierges, peuplée de tribus farouches guerroyant entre elles. La modernité est limitée aux côtes et à quelques hautes vallées. Ailleurs, l'administration indonésienne est évanescente : trop loin, trop dur, trop compliqué. Elle ne légifère pas non plus sur les moindres actes de la vie quotidienne des hommes et sur les choses les plus intimes de leur existence. Elle a mille autres défauts, mais pas celui-là. Les terres papoues sont ainsi à peu près libres – comme l'est l'océan pour quelque temps encore. Sur ces terres libres, on peut aller selon ses choix et allumer son feu au bivouac sans risquer d'être verbalisé. Cette remarque triviale ne doit pas déconcerter. Elle dit l'essentiel à mes yeux. Un jour, du côté de chez moi, je me promenais au bord d'une rivière. Je décidai de me baigner. Un panneau indiquait : « baignade interdite ». Je m'éloignai pour allumer une cigarette. Un écriteau planté sur un arbre m'annonça : « interdiction de fumer ». Je gagnai un sous-bois pour m'allonger et rêver. Sur un poteau était écrit : « camping interdit ». Je m'enfuis…

On n'étouffe pas dans les montagnes papoues. On peut s'y exprimer, être homme en manifestant sa liberté. C'est au moins une bonne raison d'y aller – comme dans toutes les régions qui ressemblent à ce pays perdu. Mais il faut payer le prix fort, celui du risque et de l'insécurité. C'est un prix qui m'est très doux.

C'est en Nouvelle-Guinée, à l'âge de trente-cinq ans, que j'ai également achevé mon apprentissage de la nature – je veux dire de la vraie nature. De nos jours, tout le monde aime la nature : les citadins aiment la nature, les paysans aiment la nature et j'aime la nature. Mais de quoi parle-t-on au juste ? Si c'est de la beauté des paysages, l'affaire est entendue, il n'y a rien à dire de plus que ce qui est communément admis.

La Nouvelle-Guinée est belle comme tous les pays sans industries. Elle est même d'une beauté vénéneuse : montagnes cadenassées de brouillard, vallées couvertes de forêts cathédrales, toundras d'altitude glacées comme des meringues, jungles aux mille camaïeux de vert entrelacés. On entre exalté dans d'un tel milieu, on en sort épuisé et galvanisé. Les animaux aussi y sont beaux : le plumage des oiseaux de paradis est un vertige de couleurs, les casoars ont des trottinements de demoiselles poudrées, les crocodiles y sont indolents comme des souches d'arbres et les kangourous arboricoles se pavanent avec des pelages aussi soyeux que des abricots…

Et puis quoi ? Il faut se coltiner le reste : l'assaut des insectes et des sangsues, les fièvres dans les marécages, les pluies qui glacent le sang, les parasites qui pourrissent les pieds, les miasmes qui décomposent le corps, les fleuves qui emportent tout sur leur passage. Et assister partout autour de soi à la lutte implacable pour la vie, à l'amoralisme le plus inouï qui se puisse donner à voir. Tout le monde tue tout le monde : insectes, reptiles, bêtes et hommes. La loi de la jungle au sens propre. Quand on a vécu cela dans sa chair, on ne peut plus dire : « J'aime la nature. » C'est un peu court. C'est un peu niais. On ne peut plus aimer que *certains* aspects de la nature. Alors, on a le droit de les aimer farouchement.

Depuis, j'ai choisi de me forcer à préférer l'Homme à la Nature. Quels que soient les exécrables défauts de l'humanité. Sinon, tout est fichu… Cette préférence n'est guère dans l'air du temps. Qu'importe ! La diabolisation actuelle de l'Homme n'a pas plus de sens, à mes yeux, que la sacralisation moderne de la Nature. J'appelle mon choix décalé « l'humanisme combattant ». Je n'avais pas encore eu l'occasion de l'écrire. Voilà, c'est fait…

Traverser la Nouvelle-Guinée en solitaire est, à coup sûr, une épreuve pour se forger soi-même tout en se faisant une idée sur la façon dont le monde est lui-même forgé. Cette épreuve ne sert à rien si ce n'est à cela. C'est beaucoup.

Naturellement, il s'agit avant tout d'une épreuve physique, morale et mentale où la marche domine. Une marche d'une dureté extrême. Vingt-cinq ans après l'avoir endurée, j'en ai encore des douleurs dans les souvenirs, tels des rhumatismes de ma mémoire. L'alliance de la jungle et de la montagne pour empêcher un homme d'aller d'un point à un autre est proprement démoniaque. Je n'en connais pas de plus dure.

Ce souvenir me laisse songeur quand je lis les récits actuels à l'éloge de la marche. Puisque cette dernière revient à la mode, il convient d'évacuer les malentendus. Car il faut distinguer deux types de marche : celle que l'on entreprend pour, disons, diluer les pensées toxiques et retrouver les pensées qui ressourcent, et celle effectuée dans l'objectif ancestral d'atteindre un but géographique précis. Dans la première, le but géographique est secondaire, ce pourquoi il est généralement choisi pour sa relative facilité. Dans la deuxième, ce sont les pensées qui sont secondaires – et cela proportionnellement à la difficulté du but fixé. Le premier type de marche ressemble à la paix, le second à la guerre. Confondre les deux mène aux pires déceptions et aux plus grands déboires. C'est comme vouloir cueillir une rose en mettant les doigts sur les épines.

Je n'aime rien tant que les « marches de paix » pour retrouver l'« ondulation » du temps en voyage : lent au début, normal au milieu, accéléré à la fin. J'observe ce cycle immuable avec la passion d'un entomologiste. Temps et pensée s'y marient au mieux de leurs intérêts communs. La lenteur du commencement m'est ainsi d'une jouissance particulière, aussi physique que cérébrale. Au troisième jour, j'ai le sentiment d'être parti depuis quinze… Bonheur. Qui n'a pas fait cette expérience sans en garder un souvenir ému ?

J'essaie de prolonger le plus loin possible cette période du ralentissement du temps en cherchant sans cesse les pensées adéquates à cette lenteur et les activités mentales qui peuvent s'y rattacher. Écrire de courts poèmes dans sa tête pour, vite, les jeter sur le papier à la halte, est un choix judicieux. Faire alors comme les Japonais : composer des haïkaï. On peut aussi passer en revue une série de souvenirs statiques, si possible très lointains, qui ne prêtent pas à la hâte. Avantage : on les revivifie pour longtemps, exercice impératif de toute façon pour conserver pleinement son identité personnelle. Dernier choix : rêver jusqu'au moindre détail à des projets d'une telle folie qu'ils vous retiennent longtemps en vous-même, comme des harpons de la pensée. Au choix pour moi : un tour du monde en dirigeable par l'équateur, puis par les pôles, la construction d'un trois-mâts capable de rester des années hors d'atteinte de toute terre, la prise de haute lutte d'une île perdue pour y bâtir une nouvelle société – automatiquement meilleure que toutes les autres, cela va sans dire –, et j'en passe… J'ai des cartons pleins de ces projets. Dans cette période du temps ralenti, surtout ne rien lire. Le temps reprendrait de la vitesse pour cause d'évasion intellectuelle. Il faut rester concentré sur son évaporation tranquille en se limitant aux activités susdites…

Vers le milieu du voyage, le temps redevient, hélas, normal. On se rend compte soudain qu'il file à son train quotidien. Le meilleur est passé, les regrets commencent à monter à la tête. Comme on n'a plus rien à perdre, c'est le moment ou jamais d'aller vers les pensées structurées, d'échafauder les théories intellectuelles en souffrance, de réfléchir à des points précis et passionnants laissés jusqu'alors de côté, d'articuler jugements et raisonnement. Il est temps de lire maintenant, surtout le soir : Aristote, Shakespeare, Conrad, des gens de ce calibre. Ils tombent en terreau fertile.

Puis viennent les derniers jours et ils semblent soudain filer à toute allure, comme poussés par la peur... Rien ne peut plus les retenir. En ce qui me concerne, mes pensées deviennent désordonnées et je dois leur botter le train car elles sont aimantées par les préoccupations matérielles du retour, les détails pratiques et futiles des choses ordinaires que l'on croyait oubliées. Je grince des dents. Question lecture, les bons polars deviennent les meilleurs remèdes pour oublier, comme un bon coup de rhum. Mais la fin approche de plus en plus vite. Et puis elle est là concrètement : il n'y a plus qu'à repartir.

Raid papou appartient évidemment au second type de marche, celle où le but géographique à atteindre prend le pas sur tout le reste. Si le terrain est dur – et il l'était sacrément –, le temps n'a plus l'ondulation qui est la sienne dans les voyages de paix. Il se tend, comme prêt à se rompre à tout instant – celui de l'échec de l'entreprise pour laquelle on est là. On ne peut plus le caresser, on ne peut plus jouer avec lui. La pensée se structure majoritairement dans la résolution des innombrables problèmes pratiques soulevés par la progression. La fatigue, puis la faim, l'épuisement, la maladie parfois font le reste pour ne plus guère laisser de place à la réflexion. On marche en « automatique » pour moins souffrir. On fait la guerre avec soi-même pour continuer. À la halte, on ne songe qu'au vide à faire en soi pour récupérer. Il faut se forcer à repartir, s'arracher à la gangue de la terre. J'entre en bataille pour conserver un territoire à la pensée, un îlot quelque part dans ma tête, toujours battu par la tempête – et il ne reste guère que les nuits pour s'amarrer à ses pensées comme un naufragé à sa bouée.

Je n'ai fait qu'une fois l'expérience du mélange possible des deux types de marche dont je viens de faire état. C'était aussi en Nouvelle-Guinée, mais dans une expédition plus tardive, en 1994. Cette année-là, au cours d'une marche éreintante de plusieurs semaines vers le territoire des tribus Dao, à travers jungles et montagnes, ma pensée s'est orientée totalement vers l'écriture d'un roman qui m'a obsédé à chaque pas, tout autant que la marche elle-même et les événements qui pouvaient survenir. Par un prodige que je ne m'explique toujours pas et qui ne s'est encore jamais renouvelé, j'ai entièrement écrit ce roman dans ma tête et ne l'ai jeté sur le papier qu'à mon retour. Pendant la marche, j'avais été comme un entonnoir que l'on remplit et, revenu chez moi, comme un pressoir que l'on vide…

Ce fut *La Dernière Manche*, paru deux ans plus tard.

Je ne voudrais pas déflorer ici la dimension humaine de mes rencontres avec les Papous. On verra ce qu'il en est dans ce livre. Mais la découverte d'hommes différents, qui étaient comme mes ancêtres les plus lointains dans le temps et l'espace, fut d'une telle force que, combinée à la puissance de la nature qui les environnait et à l'existence de quelques territoires encore inconnus dans les profondeurs de la Nouvelle-Guinée, elle ferait travailler mon imaginaire des années durant. Il en est ainsi de certains voyages qui ne cessent d'habiter ceux qui les ont entrepris, à l'égal de ces livres qui, une fois refermés, continuent de parler à leurs lecteurs.

C'est pourquoi je suis reparti en Nouvelle-Guinée cinq ans après *Raid Papou*. Cette fois pour explorer en quatre expéditions successives une étroite vallée vissée entre les fleuves géants des basses terres papoues et les hautes montagnes de la cordillère centrale. Une région alors encore toute blanche sur les cartes, que j'avais baptisée la « vallée perdue ». Entre 1994 et 1995, j'y vivrais un vieux rêve d'enfant aujourd'hui disparu : établir un premier contact avec une tribu oubliée.

Mais c'est une autre histoire…

Sens, Perrigny, été 2013

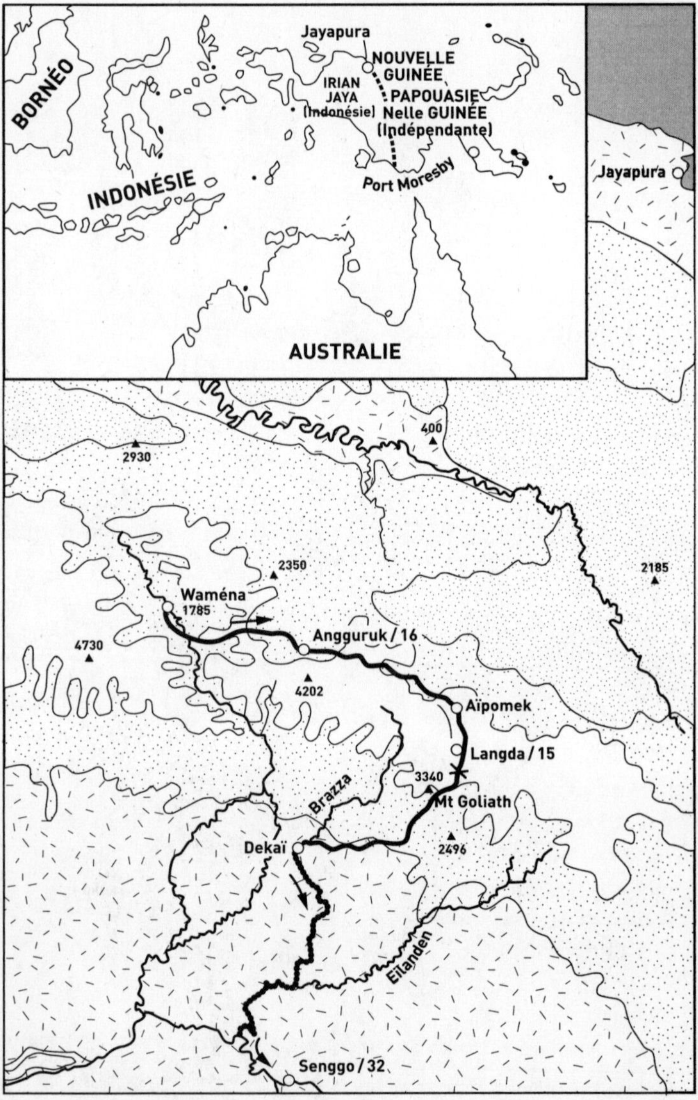

BORNÉO
INDONÉSIE
Jayapura
NOUVELLE GUINÉE
IRIAN JAYA (Indonésie)
PAPOUASIE Nelle GUINÉE (Indépendante)
Port Moresby
AUSTRALIE
Jayapura
400
2930
2350
2185
Waména 1785
Angguruk / 16
4730
4202
Aïpomek
Langda / 15
3340
Mt Goliath
Brazza
Dekaï
2496
Eilanden
Senggo / 32

Délire

Je m'éveille en sursaut, grelottant de fièvre, couvert de sueur glacée. Tout est noir autour de moi. Pas une ombre, pas la moindre lumière. Juste la nuit aveugle qui me fixe de nulle part. Hagard, je tourne la tête à droite, à gauche.

Impossible de me rappeler où je suis…

Je ferme les yeux, repoussant l'angoisse qui rampe vers moi. Je n'ai plus aucun souvenir de cet endroit obscur où je repose. Mes dents claquent, je sens le délire tout proche. Trois jours déjà que cette fièvre terrible me terrasse sans me laisser un seul instant de répit !…

Un masque grimaçant se met à danser devant moi, sautant et gesticulant, brandissant des haches papoues, des flèches de guerre barbelées, des poignards en os de casoar, des boucliers ornés d'autres masques qui eux aussi grimacent et sautillent en tous sens comme des forcenés. Je sens bien que tout cela n'est pas vrai, que ces images surgissent simplement de ma tête pour me poursuivre. Mais impossible de les chasser. Je ne suis pas dans mon état normal. J'ai l'impression que mon corps brûlant erre dans l'espace, sans plus aucune attache, sans repère sensible.

Où suis-je ? De toutes mes forces, je sonde ma mémoire, mais elle ne me renvoie que le vide. Ce n'est pas la première fois qu'à force de courir d'un monde à un autre depuis quinze ans je me réveille certaines nuits sans plus savoir où je me suis endormi. Mais ce n'est qu'un effet de ma vie de nomade. Dans ces cas-là des images précises finissent très vite par remonter en moi. Je suis quelque part, dans un lieu bien précis, même si c'est au bout de la mappemonde. Cette fois, c'est différent. Je suis au-delà de moi-même, je le sens bien. Et je me heurte à un néant absolu. Des souvenirs affleurent par centaines, mais ils sont anciens et s'entrechoquent les uns contre les autres. J'ai l'impression de vouloir saisir des cailloux ronds et glissants au fond d'une rivière.

Un vertige m'envahit comme un raz de marée. Il me semble que je tends les mains en tous sens pour accrocher quelque chose, quelque part, je ne sais plus. Mais c'est comme si je me débattais entre des parois molles et invisibles.

Soudain la nuit se met à tourner autour de moi, d'abord lentement, puis de plus en plus vite, sans que je puisse rien faire. Je sens la peur qui s'agrippe à ma chair et ne me lâche plus. Un puits démesuré s'ouvre sous mes pieds, insondable, et je bascule à l'intérieur, tournoyant dans le kaléidoscope infernal d'une spirale qui s'accélère à chaque seconde, s'accélère, s'accélère, me précipitant dans une chute infinie…

Un choc doux, presque rien au fond de l'obscurité totale. L'impression d'avoir atteint le fond d'un gouffre. Le temps semble étiré à l'infini. Une force inconnue me saisit, me pousse vers le haut. Je remonte lentement à la surface, émerge bientôt d'un halo impalpable, reprends conscience.

Je me redresse, grelottant toujours. Ma main heurte quelque chose, un je ne sais quoi de réel qui déclenche enfin un flot de souvenirs : cette fièvre qui épuise mes dernières forces, la solitude, les Papous partout autour de moi, la Nouvelle-Guinée, le fleuve Brazza que j'ai atteint hier après des semaines de marche dans la jungle et les montagnes…

Je suis à Dekaï.

Je me laisse retomber en arrière dans le hamac, les yeux grands ouverts sur l'obscurité. Dekaï… Dekaï, rien qu'un village perdu, mais le premier signe tangible de mon retour à la civilisation. Le calme remplace lentement la peur. Si tout va bien j'en aurai fini avec cette épreuve dans moins d'une semaine. Juste le fleuve à descendre maintenant et je retrouverai des hommes qui me ressemblent.

D'un effort qui me paraît démesuré je plonge la main vers le sol de lattes, cherche ma lampe à tâtons. Le trait lumineux troue la nuit, fouillant les recoins de la case ouverte sur la forêt silencieuse. Les Papous ont disparu. Je suis seul.

Je respire avec peine. L'air est gluant, d'une lourdeur oppressante. J'essuie la sueur qui ruisselle sur mon visage. Un orage menace, c'est sûr. Il doit courir sur l'horizon et approcher. J'écarte le tulle de la moustiquaire étouffante. Plus un insecte. Eux aussi ont dû sentir l'arrivée de la tornade. Je tends le bras vers mon chapeau accroché à la tête du hamac, prends le paquet de tabac à l'intérieur, roule une cigarette en tremblant, l'allume.

Que suis-je donc venu faire ici ?

Je laisse la lampe coincée entre mes jambes. Ma montre indique 4 heures du matin. Bientôt ce sera l'aube et l'instant décisif. J'affronterai le fleuve dans mon minuscule canot de survie. Ce sera le dernier combat contre les éléments et la nature en folie, le dernier danger des crocodiles.

Les tremblements de la fièvre s'apaisent un peu, laissent mon esprit errer entre deux eaux. Ce n'était qu'une nouvelle crise.

La fumée monte vers le toit de palmes en volutes tournoyantes qu'emprisonnent les parois du cône lumineux. Au loin j'entends comme une mélopée triste, poignante. Les Papous chantent dans le village.

Que suis-je venu faire au milieu de cet univers étranger, seul et sans recours ? Pourquoi y songer cette nuit ? Je ferme les yeux. Était-ce seulement pour pénétrer l'inconnu qui me fascine, le mystère de ces jungles oubliées, pour repousser toujours des limites inacceptables afin d'entrevoir ce qu'il y a derrière ?

Autour de moi je sens une menace imprécise qui s'infiltre à travers la case, prend possession des moindres objets, s'installe pas à pas comme chez elle, s'insinue lentement dans mon corps. C'est une sensation indéfinissable, mais je la perçois avec une acuité animale avivée par l'état de semi-délire où m'a plongé la fièvre. Est-ce la crainte des dangers de la rivière qui se manifeste ainsi ? Autre chose ? Cette fièvre ?… Un vieil instinct me dit soudain que ce danger impalpable vient d'elle, que c'est sa menace qui flotte autour de moi. Je ne sais pas encore que cette fièvre est provoquée par un paludisme à *falciparum* qui pourrait me tuer en moins de deux jours d'un accès pernicieux, mais je la ressens brusquement comme un danger absolu. Pour la première fois dans ce raid je me dis que je suis allé trop loin. Qu'ici se trouve peut-être le bout de la route. Demain tout peut arriver… ou après-demain…

Cette fièvre m'achèvera elle-même ou m'enlèvera mes forces devant les derniers dangers. Je me secoue. Une révolte monte en moi. Je m'en tirerai parce que… parce que sans cette fièvre qui me réduit à l'état de loque, tout irait bien, j'en suis sûr. C'est absurde…

L'air est de plus en plus lourd, l'atmosphère presque électrique. L'orage tropical se rapproche. Qu'il éclate vite maintenant, qu'il apporte un peu de fraîcheur, déchire cette torpeur malsaine qui se répand partout, qu'il casse ce silence qui m'enveloppe…

Le tabac calme mes nerfs mis à rude épreuve, fait naître en moi une sensation nouvelle de détachement. Je me suis souvent dit que la mort n'était plus à craindre pour ceux qu'elle avait suffisamment épargnés en leur laissant le sentiment d'un sursis presque immérité. Pour eux, elle venait quand il le fallait, à son heure, leur rappelant qu'ils avaient suffisamment profité de ce temps supplémentaire qui n'aurait peut-être pas dû leur appartenir.

Alors, s'il est temps…

Dans les montagnes afghanes, les partisans disent pour conjurer la mort : « Si Dieu veut. » Parce que tout est écrit. Dieu ou autre chose, ai-je toujours pensé. Mais le choix du moment demeure un mystère.

Et puis mes pensées basculent. Comme par enchantement la nuit se transforme autour de moi, chassant le fatalisme. Un à un, les souvenirs de toutes ces fois qui auraient dû être les dernières viennent se superposer devant mes yeux. Très précis, très distincts, comme autant de signes que rien n'est jamais dit dans l'aventure. Je revois tout. Cet obus de mortier tombé à l'endroit exact où j'aurais dû me trouver, le naufrage de la *Véronica*, l'épuisement de la faim, perdu dans les jungles du nord Congo, ces balles soviétiques autour de ma tête qui refusaient de venir me toucher, le puma en Amazonie qui aurait dû bondir sur moi alors que mon fusil s'était enrayé. Tant d'autres souvenirs de ces fins qui n'en étaient pas…

Cette fièvre ne peut pas être plus forte que tout cela.

Une gerbe d'éclairs déchire le ciel de part en part. La case est traversée d'un trait de lumière qui illumine la trame des parois en écorce élaguée, les piliers de bois, le tulle transparent de la moustiquaire. Et de l'obscurité aussitôt retombée éclate un coup de tonnerre assourdissant. La tornade, enfin ! Le tonnerre roule par-dessus les forêts, s'épuise dans le lointain, rejaillit tout à coup au-dessus de ma tête dans la luminescence de nouveaux éclairs. Une fraîcheur rassurante envahit la case dans une féerie d'ombres et de lumière. Une pluie lourde s'abat sur le sol.

J'écoute le martèlement nostalgique de l'orage sur le toit de feuilles. Une paix tranquille s'installe en moi. Je songe que tout a commencé autrefois. Il y a longtemps…

I

Sur les quais de la Seine…

Il y a longtemps…

J'ai vingt ans et je découvre la séduction de la jungle au cours d'expéditions successives en Afrique centrale et en Amazonie. Trois années à ne penser qu'aux forêts équatoriales, aux derniers mondes sauvages encore préservés, aux Pygmées et aux Indiens avec qui je vis. Et à la Nouvelle-Guinée qui me semble la suite logique de ces aventures.

Je n'attends que de partir pour cette île étrange, allongée comme un oiseau immobile au milieu des mers de l'Océanie. Elle est l'une de ces grandes jungles qui me fascinent, que je me suis promis de parcourir tôt ou tard.

Mais le hasard en décide autrement. Et c'est le tourbillon d'autres aventures qui m'emporte ailleurs. Pendant douze ans.

Douze années sans revenir vraiment dans la jungle, à ne songer à la Nouvelle-Guinée que de loin en loin, à me promettre qu'un jour, quand même…

Et puis en 1987, juste après avoir achevé le premier tour du monde en ULM, le désir de cette Nouvelle-Guinée qui revient sans crier gare.

Je déambule sur les quais de la Seine. Le printemps jette des couleurs pastel sur Paris, l'air semble plus transparent que d'habitude. J'effeuille les devantures des bouquinistes, sans but précis, juste à la recherche de souvenirs estompés par deux années et demie d'absence.

J'achète un journal, m'assois à la terrasse d'un café. Il fait presque chaud. Les femmes déjà portent des robes légères, marchent plus gaiement, on sent l'été tout proche. Le garçon prend la commande : « Un tango panaché, s'il vous plaît. » J'attends sans impatience. Je ne suis pas pressé. Je me sens bien sous la caresse du soleil. Je n'ouvre pas le journal, rêvasse au hasard. Une aventure vient de s'achever. Je suis heureux. Pourtant, sa réussite me laisse inassouvi. Il manque encore quelque chose...

Une foule pressée arpente les trottoirs. J'observe le va-et-vient des Parisiens, la course des taxis, la bousculade des sorties de métro. Tout cela est très proche et très lointain en même temps. Je regarde sans voir.

Et je comprends soudain que je n'ai pas envie de ce repos qui m'attend, de cette vie quotidienne qui s'affiche devant moi. Pas maintenant. Ce que je veux encore, c'est une aventure absolue qui m'engage totalement et m'emmène très loin. Je soupire. Où trouver cela ?

Je revois les Indiens courant nus dans la forêt, leurs arcs à la main, les Pygmées dansant dans le cercle des feux, les grandes rivières silencieuses et la jungle résonnant de ses cris mystérieux. D'un coup, l'odeur de la grande forêt remonte en moi au milieu du tintamarre de la circulation. Je la sens aussi puissante que lorsque j'étais là-bas...

Et si je partais enfin pour la Nouvelle-Guinée ? Si je tenais cette vieille promesse en m'inventant là-bas une de ces odyssées un peu folles qui redonnent à la vie sa vraie dimension ? Rien ne m'en empêche.

Je sais à ce moment exact que je vais partir. C'est toujours comme cela. La conjugaison d'un moment particulier, d'un rêve, d'un désir, de choses plus irrationnelles aussi.

Alors, sans me poser d'autres questions, je commence à réfléchir à la manière d'aborder cette Nouvelle-Guinée. Je ne veux pas d'un simple voyage. Ce qu'il me faut c'est un projet qui exige tout de moi, capable de me plonger au cœur de ce monde oublié, dans des conditions les plus proches possible des anciens explorateurs qui n'hésitaient pas à tout tenter, à tout risquer. Un projet dépouillé de tout artifice, de tout filet de sécurité sophistiqué, sans moyen de tricher avec soi-même. Je ne veux pas d'autre chose. Je cherche à réunir les trois paramètres de l'extrême : un terrain, un homme, un défi.

Je commande encore à boire. Il fait de plus en plus chaud. J'ouvre le journal, tourne machinalement les pages, sans lire vraiment, l'esprit à vingt mille kilomètres de là… L'excitation me gagne, une idée monte à ma tête :

Pourquoi ne pas réaliser un raid à pied, en solitaire, aussi bref qu'intense, au cœur d'une des régions les plus sauvages de cette Nouvelle-Guinée, dans les territoires de Papous encore primitifs ? Avec cela je tiendrais mes trois paramètres. Ce serait un véritable défi physique et moral. Et la possibilité de déterminer ce qu'il reste éventuellement de préhistoire dans ce bout du monde. Une telle immersion hors de mon univers m'apporterait tout ce que je souhaite : découvertes personnelles, limites à dépasser, solitude de l'action où l'on ne peut compter que sur ses propres forces. Et pourquoi aussi ne pas sauter directement en parachute sur la zone de ce raid ?

Je termine en hâte mon deuxième tango panaché, abandonne le journal sur la table. J'ai trouvé ce que je suis venu chercher.

Une heure plus tard, le TGV me ramène chez moi. Il n'y a plus qu'à bâtir ce rêve éveillé…

Des semaines durant, je compulse tout ce dont je dispose sur la Nouvelle-Guinée. Livres, études, articles, j'avais déjà constitué de solides provisions au cours des années et je m'en gave, à la recherche des zones les plus reculées de cette île que je n'ai jamais vue. Première évidence, il me faut d'abord choisir dans quelle partie de la Nouvelle-Guinée je veux tenter ce raid, puisqu'elle est coupée en deux États distincts depuis la fin de l'époque coloniale.

L'ensemble des informations que je recoupe prouve que la région orientale, baptisée « Papouasie-Nouvelle-Guinée » au moment du départ des tuteurs australiens, est la moins intéressante de mon point de vue. Dans les années cinquante, de vastes zones de cette région restaient encore inexplorées, peuplées de tribus irréductibles et guerrières. Mais depuis, la puissance australienne, alliée à sa volonté de découverte, a fait progresser la « civilisation » à marche forcée. En moins de trente ans les dernières tribus farouches et anthropophages de cette zone orientale ont été contactées et pacifiées, au besoin par la force. Des cartes plus ou moins précises ont été établies, des circuits commerciaux développés, des routes construites, des industries installées. Certes, on peut encore considérer ce pays comme particulièrement primitif au regard des normes occidentales, mais il ne reste plus guère de vallées isolées ou de fleuves méconnus. Pire encore, le tourisme de masse a fait son apparition, transformant en bien des endroits les antiques coutumes en folklore rémunéré. Enfin, les missionnaires ont christianisé une grande partie des tribus existantes, et les guerres qui subsistent encore entre elles mettent en œuvre aussi bien l'arc que le fusil.

En revanche, la partie indonésienne de la Nouvelle-Guinée, appelée Irian Jaya depuis le départ des Hollandais, recèle bien davantage de mystères. Elle a été beaucoup moins étudiée et pénétrée. Il n'y a toujours aucune route permettant de circuler à l'intérieur du pays. Dans ces territoires vastes comme les deux tiers de la France on ne peut se déplacer qu'en utilisant les fleuves ou les petits avions des congrégations religieuses qui quadrillent le territoire de leurs missions. À l'évidence, la « civilisation » se répand en tache d'huile à partir de ces missions isolées de tout et des postes administratifs construits sur le même modèle. Mais il semble presque aussi évident que leur influence sur le milieu naturel est nulle et relativement restreinte pour ce qui concerne les Papous. Ils laissent même à l'écart de ce processus quelques territoires inaccessibles.

Le développement économique de cette partie de la Nouvelle-Guinée va dans le même sens. Les Indonésiens l'accélèrent autant qu'ils le peuvent, mais il se limite encore aux régions côtières et à quelques vallées. Les villes y sont minuscules et peu nombreuses.

Au regard de ce qui m'intéresse c'est encore un pays neuf, presque vierge.

Le choix de l'Irian Jaya s'impose donc naturellement. Mais où exactement ? Les informations manquent pour acquérir des certitudes sur les zones les plus méconnues. Les dernières grandes explorations datent des années soixante. C'est à cette époque que les ultimes populations papoues d'importance, quelques milliers d'hommes, ont été contactées par des Blancs. Mais jusqu'aux années quatre-vingt on a continué à découvrir des groupes plus réduits, isolés dans des vallées ou des zones inhospitalières. La plupart du temps le hasard seul a conduit à ces découvertes d'hommes de l'âge de pierre. Et on peut penser que des poches résiduelles de préhistoire subsistent toujours dans certaines régions, notamment dans les contreforts sud de l'immense cordillère montagneuse qui coupe la Nouvelle-Guinée en son centre, d'est en ouest, et qui culmine à plus de 5 000 mètres d'altitude.

Je me décide donc pour ces territoires extrêmes des contreforts sud. Je me ferai larguer en parachute sur la cordillère centrale, près de la Papouasie indépendante, dans une région où s'étirent de hauts plateaux situés à près de 4 000 mètres d'altitude. Leurs toundras glaciales ne sont pas très attrayantes mais malgré tout plus favorables que la jungle à un parachutiste venu du ciel. De là, en autonomie de survie, je prendrai la direction du sud pour descendre les montagnes et atteindre les basses terres. Cela fait, je trouverai des fleuves me permettant de gagner la côte des Casuarinas à l'ouest.

Tracé sur une carte ce projet est fascinant. Avec un peu de chance, il me fera pénétrer dans une zone oubliée du monde extérieur. Dans ce cas j'y trouverai certainement des Papous restés isolés et peut-être même des groupes encore non contactés. Je dois me faire violence pour ne pas trop rêver.

Je ne suis ni ethnologue, ni scientifique, mes motivations sont celles de l'aventure pure, mais les Papous vont, par la force des choses, prendre une certaine importance dans ce raid. Et c'est bien ainsi. Même si par définition un tel raid ne pourra représenter qu'une sorte d'« incursion » dans ces territoires, excluant tout approfondissement de mes découvertes éventuelles.

Mais il me sera toujours possible de revenir, plus tard.

À partir de là je mesure rationnellement les risques. Les dangers inhérents à ce type d'entreprise sont nombreux. Cependant, je ne songe ni aux serpents, communs à toutes les jungles, ni aux sangsues qui pullulent dans certaines régions, ni aux insectes ou à ces autres sortes de choses.

Je songe surtout aux dangers de la solitude. Elle ne me donnera aucun droit à l'erreur. Dans les conditions qui vont être les miennes, la moindre entorse à un pied, la moindre blessure un peu sérieuse, la plus petite maladie se révéleront désastreuses.

Il me faudra aussi transporter l'essentiel de ma nourriture, ce qui représentera sans doute une ou plusieurs charges épuisantes. La Nouvelle-Guinée est connue pour n'être guère prodigue. La pêche est aléatoire et les gros animaux sont rares, rendant la chasse beaucoup plus difficile que dans d'autres jungles giboyeuses. Les Papous des montagnes se nourrissent principalement de patates douces et ceux des basses terres de farine de sagou, tiré du palmier sagoutier. En aucun cas la chasse, la pêche ou la cueillette ne sont à la base de leur alimentation.

Dans la descente des rivières pour gagner la côte des Casuarinas, le plus gros péril viendra sans doute des crocodiles de rivière qui infestent certaines eaux. Mais j'aurai peut-être à me méfier encore davantage des crocodiles de mer, véritables monstres de sept ou huit mètres de long, qui hantent les côtes et remontent souvent fort loin le cours des fleuves.

Enfin, je n'aurai guère de recours en cas de contact malheureux avec les Papous dont la réputation guerrière n'est pas toujours usurpée. Il m'est impossible à ce moment-là de déterminer exactement ce qui subsiste encore du cannibalisme et des traditionnelles chasses aux têtes. Ces coutumes ont certainement disparu des zones sous l'influence réelle de la civilisation, mais qu'en est-il ailleurs ?

Les difficultés de communication linguistique n'arrangeront pas mes problèmes. Dans le seul Irian Jaya on compte plus de sept cent cinquante tribus différentes et au moins autant de dialectes. Il est inutile d'apprendre l'une de ces langues. Elle ne me servirait que le temps de franchir une vallée…

II

Tout ce qu'il faut faire avant…

La préparation du raid m'occupe partiellement durant les deux années qui suivent. Adidas accepte très vite de financer l'entreprise comme il l'a fait pour mon tour du monde en ULM, mais il me faut un certain temps pour mettre au point le matériel le plus approprié, et encore davantage pour obtenir l'autorisation des Indonésiens.

Je me rends une première fois à Jakarta en juin-juillet 1988. C'est là, à des milliers de kilomètres de la Nouvelle-Guinée, que se trouve la clef de mon projet. Par l'entremise de l'ambassade de France, je prends les contacts nécessaires avec les autorités locales. Obtenir leur aval pour une aventure aussi particulière ne relève pas de la simple routine. Non seulement parce que tout projet hors des normes suscite au mieux l'incompréhension et au pire la suspicion, mais aussi parce que l'Irian Jaya, en proie à des mouvements de rébellion armés de la part de Papous indépendantistes, est soumis à des règles bien précises en ce qui concerne les étrangers. Ils peuvent y entrer sans difficulté moyennant une permission spéciale mais ensuite de nombreuses zones leur sont interdites, dont évidemment celles qui m'intéressent. Cependant, plusieurs personnalités françaises me soutiennent, notamment Roger

Bambuck, secrétaire d'État à la Jeunesse et aux Sports, et j'ai bon espoir de voir aboutir cette demande d'autorisation.

Je profite de ce voyage pour tenter de me procurer une cartographie précise. Les cartes à l'échelle du 1/1 000 000e ou du 1/500 000e sont nombreuses mais souvent erronées, comme je m'en apercevrai par la suite. Il est possible de dénicher des cartes au 1/100 000e, pour la plupart dues aux Hollandais, mais elles sont anciennes, encombrantes, et pas toujours très sûres, semble-t-il. Il est évident que de nombreuses missions géographiques ont parcouru l'Irian Jaya par ses cours d'eau et ses voies d'accès les plus aisées. Tout aussi certain que de nombreux relevés topographiques et photographiques ont été réalisés un peu partout. Mais ces travaux laissent néanmoins les cartes pleines de taches vertes où tout se ressemble.

Compte tenu des impératifs de poids à venir, je décide finalement de me contenter d'une carte au 1/500 000e, plus maniable que les autres et qui ne me rendra pas moins de services dans l'incertitude où me jettent ces cartes.

Je profite également de mon séjour dans la région pour effectuer une reconnaissance en Irian Jaya. Je débarque un soir dans sa capitale Jayapura, l'ancienne Hollandia, après une journée de vol et de multiples escales depuis Jakarta. C'est vraiment le bout du monde. Et Jayapura, l'archétype parfait d'une bourgade de province assoupie entre deux montagnes au bord de la côte nord. Je prends contact avec les deux petites compagnies aériennes des missionnaires qui disposent de Cessna 185 pour le ravitaillement de leurs missions isolées. C'est le type même d'appareil convenant pour mon saut. De ce contact se dégage l'impression – généralement confirmée par la suite – que je ne pourrai guère compter sur ces missionnaires, quelle que soit leur congrégation. Il y en a une bonne demi-douzaine, toutes rivales. À quelques exceptions près les missionnaires n'aiment pas voir des étrangers pénétrer leur domaine réservé…

Par l'une des rares lignes régulières, je gagne aussi Waména, le seul bourg existant au centre du pays, à quelques centaines de kilomètres de Jayapura. Je découvre mes premiers Papous, des Danis de la vallée de la Baliem, bien connus aujourd'hui, et l'univers étrange de la Nouvelle-Guinée.

De cette reconnaissance je retire aussi un certain nombre d'enseignements. Je prends tout d'abord conscience que la Nouvelle-Guinée est un pays aux multiples facettes. Il n'y a pas seulement la jungle. Celle-ci couvre essentiellement la partie nord de l'île et les basses terres marécageuses du sud. Elles sont comparables à celles d'Amazonie pour l'hostilité, la difficulté de pénétration et l'homogénéité. Mais les immenses territoires montagneux du centre, appelés hautes terres, présentent une variété inépuisable de paysages et de climats. Selon l'altitude, on y trouve des jungles dites « de montagne », des forêts pluvieuses, des forêts de conifères, des prairies alpines et, aux alentours de 4 000 mètres, des steppes aussi glaciales qu'inhabitées. Mis à part quelques grandes vallées paisibles, ce monde-là, fait d'une succession infinie de montagnes acérées, de vallées perdues et de rivières tumultueuses, est dominé par la pluie, la boue, le brouillard et le froid.

Au cours de ma progression future, je vais devoir affronter tous ces obstacles les uns après les autres. Dans ce domaine, la contrée qui m'apparaît immédiatement la plus inhospitalière est la zone des piémonts, intermédiaire entre les hautes et les basses terres. Là, je vais non seulement me heurter à l'alliance démoniaque de la jungle et de la montagne, mais également à des reliefs plus chaotiques que n'importe où ailleurs. Je survole une fois cette région en avion. Elle me laisse rêveur sur mes chances de réussite. Partout je découvre des falaises qui interdisent tout passage, des gouffres gigantesques, des crêtes aussi effilées que des couteaux, des gorges infranchissables.

Ma seule chance sera d'utiliser aussi souvent que possible les sentiers tracés par les Papous depuis des millénaires pour les échanges entre tribus et les guerres incessantes qu'elles se livraient autrefois. Compte tenu du peuplement important de la Nouvelle-Guinée comparé à l'Amazonie ou aux jungles d'Afrique, ces sentiers permettant d'accéder d'une région à une autre doivent être nombreux.

De retour à Paris, j'en ai confirmation par les rares Français qui ont mené des expéditions dans les régions mal connues de l'Irian Jaya. Pierre-Dominique Gaisseau et Gérard Delloye sont les plus expérimentés d'entre eux. Au début des années soixante, ils ont été les premiers à traverser l'île dans sa plus grande largeur du côté hollandais. Leur expédition composée d'une dizaine d'Occidentaux et d'une centaine de porteurs a été élevée au rang du mythe par les incroyables documents qu'ils ont rapportés. Leur film *Le Ciel et la Boue* et le livre de Gérard Delloye, *La Hache de pierre*[1], sont de véritables chefs-d'œuvre du cinéma et de la littérature d'exploration. En près d'une année d'aventures hors du commun, ils ont pénétré ce qui était à l'époque une immense tache blanche sur les cartes et contacté un nombre appréciable

1. Fernand Nathan, 1977 ; Ouest-France, 1989.

de tribus inconnues. Et cela, il y a moins de trente ans… Le plus ardu pour eux, me disent-ils, a été de franchir la grande cordillère centrale en venant du sud. Ils n'ont pas eu d'autre choix que d'avancer en tâtonnant pour découvrir pas à pas les passages leur permettant d'accéder aux hautes terres et d'en redescende ensuite par le versant nord à travers une succession de vallées d'altitude. Ils ont été étonnés par le nombre des tribus et le réseau de sentiers qu'elles ont établi.

Ces informations me sont d'autant plus précieuses que la zone de mon raid se situe grosso modo dans les régions qu'ils ont traversées. Après eux, d'autres explorateurs, des cartographes et des missionnaires se sont aventurés dans ces parages hostiles. Mais les territoires des contreforts sud au niveau du 140e méridien semblent avoir été relativement négligés du fait de leurs difficultés d'approche. C'est sans doute une des zones les plus sauvages de l'île. Et c'est là que se déroulera mon raid.

Dès lors, je cherche à établir la tactique de marche la plus efficace pour ma progression future. En distance le raid va être assez court. Moins de 100 kilomètres à vol d'oiseau après le saut en parachute pour rejoindre une rivière navigable, et environ 200 à partir de là pour retrouver les premiers signes de civilisation. La première partie, des montagnes vers les basses terres, est évidemment la plus difficile. Il est absolument impossible de savoir à l'avance combien de temps il me faudra pour la mener à bien. Ce peut être dix jours comme cent. Tout dépendra des Papous que je rencontrerai et de leurs fameux sentiers. De toute façon il me faudra être le plus léger possible.

Après avoir longuement jonglé avec les calories, les bouts de ficelle et le matériel incontournable, je me décide à emporter deux sacs à dos qui me donneront Quarante-cinq jours d'autonomie en vivres à base de pâtes et de riz conditionnés dans des sacs plastique étanches. Quarante-cinq jours est un compromis raisonnable. Je porterai les deux sacs alternativement, comme cela se fait dans les expéditions amazoniennes lourdement équipées mais peu nombreuses en hommes, ou je trouverai des Papous pour me suivre ici ou là.

Ceci réglé, je passe l'année suivante à compléter mon équipement. Le bureau d'étude d'Adidas met au point une paire de bottes de jungle aptes à me protéger des pièges de la forêt, serpents compris, et je teste tous les équipements existants. Au bout du compte, mes deux sacs pèsent 43 kilos. Il serait fastidieux de donner ici la liste complète de leur contenu. Disons seulement que, hormis la nourriture, je dispose de tout ce qui peut être nécessaire à une longue période de survie en jungle : machette, poignard, hamac, moustiquaire, etc., sans oublier un canot de survie gonflable qui me permettra de rejoindre la côte une fois atteintes les basses terres. À cela s'ajoute enfin un matériel léger de reportage composé d'un caméscope Fuji et du mythique « baroudeur », celui-là même qui m'accompagne dans toutes mes aventures depuis 1984.

Pendant ces mois de préparation, je continue mon entraînement parachutiste, au Para-Club de Royan. Je me prépare dans la fièvre avec François-Martin Exertier qui contribue par ses compétences d'instructeur à la mise au point technique du saut.

À cette même époque, Bernard Wolfrom, de la Guilde du raid, accepte de m'accompagner en Nouvelle-Guinée pour m'assister lors du saut. Ce sera un moment délicat et il me faut quelqu'un de confiance pour s'assurer des détails pratiques dont je ne pourrai m'occuper moi-même. Nous avons déjà connu ensemble quelques aventures et je sais pouvoir compter sur lui. Solide, consciencieux, ses yeux bleus toujours à l'affût des petits problèmes à mettre en ordre, il se chargera au mieux de la sécurité.

En avril 1989, je retourne une seconde fois à Jakarta pour relancer l'autorisation des Indonésiens. Fin juin, l'ambassade de France me fait savoir qu'elle arrive enfin au bout de ses peines. Je pourrai tenter mon raid dès la fin juillet.

J'avertis aussitôt mes différents partenaires de l'imminence du départ et active les derniers préparatifs. Ce sont des jours épuisants. On n'imagine pas le nombre infini de détails à régler dans une entreprise de ce genre. Elle vous épuise souvent avant même de commencer vraiment…

Enfin, le 26 juillet 1989, tout se trouve prêt et je décolle pour Jakarta en compagnie de Bernard Wolfrom, de mes sacs et de mes parachutes…

III

Où tout commence vraiment

Jakarta, 6 août 1989

On frappe à la porte de ma chambre d'hôtel. Trois coups discrets qui me tirent de mes réflexions. Je me lève, ouvre. Bernard est là, la mine inquiète :

– Entre.

Mon camarade s'assoit sur le lit, m'observe, interrogateur :

– Alors ?

J'allume une cigarette, me laisse tomber dans un fauteuil, très las. Depuis dix jours je me suis remis à fumer. L'énervement sans doute. Et puis la tension aussi. Et la colère contre les choses qui ne vont pas comme elles devraient aller. Le lendemain même de notre arrivée, coup de théâtre : les services de sécurité indonésiens mettaient brutalement leur veto à mon raid malgré l'accord des ministères de l'Intérieur et des Affaires étrangères. Raison invoquée : ma sécurité. J'étais stupéfait. Tout marchait vraiment trop bien. Maintenant je suis coincé. Dix jours de travail acharnés ne m'ont pas permis d'avancer d'un pouce vers une solution quelconque. Pourtant, il faut en trouver une. J'aspire une longue bouffée, réfléchis.

– Alors, rien de nouveau, dis-je. On part demain, c'est décidé.

Silence.

– Et ensuite ? finit par demander Bernard.

– À vrai dire, je n'ai pas la moindre idée de ce qui se passera une fois que nous aurons décollé pour la Nouvelle-Guinée. Tout ce que je sais, c'est que nous perdons notre temps ici. Les Indonésiens peuvent nous faire tourner en rond pendant des mois. Ils ne me laissent pas d'autre choix que de rentrer à Paris, ce que j'exclus absolument, ou de faire malgré tout ce raid sans leur accord. Je sais bien qu'aucun pilote n'acceptera de me larguer sans autorisation. Aussi, je me passerai du saut en parachute. Ce n'est pas le plus important…

Je me dirige vers le balcon, pousse la porte-fenêtre. Un air chaud et visqueux me frappe au visage. Bernard me rejoint. Jakarta étale devant nous les milliers de cubes de ses maisons sans joie. C'est la troisième fois que je viens ici et j'ai toujours ressenti la même déception. J'ai parcouru la ville en tous sens sans rien trouver qui pourrait m'y retenir. Les architectes ont patiemment détruit la vieille Batavia pour en faire une de ces mégalopoles du tiers-monde pareille à toutes les autres. Béton-mica-néon, l'argent et la misère comme ciment de millions d'hommes et de femmes. Où sont donc aujourd'hui les vraies villes, celles qui ne ressemblent qu'à elles-mêmes ?

À nos pieds, Thamrin Road, l'avenue principale de la capitale indonésienne, charrie son flot ininterrompu de véhicules. Il est 17 heures.

– Le plus important, dis-je, c'est de réaliser ce raid quoiqu'il arrive et de traverser la cordillère centrale. Tant pis pour le parachute, il n'est pas essentiel. C'est le raid lui-même que je dois surtout préserver. En allant sur place ce serait bien le diable si je ne trouvais pas une solution pour fausser compagnie aux autorités. À pied on peut être très discret. Le refus des Indonésiens m'oblige à revoir les modalités du raid en supprimant le saut, mais pas son but, tu comprends ? Je traverserai quand même les territoires prévus.

Je retourne m'asseoir, allume une nouvelle cigarette.

– Bien entendu, on laissera les parachutes ici. On emportera juste le matériel de raid, la nourriture conditionnée et nos effets personnels.

Je me tourne vers les deux parachutes posés contre l'un des murs de la chambre. Le mien et celui de mes sacs à dos. Ils resteront là, inutiles, et je rumine ma déception.

– Tu as vraiment épuisé toutes les solutions ? me demande Bernard.

– Toutes.

– Franchement, je ne comprends pas ce refus.

Je hausse les épaules, fataliste :

– Moi non plus. Tout semblait acquis. Pourtant, le dernier contact avec l'ambassade de France, quand j'étais encore à Paris, aurait dû m'avertir. Ils semblaient soudain moins sûrs d'eux. Enfin… Les Indonésiens prétextent que la zone du raid leur est inconnue et par conséquent trop dangereuse. C'est peut-être vrai. Mais peut-être aussi craignent-ils que j'aille mettre mon nez dans cette région frontalière où doit sévir l'OPM, le mouvement indépendantiste papou qui lutte contre eux. Va savoir…

Je médite cette pensée quelques instants. Me heurter à des éléments de l'OPM dans les territoires que je compte traverser n'est pas une hypothèse d'école. On ne sait pas grand-chose des rebelles papous, armés de bric et de broc, qui se sont soulevés contre la présence indonésienne. Ils semblent avoir été taillés en pièces ces dernières années et s'être réfugiés dans les zones les plus inhospitalières et les plus incontrôlées de l'Irian Jaya.

– Tu crois que tu pourrais avoir des problèmes avec l'OPM ? demande Bernard.

– Je n'en sais rien. Mais je ne peux pas écarter cette éventualité.

Un instant je songe à l'histoire de ces rebelles papous. Le black-out sur eux est soigneusement maintenu. Jakarta n'aime pas qu'on se mêle de ses affaires. Quand les Australiens ont quitté la partie orientale de l'île en 1975, beaucoup de Papous de la partie occidentale, sous tutelle indonésienne depuis le départ des Hollandais en 1963, se sont mis eux aussi à rêver d'indépendance et même à la formation d'un seul et unique État papou avec leurs cousins de l'est. Rien n'était plus logique. Les deux parties de la Nouvelle-Guinée appartiennent au même univers culturel, à la même entité géographique, au même monde humain. Mais les Indonésiens se souciaient peu de ce genre de considérations. Lors de leur propre indépendance, ils avaient réclamé toutes les terres sous domination hollandaise, dont ce morceau de Nouvelle-Guinée. Et ils ne tenaient pas à se défaire de cette annexion territoriale. De la situation d'anciens colonisés, ils étaient passés sans transition et sans états d'âme à celle de nouveaux colonisateurs. Vieux schéma de l'histoire humaine… L'île est potentiellement riche, prometteuse. C'est un pays pratiquement vide d'hommes, comparé à l'Indonésie où l'on manque de place. Hélas, il y a autant de différences entre un Javanais et un Papou qu'entre un Sénégalais et un Français. La Nouvelle-Guinée appartient au monde mélanésien. En outre, les Indonésiens sont musulmans alors que l'un des pivots centraux de la vie papoue est le porc... Sans oublier que les Papous sont pour la plupart chrétiens. Il y a donc eu un peu de remue-ménage... Mais tout s'est aggravé quand Jakarta a mis en place sa fameuse politique de transmigration. L'Indonésie ploie sous le fardeau de sa démographie. Java notamment est surpeuplée. Alors, il a été tout simplement décidé de transposer en Nouvelle-Guinée un maximum de population et de coloniser ces terres vierges. Actuellement les Indonésiens qui décident de s'installer en Irian Jaya reçoivent une aide gouvernementale, des appuis divers et éventuellement un lopin de terre, parmi les meilleurs, cela va de soi. Les postes administratifs les plus importants leur sont aussi réservés. Les Papous ne sont pas vraiment mis à l'écart, mais il n'empêche que dans certaines régions ils sont déjà numériquement inférieurs aux Indonésiens. Et si peu considérés par ces derniers que leur dignité en a pris un coup. Alors, beaucoup se sont rebellés. La politique n'a pas été en reste. On ne sait pas très bien qui s'est mis à aider ces nouveaux combattants. La Papouasie indépendante bien sûr, pour leur fournir une base arrière. Mais d'autres aussi sans doute. Et pas forcément désintéressés. Toujours est-il que l'armée de Jakarta n'a pas lésiné sur les moyens de mater ces dissidents. On parle de villages brûlés, de massacres. Qui peut savoir au juste ? Mais ils n'ont pas dû être tendres. Quoi qu'il en soit, cette situation générale est peut-être une bombe à retardement pour l'avenir. Même si la rébellion est définitivement matée, il y a fort à craindre qu'avant vingt ans les Indonésiens ne se retrouvent avec un problème de minorité sur les bras.

Bernard se lève :

– Je retourne dans ma chambre. À quelle heure l'avion demain ?

– À l'aube. On doit faire escale aux Célèbes, aux Moluques et dans l'île de Biak, je ne sais plus au juste. Mais il faut changer au moins une fois d'avion. On ne sera pas à Jayapura avant la fin de la journée.

– Tu as quand même une idée sur la manière dont tu vas t'y prendre pour faire ton raid ?

– Une petite idée. Et je compte sur toi pour m'aider à la mettre en œuvre. En fait, pour l'instant, je ne vois qu'un moyen pour échapper au contrôle des Indonésiens une fois sur place. Partir de Waména et de la vallée de la Baliem. C'est le seul coin touristique de l'île. En me glissant dans la peau d'un voyageur anodin je parviendrai peut-être à disparaître. Le seul ennui c'est que la vallée de la Baliem est assez loin de la zone prévue pour mon raid et qu'elle ne me paraît pas très passionnante en elle-même. L'idéal serait de partir de la mission de Langda. Elle est au beau milieu du territoire qui m'intéresse, dans les contreforts sud, pas très loin d'ailleurs de la frontière avec la Papouasie. Mais même dans l'hypothèse où on me permettrait d'y aller, je doute que les missionnaires me laissent partir seul. Ils avertiraient les autorités et les problèmes commenceraient.

Bernard hoche la tête, sourit en ouvrant la porte :

– De toute façon, on y verra plus clair une fois là-bas. On trouvera la bonne solution.

Je souris à mon tour :

– Bien sûr : « Il n'y a pas de problèmes, rien que des solutions. » C'est ta formule préférée, n'est-ce pas ? Alors on va la mettre à l'épreuve…

IV
Étonnants Papous

Le lendemain je m'envole en songeant aux Papous.

Avec le milieu naturel des jungles et des montagnes, ils vont constituer l'essentiel de ma vie pendant une période que j'espère dense et féconde malgré ces premiers problèmes administratifs.

Au cours de ma reconnaissance de l'année précédente, j'ai pu constater que c'est par pure commodité que l'on désigne sous le vocable de Papous les habitants de la Nouvelle-Guinée. Ce terme recouvre en réalité un nombre très varié de peuples dont les différences sont presque aussi nombreuses que les similitudes. Que de dissemblances par exemple entre les tribus des montagnes, primitives parmi les primitives, et celles de fleuves légendaires comme le Sépik, le haut Fly ou encore la côte des Casuarinas, qui ont développé leur art à des sommets extraordinaires.

L'origine de ces populations papoues demeure mystérieuse. Il semble cependant établi qu'elles arrivèrent par vagues successives du sud-est asiatique des millénaires avant l'ère chrétienne, se chassant les unes les autres, se mélangeant parfois, progressant toujours davantage vers le sud et l'est pour peupler des terres lointaines au-delà même de l'Australie.

La mosaïque de races qui en a résulté est surprenante par sa complexité. Juste avant mon départ, j'ai revu Jacques Villeminot, spécialiste des Papous et président de la Société des explorateurs français. Il m'a rappelé ce fait essentiel qu'il est hasardeux de vouloir établir des cas généraux en ce qui concerne les Papous. Les cas particuliers sont innombrables, je vais m'en apercevoir bientôt…

Ainsi, d'un simple point de vue morphologique, on trouve en Nouvelle-Guinée des peuples pygmoïdes – presque exclusivement dans les zones de montagnes, mais aussi près des côtes nord-orientales comme les Kukukuku –, des populations dites polynopapouasiennes à la peau relativement claire, des Malo-Papouasiens dont l'origine pourrait être l'invasion de Proto-Malais et ainsi de suite.

S'il y a eu des mélanges autrefois, il est certain en revanche que toutes ces populations ont vécu ces derniers millénaires dans un isolement presque total les unes par rapport aux autres. Isolement favorisé par la nature du terrain, montagneux, marécageux, couvert de jungles, qui a engendré des centaines de langues et un développement très variable d'un peuple à l'autre.

Cependant, quelques traits communs se retrouvent, aujourd'hui plus ou moins modifiés, d'un bout à l'autre de l'île.

En premier lieu, la primauté du groupe sur l'individu est un dénominateur commun incontournable. Un Papou n'est jamais lui-même en tant que tel. Son appartenance à une famille, un clan, une tribu, donne seule un sens à son existence. Hors de ce groupe, il n'est rien et ne peut rien être. Cette absence d'individualisme s'est perpétuée durant toute l'histoire par un respect absolu des traditions ancestrales et un conformisme non moins total dans la vie quotidienne. Faire acte d'originalité ou d'innovation est un non-sens pour un Papou, une manière immédiate de s'exclure du groupe. Il est probable que ce respect des choses établies a été le facteur essentiel de l'immobilisme de ces sociétés à travers les siècles.

L'influence occidentale et celle des missionnaires a plus ou moins modifié actuellement ce caractère sociologique. En Irian Jaya ces modifications sont variables selon les régions. Les missionnaires que j'ai rencontrés reconnaissent volontiers qu'en dehors des zones réellement civilisées leur influence est toujours très limitée. La vie traditionnelle se poursuit souvent en parallèle avec les nouvelles mœurs et croyances apportées par les Blancs. Bien entendu, dans les zones urbanisées depuis longtemps et celles en voie de développement, ces sociétés traditionnelles ont généralement éclaté. Elles ont laissé derrière elles au mieux des hommes plus ou moins adaptés au monde nouveau venu de l'extérieur, au pire des parias écartelés entre traditions et modernisme.

En ce qui me concerne, moi qui pars à la recherche de territoires extrêmes, j'ai acquis la certitude au cours d'autres expéditions que le primitivisme apparent des populations vivant dans les régions préservées cache des organisations sociales bien plus avancées qu'on ne le croit en général. Et à l'évidence, il doit en être de même pour les Papous.

Dans le domaine des éléments communs à la plupart de ces derniers, le cochon tient une large place. C'est un animal revêtu d'une fonction sacrée et commerciale. Il n'est tué et mangé qu'en des circonstances particulières. Il s'agit chaque fois de manifestations sociales ou religieuses, fêtes, mariages, enterrements. Bien des drames entre Blancs et Papous ont été provoqués par la méconnaissance de l'importance de cet animal. Importance si grande qu'il n'est pas rare de voir une femme allaiter un porcelet en même temps que ses enfants.

Comme dans la plupart des sociétés encore primitives de la planète, on retrouve chez tous les Papous qui continuent leur vie d'autrefois des rites initiatiques destinés à faire entrer les adolescents dans le monde des adultes, tout en leur inculquant les coutumes de leur tribu, ses secrets, et le respect des traditions. Ces initiations peuvent être brèves dans le temps ou s'étaler sur des années. Mais toutes comportent des épreuves mystiques et surtout physiques qui ont aussi pour but d'endurcir le corps et l'esprit pour le préparer à une vie dénuée de facilité. Ces épreuves peuvent être très éprouvantes comme chez les Téléfolmins du haut Sépik qui – entre autres – attachent les enfants au bout d'une corde dans la maison du culte, ou plus douces comme chez les tribus de la Whagi. Nulle part cependant n'existe cette épreuve que j'ai vue en Amazonie où les adolescents doivent subir stoïquement les morsures de dizaines de fourmis emprisonnées sur une vannerie qu'on leur passe le long du corps.

Les relations entre vivants et morts appartiennent au même fonds commun à l'ensemble des tribus papoues. Ces hommes croient à la vie éternelle. Les morts restent en communication avec les vivants, et toutes sortes de rites magiques permettent de se les concilier ou d'écarter les esprits mauvais. La magie tient ainsi un rôle relativement important dans ces rapports. Elle s'élargit même à la vie quotidienne. Il est toujours possible à un homme de jeter un sort à ses ennemis par l'intermédiaire de sorciers. Ainsi, aucune mort n'est jamais « naturelle », et les Papous cherchent toujours des raisons cachées à la disparition de l'un des leurs. Mais certaines tribus méconnaissent presque totalement ce type de croyances.

Les rites funéraires, qui appartiennent tous à la civilisation néolithique, sont en relation avec ces croyances, mais très divers là aussi d'une tribu à l'autre. La plupart enterrent leurs morts à l'intérieur des habitations. Néanmoins, certaines, comme les Unas que je rencontrerai, enveloppent leurs morts dans des feuilles et des écorces pour les déposer dans des arbres. D'autres utilisent la crémation. C'est le cas des tribus de la vallée de Swart. Celles du lac Wissel en revanche entreposent leurs cadavres dans des troncs d'arbres évidés. Les Danis de la Baliem utilisent même la technique de la momification – par fumage – dans certaines circonstances. Chez ces derniers, la perte d'un être cher donne lieu à la mutilation d'un doigt. J'ai ainsi remarqué en 1988 plusieurs femmes auxquelles manquaient plus de la moitié des phalanges à chaque main… À la suite de certains de ces rites funéraires, il n'est pas rare que les ossements des morts soient lavés et déposés dans les cases de leurs familles. Au cours de ma reconnaissance, j'ai découvert beaucoup de crânes exposés ainsi dans les villages environnant Oksibil, et cela malgré la proximité d'un missionnaire catholique. Les Asmats de la côte des Casuarinas se servent souvent de ces crânes comme appui-tête ou les portent autour du cou, coutumes qui ont aujourd'hui tendance à disparaître. L'habitude de peindre ces crânes, de les décorer ou de les surmodeler existe aussi dans de nombreuses régions.

Les Papous présentent également une grande diversité dans le domaine du vêtement. Traditionnellement celui-ci est inconnu. On ne le trouve que chez les Papous acculturés. Les autres ne portent rien, même dans les montagnes où le froid pourtant très vif aurait pu inciter à la fabrication de protections corporelles en fibres végétales ou en peau d'animaux.

S'ils vivent nus, les Papous utilisent néanmoins divers types de « cache-sexe ». Rares sont les ethnies qui n'en font aucun emploi. Certaines portent des ceintures de vannerie, comme dans la Whagi. D'autres, des filets de fibres végétales, des corsets de rotin comme les Yalés d'Irian Jaya, ou des étuis péniens, présents dans la grande majorité des tribus montagnardes. Les femmes emploient, en ce qui les concerne, des tabliers faits de feuilles ou d'une sorte de raphia, fixés devant derrière par une cordelette.

Les parures sont un des éléments fondamentaux de la culture papoue. Leur coquetterie dans certaines régions peut atteindre des sommets inconnus dans d'autres sociétés primitives. En revanche elles sont très limitées dans les tribus des hautes terres.

Ces parures sont le plus souvent à base de coquillages, surtout dans la partie orientale de l'île, de fourrures d'opossum, de dents de cochon ou de chien, de nacres, très prisées, et de plumes, surtout d'oiseau de paradis mais aussi de cacatoès ou de casoar. Les peintures corporelles sont très répandues dans les peuples de l'est qui ont porté cet art à un point souvent sublime mais ne l'utilisent que dans les circonstances particulières des grandes fêtes traditionnelles. Ceux-là utilisent aussi des perruques de cérémonie d'une grande beauté et des masques extraordinaires faits de vannerie, de bois ou d'argile.

À ces parures s'ajoutent un certain nombre de mutilations destinées à porter les plus importantes d'entre elles. Le percement de la cloison nasale est commun à toutes les tribus. Celui des oreilles l'est un peu moins. Les scarifications – qui entrent souvent dans les épreuves d'initiation – sont moins répandues qu'en Afrique et limitées à un petit nombre de régions. Même chose pour les tatouages que l'on trouve par exemple chez les Roros, mais jamais chez les peuples des montagnes.

La musique est peu développée dans l'ensemble de l'île. Si la plupart des Papous connaissent le chant, peu d'entre eux utilisent des instruments de musique. On trouve généralement des flûtes, des tambours et divers coquillages qui produisent des sons mélodieux quand on souffle à l'intérieur.

L'art, très limité dans les tribus des montagnes, revêt une importance capitale dans d'autres ethnies. C'est le cas chez les Asmats du sud-ouest, parmi lesquels je terminerai mon raid, ou chez les hommes du Sépik. Ces Papous ont développé la sculpture à un très haut niveau. Même leurs tambours et leurs pirogues sont l'objet de leur attention. Ils ont construit au cours des siècles des chefs-d'œuvre si stupéfiants que leur pillage par les Blancs a commencé très tôt pour enrichir les collections des musées ou celles plus privées de riches amateurs.

Les habitations papoues sont très différentes d'une tribu à l'autre. Dans les montagnes les grands villages sont rares, comme j'ai pu le constater une année plus tôt. Chaque famille vit sur ses terres dans des huttes généralement rondes. Ailleurs, comme je l'ai vu aussi dans la Baliem, existent des cases communautaires en marge des huttes familiales. Cela correspond parfois à la coutume très répandue dans l'île de la « maison des hommes », interdite aux femmes. C'est à l'intérieur de cette dernière que les maris dorment, tous ensemble, tandis que les femmes se contentent de la hutte familiale. L'utilisation de pilotis se retrouve dans les zones des basses terres mais on la rencontre aussi en montagne lorsque les cases sont bâties sur des déclivités de terrain drainant les eaux de pluie.

Certaines habitations revêtent un aspect inattendu. On trouve chez les Abelams de véritables cathédrales d'écorce rappelant par leur allure les prodigieuses maisons des Célèbes. Dans les régions situées au nord de Port-Moresby ou sur le fleuve Brazza, les Papous construisent leurs huttes au sommet des arbres. Elles se fondent dans le paysage et des préoccupations d'ordre militaire ont peut-être été à l'origine de cette habitude. Car on constate très vite que la plupart du temps les villages papous sont de préférence situés dans des endroits stratégiques permettant de les défendre en cas d'attaque. Certains peuvent même se comparer aux fermes fortifiées que l'on trouve dans d'autres régions du monde.

La famille papoue varie selon la polygamie de certains groupes et la monogamie, moins répandue, de certains autres. En règle générale les familles sont peu nombreuses. L'avortement et l'infanticide étaient très fréquents autrefois. Avec les guerres, ils assuraient un équilibre démographique d'autant plus important que le problème alimentaire a été et reste encore une préoccupation majeure pour la plupart de ces populations.

C'est ce qui explique peut-être la sexualité rigoureuse de certaines tribus pour lesquelles l'adultère est un crime et la virginité au moment du mariage une absolue nécessité. Mais il faut remarquer l'inverse chez d'autres tribus qui admettent une large liberté sexuelle…

Dans la vie quotidienne des Papous restés à l'écart du monde moderne, la cuisson des aliments est très primitive. La patate douce des tribus des hautes terres est cuite à même les braises, l'eau est souvent chauffée à l'aide de pierres bouillantes déposées dans les calebasses d'écorce et ces mêmes pierres servent à cuire la viande, comme je l'ai vu faire chez les Danis. Ces derniers creusent des fosses, mettent la viande au fond et la recouvrent de couches successives de pierres bouillantes et de feuilles, attendant une ou deux heures les résultats de cette sorte de cuisson à l'étouffée.

La guerre enfin a longtemps revêtu une importance primordiale pour l'ensemble des tribus papoues. Certaines, comme les Mondugumors, étaient d'une férocité à peine imaginable. Mais la plupart trouvaient dans la guerre le moyen simple et classique, bien connu de toutes les sociétés humaines, de régler des problèmes de voisinage ou la réparation de quelque préjudice.

Le vol de femmes ou de cochons a toujours été l'une des raisons principales de ces conflits. La chasse aux têtes, répandue dans au moins la moitié des tribus, en était une autre, conférant gloire et prestige à ceux qui ramenaient le plus de ces trophées macabres. À travers eux les vainqueurs s'appropriaient la valeur de leurs ennemis.

Ces guerres, autrefois, utilisaient essentiellement l'arc, la lance, le casse-tête et la hache, et étaient très codifiées dans beaucoup de tribus. Elles s'apparentaient davantage à des tournois du Moyen Âge occidental qu'à des batailles sanglantes. Elles s'arrêtaient souvent aux premiers morts, en nombre égal d'un côté comme de l'autre. Mais la technique du coup de main et de l'embuscade était malgré tout très répandue.

Régnant à l'état endémique dans toute la Nouvelle-Guinée, la guerre faisait des Papous de redoutables combattants chez qui la fierté du nombre d'ennemis tués au combat l'emportait sur tout le reste.

En relisant quelques mois plutôt certains jugements du père Dupeyrat, l'un des meilleurs connaisseurs, dans les années 1930, de la péninsule orientale, je me suis demandé à quoi je pouvais m'attendre en ce qui concerne certaines tribus restées encore primitives. À propos des Taouadés, il écrit par exemple : « Rapts, viols, raids sur les villages ennemis, accompagnés de toutes les abominations de violence et de sang, repas frénétiques de chair humaine, massacre de bébés et de vieillards, tout cela était pour eux faits normaux et coutumiers[1]. » Mais il précise ailleurs que de tels débordements sont rares dans la majorité des tribus qui se contentent de trucider « classiquement » leurs ennemis...

Le cannibalisme, lui aussi très répandu autrefois – mais qui est étranger malgré tout à un certain nombre de tribus que cette coutume dégoûte au sens propre du terme – part de la croyance qu'en dévorant les morts ennemis on acquiert leurs qualités. Le fait de manger tout ou une partie de ses propres morts, pour les mêmes raisons, se retrouve aussi chez une grande partie des Papous.

La colonisation a farouchement lutté contre les incessantes guerres tribales, la chasse aux têtes et le cannibalisme. Mais je me souviens, en volant vers la Nouvelle-Guinée, que les meilleurs spécialistes de ces

1. André Dupeyrat, *Vingt et un ans chez les Papous*, Fayard, 1952.

contrées, et notamment de l'Irian Jaya, admettent qu'elles n'ont probablement pas disparu des zones encore reculées de l'île.

Je ne m'en inquiète pas outre mesure. Je suis en route pour des territoires extrêmes et je crois davantage aux dangers propres à leur milieu naturel qu'à leurs populations.

V

Un Papou nu au bord du trottoir

Jayapura, 7 août 1989

Dans la chaleur moite des fins de journée sous l'équateur je retrouve la petite capitale administrative de l'Irian Jaya. Selon l'état d'esprit dans lequel on y arrive, on peut la considérer comme le trou le plus perdu de la planète ou l'antichambre des aventures les plus prometteuses. Dans ma situation compliquée, je balance entre les deux. Pour moi, elle ressemble plutôt à un purgatoire imposé par les circonstances. Je m'y sens comme un voleur préparant un mauvais coup. J'enrage de devoir cacher en moi ce qui m'amène, d'avoir à agir encore une fois clandestinement. Jamais je ne me suis engagé dans une aventure avec aussi peu de certitudes.

Deux jours durant nous déambulons dans la ville, attendant le départ du premier avion pour Waména, au cœur de la vallée de la Baliem, dans la région centrale des hautes terres. Je traîne mon impatience et mon inquiétude sous le soleil poisseux, dans les rues coincées entre les hautes murailles verdoyantes des montagnes, sous les arcades des bâtiments en dur du centre-ville.

Jayapura, centre administratif d'un pays incontrôlable, n'est pas vraiment une ville, tout juste le rassemblement en un même lieu de quelques milliers d'hommes et de femmes réunis par une sorte de hasard ennuyeux. Dans ce chaudron léthargique, les policiers et les militaires indonésiens soupirent à la pensée de leur terre natale, les commerçants et les affairistes se frottent les mains en préparant l'avenir, les prêtres et les missionnaires de toute obédience tentent de sauver ce qui peut l'être de leur puissance passée et, au milieu de tout cela, les Papous se font la place qu'ils peuvent.

Durant ces deux jours, je suis littéralement hanté par l'avenir immédiat. Pas une seule seconde je ne cesse de retourner mon problème dans tous les sens. Comme à Jakarta, je ne parviens à m'endormir que tard dans la nuit et me réveille avant l'aube, abruti de fatigue. Je tourne en rond, incapable d'accorder le moindre regard à la beauté de la baie de Sentani que domine Jayapura au nord ou au charme languissant des abords verdoyants de la ville.

La veille du départ pour Waména j'en suis à peu près au même point. Je dis à Bernard :

– Je crois de moins en moins à la vallée de la Baliem pour mon projet. En jouant les touristes je trouverai à coup sûr une solution pour échapper aux autorités. Mais je serai limité à cette région. Ce qu'il faut trouver absolument, c'est le moyen d'atteindre cette mission de Langda dont je t'ai parlé. Plus j'y pense et plus j'en suis persuadé. La clef de mon problème est à Langda. À partir de là, mon raid aura un sens. Sinon, c'est fichu…

Waména, 10 août 1989

Le vieux Papou me regarde de ses yeux vides, appuyé sur un bâton au bord du trottoir. Maigre, presque squelettique, il est intégralement nu, vêtu de son seul étui pénien fait d'une coloquinte évidée dans laquelle est passé son sexe. L'étui, appelé *kotéka*, est maintenu verticalement par deux minces cordons de fibre, le premier noué autour des reins, le second aux parties génitales elles-mêmes. Selon l'appartenance ethnique, le *kotéka* peut être plus ou moins long, grand, gros ou même recourbé. Mais il est le signe distinctif de presque toutes les tribus papoues des hautes terres. Eux seuls le portent.

Celui du vieillard est ocre rouge, fin, long d'une vingtaine de centimètres, caractéristique de la tribu *dani*, la plus importante de la vallée de la Baliem. Les cheveux de l'homme sont tressés en une coiffe ronde encadrant son visage émacié. Autour du front, il porte une couronne de plumes multicolores délavées par le soleil. Au milieu de cette parure, qui dut être splendide autrefois, est fichée une plume plus grande, dressée comme une fierté oubliée. Il me regarde sans paraître me voir.

Je le salue d'un mouvement de la main. Il me répond d'un hochement de tête qui fait balancer ses plumes, esquisse un vague sourire. Je poursuis mon chemin dans les rues de Waména, troublé. Personne n'accorde d'importance à ce vieil homme décharné qui semble errer sans but dans un monde incompréhensible. Mais je songe à la trajectoire fulgurante de sa vie, à l'accélération prodigieuse de l'histoire qu'il a connue. Je ne sais s'il en a conscience, mais il est aujourd'hui l'un des derniers témoins vivants du basculement incroyable d'un peuple de la préhistoire à l'ère moderne. Ce basculement il l'a vécu totalement, dans sa chair et son esprit. Quand il était dans la force de l'âge, il y a une quarantaine d'années, Waména n'existait pas et la vallée de la Baliem était absolument inconnue du reste du monde. C'était une vallée fertile, très peuplée, accueillante. Sur cette planète oubliée, il était un jeune guerrier farouche partageant son existence entre les combats incessants contre les tribus voisines et la case familiale où grandissaient ses enfants. Il vivait nu, le nez et les oreilles percés de parures d'os et de plumes, cultivait un arpent de terre où poussait sans trop de peine de quoi nourrir les siens, et quand il voyageait, son arc et ses flèches à la main, il n'allait jamais plus loin que l'horizon des montagnes entourant sa grande vallée. Derrière se trouvaient des Papous ennemis. Et ce qu'il y avait derrière eux, il ne s'en souciait probablement pas. D'autres ennemis sans doute.

De temps à autre, de grandes fêtes se déroulaient dans les villages de sa tribu. Alors, il se peignait le corps, confectionnait de magnifiques parures, préparait soigneusement ses armes, tuait des cochons et ensuite chantait et dansait jusqu'à l'aube avec les autres guerriers. Pour le reste, il vivait dans la croyance aux esprits et dans la certitude que les morts revenaient sur terre avec une peau blanche pour visiter les vivants.

Ainsi s'écoulait sa vie, identique de jour en jour, presque immobile, comme l'avait été celle de son père et des générations qui l'avaient précédé.

Un jour, un homme incroyable était arrivé dans la vallée. Comme la peau de cet homme était blanche, il avait cru tout d'abord qu'il s'agissait d'un de ses ancêtres. Mais en observant son comportement, ses gestes et ses manières, il avait dû se rendre à l'évidence. Ce n'était pas un esprit. C'était un homme qui venait d'ailleurs. Et il était vraiment incroyable. Pardessus sa peau blanche, il en portait d'autres qu'il enlevait ou mettait à sa guise. Il n'avait ni arc, ni flèches, pas même une lance, mais il possédait un bâton qui tuait en faisant un bruit infernal. Il ne semblait pas hostile. Il leur fit des cadeaux où il y avait toutes sortes de choses inimaginables et même des haches faites d'une matière étrange au tranchant infiniment supérieur à celui de sa hache de pierre.

Ce Blanc demanda à un vieux Papou le nom de l'endroit où l'avait mené son exploration. Le vieil homme ne comprit pas le sens dc sa question et crut qu'il lui désignait un de ses cochons. Il répondit « *waména* », ce qui signifiait « petit cochon » en dialecte *dani*.

Le Blanc retint ce nom. Mais pour lui qui venait de très loin après avoir affronté des montagnes et des jungles hostiles et subi mille souffrances, cette région accueillante, si différente de ce qu'il avait connu, était l'égal d'un paradis. Il la surnomma la « vallée heureuse » et elle garda définitivement ce surnom.

Ce Blanc s'appelait Richard Archbold et on était en 1937. Le premier, il venait de pénétrer dans la vallée de la Baliem. Mais celle-ci fut oubliée tout au long de la Seconde Guerre mondiale et redécouverte seulement en 1945, par hasard, lors de l'atterrissage forcé d'un avion américain. Malgré tout, quelque quinze ans passèrent encore avant que des Blancs ne s'y installent vraiment pour transformer ce monde encore vierge.

Dans la Waména d'aujourd'hui, ville champignon sans attrait, l'univers papou côtoie toujours la modernité d'une manière impensable ailleurs. Dans les rues tracées au cordeau, on croise certes toute une génération de Papous en short et chemisette, avides d'argent et de plaisir facile, mais presque autant de Papous nus descendus de leurs villages, la hache à la main et l'étui pénien fièrement dressé comme une provocation.

Ceux-là déambulent souvent par groupes, arpentant l'asphalte sans paraître se soucier des véhicules pétaradant autour d'eux. Ils jettent un œil sur les trésors de la civilisation étalés dans les boutiques, vendent quelques produits de leurs terres au marché, achètent ce qui leur semble digne d'être utilisé, un couteau solide, un miroir, quelque autre ustensile intéressant, et s'en repartent chez eux, sans se retourner.

Et c'est comme cela que l'on croise parfois un Papou tout nu abrité sous un parapluie…

Mais la vision anachronique de ces hommes n'étonne plus que les touristes débarqués de Jayapura. Cahin-caha, Waména poursuit sa route dans la voie du progrès.

Et le vieux Papou qui m'a souri attend peut-être la mort pour rejoindre ses ancêtres dans un monde compréhensible et rassurant comme celui de sa jeunesse.

VI

Nouveau plan de bataille

Il est difficile de donner un âge à S… Assis devant nous à la table du restaurant, il cligne des yeux et plisse son visage ridé en nous observant, la tête rentrée dans les épaules. C'est un Javanais comme tant d'autres, petit, maigre, aux manières doucereuses :

– Ce que vous me demandez n'est pas impossible, finit-il par dire à voix basse. Rien n'est impossible. Je peux vous emmener où vous voulez dans cette région. J'ai des Papous, des guides, des pisteurs, tout ce qu'il faut.

J'observe S… à la dérobée. C'est le hasard qui nous l'a fait rencontrer une heure auparavant alors que nous cherchions toujours le moyen le plus discret de quitter la vallée de la Baliem, le plus loin possible en direction de l'est, vers la région prévue pour mon raid. Maintenant nous sommes attablés dans l'une des rares gargotes de Waména, sombre à souhait comme il se doit pour nos plans. S… détient peut-être la clé de notre problème.

– Je vous conseille de longer la vallée de la Baliem, reprend-il. C'est magnifique, beaucoup de gens y vont. Si vous voulez, je vous organise un voyage de huit jours.

Je laisse passer quelques secondes avant de répondre, feignant de méditer cette proposition inintéressante. Dehors, la nuit est tombée, apportant jusqu'à nous le bruissement des insectes nocturnes, l'odeur entêtante de la végétation mouillée par la pluie, toute l'atmosphère de l'équateur. Par la porte ouverte, j'aperçois quelques étoiles vacillantes perçant la voûte sombre des nuages.

– Mmmm, finis-je par dire, il y a peut-être mieux que la vallée de la Baliem, non ?

S… nous prend toujours pour de simples touristes désireux de se donner quelques frissons en parcourant les abords de Waména. Depuis quelques années, le tourisme se développe d'une manière exponentielle dans cette région, comme si les autorités concentraient ici tout ce qu'elles interdisent ailleurs. C'est un tourisme presque exclusivement d'effort physique et de marche à pied puisqu'il n'existe aucune voie de communication digne de ce nom. Mais quelques Indonésiens du genre de S… ont compris tout le profit qu'il était possible de tirer de la situation : il leur suffisait de proposer leurs services à tous ces Occidentaux en mal de nature sauvage. Il y a à peine dix ans, personne ou presque ne venait à Waména s'il n'avait une bonne raison de le faire. On ne rencontrait ici que des missionnaires, des administrateurs, quelques scientifiques. Aujourd'hui, S… et ses comparses ont mis sur pied ce qui ressemble déjà à de véritables circuits. Ils sont en rapport avec des organisateurs de voyages étrangers qui drainent vers eux toute une clientèle de vacanciers venus d'Europe et d'Amérique, l'exotisme chevillé au corps. Mais ce forban de S… représente peut-être la solution à mon problème. Par son intermédiaire je pourrai quitter la vallée de la Baliem sans donner l'éveil. Reste à l'aiguiller vers une zone la plus proche possible de Langda. Je demande pour plus de précision :

– C'est votre métier d'organiser ce genre de voyages ?

S… se dandine sur sa chaise d'un air gêné.

– Pas officiellement en fait. Oh, j'aurai bientôt une autorisation, bien sûr ! Mais en attendant, je m'arrange. Ça n'a pas d'importance ici… Je m'occupe aussi de ce restaurant.

J'observe les lieux plus attentivement. Nous sommes installés dans un coin, près de la caisse où se trouve juchée une Indonésienne menue, peut-être la femme de S… Le reste de la salle est presque vide. Une dizaine de tables de bois, des chaises en plastique, quelques mauvais posters collés aux murs de brique, un sol de ciment, trois ou quatre Papous pieds nus qui servent les rares clients.

S… hésite avant de revenir à la charge :

– Je peux aussi vous faire emmener dans le nord, au-dessus de la Baliem. Les paysages sont superbes là-bas…

Cette fois je fais non de la tête, arborant une moue dépitée :

– On voudrait quelque chose de plus long. Quelque chose de différent, n'est-ce pas ?

Je pourrais lui parler directement de Langda mais je crains d'éveiller ses soupçons. Langda est vraiment très loin de la Baliem. Pour l'instant, je préfère donner l'impression que nous ne savons pas très bien où aller ni quoi faire.

– Je vous propose alors l'ancienne mission de Prongoli, poursuit S… Ou celle d'Angguruk à cinq jours de marche d'ici. C'est très dur d'y aller, il faut traverser les montagnes. Mais des Blancs l'ont déjà fait. C'est très intéressant, beaucoup de Papous.

Angguruk se trouve vers l'est, sur mon chemin. Ce ne serait déjà pas si mal si ensuite je pouvais fausser compagnie aux porteurs de S… Mais en insistant encore, je devrais pouvoir pousser ce dernier à prendre un engagement même sur des régions très à l'est, qui lui sont inconnues. Il entrevoit déjà mes dollars et en serait bien capable. J'ai même envie de lui proposer carrément Langda. Peu importe qu'il connaisse le coin. Si je parviens à lui faire accepter cette destination, je disposerai avec lui du meilleur alibi qui soit. Bernard l'entraîne aimablement dans cette direction :

– Vous n'avez pas autre chose ?

S… se penche au-dessus de la table, serrant son verre.

– Si vous attendez un mois ou deux, je pourrai vous proposer la région sud. Je prépare un voyage incroyable pour quelques étrangers. Ce sera très long et très dur. Je les emmènerai jusque sur le fleuve Brazza. J'ai déjà fait ça pour un Japonais, mais en suivant le cours de la Baliem. Cette fois je les ferai passer par l'est. Les Papous sont extrêmement sauvages dans ce coin-là. Ils viennent vous toucher et vous renifler, ils n'ont pratiquement jamais vu d'étrangers.

J'arrête la serveuse, commande de nouvelles boissons pas trop tièdes, réfléchis. C'est sans doute le moment d'être plus direct :

– Et Langda, on peut y aller ?

Étonnement perceptible de S…

– Langda ? C'est vraiment très, très loin… Mais si vous voulez quelque chose de différent des autres, effectivement…

– Vous pourriez nous procurer des porteurs capables d'aller jusque là-bas ?

– Rien n'est impossible.

– Et vous y êtes déjà allé vous-même ?
– Moi ? Jamais.
– D'autres que vous ?
– À pied depuis Waména ?
– Oui, depuis Waména.
– Des Papous peut-être. Mais je ne crois pas.
– Et des Blancs comme nous ?
– Jamais.
– Alors nous serions les premiers ?
– Les premiers.
Je me tourne vers Bernard, prenant un air alléché.
– Voilà ce qu'il nous faut, pas vrai ?
– Ce serait parfait…
Je jubile intérieurement. L'amorce d'une solution à mon problème est en train de naître. Si S… tient ses promesses jusqu'au bout, je n'aurai même pas à fausser compagnie à ses hommes. Ils me mèneront directement au seuil de mon raid. Et en effectuant un trajet qui n'a rien d'une promenade de santé.
S… nous fixe maintenant d'un drôle d'œil.
– Vous êtes vraiment des gens à part. Qu'est-ce que vous faites en France ?
– Je suis organisateur de spectacles, annonce Bernard sans se démonter.
– Et moi pilote, dis-je, imperturbable. Je m'occupe de voltige aérienne dans un club chez moi.
Ce sont les deux professions les plus crédibles et les plus respectables que nous ayons imaginé comme couverture. S… paraît impressionné. Il revient au problème de Langda.
– Je vous trouverai les Papous qu'il faut. Mais vous aurez très longtemps à marcher. Il faut traverser toutes les montagnes. Ça va être extrêmement dur. Dans ces régions-là, il fait froid, il y a du brouillard sans arrêt.

C'est dangereux, beaucoup de précipices. La nuit on entend le vent qui souffle sur la steppe. C'est sinistre. Vous avez bien tout le matériel nécessaire, au moins ? Pour marcher, dormir ?… De la nourriture aussi ? On ne doit pas trouver grand-chose par là-bas.

– Il ne manque rien. Juste l'autorisation des autorités…

S… hoche la tête, précise, avec cette fois une voix de conspirateur :

– Il faudra que vous la demandiez à la police.

– Ils laissent y aller les étrangers ?

– On ne sait jamais.

– Quelle est la règle pour ces autorisations en général ?

– C'est très capricieux. Parfois on ne sait pas ce qui motive une autorisation ou une interdiction.

– On va s'occuper de la nôtre demain matin à la première heure.

S… vide son verre, se lève :

– Mangez maintenant. Il y a du poulet et aussi du nasi goreng, c'est du riz frit. Il est excellent. Je dois m'en aller. Revenez demain pour le repas. Nous parlerons des détails.

Un dernier salut, et notre futur alibi disparaît dans la nuit.

Une heure plus tard nous sommes de retour dans le petit lodge où nous avons établi nos quartiers. Dans ma chambre spartiate meublée d'un lit de bois et d'une vieille chaise, il fait presque froid. Nous sommes à plus de 2 000 mètres d'altitude et même les moustiques sont rares. Le contraste est frappant avec Jayapura. À l'extérieur, Waména s'assoupit dans une obscurité presque totale. Je suis particulièrement surexcité.

– Ce S… est une bénédiction pour moi, dis-je à Bernard. Si demain nous réussissons à obtenir cette autorisation des flics, tout est sauvé. Ou presque…

– Mais si on te laisse aller à Langda, pourquoi ne pas t'y rendre directement avec un avion des missionnaires et commencer ton raid là-bas ?

Je réfléchis un bon moment, l'esprit en ébullition :

– Écoute. Si je procède ainsi je me retrouverai, quand tout sera fini, avec un raid certes proche de celui prévu, mais amputé du saut en parachute. C'est rageant. S… vient de me donner sans le savoir la possibilité de remplacer le saut par quelque chose d'au moins aussi fort : la jonction Waména-Langda à pied qu'aucun Blanc n'a jamais réalisée. C'est une première. Je ne peux pas laisser passer ça, non ?

Je me mets à tourner en rond dans la chambre miteuse, bâtissant en quelques minutes les plans de ce nouveau projet qui sera très proche de celui mis sur pied à Paris, tout en maintenant les trois paramètres de l'extrême auxquels je tiens : un terrain, un homme, un défi. J'explique à Bernard :

– Donc, d'abord cette jonction. Regarde la carte. Avec les détours des montagnes, c'est au moins 300 kilomètres à parcourir parmi des dizaines de tribus. Inespéré. Bien sûr, inutile de songer à faire tout ça dans des conditions d'autonomie de survie. Je vais utiliser des moyens plus classiques. Mais je considère dès à présent cette première partie comme une sorte de marche d'approche, à l'image de celles que font les alpinistes avant d'atteindre leur camp de base pour l'assaut final du sommet. Comme eux j'utiliserai des porteurs. Mon camp de base à moi, ce sera Langda. Et mon assaut final, le raid lui-même. Avec ces deux parties, l'ensemble du projet est aussi motivant dans mon esprit que celui décidé à Paris.

Les yeux de Bernard se sont mis à briller. Lui aussi sent l'aventure toute proche maintenant, presque palpable. Je réfléchis encore. Initialement, je voulais faire un raid court en distance, et seul. Les circonstances me contraignent à le transformer. Il va être cinq fois plus long et je serai la plupart du temps avec des Papous. Ce sera un autre type de solitude. Mais je ne perds pas au change. Les découvertes seront multipliées et je ne pourrai toujours compter que sur moi. De plus en plus excité, je dis à Bernard :

– Il faudrait quand même que tu m'accompagnes les premiers jours afin d'emmagasiner un maximum d'images pour le film. Comme ça elles remplaceront aussi celles du saut.

– C'est d'accord.

– On achètera également à Jayapura la nourriture nécessaire à cette jonction de Langda, de manière à préserver mes propres vivres pour la suite.

– Parfait.

– Et quand on demandera demain l'autorisation aux flics, on leur laissera entendre que nous voulons aller à Langda avec un avion des missionnaires, comme de simples visiteurs. Sur les permis ils ne marquent que les lieux autorisés, pas la manière de s'y rendre. En jouant ainsi, ça devrait marcher.

– Avec un peu de chance, oui…

– Et tu sais quoi encore ? Le problème reste toujours Langda, n'est-ce pas ? Et ce que les missionnaires me laisseront faire une fois là-bas sans avertir les autorités ? Eh bien, je suis persuadé qu'en me voyant arriver à pied depuis Waména ils se montreront beaucoup plus coopératifs.

Je m'assois sur le lit, épuisé. Avec la sensation d'avoir enfin avancé d'un pas vers mon but.

Ce que je ne sais pas encore, c'est que cette jonction vers Langda, que je considère comme un simple prélude, se révélera en fait une marche terrible, aussi difficile, question terrain, que la suite du raid.

Il y avait des raisons pour que personne ne l'eût jamais entreprise…

Le lendemain nous sommes dans les locaux du service de police délivrant les permis de voyage, ces fameux *surat jalan* sans lesquels aucun étranger ne peut en principe se déplacer à l'intérieur de l'Irian Jaya.

Des Indonésiens et quelques Papous en uniforme officient dans une pièce vétuste et désordonnée. Aux murs sont accrochées des cartes jaunies, des photographies sans intérêt, la liste des principales régions interdites. Dans un coin, l'officier de service rêvasse derrière une table minuscule encombrée de papiers et de tampons entassés pêle-mêle.

– Où voulez-vous aller, gentlemen ?

Le flic est affable, souriant. Je donne quelques noms de villages de la Baliem, notoirement touristiques, qu'il s'applique à recopier sur nos *surat jalan*.

– Autre chose ?

Je cite au hasard les noms de quelques villages et missions un peu plus éloignés et, au beau milieu de ma liste, je place Langda. Le brave policier ne connaît pas la moitié des lieux que je lui cite.

– C'est où ça ? Et ça ?

Je raconte n'importe quoi, le flic se renseigne, ses collègues n'en savent guère plus. Il note quand même. Langda ? Haussement d'épaules, il ne sait pas bien où c'est, mais ça doit aller. En tout cas, ce n'est pas formellement interdit. Il reprend son stylo, inscrit Langda sur les *surat jalan*.

Coup d'œil rapide à Bernard. Ses yeux rient autant que les miens.

– Et puis, nous voudrions aussi nous rendre à Senggo, dis-je pour terminer.

– Ah, Senggo, c'est un endroit intéressant, ça, approuve le préposé. Je connais, il y a des policiers là-bas.

Et Senggo est rajouté sur la liste. Ce gros village des basses terres est situé au sud du fleuve Eilanden par lequel je terminerai obligatoirement mon raid. C'est une excellente chose de l'avoir sur mon autorisation. Dans l'hypothèse où je serais contrôlé en retrouvant la civilisation, je pourrai toujours affirmer que je viens de Waména et me rends à Senggo…

Tout est maintenant en place pour réaliser le raid sans que les autorités s'en rendent compte. J'ai joué à fond sur les ambiguïtés entre lieux autorisés et moyens de les atteindre. Même vis-à-vis des autorités le dossier est défendable.

Soulagement insigne.

Le soir venu, nous nous attablons au restaurant à la même place que la veille. S… arrive à l'heure dite, de sa démarche trottinante, nous salue, s'assoit.

– Alors ?

– Pas de problème, nous avons les autorisations. On aimerait partir assez vite. Nos vacances ne sont pas très longues.

– Dans deux jours, ça va ?

– C'est parfait.

– Combien de porteurs voulez-vous ?

– Six. On a calculé pour les charges. Il nous faut de bons porteurs.

– J'ai les meilleurs, des Papous solides et de bons chrétiens. L'un d'eux connaît les sentiers jusqu'à Langda.

S… ment effrontément, en contradiction avec ce qu'il disait la veille, mais nous ne le découvrirons que plus tard. La vérité c'est que les Papous des montagnes connaissent rarement le pays au-delà des limites du territoire de leur tribu et de celles qui leur sont immédiatement voisines. Mais je ne me soucie guère de ce problème. Jusqu'à Langda, je compte cheminer de tribu en tribu et trouver dans les villages les pisteurs nécessaires à l'utilisation des sentiers papous.

– Vous partirez d'ici même, reprend S… Un véhicule vous emmènera au bout de la piste de la Baliem à une demi-heure de Waména, au village de Sugokmo. C'est à partir de là qu'il n'y a plus rien et qu'il faut marcher. Vous passerez par les anciennes missions de Prongoli et d'Angguruk. C'est la partie la plus facile, j'y emmène parfois des gens. Pour la suite je ne sais pas, le Papou qui connaît le chemin vous expliquera. Jusqu'à Langda, il doit y avoir une ou deux missions sur la route la moins difficile. Mais vous en aurez pour des semaines de marche…

– C'est parfait. Nos vacances vont être excellentes…

Nous fixons ensuite le prix de ses services et nous donnons rendez-vous au même endroit deux jours plus tard pour le départ.

Ils sont six, alignés devant moi comme à l'inspection. Six Papous de la tribu des Yalés, autrefois ennemis irréductibles des Danis de la Baliem et féroces anthropophages : les porteurs fournis par S…

Leur réputation pourrait effrayer. Mais ces six-là semblent avoir perdu depuis longtemps la superbe de leurs pères. Ils offrent plutôt l'image habituelle et pitoyable de ces primitifs clochardisés partout dans le monde au contact de la civilisation. En arrivant, je les ai trouvés debout dans le fond du restaurant, la mine apeurée, vêtus de défroques, les pieds nus ou chaussés de souliers éculés. Maintenant ils fuient mon regard et se dandinent comme des enfants pris en faute, souriant gauchement. Leurs jambes noueuses et leurs bras maigres renforcent l'allure misérable qu'ils donnent d'eux-mêmes. Je soupire. J'avais espéré des gaillards solides et décidés. Ceux-là paraissent prêts à tous les abandons au premier danger.

Et S… qui a disparu… Impossible de mettre la main dessus depuis ce matin. Mauvais signe.

Bernard arrive sur ces entrefaites.

– C'est réglé avec les missionnaires, m'annonce-t-il. Dans cinq jours ils ont un Cessna qui fait la liaison avec Angguruk. Ils me gardent une place.

Nous avons décidé qu'il se limiterait à cette première étape pour la réalisation des photos et du film. Il ajoute en désignant les Papous :

– Ce sont les porteurs de S… ?

– Tu as deviné.

– Et S… est toujours introuvable ?

– Toujours.

En attendant son éventuel retour, je tente d'interroger les porteurs en anglais. C'est tout juste s'ils ne prennent pas leurs jambes à leur cou. À croire que l'anglais les terrorise. À moins que ce ne soit ma taille qui, à leur échelle, doit leur paraître impressionnante. Comme tous les Papous des montagnes, dont certaines tribus peuvent être apparentées aux pygmoïdes, ils sont petits et trapus. En tout cas, la crainte semble être leur compagne favorite. Par l'intermédiaire d'un Indonésien, je demande à nouveau leurs noms. Le premier s'avance, regardant ses pieds :

– Je m'appelle Andréas.

Une tête de fourbe de théâtre. C'est lui qui est censé connaître le chemin de Langda. Comme il prétend murmurer malgré tout trois mots d'anglais, je lui demande dans cette langue :

– Tu sais comment on va à Langda ?

Un sourire éclaire béatement son visage.

– *Yes*, tu sais comment on va à Langda.

– Non, pas moi. Toi, tu sais ?…

– *No*, pas moi. Toi, tu sais ?…

Je me tourne vers Bernard, partagé entre le rire et la stupéfaction :

– C'est pas vrai ! Il répète tout ce que je dis, il ne comprend rien…

Je sollicite à nouveau l'interprète. Mais quoi que je fasse, je ne tire d'Andréas que des considérations fumeuses où il apparaît qu'il pourrait effectivement savoir, mais sans savoir vraiment parce que, finalement, qu'est-ce que veut dire savoir, au juste ?…

– Bon, dis-je pour conclure. Laissons tomber. Je verrai ça en chemin. Je m'étonne moins de l'absence de S… maintenant.

Les cinq autres Papous se présentent à leur tour :

– Je m'appelle Nico.

Celui-là traîne sur son visage l'allure revêche d'une vieille fille effarouchée.

– Je m'appelle Silas.

Son air renfrogné ne me dit rien qui vaille.

– Je m'appelle Habel.

Il me regarde par en dessous d'un œil rusé où je sens qu'il soupèse déjà ce qu'il pourra tirer de moi dans les semaines à venir.

– Je m'appelle Simson.

Le trou percé dans sa cloison nasale vide de tout ornement n'enlève rien à son air de courtisan souriant déjà à la moindre de mes paroles.

– Je m'appelle Timatius.

Un œil plus franc que ceux de ses compagnons. Mais l'air buté d'un vieux cheval vindicatif.

Je soupire à nouveau. J'ai utilisé bien des porteurs au cours de mes expéditions. Jamais je n'en ai eu qui m'inspiraient aussi peu confiance ni qui semblaient aussi mal préparés à l'épreuve d'un voyage. Ils paraissent tous le double de l'âge qu'ils annoncent. Entre vingt-deux et vingt-huit ans. L'avenir risque de ne pas être radieux. Je m'inquiète tout de même de savoir si l'un d'entre eux pourra nous mener au moins jusqu'à l'ancienne mission d'Angguruk, première étape importante sur ma route. Avec ensemble ils hochent la tête. Ils sont tous originaires de cette région. C'est déjà cela de gagné…

16 heures. La nuit ne tardera pas à tomber. Il est temps d'en finir. Je désigne leurs sacs aux porteurs et ils les entassent dans le véhicule brinquebalant qui va nous mener au bout de la piste de la Baliem. L'inquiétude des six Papous est presque palpable. Je me prends soudain à songer que, pas plus que moi, ils ne savent où cette aventure va les entraîner…

Quelques instants plus tard, nous cahotons sur la piste empanachée de poussière.

VII
Sur la pointe des pieds

Notre petite colonne s'enfonce en file indienne vers l'horizon des montagnes, minuscule et fragile au milieu du chaos naturel qui l'environne de toute part.

Dans ces premiers instants de l'aventure, j'avance empli d'une sensation de vulnérabilité extrême face aux forces primitives qui se dégagent de ces reliefs déchiquetés. Derrière moi vient de disparaître le poste de police de Sugokmo, dernier point de contrôle verrouillant l'accès de la vallée de la Baliem, et avec lui tout ce qui me rattachait aux choses connues. Désormais plus rien ne sera comme avant. Au bout de ma route, il n'y a que les promesses incertaines de l'aventure et, après Langda, l'inconnu dont le vertige m'étourdit déjà, mêlant en moi crainte et questions sans réponse.

Mes six alibis papous progressent en tête de colonne sur un sentier à flanc de colline qui pique vers le sud-est. Je ferme la marche aux côtés de Bernard. Nous avançons en silence. Mon esprit est le champ de bataille de pensées contradictoires. À partir d'ici commence un autre monde. Seule ma carte sait peut-être où je vais. Et maintenant que tout se met à exister vraiment après des années d'attente, je ne sais plus très bien pourquoi j'ai voulu pénétrer cet univers qui ne m'appartient pas. Il y aurait tant de bonnes raisons de ne rien risquer pour cet inconnu.

Cependant cette sensation d'insécurité se dilue bientôt dans le spectacle magnifique de la « vallée heureuse » qui se rétrécit avant de disparaître au loin dans une brume diaphane. À nos pieds, la rivière Baliem bouillonne entre les parois d'une gorge vertigineuse, laissant monter jusqu'à nous un grondement sourd. Un air frais venu des hauteurs courbe les herbes rases autour de nous, chuintant dans le feuillage des arbres dressés de loin en loin sur les pentes escarpées. Seul le bruit de nos pas sur le sol rompt ce silence irréel. Le soleil a disparu derrière les pics des reliefs et l'ombre envahit déjà le fond de la vallée, rampant vers les replis des montagnes.

Je suis enfin en route vers mon rêve papou.

Bousculé de mille pensées, je ne peux trouver le sommeil, me retournant sans cesse sur ma couche de bois. La case où nous avons trouvé refuge pour la nuit est sombre, humide, empreinte d'odeurs inconnues qui forment un monde à part que je commence seulement à entrevoir. Dehors l'orage menace, feulant dans les palmes alanguies des bananiers. Bernard dort toujours d'un souffle régulier. Les porteurs ont disparu. Désespérant de pouvoir trouver la paix, je me lève sans bruit, ravive la mèche de la lampe tempête et m'assois dans un coin pour écrire mon journal de marche. Premier sentiment horrible de solitude. Je suis encore loin des territoires sauvages que je poursuis, mais ils me hantent comme s'ils étaient tout proches. L'inévitable question de toutes les aventures me harcèle. Qu'est-ce qui m'attend dans les semaines à venir ? Malgré les années, cette seule interrogation continue à jeter en moi autant d'appréhension que d'exaltation.

J'écris lentement, concentré sur ces premiers moments de l'aventure, sur les réminiscences de l'Afrique que les visions du jour sont allées chercher dans ma mémoire. Je m'étonne moins que les premiers explorateurs aient donné autrefois à cette terre le nom de Nouvelle-Guinée. Bien des images aujourd'hui m'ont rappelé le continent africain. La couleur noire ou brun sombre des Papous bien sûr, mais aussi leur morphologie générale, une certaine manière de se comporter, de se mouvoir, de rire. Même leurs cases et leurs huttes renvoient à l'Afrique.

De temps à autre, je délaisse mon carnet pour étudier quelques mots d'indonésien hâtivement pêchés dans un dictionnaire. *Sungaï, dingin, minum, makan*… des mots nouveaux emplissent ma tête et je rêvasse au plaisir toujours renouvelé des langues inconnues. La lumière de la lampe vacille en tremblotant. Je me lève, réduis la mèche qui noircit le verre. Dans un angle, les sacs sont entassés contre les parois de bois. Ils contiennent l'essentiel de ma vie actuelle. De la main je caresse le tissu rêche et mouillé, rassurant. J'ai là de quoi tenir tout mon raid.

Soudain un éclair silencieux illumine la case, suivi du fracas du tonnerre qui se répercute entre les parois de la vallée. Je lève la tête, éteins la lampe. Lentement j'entrouvre la porte. Devant moi la nuit est agitée d'ombres et de lumières qui jouent avec les palmes des arbres, le fronton des cases et les montagnes au loin dans une beauté tourmentée. Une pluie lourde et chaude s'abat sur le toit dans un bruit de cascade. La pluie, apaisante… Je ferme les yeux. Je ne suis plus en Nouvelle-Guinée. Je suis dans mille autres nuits semblables sous l'équateur. Toute ma vie me paraît condensée en ce seul instant.

Un sentiment de plénitude m'envahit, mêlé d'un plaisir indéfinissable.

Je m'endors en paix dans le bruissement régulier de la pluie.

– *Jalan, jalan*, en route, en route…

Les porteurs reprennent leurs charges sans enthousiasme, marmonnent entre leurs dents, se disputent même les sacs les plus légers. Malgré nos injonctions répétées, ils rechignent à avancer, le front buté.

Et nous en sommes à peine au second jour… S'ils mettent autant de mauvaise volonté à tout, je ne suis pas près de voir Langda.

– *Jalan, jalan.* Nous les encourageons encore à nous suivre sans traîner.

Le sentier longe toujours la rive gauche de la Baliem et depuis l'aube aucun obstacle particulier ne gêne notre avance. Nous devrions être déjà loin.

– C'est vraiment ce que je craignais, dis-je à Bernard tandis que nous franchissons un nouveau col entre deux escarpements. Ils en font le moins possible.

– Ils nous testent eux aussi. Ils essaient de voir jusqu'où ils peuvent aller avant que ça ne casse.

Je me retourne, invective Simson qui essaye de se défiler derrière ses camarades, reprends :

– Ça risque de casser assez vite s'ils continuent de cette manière. Mais ils ont peut-être peur que nous exigions trop d'eux s'ils montrent ce dont ils sont capables. En tout cas, ça promet pour la suite si je dois perdre une partie de mon énergie à mettre un peu de vaillance dans leurs jambes.

Maugréant contre la lenteur des Papous, les Papous maugréant contre notre précipitation, nous avançons malgré tout ensemble, remettant à plus tard de mieux nous connaître.

La vallée devant nous s'est encore rétrécie, mais nous montons et descendons assez peu, sur des sentiers manifestement entretenus par une population nombreuse. Il fait presque frais et pas un insecte ne vient troubler notre marche. Les montagnes sont couvertes de forêts clairsemées ou d'une végétation basse et rabougrie. Au-dessus de nos têtes quelques oiseaux tracent leur route dans un ciel d'ardoise, des nuages boursouflés montent la garde au-dessus des plus hauts sommets. La pluie menace encore. Mon hygromètre indique que nous frisons les 90 % d'humidité.

De loin en loin, des villages apparaissent, perchés sur des éperons, étagés à flanc de coteau, posés sur les sommets arrondis de petites collines. Leurs huttes rondes couvertes de chaume donnent l'illusion de meules de foin sagement alignées ou de bosquets de gros champignons ocre. Certains villages sont entourés de palissades de bois ménageant une ou deux entrées. Les cases sont construites en rondins équarris, séparées les unes des autres par des espaces de terre battue où courent des cochons. L'entrée de ces cases est petite, étroite, à la mesure de leurs habitants.

Ces villages ne sont jamais très grands ni très peuplés. Le terme de hameau conviendrait mieux. Les Papous des hautes terres vivent rarement en grandes concentrations humaines. Seules les larges vallées hospitalières et la zone des basses terres favorisent la naissance de gros villages. Dans les montagnes, le milieu naturel pousse à la dispersion. Les rivières sont moins nombreuses, l'espace habitable chaotique, les ressources alimentaires réduites aux produits d'une agriculture incertaine. Le mode de vie social de ces Papous en a tenu compte.

De temps à autre, nous faisons halte dans ces hameaux. Le contraste qu'ils offrent entre eux ne manque pas de surprendre. Certains semblent tout droit sortis de l'âge de pierre alors que d'autres portent déjà les stigmates de l'acculturation. Je ne perçois aucune logique apparente à cet état de choses, d'autant que ces hameaux ne deviennent pas de plus en plus primitifs au fur et à mesure de notre progression et de l'éloignement du pôle d'attraction que constitue Waména. Villages traditionnels et villages plus « modernes » se succèdent irrégulièrement, comme si la civilisation avait pénétré au hasard, atteignant une vallée, négligeant sa voisine et ainsi de suite dans le plus grand désordre.

Les Papous que nous découvrons dans cette région proche de la Baliem sont à l'image de leurs villages. Si une partie d'entre eux portent des haillons européens, la plupart ne sont vêtus que de leurs étuis péniens et de rares ornements d'os ou de bois passés dans les oreilles et le nez. Quant aux femmes, elles vont simplement accoutrées de courts tabliers de fibres qui ne dissimulent rien d'une anatomie peu engageante faite de ventres ronds et de seins fripés.

Partout ces hommes et ces femmes fouillent la terre dans des champs accrochés aux flancs abrupts des montagnes. Les pentes sont parfois si rudes que les malheureux doivent bêcher d'une main et se tenir à la terre de l'autre, dans un équilibre pour le moins précaire… Les séismes, fréquents dans toute cette région océanienne, l'une des plus instables du globe, occasionnent de terribles glissements de terrain. Un mois plus tôt, l'un d'eux a entraîné dans la mort une centaine de personnes du sud de la Baliem.

Sur le sentier lui-même, nous croisons aussi beaucoup de Papous. Qu'ils soient seuls ou en groupes, qu'ils rendent quelque visite lointaine ou regagnent leurs hameaux, ils s'arrêtent chaque fois pour parlementer avec nos porteurs, s'enquérir du but de notre voyage et nous examiner avec attention. Non sans étonnement, je me rends compte que nous représentons déjà des objets de curiosité malgré la proximité de Waména. Nous sommes parfois environnés d'une multitude de petits hommes nus et gesticulants qui nous apostrophent sans vergogne avec des voix de fausset capables de débiter un flot de paroles à une allure vertigineuse. Nous devons former un tableau surréaliste au milieu de ces montagnes sauvages. Ces Papous rient de nos moindres gestes et tout ce que nous faisons est commenté, disséqué, observé, dans un concert d'onomatopées invraisemblable. Ce sont tous d'excellents ethnologues et je serre un nombre considérable de mains, dures et calleuses, qui retiennent souvent la mienne pour laisser le temps à leurs propriétaires de m'expliquer Dieu sait quoi avec des mimiques expressives. Jamais je n'ai autant regretté l'absence d'interprète. Même si je me console en sachant que je reviendrai un jour pour des expéditions plus longues.

Bientôt nous laissons définitivement la Baliem derrière nous, franchissant la rivière par un premier pont papou lancé au-dessus du flot torrentueux. L'un derrière l'autre, nous nous engageons sur le tronc formant la structure principale de l'ouvrage. Il est à peine plus large que mon pied. Pour ne pas perdre l'équilibre, nous devons nous accrocher des deux mains aux lianes qui servent de guide de part et d'autre à hauteur d'homme. Elles sont reliées au tronc lui-même par un treillis d'autres lianes qui assurent la solidité de l'ensemble, mais pas sa stabilité. Le pont tangue dans tous les sens sous nos poids conjugués et je contemple non sans appréhension l'eau qui bouillonne furieusement quelques mètres plus bas en se frayant un passage au milieu d'énormes rochers.

VIII

Arcs, flèches, haches et lances

Comme nous descendons un mamelon dressé entre les flancs d'un ravin, de longs cris modulés se font soudain entendre sur nos arrières. Surpris, je me retourne, mais la pente rocheuse derrière moi masque la vue.

– Tu as entendu ? dis-je à Bernard.

– Oui. Je me demande qui pousse des cris pareils.

Les hurlements reprennent, plus forts cette fois, faits de stridulations aiguës coupées d'appels gutturaux qui prennent aux entrailles. Il y a bien là une dizaine de voix qui s'époumonent, renvoyant leurs clameurs aux quatre coins des montagnes.

J'échange un regard inquiet avec Bernard. Je n'ai jamais rien entendu de semblable, mais j'imagine parfaitement des guerriers papous lançant de tels cris de guerre.

– Ne traînons pas, on verra bien.

Nous continuons d'un pas peut-être plus pressé. Les porteurs ne sont pas loin devant, mais eux aussi hors de vue dans cet univers sinueux.

Bientôt un martèlement précipité de pieds sur le sol se fait entendre au milieu des hurlements scandés à tue-tête. Une troupe court vers nous. Nous ne la voyons pas encore, mais elle se rapproche. Nous marchons emplis d'une appréhension grandissante.

Et tout à coup ils surgissent sur nos talons, vociférant toujours. Dix Papous armés de haches et d'arcs qu'ils brandissent au-dessus de leurs têtes, se bousculant sur l'étroit sentier.

À notre vue, ils stoppent net et se mettent à lancer d'autres cris vers le ciel, s'entraînant les uns les autres, gesticulant. Leurs faces noires et luisantes de sueur expriment un contentement mêlé d'excitation. Ils sont nus, les kotékas fièrement dressés, le front ceint de parures de plumes. Certains portent des plastrons de perles qui tressautent sur leurs poitrines.

Nous nous immobilisons comme eux, autant par prudence que sous le choc de cette vision sauvage.

Avec un peu trop d'imagination, nous pourrions croire à l'imminence d'une attaque en règle. Mais malgré leur aspect farouche, ces Papous expriment une joie intense qui semble dénuée de mauvaises intentions. Aussi ne bougeons-nous pas d'un pouce quand ils se précipitent vers nous et nous entourent en quelques secondes.

De fait, ils se contentent de débiter des discours essoufflés où il me semble comprendre l'expression des bonnes dispositions qu'ils ont à notre égard. Nous traversons leur territoire et ils doivent probablement nous saluer à leur manière. Rassurés, nous laissons faire leur curiosité envahissante. Comme il se doit, ils nous détaillent de la tête aux pieds, commentant leurs opinions entre eux. Par un échange de bons procédés, je me saisis de quelques armes pour les examiner de près. Les arcs de bois, noirs et polis, sont tendus d'une lame de bambou très plate nouée aux deux extrémités. Il faut une certaine force pour les tendre et j'aurai plus tard l'occasion de vérifier leur puissance. Les flèches, que chaque homme porte dans la même main que l'arc, présentent des pointes de toutes formes selon l'usage auxquels elles sont destinées. Barbelées, en losange, lancéolées, en trident et même rondes pour la chasse aux oiseaux. Je manie une hache dans le vide afin de l'essayer. Employer avec adresse, ce doit être un instrument redoutable. L'une de ces haches comporte une pointe de pierre fixée au manche par de la liane défibrée qui a été mouillée lors de la fabrication pour se resserrer en séchant. Les autres sont équipées de lames de fer très aiguisées. Les manches de ces haches, qui rappellent celles des Pygmées d'Afrique, sont faits d'un morceau de bois en forme de V aux branches inégales que l'on peut passer sur l'épaule, endroit favori où les portent les Papous.

Une fois ces échanges anthropologiques achevés, nous signifions à ces hommes que nous avons à faire plus loin. La déception marque leurs visages. On nous retiendrait bien encore un peu. Malgré tout, nous continuons et les Papous, quelque peu décontenancés, restent là les bras ballants. Puis ils reprennent leurs stridulations aiguës et repartent aussi vite qu'ils sont venus, disparaissant en courant derrière un repli de terrain.

Je songe à l'issue que pourrait avoir une telle rencontre lorsque, après Langda, je m'enfoncerai vers les contreforts sud et les basses terres. Dans cette région que je suppose infiniment plus primitive, je n'aurai guère de ressource en cas de contact malheureux avec ces hommes. Tous les récits sur la Nouvelle-Guinée insistent sur la nature violente de la plupart des Papous, leur caractère instable, leur amour de la guerre, leur pratique répandue presque partout autrefois du cannibalisme ou de la chasse aux têtes. Les premiers découvreurs de l'île au XVIe siècle l'avaient même appelée

« l'île des mauvaises gens » tant les mœurs de ces peuples inconnus leur parurent plus agressives que partout ailleurs dans le Pacifique. Missionnaires et explorateurs de l'époque coloniale ont payé un lourd tribut en pénétrant puis en envahissant les terres des Papous. Leurs successeurs le leur ont d'ailleurs fait payer au centuple.

Cependant, tout me porte à croire qu'il est possible d'établir des liens pacifiques et peut-être amicaux avec ces hommes. À condition de ne commettre aucune erreur et de ne pas se bercer d'angélisme ou de rousseauisme suranné. Même ceux qui ont longtemps vécu avec les Papous, ceux qui les ont le plus aimés malgré les difficultés, reconnaissent le danger que leurs habitudes guerrières peut faire naître. La « pacification » a réfréné cette ardeur belliqueuse qui permet aujourd'hui aux Papous de se déplacer presque partout sans trop se heurter aux rivalités tribales. Mais dans chacun de ces Papous il reste à l'évidence un potentiel de violence que je n'ai jamais senti aussi fort chez d'autres peuples.

Dans l'après-midi de ce second jour, nous entamons la gigantesque partie de montagnes russes qui sera désormais mon lot quotidien. Les reliefs se font d'un coup plus imposants et nous haletons comme des damnés, rivés à des côtes terribles où le pied ne trouve jamais à se poser à plat. Les porteurs chargés des sacs les plus lourds avancent par à-coups désordonnés. Ils courent quelques mètres sur la pente, s'arrêtent pour souffler bruyamment, puis repartent et continuent de la même manière, s'épuisant ainsi plus rapidement que s'ils se forçaient à une allure régulière. Pour faire halte, ils ne se montrent pas plus ingénieux. Ils affectionnent surtout les promontoires venteux. Comme nous sommes continuellement trempés, tantôt par la bruine qui suinte du ciel, tantôt par notre sueur et plus souvent encore par les deux à la fois, nous grelottons de froid et préférons écourter les pauses.

Loin au-dessus de ma tête un brouillard nacré encapuchonné les sommets sous une chape immobile noyée dans un ciel uniforme. Le pic que nous gravissons semble fiché dans le ventre de cette cloche blanche comme un énorme épieu. Une impression écrasante se dégage de ce spectacle. Après une montée épuisante, nous atteignons enfin la frontière de la brume, nette et distincte sur le sol.

– On ne verra plus rien là-dedans, dis-je, reprenant haleine.

– Et il y a des précipices partout, ajoute Bernard.

Nous contemplons, rêveurs, la masse blanchâtre qui se dresse sous nos yeux, agitée de remous imperceptibles comme la fumée bouillonnante d'un chaudron.

Nous allons nous décider malgré tout quand une ombre émerge du brouillard. Une ombre humaine indistincte au milieu de ces vapeurs presque surnaturelles. Elle s'immobilise un instant, appuyée sur un bâton, puis descend vers nous à pas lents. Je distingue bientôt un vieux Papou à la peau flasque et ridée. Il ne porte aucune parure, juste son étui pénien qui pend à l'horizontale entre ses jambes maigres. Parvenu à notre hauteur le vieillard s'arrête, porte vers nous un regard vide. Sans un mot, il hoche la tête et reprend sa marche vers les vallées, posant son bâton bien à plat sur le sol, me laissant au cœur le sentiment d'une apparition irréelle.

À notre tour nous pénétrons la masse compacte qui nous fait face. Et c'est comme si nous accédions à un autre monde. Tout est transfiguré. Il n'y a plus d'arbres, mais des géants inquiétants et chevelus qui nous regardent passer en déployant au-dessus de nos têtes leurs formes torturées ; les fougères arborescentes tendent des visages de sorcières grimaçantes au milieu des racines aériennes, et les rochers sont comme des centaines de fantômes postés en sentinelle sur notre route. Je dois me secouer pour sortir de la torpeur où me plongent ces visions apportées par la brume.

Nous avançons trempés de gouttelettes en suspension. La visibilité est réduite à quelques mètres. Nous redoublons de prudence pour éviter le moindre faux pas. Le silence a pris une épaisseur nouvelle. Je me surprends à murmurer comme au fond d'une cathédrale.

Nous passons ce qui semble être un col, redescendons par une ravine, tâtant du pied chaque obstacle devant nous, progressant comme des aveugles. Les pierres roulent sous nos pas et disparaissent après une longue chute vers des gouffres invisibles.

Et puis brusquement nous débouchons à l'air libre devant une vallée ouverte sur des kilomètres. Derrière nous la frontière du brouillard est aussi nette et horizontale que lorsque nous y sommes entrés.

La nuit vient comme nous dégringolons vers cette vallée. Une pluie fine s'est mise à tomber, noyant les montagnes de voiles sinistres qui pèsent sur nos épaules. Un village apparaît. Dans l'obscurité naissante, je n'aperçois que le toit des cases découpé en ombres chinoises sur le ciel plus clair. Andréas me fait signe que nous pourrions dormir ici et sans attendre disparaît vers la première des cases, bâtie de guingois sur un espace dégagé. Un homme surgit de la nuit, parlemente avec les porteurs à voix basse. On nous indique une porte de planches qui grince dans le silence, nous pénétrons dans une pièce noire, agitée de rumeurs. J'entends le bruit rêche d'une allumette que l'on frotte et la lueur d'une lampe tempête vacille dans l'obscurité, jetant des couleurs fauves sur des visages de Papous inconnus vêtus de mauvais vêtements.

On nous installe à une table de bois bancale, les sacs sont jetés en vrac dans un coin, suintant d'eau. Les porteurs s'accroupissent autour de nous, enfin rieurs. La perspective du repos les transforme. Silas se prépare une cigarette, assis sur ses talons, Timatius essore son vieux tricot avec des gestes de ménagère, et Simsom, par habitude de courtisan, flatte quiconque lui adresse la parole. Les autres échangent des nouvelles avec nos hôtes ou se gavent de tubercules de patates douces qui passent déjà de main en main.

Puisant dans nos réserves de vivres, nous mangeons nous aussi, communiquant par gestes et sourires avec les Papous qui nous entourent.

Puis nous déplions les hamacs. La case est suffisamment vaste pour que nous puissions les installer aux poutres supérieures du toit. Les Papous nous regardent d'abord faire sans manifester autre chose qu'une légitime curiosité. Mais lorsque les cordes se trouvent enfin tendues et que nous nous allongeons béatement à un mètre du sol, des exclamations fusent de toutes parts. Des mains se tendent, des yeux s'écarquillent, des visages se penchent, on se pousse, on se bouscule, il faut aller voir cela de plus près. Chacun détaille la complexité des nœuds, s'assure de la qualité des cordes, apprécie la texture du tissu de coton. Si nous n'y mettions bon ordre, nous nous retrouverions à dix dans chaque hamac.

– Ils n'en ont jamais vu, dit Bernard en s'amusant de la surprise des Papous. On va laisser des traces ici, tu vas voir…

– J'étais sûr du résultat. Chaque fois que j'ai utilisé des hamacs dans un pays où ils n'existaient pas, j'ai obtenu le même succès. On voulait me les acheter à prix d'or…

Pour ne pas décevoir nos hôtes, je laisse les plus hardis d'entre eux s'étendre à ma place. Je prends même la peine de les balancer pour leur faire apprécier le confort de ce drôle de lit. Après quoi nous donnons le signal du repos en nous allongeant à notre tour. L'un derrière l'autre les Papous quittent la case, non sans commenter cette étrange coutume qu'ont les Blancs de dormir perchés sous les toits…

Je ne trouve le sommeil que tard dans la nuit, tourmenté par les démangeaisons de la vermine récoltée la veille. Le froid pénétrant qui s'est abattu sur la vallée ne me tient pas moins en éveil. Il faudra que je me fasse à l'un comme à l'autre. Les cases papoues servent de refuge à toutes sortes de bestioles et le froid humide n'épargne aucune montagne la nuit.

En me tournant et retournant dans mon hamac, vieux souvenir d'Amazonie, je me demande combien de mauvaises nuits identiques à celle-ci j'ai subies dans ma vie. Finit-on par se lasser ?

IX

Deux contre tous

L'aube crache un air aigre sur nos visages inquiets. Une quarantaine de Papous silencieux et menaçants nous environnent de toutes parts, les mains sur leurs lances et leurs arcs. La tension est palpable, les visages fermés. La situation menace de dégénérer en bataille rangée où nous n'aurions pas la moindre chance. L'accueil amical de la veille n'est plus qu'un souvenir.

– Qu'est-ce qu'on fait ? me souffle Bernard, surveillant nos arrières.

– Ça commence mal, mais on ne cède pas. Question de principe.

Je m'assois là où je suis, décidé à montrer que j'ai tout mon temps pour régler le différend qui nous oppose. Une forêt de jambes noires m'encercle de genoux cagneux, de tibias velus, de cuisses torves. Entre les barreaux de cette cage, je croise le regard en détresse d'Andréas accroupi non loin. Il m'adresse des mimiques suppliantes, un sourire jaune plaqué sur son visage.

Quelques minutes plus tôt, alors que nous pliions bagage, le propriétaire de la case où nous avons dormi s'est mis en tête d'exiger une somme d'argent très exagérée en récompense de ses services. C'était un brutal rappel aux réalités. Malgré les apparences sauvages des lieux, nous sommes encore à portée de Waména.

Outré de cette hospitalité trompeuse, j'ai refusé de donner davantage que le tiers de l'argent demandé et poussé les porteurs à charger les bagages. Aussitôt notre hôte s'est mis à gronder, rameutant ses semblables qui ont afflué de tous les coins du village. Devant la tournure des événements, nos porteurs, la mine apeurée, ont préféré s'asseoir par terre et se désintéresser de la question.

Je suis en train d'expérimenter pour la première fois une règle qui ne manquera pas de se confirmer par la suite. La frénésie de cupidité des Papous leur fait monnayer tout ce qui peut l'être. Et cette frénésie est d'autant plus grande que l'on a affaire à des hommes écartelés entre leur ancienne culture et celle venue d'Occident. Cette position inconfortable pourrait excuser un comportement aussi mercantile. Mais chez aucun autre peuple au monde, je n'ai rencontré une telle démesure dans l'avidité. Dès les premiers stades de l'acculturation, les Papous accommodent les sermons des missionnaires aux circonstances et leur potentiel d'agressivité d'anciens coupeurs de têtes trouve à s'exprimer dans ces nouvelles mœurs. Par la suite, je rencontrerai peu de Papous désintéressés, sauf dans les zones extrêmement primitives où la violence larvée me paraîtra de toute façon endémique. Ce caractère particulier de la plupart des Papous se traduit de l'autre côté de la frontière, dans la Papouasie-Nouvelle-Guinée beaucoup plus développée, par une délinquance qui n'épargne ni les villes ni les campagnes. Là-bas, des bandes de « rascals » terrorisent le pays comme le faisaient chez nous les grandes compagnies au Moyen Âge.

Devant mon silence, le propriétaire prend maintenant la foule à témoin, allant de l'un à l'autre comme un tribun antique. Il débite à tous une harangue insensée où il doit être question du tort que nous lui causons et du peu de considération que nous accordons au village. Ses yeux roulent, ses bras moulinent l'air, il gonfle la poitrine et finit par me lancer des invectives. Il m'insulte sans doute. Je bondis et à mon tour lui assène en français une réplique cinglante.

C'est un pur dialogue de sourds. Le face-à-face se poursuit dans une hostilité croissante. De nouveaux Papous continuent à grossir la foule. Plusieurs minutes passent. Le petit matin remplace déjà l'aube dans une lumière triste et sale.

Soudain, l'un des hommes s'empare de notre sac le plus proche dans un geste significatif. Si nous ne payons pas, ils garderont nos affaires. Les porteurs se font de plus en plus petits dans leur coin.

– C'est un vrai traquenard, dis-je à Bernard.

– Et ils sont armés, précise mon compagnon, très observateur…

Tout ça pourrait bien se terminer par un coup de lance malencontreux. C'est l'impasse. Et il est trop tard pour revenir en arrière. Les Papous nous ont mis dans une situation de rapport de forces où ils savaient qu'ils ne nous laissaient aucun choix.

Me promettant de n'accorder dorénavant ma confiance aux Papous qu'après mûre réflexion, je sors les billets exigés et les jette sur le sol.

Sans demander leur reste, les porteurs se précipitent sur les sacs et les chargent avec une rare célérité. Cinq secondes plus tard, le cercle des Papous s'écarte devant nos poitrines et sous des regards farouches nous prenons la direction des montagnes. Nous ne serions pas surpris qu'une flèche nous soit décochée à cet instant et nous entrecoupons notre marche de coups d'œil en arrière jusqu'à être hors de portée…

X

La jungle en folie

Il nous faudra deux jours pour atteindre le col permettant de franchir la chaîne des Elit Mountains et gagner les flancs nord de la cordillère centrale. Bien que Langda se situe au sud de cette épine dorsale, il semble que la route la plus rapide pour y arriver soit de longer la barrière montagneuse par le versant opposé. Ce n'est pas un chemin direct, mais il évite les espaces désolés et glacials des hautes altitudes, lui préférant des contrées plus peuplées où quelques postes et missions perdus ont été bâtis au fil des ans et de la pacification. Seul désagrément, il me faudra bien entendu retraverser les principaux sommets une fois parvenu au niveau de Langda.

Durant ces deux jours, je me fais l'effet d'une fourmi s'acharnant à gravir les marches d'un gigantesque escalier couvert de gravats. Pendant cette période notre colonne ne croise pas le moindre village, pas le plus petit hameau, pas même un animal. Toute vie apparente semble s'être évanouie comme par enchantement.

Une même magie paraît avoir transformé les montagnes. Jusqu'alors elles avaient gardé figure humaine. On aurait dit qu'une sorte de raison les empêchait de tendre vers la démesure dont elles étaient capables. La folie a maintenant remplacé cette raison. Elles se sont métamorphosées en montagnes terribles qui nous imposent leur masse et leur puissance, leurs pièges incessants.

Dans notre avance vers les hauteurs nous découvrons aussi l'hostilité de la jungle de montagne. Dans cette région elle couvre chaque arpent de terrain, cramponnée aux pentes, mêlée à la roche trop souvent friable, changeant de forme au gré de l'altitude et des microclimats. C'est une jungle silencieuse, humide, froide et infiniment plus étrange que sa sœur des plaines. Avec elle nous sommes entrés dans le monde de la nature en délire, dans celui du gigantisme où seuls conviennent les superlatifs. Un monde d'abondance où il y a trop de tout. Trop d'arbres, trop de lianes, trop d'eau, trop de pourriture, trop de formes infinies, trop de foisonnement.

Nous suivons des sentiers papous qui semblent avoir été faits pour être gravis à quatre pattes et descendus sur les fesses. Autour de nous, la féerie côtoie le cauchemar dans une lumière glauque où règne le camaïeu des verts de la luxuriance végétale. C'est le paradis des fougères arborescentes et des orchidées, l'enfer des ronces et des feuilles tranchantes.

Nous progressons dans une immobilité trompeuse où se déroule le combat quotidien des insectes minuscules et horribles et celui éternel des plantes pour la lumière. Les grands arbres aux troncs élancés écrasent de leur feuillage le sous-bois obscur et misérable qui quémande un peu de soleil, tordant ses branches vers un ciel invisible qui ne lui accorde que la caresse des lianes s'enchevêtrant sous son toit. Et de toutes ces lianes, de toutes ces branches, de ces millions de feuilles vernissées qui vivent, meurent et se reproduisent inlassablement, suinte après la pluie le flicflac mélancolique de milliards de gouttes d'eau qui résonnent sous ces voûtes comme un chant lugubre. Sur le sol tourmenté qui dégage l'odeur douceâtre des végétaux en décomposition, les racines mènent la lutte féroce des laissés-pour-compte. Partout elles s'enlacent les unes les autres, s'étranglent, se tordent, s'étouffent dans des étreintes impitoyables sous l'humus noirâtre et spongieux.

Marcher dans ces conditions signifie ramper sous les troncs abattus, escalader des amas de rocs glissants de pluie, frôler des précipices, enjamber une multitude d'obstacles. À la hauteur du visage, mille pièges se dressent, menaçants, du fouet des feuilles coupantes aux épieux des bois morts qu'on dirait faits pour éborgner. Le sol n'offre pas davantage d'assurance. Il est souvent jonché sur plusieurs mètres de hauteur d'un entrelacs de troncs et de branches abattus par la mort et qui se sont entassés les uns sur les autres année après année. Mousses et fougères recouvrent ce faux plancher, masquant les trous et formant par endroits des cavernes aériennes. En progressant dans ce capharnaüm on ne sait plus très bien où on en est. Jusqu'à ce que quelque chose cède sous le pied, entraînant le corps vers le bas comme un pantin désarticulé.

Nous cheminons dans un fouillis végétal, si pourri parfois que c'est tout entier qu'il s'écroule sous notre poids. Un simple trébuchement sur une racine ou un rocher peut se terminer par une douloureuse expérience. On se retient à ce qui se présente et bien souvent la main ne saisit qu'un bosquet d'épines ou une branche si pourrie elle aussi qu'elle s'émiette comme une vieille éponge.

Malgré ces difficultés ou peut-être à cause d'elles, j'accepte cette marche comme s'il s'agissait d'une épreuve initiatique destinée à me mener à la conscience de ce monde pur lorsque j'aurai assez payé le prix de l'effort. Et sans doute faut-il se jeter corps et âme en elles pour découvrir la tragique beauté de ces montagnes de Nouvelle-Guinée.

Pourtant, on devrait haïr un tel univers qui renvoie l'homme à sa petitesse, l'étouffe, l'humilie à chaque pas, lui fait prendre conscience de sa faiblesse. Mais on succombe plutôt à la séduction de son mystère, à son charme vénéneux, à ce bouillonnement de forces déchaînées.

Car telle est la jungle. Si visiblement indomptée qu'elle est comme un écho à la liberté.

XI
Toundras glaciales

Nous continuons à monter sans interruption, suivant le chemin naturel d'un torrent qui dégringole des sommets, roulant de rocher en rocher sous le toit hermétique de la jungle. Nous cheminons courbés en deux au fond de ce tunnel, trempés jusqu'aux cuisses, éclaboussés jusqu'aux épaules, rampant parfois lorsque quelque amas de végétation s'est écroulé au milieu du passage dans un fouillis inextricable. La pluie ajoute à nos tourments, tombant par intermittence, toujours glaciale, toujours sinistre, pénétrant la toile des ponchos, s'infiltrant par le cou, les manches, nous laissant grelottants et mouillés, fumants de vapeur au moment des haltes.

Nous quittons le torrent au bas d'un escarpement pour rejoindre une rivière aux berges à sec couvertes de galets. Quelques troncs d'arbres jetés en travers servent de pont. Les troncs luisent de pluie. Pas un morceau d'écorce ne résiste à la pression des bottes. Nous passons l'obstacle par miracle, assis, à califourchon, comme nous pouvons. Aucune récompense de l'autre côté. Un sentier s'ouvre dans la forêt, couvert d'une boue infâme. Nous y pataugeons, parfois jusqu'aux genoux.

La marche se rythme de bruits de chutes, de jurons, d'éclaboussements.

– Quel pays ! Quel pays ! grogne Bernard, à demi sérieux.

– Et avec ça, la certitude de ne trouver aucun réconfort au bout de la route, hein ! Bien mouillé, bien éreinté, bien affamé et aucun espoir d'amélioration avant des semaines… J'aime mieux en rire. On ne peut pas entrer ici autrement, c'est comme ça. Ça en fait tout l'intérêt, d'ailleurs…

– En réalité, je suis ravi d'être là… Ça me rappelle certaines nuits passées assis sous la pluie dans mon poncho à fumer des cigarettes en attendant que ça passe.

Encore une chute et la conversation reprend :

– Il faudrait marcher pieds nus comme les Papous, dis-je. Regarde-les !

Depuis longtemps, ceux de nos porteurs qui possédaient des chaussures les ont retirées. Leurs pieds larges et plats accrochent davantage dans cette boue gluante qui envahit nos bottes en gargouillant.

– Ouais, répond Bernard. Mais j'aimerais encore mieux des chaussures antidérapantes comme on n'en a pas encore inventé. Je comprends maintenant pourquoi Gaisseau a appelé son film *Le Ciel et la Boue*…

Je ne dis plus rien. Je suis en train de vérifier avec ma chair pourquoi tous les récits sur la Nouvelle-Guinée insistent sur l'obsession de cette boue qu'ont connue leurs auteurs. Elle est omniprésente dans les hautes terres. Avec le froid, la pluie, la jungle et le brouillard, elle forme l'univers des montagnes papoues.

Peu avant de parvenir au col, la forêt s'éclaircit, laissant la place à des conifères qui nous donnent l'illusion d'entrer dans des forêts d'Europe méridionale. Les montagnes en même temps se font plus aiguës. Sur le sol à nouveau ferme, nos pieds distinguent le dessin d'une vague sente qui nous amène sur des crêtes impressionnantes. Larges d'un mètre à peine, elles sont bordées de précipices où tiendraient aisément des empilements d'immeubles. Notre colonne essoufflée redouble de prudence, laissant loin à gauche et à droite des falaises qui coupent les montagnes de leurs murailles blanchâtres. J'imagine sans peine le calvaire d'une progression à la boussole dans un tel chaos de roches et de végétaux. Il faudrait des jours épouvantables pour contourner ces falaises, trouver un passage, avancer de quelques kilomètres seulement. J'imagine qu'il a fallu des générations aux Papous pour découvrir en tâtonnant les chemins les plus aisés à travers ces montagnes.

Nous cheminons de piton en piton par ces crêtes en lames de couteau. Sur chacun de ces pitons dressés comme des moignons au-dessus de la végétation, nous faisons halte pour un rapide repos. Le spectacle qui nous y attend chaque fois est d'une beauté grisante. Aussi loin que porte le regard, il n'accroche que l'infini des montagnes se succédant comme les vagues d'un océan vert bousculé par la tempête. Et nous sommes les marins de ces mers immenses.

Assis sur ces arêtes dénudées j'éprouve comme un soulagement à me dire qu'il existe encore des espaces restés neufs à l'heure où tant d'autres terres ont perdu leur mystère.

Et une tristesse.

Combien de temps encore ces terres originelles survivront-elles à la voracité du monde moderne ?

En milieu d'après-midi ce jour-là nous abordons la dernière pente avant le col des Elit Mountains. La végétation est faite maintenant d'arbres rabougris dispersés au milieu de rhododendrons dont les couleurs vives tranchent sur le fond noir et vert. En quelques heures, nous avons encore changé de climat, de paysage.

Un cri de surprise me tire de mes réflexions. Un peu plus haut sur la pente, Bernard me fait signe de le rejoindre. Il semble avoir découvert quelque chose.

– Regarde ça ! s'exclame-t-il lorsque je parviens près de lui.

Sur notre gauche s'ouvre à même le sol un gouffre énorme dans lequel se jette une rivière venue des hauteurs.

Fasciné, je reste un moment à contempler cette sorte de bouche gloutonne qui avale des milliers de tonnes d'eau depuis peut-être des siècles dans une absolue solitude. Le sol calcaire de ces montagnes est truffé de labyrinthes, d'abîmes, d'excavations de toutes sortes qui font de la Nouvelle-Guinée l'une des terres les plus intéressantes pour la spéléologie. Des recherches récentes laissent même supposer que le gouffre le plus profond de la planète se trouverait à l'extrémité ouest de l'île, appelée « Tête de l'oiseau » du fait de sa forme particulière. La doline que nous avons sous les yeux s'est probablement formée après l'écroulement de la voûte calcaire, et les trombes d'eau qui s'y engouffrent doivent parcourir un long chemin souterrain avant de ressurgir plus loin.

Nous arrachant à ce spectacle nous débouchons enfin sur le col. Nous découvrons en fait un plateau perdu dans la brume, ciselé sur ses bords par les dernières crêtes montagneuses. Un plateau désolé, troué de vasières, parsemé d'obélies plantés comme des cierges pétrifiés par le froid. Je frissonne devant cette vision d'un autre âge qui rappelle les Monts de la lune, dans la région du haut Nil. Si quelque diplodocus surgissait brusquement dans le lointain entre les affleurements de roches noires, je m'étonnerais à peine. Le spectacle de ces hautes altitudes est digne de l'ère tertiaire. L'altimètre indique plus de 3 500 mètres.

Nous sommes tous éreintés. Les porteurs laissent choir leurs sacs et, touchant leurs épaules, leurs coudes, leurs genoux, me font comprendre qu'ils n'en peuvent plus. Ils nous désignent une petite cabane en fer et une hutte d'écorce dressée à la limite du plateau. Comme la case inhabitée où nous avons dormi la veille, elles servent de refuge aux malheureux surpris par la nuit lors du franchissement de ces montagnes. Nos porteurs veulent s'arrêter ici. Dans un premier réflexe, Bernard et moi tentons de les pousser à continuer. Il reste quelques heures de jour et nous pourrions en profiter pour avancer. Mais devant leurs dénégations farouches, nous prenons le parti de les écouter. Il se pourrait que le plateau soit beaucoup plus difficile à traverser qu'il n'y paraît ou que la redescente du versant nord soit impossible si nous y étions pris par la nuit.

Entre-temps un froid glacial nous a pénétrés jusqu'à l'âme. Nous grelottons dans nos vêtements trempés. Malgré la bruine, un feu est allumé en hâte. Alors, accroupis autour de ce bivouac improvisé, nous tenons par gestes un long conciliabule où il est question de savoir comment nous allons nous installer dans les deux abris de fortune. Il est hors de question d'étendre les hamacs autant à cause du froid que du manque d'arbres ou de tout autre support. Et la hutte comme la cabane ne peuvent être utilisées telles quelles. La première est ouverte à tous les vents, et la pluie a transformé le sol de la seconde en un bourbier innommable.

En fin de compte, nous décidons que Nico, Bernard et moi dormirons dans la hutte et les autres dans la cabane.

Tout le reste du jour nous travaillons d'arrache-pied dans l'espoir de passer une nuit convenable. Trois des porteurs assèchent comme ils peuvent le sol de la cabane tandis que nous consolidons la hutte. À chaque extrémité nous allumons un feu que nous éparpillons en longueur afin de masquer les deux entrées. En dormant entre eux, nous devrions recevoir suffisamment de chaleur pour ne pas geler.

Cela terminé, nous envoyons les Papous couper des herbes et les chauffons par brassées au-dessus des braises afin d'en recouvrir la terre humide. Pour faire bonne mesure, nous jetons par-dessus un tapis de sol, et achevons l'ouvrage par la réfection du toit lui-même. En colmatant les interstices des lattes d'écorce avec des mottes de boue et en recouvrant de nos ponchos les parties les plus abîmées, nous obtenons de quoi nous satisfaire.

La nuit s'abat alors sans le moindre crépuscule. Nous sommes tous affamés. Les réserves de patates douces des porteurs sont épuisées et je déballe des rations de pâtes que je répartis entre les deux équipes sous les yeux admiratifs des Papous. Les pâtes sont encore plus rares et convoitées que le riz.

En quelques minutes, le repas est prêt et en moins de temps encore avalé. L'allure vorace à laquelle sont capables de manger les Papous est stupéfiante. Et si l'abondance règne, ils affichent ce contentement absolu des hommes qui ne savent jamais avec certitude de quoi sera fait le lendemain. Pour faire oublier les mauvais moments du jour, je leur distribue quelques paquets de ce tabac noir et fort qu'ils apprécient tant et dont j'ai de bonnes provisions. Alors, le ventre plein et fumant abondamment, les porteurs se montrent sous un autre jour. Autant ils peuvent être frondeurs, paresseux et bougons quand il s'agit de marcher, autant ils se révèlent joyeux, travailleurs, presque amicaux, lorsqu'ils n'ont plus cette corvée à remplir.

Une fois rassasiés nous regagnons nos couches respectives. Bernard et moi tentons de sécher nos vêtements au-dessus des flammes. Les accrocher à l'abri de la pluie en attendant le matin serait vain. L'humidité dans ces montagnes est telle que seule la chaleur d'un feu peut parvenir à un résultat. En revanche, je n'essaye pas de faire rendre son eau à mes bottes. À quoi bon s'échiner à ce travail ? Les vasières, demain, anéantiraient mes efforts en quelques secondes. Je dois m'habituer à vivre mouillé, et il en sera ainsi jusqu'au dernier jour de ce raid.

Une fois les sacs entassés dans un angle de la hutte, nous avons à peine la place de tenir allongés. Nous nous installons du mieux possible, envahis de fumée chaque fois que nous jetons une nouvelle bûche gorgée d'eau dans l'un des feux.

Je sors une cigarette soigneusement protégée des intempéries, approche un tison. Avec un bien-être jamais épuisé, je savoure ce goût unique de la première bouffée allumée à un feu de bois. Depuis des années, ce goût si particulier, qui disparaît dès la seconde bouffée, fait remonter en moi une marée de souvenirs aussi brefs qu'intenses. Ceux de mes premières expéditions en jungle.

Bernard fume à mes côtés. Nous parlons de cette aventure, de la marche interminable qui m'attend encore, des tribus que je rencontrerai plus loin. Une douce chaleur nous réconforte alors que dehors règne l'apocalypse du froid, du brouillard et de la pluie.

J'aime ces heures de plénitude après l'effort quand chaque instant de quiétude si chèrement gagné prend sa vraie dimension. La sérénité est toute proche dans ces moments fugitifs de dépouillement où le corps, ayant appris à se satisfaire des seules choses essentielles, les redécouvre et en admire la simplicité. L'esprit enfin libre s'évade vers des horizons inatteignables, erre très loin sans plus aucune limite, invente ce qu'il n'aurait jamais découvert autrement.

Je suis heureux aussi parce que ce pays est comme je le voulais, parfait pour le défi de ce raid. Il va exiger de moi toutes les forces et toutes les ressources qui sont dans ma tête et dans mon corps. C'est en les dépassant que je vais découvrir cette Nouvelle-Guinée, telle qu'en elle-même.

Nico, blotti contre nous sous la hutte, lorgne avec envie ma couverture afghane. Comme les autres porteurs, il n'a rien emporté avec lui qu'un filet papou contenant des provisions de bouche et les rares objets essentiels à un long voyage. Ce n'est pas dans l'habitude de ces hommes de beaucoup s'encombrer. Prévoir n'entre pas non plus dans leurs mœurs. Ils prennent les choses comme elles viennent et voilà tout… Pour survivre loin de chez soi on compte sur la providence, les hasards de la route et l'habitude des privations. Je tends une moitié de la couverture à Nico et nous nous blottissons côte à côte dans la pénombre.

Un froid piquant me réveille. Je dresse la tête hors de la couverture et des hamacs jetés sur nous. Dehors il pleut toujours et le brouillard recouvre tout. Les feux ont baissé, jetant de pâles lueurs sur nos corps recroquevillés. Quelle ambiance sinistre. Je tends la main vers la réserve de bois amassée près de nos têtes, jette quelques branches dans les foyers mourants. À petits coups je souffle sur les braises. Un peu de vie les ranime, hésitante et timide. Je laisse les premières flammèches lécher mon visage penché sur elles. Je rêve un instant, à l'écoute des crépitements du feu qui s'anime et grandit, me recouche en chien de fusil et me rendors aussitôt.

XII

Descente infernale

Par les interstices des lattes d'écorce, j'entrevois l'aube qui se lève sur les montagnes papoues. Une aube boueuse, sale et méchante, avare de lumière, mangée d'écharpes de brume. Il fait froid. Un silence lugubre règne sur ces hauts plateaux. Je reste encore un instant allongé, profitant de ces instants de paix. Bernard dort toujours. Nico me tourne le dos, ramassé entre ses jambes et ses bras. Les feux rougeoient doucement dans l'ombre qui se dissipe.

Sans joie je donne le signal du réveil. La vie reprend, anonyme et brouillonne. Visages chiffonnés, doigts gourds, corps encore maladroits aux gestes hésitants. J'enfile mes vêtements de marche raides de boue, Bernard bougonne :

– Sale nuit. J'ai à peine dormi. Tiens, regarde…

Sur sa peau, une scolopendre a laissé sa brûlure en *S*, rouge et douloureuse.

– Moi, je dois avoir des puces, dis-je. Ou des choses comme ça…

Hier pourtant nous avons nettoyé les lieux de tous les hôtes indésirables. Mais la chaleur des feux et celle de nos corps ont attiré toute une vermine trop heureuse de se soustraire aux rigueurs du climat…

Je quitte la hutte, appelle les porteurs. Ils sortent de la cabane en trottinant, se frottant les côtes avec des rires contrits. Leur nuit n'a pas été plus fameuse que la nôtre. Ils sautent sur place pour se réchauffer et nous accélérons les préparatifs de départ.

Le brouillard s'est levé, découvrant à nos yeux les vasières du plateau. Un sentiment de solitude absolue.

Sac au dos nous entamons une marche invraisemblable. Ici le sol n'a plus aucune consistance. Nous avançons en zigzag sur une interminable éponge qui aspire sournoisement nos jambes, parfois jusqu'aux cuisses, dans d'horribles bruits de succion. Je dois me faire violence pour croire qu'hier encore jungles et montagnes s'acharnaient sur nous.

Après quelques kilomètres de cette avance, nous butons sur une paroi rocheuse. Celle-là n'est pas très haute mais raide comme un mur. Nous l'escaladons lentement, nous aidant des mains et de toutes les aspérités. Parvenus au sommet nous découvrons une pente presque verticale et l'amorce d'une nouvelle sente qui plonge dans ses profondeurs.

Les heures suivantes sont un délire vertigineux. Il n'est plus question de marcher, mais d'utiliser au mieux bras et jambes pour ne pas basculer dans le vide. Tout glisse sans espoir. La terre, le sol, les rochers, la boue, rien ne tient sous le poids de nos mains ou de nos pieds. Cent fois nous manquons nous casser le cou.

Dans cet environnement extrême nos porteurs se révèlent admirables de résistance et d'adresse. Mais certains passages sont si impossibles que les Papous de ces contrées eux-mêmes ont installé des garde-fous de bois et parfois de véritables échelles de corde.

Ce n'est pas sans soulagement que nous parvenons au bas de cette paroi. Mais nous nous heurtons immédiatement à des falaises et à des torrents qui courent dans une région transformée en gruyère.

Graduellement nous redescendons à des altitudes plus clémentes. La jungle réapparaît par endroits, disparaît à d'autres, remplacée par des forêts moins denses. Puis nous traversons des espaces herbeux, des forêts sans sous-bois. Des mondes différents se succèdent. Mais où que nous allions tout glisse irrémédiablement. Pas une heure ne passe sans que nous nous retrouvions sur le dos, grognant et jurant. Combien de fois dévalons-nous ces pentes et ces creux sur les fesses en stoppant notre course les deux jambes en avant contre un arbre ou des branches ? J'en perds bientôt le compte. Nos pieds souffrent de ces chocs répétés. Bernard avance en claudiquant, une tendinite au genou, et je ne vaux pas mieux avec le réveil d'une vieille blessure à la cheville.

Aux rares haltes, je peux juger de notre allure pitoyable. Couverts de boue, trempés de sueur et de pluie, nos chapeaux informes, nous avons l'allure de gueux errant sans but… Et pourtant, je suis heureux de partager avec cette nature un peu de sa sauvagerie primitive. Dans ces moments d'aventure j'étire le temps. Chaque instant qui passe possède sa vraie densité que le quotidien d'une vie normale refuse presque toujours. Ici, je fais un bras d'honneur au monde mercantile que j'ai laissé derrière moi. Je fabrique ce qu'il déteste le plus, de l'inutile. Et j'éprouve une joie féroce à m'en souvenir.

Deux jours plus tard, nous parvenons aux abords d'Angguruk après avoir fait halte la première nuit à l'ancienne mission de Prongoli.

Nous sommes maintenant en plein territoire yalé dont la réputation guerrière faisait encore frémir il y a moins de quinze ans. Des villages et des hameaux réapparaissent, étagés de loin en loin sur les flancs des montagnes.

Comme souvent, les premiers Yalés se montrent à nous sur un sentier reliant leurs villages. Ils sont petits, minces, brun foncé, les jambes grêles. Beaucoup sont harnachés de cuirasses de rotin constituées d'un échafaudage de cerceaux entassés les uns sur les autres, des reins jusqu'à mi-poitrine. C'est le signe distinctif des tribus *yalés*. Ces incroyables corsets d'où dépassent de longs étuis péniens les contraignent à une démarche chaloupée, les bras légèrement écartés du corps.

À notre contact, ces hommes stupéfiants par leur allure ne manifestent aucune animosité. Plutôt une sorte de désintérêt lointain qui leur fait regarder le passage de notre colonne avec des yeux mornes, leur hache sur l'épaule ou leur arc à la main.

Leurs femmes se révèlent plus curieuses. Vêtues de bouquets de fibres attachés devant derrière, les seins à l'air et les ventres rebondis, elles nous suivent parfois quelques kilomètres en gloussant avant de rebrousser chemin ou d'obliquer vers un champ…

Partout je suis surpris par le dépouillement culturel de ces Papous des montagnes comparés à d'autres tribus de Nouvelle-Guinée. Les villages respirent une pauvreté accentuée par le manque d'entretien des cases aux accès souvent boueux comme si personne ne se souciait de ce désagrément. Les parures des hommes et des femmes sont sobres, limitées à quelques ornements faciaux. Nulle part je ne vois de sculptures ou d'instruments de musique. Mystère des évolutions parallèles dans un pays qui a été cloisonné pendant des millénaires. Bien sûr, l'image d'Épinal des Papous toujours peinturlurés et emplumés est une supercherie. Ce sont surtout des ornements de fête. Les Papous ne vivent pas en smoking tous les jours… Même dans les tribus qui ont porté l'art des parures à son plus haut niveau, on vit plus simplement au quotidien. Mais le quotidien ici semble fait de peu de choses. L'impression d'être parmi les primitifs des primitifs.

Au sixième jour depuis Waména nous parvenons aux abords d'Angguruk, étape finale pour Bernard. D'un sommet, j'aperçois au loin des maisons de jouets bâties dans une cuvette surplombant une immense faille. À la jumelle je distingue des baraques aux toits de tôle, une esplanade de terre encadrée de bâtiments de bois, un drapeau qui flotte au vent, une piste d'atterrissage en herbe, très pentue, et tout autour quelques dizaines de huttes et de cases. L'archétype parfait du poste de brousse. C'est à partir de centres comme celui-ci que la Nouvelle-Guinée a été explorée, pacifiée, christianisée et enfin administrée. L'expansion de la civilisation par la technique de la tache d'huile.

– À vol d'oiseau, Angguruk paraît à portée de main. Mais la ligne droite n'existe pas en pays papou. Les vues dominantes sont trompeuses. Elles décèlent rarement les accidents de terrain et il nous faut plusieurs heures pour atteindre le poste.

Nous y parvenons par une fin d'après-midi brumeuse, découvrant sur la place centrale un rassemblement d'une centaine de Papous, presque tout nus, que notre arrivée électrise.

Alors que nous approchons, une clameur fuse de cette foule noire et excitée qui se précipite vers nous en hurlant. J'échange un rapide regard avec Bernard. La scène a de quoi donner froid dans le dos. Sans rien montrer des sentiments qui nous animent, souriant même pour faire bonne contenance, nous parcourons les derniers mètres environnés de Papous aux faces exubérantes qui martèlent le sol de leurs pieds, scandant des hurlements aigus. Avec des nerfs un peu moins solides, on pourrait les croire disposés à nous faire un mauvais sort. Il s'agit sans doute d'un accueil normal.

Timatius nous entraîne à sa suite et malgré la bousculade nous pénétrons sans dommage dans la baraque de bois qui servait autrefois au missionnaire.

XIII
Missions

– Les Yalés sont cannibales, dit Boï en nous servant un verre de café. C'est une coutume qui a pratiquement disparu dans cette région. Mais loin d'ici, dans les montagnes où personne ne passe, évidemment…

Il se cale dans le fauteuil d'osier de sa petite maison de planches, sirote son café, l'œil dans le vide. Boï vient de l'archipel des Célèbes. Il est protestant et médecin. Il y a deux ans, l'administration indonésienne l'a envoyé ici tenir le petit dispensaire d'Angguruk. Depuis, il gère son territoire en attendant la providence qui le ramènera chez lui.

Son cas est exceptionnel dans ces hautes terres de l'Irian Jaya. C'est le seul et unique Indonésien que je rencontrerai durant mon raid. D'ici à Langda, le pouvoir administratif se limitera dans les rares postes de montagne à des Papous acculturés affublés d'une vague représentativité par les autorités, et à quelques-uns de leurs semblables faisant l'école à partir de ces mêmes postes. Nulle part, je ne verrai la moindre structure de police ou de justice.

Boï poursuit après un silence :

– Il y a quinze ans, les Yalés d'Angguruk ont découpé en morceaux un de leurs ennemis. Ils ont laissé ses restes sur la piste d'atterrissage. Tout le monde s'en souvient parce que ça ne se produisait plus alors près des centres comme celui-ci. À la même époque environ, deux missionnaires canadiens se sont fait tuer. On les a retrouvés percés de dizaines de flèches chacun. Tout un clan avait participé à l'hallali. On n'a jamais su ce qui s'était passé exactement.

Je me remémore quelques photos de Yalés entrevues dans des revues d'ethnologie. L'une d'elles notamment m'avait marqué. On y voyait un Papou hérissé de flèches comme si chacun de ses ennemis avait voulu lui infliger sa propre mort.

Près de la porte grande ouverte sur les montagnes, j'aperçois quelques Yalés qui vaquent sans but en jetant des regards curieux sur l'intérieur de la maison. La plupart sont suffisamment âgés pour avoir participé à ces événements. Je les considère d'un œil plus attentif, me demandant ce que nous pouvons bien représenter pour eux.

Boï nous ressert un verre de café. Les visites sont rares et l'isolement pesant si loin de tout. Il reprend après un soupir :

– Les missionnaires m'ont prévenu par radio. Il y a bien une place pour monsieur Bernard demain dans leur avion qui vient de Waména. Si la météo le permet…

– Et pour mon porteur ? dis-je.

– Je vous en procurerai un qui connaisse la mission de Nalca à quelques jours de marche d'ici. Là-bas vous pourrez en trouver d'autres pour aller plus loin.

Boï vient de résoudre mon problème le plus épineux du moment. Car depuis hier, je sais définitivement à quoi m'en tenir au sujet des hommes de S : ils ne connaissent guère plus que cette région qu'ils ont l'habitude de parcourir. De surcroît, ils ne sont plus que cinq. Simson a préféré abandonner avant même de parvenir à

Angguruk. À cause de la fatigue, m'a-t-il laissé entendre en se pliant en deux de servilité. Les autres ne semblent pas montrer plus d'enthousiasme. Après mille circonvolutions dialectiques destinées à se délier de l'engagement pris à Waména, Andréas et Nico m'ont fait comprendre qu'ils n'iraient pas plus loin. Ils ont enfin avoué ne pas connaître les montagnes au-delà d'Angguruk et ne pas tenir à s'y hasarder. Habel, Timatius et Silas ont reconnu eux aussi n'être jamais allés du côté de Langda. Mais avec l'aide de Papous d'Angguruk connaissant cette région, ils se sentent de taille à poursuivre l'aventure.

Il me manque donc un seul homme compte tenu des deux sacs que va reprendre Bernard.

Boï se chargera de le trouver comme il vient de le promettre et par la suite je renouvellerai mes pisteurs à mesure que je me rapprocherai des territoires isolés.

Car à partir d'ici je vais vraiment m'éloigner de tout.

L'avion apparaît comme un point minuscule à l'horizon, perdu dans l'enchevêtrement des montagnes. Des Papous venus des environs se sont rassemblés sur les bords de la piste pour assister à l'atterrissage. Bernard est prêt, ses sacs aux pieds. J'attends à côté de lui. Dans quelques minutes, il repartira et je resterai seul.

Le vrombissement du moteur se fait bientôt entendre, répercuté par les parois de la faille qui fait face à Angguruk.

L'avion grossit. C'est un petit Cessna 185 de la MAF (Mission Aviation Fellowship), la compagnie protestante. Il saute les derniers reliefs, évitant des écharpes de brume et de nuages, se coule dans la gorge étroite, vire pour s'aligner sur nous, bousculé par les turbulences. Le seuil de piste se termine au bord même de la faille. Pas question de poser les roues quelques mètres trop tôt. Ce serait le crash certain.

J'observe la manœuvre avec admiration. Voler dans ces régions accidentées de la Nouvelle-Guinée requiert une habileté peu commune de la part des pilotes, pour la plupart américains ou hollandais. Et un courage toujours renouvelé. Il faut naviguer à vue dans les dédales montagneux, voler sans cesse à la merci d'une météo capricieuse et instable qui change avec une effarante rapidité, bouchant les passes de brouillard et de pluie, amoncelant les nuages, coupant les routes de retour, levant des vents formidables au-dessus des barrières rocheuses. Il faut se poser sur des terrains souvent difficiles, étroits, cabossés, très courts, tracés parfois sur des déclivités à peine imaginables ou encaissés dans des gorges impossibles.

Ces pilotes, seuls aux commandes de leur minuscule appareil, ne peuvent compter que sur eux-mêmes et leur unique moteur. Ils jouent sans cesse leur vie à saute-mouton, misant sur leur adresse et leur expérience, la providence et Dieu qui les regarde. Tout cela pour transporter quatre ou cinq passagers, un peu de courrier, des vivres, quelques médicaments.

Les accidents sont nombreux et les disparitions corps et biens plus fréquentes que nulle part ailleurs. On retrouve rarement les avions écrasés dans ces espaces désolés, et chaque année qui passe ajoute de nouveaux noms à la liste des aviateurs morts pour leur compagnie missionnaire.

Mais au cœur de ce pays où n'existe aucune route, ils sont le seul lien reliant les postes et les missions au reste du monde, le seul moyen, magique, de désenclaver cette partie de la Nouvelle-Guinée, de l'ouvrir vers l'extérieur. Postes, missions, terrains d'atterrissage et avions légers forment une entité incontournable dans ces régions centrales de l'Irian Jaya. À tel point que beaucoup de Papous ne connaissent de la civilisation mécanique que ces avions, sans avoir jamais vu la moindre moto ou la moindre voiture de leur vie.

Alors, jour après jour, les pilotes décollent de Jayapura ou de Waména, profitant de la clémence de l'aube pour relier chacun un point perdu sur les cartes et s'en revenir au plus tôt avant que les montagnes ne se referment sur eux.

Le Cessna est en finale maintenant. Il a sorti ses volets, et son moteur rugit contre les turbulences. Ballotté par le vent, il approche, se cabre, laisse passer le dangereux seuil de piste et pose ses roues quelques mètres plus loin dans la terre mêlée d'herbes. Il fonce en cahotant vers la fin de la piste longue d'à peine trois cent cinquante mètres et qui grimpe à flanc de colline. Il freine, perd de la vitesse sur cette montée, enfin s'immobilise, fait demi-tour.

Dix minutes plus tard, Bernard embarque, emportant vers Paris les images qu'il a réalisées depuis Waména et qui formeront la majeure partie du film. Moment d'émotion, brève poignée de main. Inutile de trop parler. Si tout va bien nous nous retrouverons le 22 septembre au cœur des basses terres, à la confluence des fleuves Brazza et Eilanden. C'est là que j'ai décidé de mettre fin au raid, là qu'il tentera de me retrouver avec une équipe de TF1 en venant du sud par le bourg de Senggo. Toutes les informations récoltées à Waména m'ont convaincu qu'à partir de cette confluence les fleuves jusqu'à la côte des Casuarinas, à l'ouest, ne présentent plus aujourd'hui qu'un intérêt limité. Continuer vers la mer après le Brazza ne constituerait donc qu'une fastidieuse descente et un risque administratif inutile.

Par jeu nous avons fixé l'heure de cette rencontre. 15 heures. La vie donne rarement la chance de rendez-vous aussi romanesques au bout du monde.

Le moteur tourne à nouveau. L'avion roule vers le bout du terrain, le sommet plutôt. Il marque son point fixe quelques secondes, prend tout son élan, dévale la piste de plus en plus vite. Il saute le précipice, vire sur la droite pour suivre les contorsions de la gorge, grimpe petit à petit, se découpe enfin sur le ciel au-dessus des montagnes et disparaît vers les nuages.

En franchissant la passe des Elit Mountains, je me suis rendu à l'évidence qu'un interprète papou dans mon équipe de porteurs aurait évité bien des difficultés avec ces derniers. Avant même de parvenir à Angguruk, je me suis décidé à en chercher un capable de marcher jusqu'à Langda. Mais ce n'était pas ici que je pouvais dénicher quelqu'un parlant anglais. Bernard s'est donc vu chargé d'en trouver un auprès de S… et de le faire venir à Angguruk par le prochain avion des missionnaires. Une fois arrivé à Langda, il rentrerait avec les porteurs.

Je vais attendre trois jours ce nouveau Papou. Durant cette période de repos forcé mais bienvenu la météo reste égale à elle-même. Je suis désormais habitué à son rythme régulier. Petits matins grisâtres coupés de rayons de soleil jusque vers midi, puis bruines intermittentes jusqu'au soir, enfin lourdes pluies dans la nuit. Je m'y fais. Dans ces montagnes, il n'y a pas vraiment de saison des pluies et de saison sèche. Quand on pose la question, on vous répond qu'il y a effectivement deux saisons. La saison des pluies et la deuxième saison des pluies…

Je passe ces trois jours dans l'ancienne mission, une simple baraque de planches où vivait il y a peu de temps encore un pasteur protestant. J'imagine assez bien ce qu'a dû être sa vie des années durant au milieu de ces Papous primitifs sur lesquels, à l'évidence, son influence a été très limitée.

Les missions sont un élément essentiel en Nouvelle-Guinée. Elles font partie du paysage et des habitudes au même titre que les avions qui les ravitaillent et la radio qui leur permet de maintenir le contact avec l'extérieur. Leur isolement absolu en dehors de ces moyens de communication les différencie de la plupart des autres missions dans le monde.

Dans chacune d'elles, un ou deux missionnaires rarement davantage, se consacrent année après année à l'évangélisation de quelques milliers de Papous, voire de quelques centaines seulement, apprenant leur langue et traduisant la Bible. Il y faut généralement une vie entière. Tous ces missionnaires arrivent jeunes et repartent très vieux. Entre-temps la solitude et Dieu ont été le plus souvent leurs seuls compagnons.

Aujourd'hui, cette solitude des missionnaires est rompue tous les trois ou quatre ans par quelques mois de repos au pays, ce qui n'était pas envisageable autrefois. Mais l'esprit demeure le même. Apporter la bonne parole et accessoirement les bienfaits du « progrès ». Et le résultat ne change pas : l'acculturation progressive des Papous, la désagrégation de leur identité originelle. Mais au moins, les missionnaires servent de transition et de tampon aux contacts plus brutaux et inéluctables entre Papous et mercantis venus d'Occident avec moins de scrupules qu'eux…

L'existence monacale de ces missions, petites taches d'huile dans un océan d'eau, induit assez vite pour ceux qui la subissent un repliement sur soi. Parfois même une sclérose de l'esprit due au dénuement intellectuel si ce n'est spirituel. Pour ces raisons peut-être les missionnaires n'aiment guère les visites impromptues. Surtout lorsqu'ils sont anglo-saxons et protestants.

Certains d'entre eux se déplacent beaucoup, d'autres moins. Cela dépend de leur personnalité et de l'hostilité des régions où le sort les a jetés. Dans les montagnes, ils s'en tiennent généralement aux limites des zones dont ils ont la charge. Peu parcourent le pays à plus d'une ou deux journées de marche de leur mission. Après quelques années, la connaissance qu'ils acquièrent de leur domaine en fait des spécialistes. Et sans qu'ils en aient toujours conscience, ils se rapprochent alors des Papous dont ils s'occupent : ils ignorent à peu près tout ce qui ne concerne pas leur territoire… Leur mission est devenue une île dans les montagnes.

« C'est ici la certitude d'une cuisine et de prix sages, de la soupe de poisson (45 francs) au filet de dorade aux bigorneaux (86 francs), de la salade de raie au bacon (55 francs) à la choucroute de turbot et saumon (76 francs), du plateau de fruits de mer (120 francs) à la morue fraîche cuite sur sa peau sur fondue d'herbe (75 francs). Quelques viandes et, parmi les desserts, un nougat glacé au chocolat noir et à l'Izarra… »

Je referme avec nostalgie le vieux numéro du *Monde* que je traîne depuis Jakarta, songeant à la morne gamelle de riz qui m'attend pour le repas. J'ai failli jeter ce journal après l'avoir terminé à Waména. Mais quelque chose m'a retenu comme si en le gardant je conservais un lien supplémentaire avec la France. D'étape en étape, au fond de mon hamac, dans les recoins des cases papoues, n'importe où, j'ai lu tous les articles qu'en d'autres circonstances j'aurais négligés. Puis j'ai dévoré ceux qui ne m'intéressaient pas du tout. J'en suis maintenant à la chronique gastronomique. Bientôt je lirai les cours de la bourse, les petites annonces et la rubrique nécrologique. Je me suis promis de garder ce journal jusqu'à Langda et de n'en oublier aucune ligne… J'économise par la même occasion les rares livres en ma possession jusqu'à cette étape.

Je vis dans une telle économie de restriction que je ménage ces livres encore davantage que mes réserves de vivres. J'en suis avare. Par ce qu'ils représentent, ils me sont plus chers que tous mes kilos de riz. Quitte à crever de faim. J'en feuillette un de temps à autre, changeant d'univers l'espace de quelques pages, me retenant d'aller trop loin pour conserver encore un peu d'évasion au fond de mes sacs.

Mon carnet de bord joue comme toujours un rôle identique mais c'est un compagnon plus exigeant. Souvent je n'ai pas le courage de l'ouvrir. Par paresse ou fatigue. Néanmoins, il reste le refuge des heures difficiles, même si je ne lui dis que l'essentiel des faits quotidiens. Moi qui déteste les déballages publics de sentiments intimes, les émotions exhibitionnistes et toutes ces sortes d'impudeurs modernes je ne pourrais pas lui raconter des choses trop personnelles. En lui confiant tout j'aurais l'impression de me comporter envers lui comme ces gens qui accablent leurs semblables de leurs perpétuels états d'âmes. Je préfère lui épargner mes fardeaux.

Dehors la pluie tombe, drue, froide, torrentielle. Le journal sur les genoux, je contemple avec bien-être la vapeur qui monte du sol sous les trombes d'eau, savourant le plaisir sensuel d'être à l'abri…

XIV

Juste au bord du gouffre

Voilé de nuages, un soleil timide effleure les montagnes, jouant sur les teintes ocre des champs et des prairies. Devant moi les porteurs grimpent une côte en ahanant sur un sentier moins large que nos pieds. Ils sont quatre maintenant. À Timatius, Silas et Habel s'est joint un certain Messak qui connaît les pistes papoues jusqu'à la mission de Nalca. C'est aussi un Yalé, vêtu de haillons et grand fumeur de tabac noir, spécialement le mien… Mais il est mon sauf-conduit pour pénétrer plus avant vers l'est, vers Langda, vers la partie cruciale du raid.

Et puis, il y a aussi Henki, l'interprète arrivé le matin même, envoyé par Bernard. C'est un Papou de la côte, grand, à la peau sombre, qui paraît robuste mais peu sûr de lui. Il a trente-sept ans, une femme et deux enfants qui l'attendent dans un faubourg de Jayapura. Habituellement il joue le guide pour les étrangers qu'il peut dénicher. C'est la première fois qu'il s'embarque dans une aventure, et il n'a dû se décider que par besoin d'argent. La perspective de crapahuter jusqu'à Langda l'inquiète visiblement.

Il avance appuyé sur un bâton, chargé de son propre sac à dos où il a entassé quelques effets personnels. De temps à autre, il se retourne et je remarque ses traits tirés. En quittant Angguruk, il est parti comme une flèche, gaspillant ses forces d'un seul coup. Maintenant il suit avec peine. Je pensais que tous les Papous étaient de bons marcheurs. Je me trompais.

– Ça va, Henki ?…

– Oui, oui, ça monte.

– Pour sûr, ça monte.

Henki sourit comme il peut. Son visage mangé d'une barbe en broussaille ruisselle de sueur. Tous les cent mètres il sort un mouchoir pour éponger son front dégarni luisant de gouttelettes.

Je n'ai pas la moindre idée de ce que seront nos rapports futurs ni de la manière dont il se comportera devant le danger. Ma confiance est relative. Question d'instinct. Celle des porteurs aussi. Ils ne lui accordent pas beaucoup de respect et sa timidité naturelle n'arrange rien. Au moins, il parle un anglais correct.

Nous passons d'une vallée à l'autre sans interruption et la marche se réduit à une succession interminable de montées et de descentes. En commençant l'une de ces descentes on est absolument certain d'aboutir à une rivière ou un torrent. On est sûr également d'y trouver jeté par-dessus un pont sommaire, à moins que ce ne soient deux ou trois troncs d'arbres glissants. On est assuré enfin qu'une fois le pont franchi il faudra grimper aussi sec de l'autre côté…

Cette harassante monotonie provoque à la longue une baisse d'attention qui peut mener tout droit au drame. J'en fais l'expérience ce matin-là…

Alors que nous longeons un précipice pour aborder un surplomb masqué de fougères, je pose mon pied légèrement en dehors du sentier. Pas de beaucoup, quelques centimètres au plus. Il y a là un sol couvert d'herbes qui semble stable. Mais ma botte s'est à peine posée que je sens le sol céder sous mon poids. Aussitôt je bascule, comme aspiré par le vide. Je pousse un cri de surprise, mes genoux raclent le talus, le reste se passe en une fraction de seconde. Par pur réflexe mes mains happent rageusement tout ce qui passe à portée tandis que mes jambes dégringolent déjà l'à-pic caillouteux. Des feuillages craquent sous mon poids, j'entends des branches mortes casser net comme du verre, de la terre éclabousse mon visage. Et puis sous ma main droite quelque chose résiste. Un arbuste providentiel retient mon bras plus que je ne m'y cramponne. À toute vitesse je lance ma main gauche, saisis ce qui peut l'être et m'immobilise dans une position grotesque. Une centaine de mètres plus bas j'aperçois de gros rochers. Flash de terreur. Je lève les yeux, ma tête est au niveau du sentier où je progressais tant bien que mal une seconde plutôt.

Cette fois je n'ai plus droit à l'erreur. Sans à-coups, de crainte que tout ne s'arrache sous mes mains, je tire sur mes bras, me hisse vers le haut. Mon ventre rabote la roche friable qui part en morceaux, s'insinuant dans mon pantalon, je m'en rends à peine compte. Attrapant une racine qui émerge de la terre, je me rétablis d'un dernier mouvement. Affalé au bord du précipice je souffle un instant, le cœur battant. Il s'en est vraiment fallu de peu.

Je réajuste le sac qui n'a pas quitté mes épaules et, puisqu'il n'y a vraiment rien d'autre à faire, reprends la marche, les jambes flageolantes de peur rétrospective. Dix minutes plus tard, j'ai rejoint les porteurs qui ne se sont aperçus de rien.

Le soir tombe comme nous parvenons dans un village *yalé* perché sur un plateau tabulaire aux murailles couleur de suie. Une vingtaine de huttes et quelques cases entourent une esplanade de terre battue. Sur un éperon rocheux dominant le village, une trentaine de Papous alignés en rang se découpent sur le ciel gris, immobiles, observant notre approche.

Tous portent leurs cuirasses de cerceaux et des étuis péniens monstrueusement longs. En découvrant, le spectacle de ces sexes postiches dressés les uns à côté des autres comme à la parade, je me demande soudain si une quelconque prétention virile n'a pas été à l'origine de l'invention du *kotéka*…

Dès que nous atteignons l'esplanade, les Yalés dévalent leur éperon tandis que d'autres surgissent des huttes. En un instant je suis environné d'une armée de bibendums résolus à improviser sur-le-champ une petite réunion ethnologique. Avec des bruits de rotin froissé, les Papous s'accroupissent à même le sol entre les huttes et me font signe d'en faire autant. Me voilà face à une assemblée attentive qui va elle aussi assouvir sa curiosité. Inutile de songer au moindre repos avant d'avoir accompli cette formalité…

Quelques-uns de ces Papous commencent par me tenir de longs discours sans paraître se soucier le moins du monde d'être compris. Ils s'expriment dans leur dialecte, et Henki est bien incapable de traduire. Je me contente donc d'opiner de la tête en attendant que les choses se passent. D'autres me font des grimaces de la bouche pour attirer mon attention ou me secouent les bras sans trop de ménagement. Je réponds par le seul mot de *yalé* appris à Angguruk : *ouah-ouah*, ce qui signifie « oui ». Il faut le prononcer presque comme un jappement. Quand mes hôtes expriment tous en même temps leur approbation, on dirait une meute de chiens joyeux. Je remarque aussi avec stupéfaction que leurs étuis péniens servent de vide-poches. Tout en parlant, certains retirent la tape de feuilles bouchant l'extrémité de la coloquinte, penchent leur étui vers le bas, le tapotent, et en extraient de menus objets ainsi qu'un peu de tabac dont ils s'empressent de faire des cigarettes…

La plupart de ces Yalés sont très velus. Beaucoup portent des barbes crépues et certains des toisons très fournies sur les épaules ou dans le dos. Quant à leurs femmes, on les dirait toutes enceintes. Leurs ventres ronds surmontent des pubis saillants couverts d'une touffe de raphia masquant mal leurs sexes. Leurs peaux sont fripées, sales, rugueuses. Enfin, pour parachever cette apparence peu engageante, elles ont le bout du nez percé en deux endroits où sont enfilées des brindilles qui leur donnent des allures de diablesses…

Tandis qu'on me parle avec de grands gestes, je remarque un Papou plus calme et silencieux que ses voisins. Il ne dit rien, assis en tailleur au milieu de ses semblables. Il m'observe, la tête penchée. Nous n'échangeons pas une parole mais l'espace d'un bref instant quelque chose passe entre nous. Un je ne sais quoi qui n'appartient pas à la logique, plutôt à l'instinct. À moins que ce ne soit mon imagination. J'ai le sentiment qu'il s'interroge moins sur moi-même que sur le monde d'où je viens. Qui suis-je pour lui, avec mes affaires étranges, mon comportement si éloigné de toute référence ? Une sorte de mystère insondable ? Autre chose ? Comment savoir, comment me mettre à sa place ?

À mon tour, je regarde le Yalé et me dis qu'un jour je reviendrai. Ici ou ailleurs dans ces montagnes. Pour le rencontrer à nouveau, lui ou d'autres comme lui. Je reviendrai en expédition, pas en raid. Je pénétrerai les secrets de sa langue, nous parlerons, je lui dirai ce qu'il attend peut-être, et il me dévoilera l'énigme qu'il représente pour moi.

Henki me tire de ces réflexions :

– Ils vont nous donner une case pour la nuit. Ensuite, nous mangerons. Nous pouvons préparer de l'eau chaude sur leurs feux.

– Remercie-les, Henki. Et essaie de t'informer sur notre route. Ces Yalés doivent savoir à combien de jours se trouve Nalca. Peut-être même Langda.

– Messak a dit quatre ou cinq jours en partant d'Angguruk.

– Exact. Mais Messak se trompe peut-être. Pose quand même la question.

– *Ahoooua*, tu as raison. Il vaut mieux avoir plusieurs opinions. Je vais essayer de demander.

– T'as tout compris, Henki.

Il part dans de longs conciliabules avec les Papous, hochant la tête avec componction, triturant sa barbe de perplexité. Enfin, il se tourne vers moi :

– Ils ne connaissent pas Langda. Pour Nalca ils ne sont pas d'accord. Vraiment on ne peut pas croire ces gens. Celui-là raconte qu'il nous faudra sept jours. L'autre là-bas dit le double. D'autres disent n'importe quoi. Mais ils affirment tous qu'il y a un poste du nom de Kono à quelques jours d'ici. Mais avant ça, pas de villages, rien. Les porteurs veulent qu'on achète des kilos et des kilos de patates douces avant de repartir. Ils ont peur de ne pas manger.

– On les achètera, Henki, rassure-les. Qu'ils s'en occupent eux-mêmes d'ailleurs. Et puis, explique-leur autre chose aussi. Qu'ils arrêtent de s'inquiéter du chemin. Quoi qu'il arrive et quels que soient les problèmes, on arrivera jusqu'à Langda. Tous ensemble et en bonne santé.

XV

Les petits hommes qui courent dans la jungle

À l'aube, ma petite colonne de Papous se renforce de deux adolescents et d'un vieux grand-père. Ils voyagent dans notre direction et ont demandé à se joindre à nous. Je ne suis pas fâché de cette escorte inattendue. Les deux garçons sont robustes, armés d'arcs et d'une bonne provision de flèches. Quant au grand-père, son âge ne l'empêche pas de galoper sur les sentiers.

Après avoir traversé une zone peu boisée, nous parvenons sur les berges d'une rivière. Ses eaux bouillonnantes se frayent un passage parmi des amoncellements de rocs gris-blanc jetés un peu partout dans son cours. La rivière est très encaissée, bordée de lits de cailloux laissés par la décrue ou de falaises couronnées de futaies sinistres.

Toute la matinée nous remontons cette rivière sous une pluie battante, sautant de rocher en rocher, escaladant des éboulis successifs. Au bout de chaque méandre, les falaises tombant presque à la verticale interdisent le passage, nous contraignant à changer de rive. Des arbres ont été abattus par les Papous pour faciliter ces franchissements. Ils sont parfois dangereusement inclinés et jetés dix ou quinze mètres au-dessus de rochers battus par les flots. La moindre chute serait fatale et je passe souvent assis à cheval sur les troncs plutôt que de me risquer debout.

D'heure en heure, nous apercevons des groupes de Yalés perchés sur les falaises. Ils surgissent au milieu de la jungle, entourés de femmes et d'enfants, armés de leurs arcs et de leurs flèches. En nous découvrant, ils poussent ces hurlements modulés qui sont ici une manière d'annoncer son passage, et dégringolent vers nous, continuant de crier. Parvenus à notre hauteur, ils passent en courant sans nous accorder beaucoup d'attention, caparaçonnés de leurs cuirasses, tenant au-dessus de leurs têtes de grandes feuilles tressées entre elles, pour se protéger de la pluie. Beaucoup poussent devant eux des cochons noirs qui grognent en zigzaguant. Certains les portent directement sur leurs épaules, les deux mains accrochées aux pattes. D'où viennent-ils ? Où vont-ils ? Je crois comprendre qu'une grande fête se tient prochainement quelque part.

À peine entrevus, déjà disparus, ces Yalés me laissent au cœur des visions fugitives d'un autre âge.

Pour combien de temps encore ?

Beaucoup plus tard la rivière se rétrécit, et nous l'abandonnons pour un raidillon qui escalade la montagne dans un fouillis de boue et de végétation informe. Impossible de garder le poncho sur le dos. La toile accroche partout, se prend dans les pieds, menace de se déchirer sur les épineux. Je continue, trempé jusqu'aux os.

En peinant, nous débouchons dans une étroite vallée. Un sentier apparaît, s'enfonçant en ligne droite au cœur d'une jungle ténébreuse au sol instable tapissé de troncs d'arbres comme un chemin de roulement. La boue a rendu le passage si impraticable que les Papous de ce territoire se sont vus contraints de le remblayer.

Avancer devient un effort de chaque instant. Les jambes, les genoux, les reins se détruisent pas à pas, encaissant une multitude de chocs qui résonnent jusque sous mon crâne. Les pieds, jamais à plat, se tordent partout, butent partout, dérapent partout. Je peine comme un damné au fond de l'enfer ! Au bout d'une heure tout finit par se brouiller dans ma tête en un amalgame confus de montagnes, de sueur, de boue et de pourriture végétale.

Sur ce terrain démoniaque, les porteurs ne font guère mieux que moi. Ils tombent eux aussi à intervalles réguliers et je parierais que dans leurs grommellements étouffés se glissent quelques jurons acerbes à l'intention de cette jungle…

Terribles sentiers papous !… Mais il faudrait inventer un autre mot pour définir cette chose abominable qui permet de voyager dans ce pays. Sentier évoque trop un sol dégagé. Alors, piste ? Cela fait trop large. Chemin ? Trop serein. Layon ? Trop rectiligne. Non, décidément notre dictionnaire n'est pas assez riche pour les montagnes papoues…

Un peu partout je remarque des arbres creusés à leur base par le feu. Les flammes les ont évidés sur plus d'un mètre de hauteur, ménageant des abris de fortune en forme de grottes noirâtres. Sur le sol traînent des restes de foyers. Des Papous ont été surpris ici par la nuit, le froid ou la pluie. Ils avaient faim, ils ont allumé un feu, poussé des patates douces dans les braises avant de se blottir au fond du tronc ou de repartir.

Henki est à bout. Physiquement c'est la débandade. Il n'a jamais subi pareil traitement. Il traîne loin derrière, les yeux fous, épuisé, maladroit devant les obstacles. Mais il ne se plaint pas, serre les dents et affirme à qui veut l'entendre que tout va pour le mieux dans le meilleur des mondes. J'en doute. Le rictus qui barre ses traits m'inquiète. Tiendra-t-il jusqu'à Langda ? Silas et Timatius me font comprendre qu'ils aimeraient bien s'en débarrasser au plus tôt car il freine notre avance.

En fin d'après-midi, nous sommes toujours en pleine jungle sous une pluie diluvienne, lorsque Messak se rend compte que nous n'atteindrons jamais le hameau où il projetait de passer la nuit. Parmi les porteurs c'est la grogne immédiate. Comme ils n'emportent rien avec eux ils préfèrent faire étape le soir dans des villages. Ils détestent se retrouver isolés en forêt.

Avisant l'un des arbres-grottes, nous nous y rassemblons pour tenir conseil. Nous grelottons de froid et tout le monde sautille en se battant les flancs. En attendant qu'une décision soit prise, Timatius allume un brasier de branches à l'intérieur du tronc. Henki n'en mène pas large.

– Ahoooua, vraiment, on ne peut pas croire ces gens, gémit-il. Ce Messak raconte n'importe quoi… Où on va dormir maintenant ?

Il tourne la tête en tous sens comme une âme en peine, impressionné par l'aspect funèbre des lieux. À coup sûr il se voit déjà couché dans un coin de jungle pour la nuit, à demi mort de faim et de froid…

Je ricane en observant la gueule d'oiseau de proie de Messak qui n'ose plus nous regarder. Il tente de donner le change en sifflotant, prodiguant même des conseils à Timatius pour accélérer la combustion du feu. Excédé par ce manège stupide, Timatius l'envoie balader d'un grognement. À côté d'eux, le vieux grand-père et les deux jeunes Yalés grignotent quelques tubercules sortis de leurs filets, indifférents. Je hausse les épaules, fataliste, rassure Henki :

– On va dormir dans ces grottes ou construire des abris. T'inquiète pas.

Sur ces entrefaites, trois Yalés surgissent des fourrés. Un homme, une fillette et une vieille femme. Ils regagnent leur village dans la région d'Angguruk et s'apprêtent à passer la nuit dans deux huttes qu'ils connaissent non loin d'ici. Ils tombent on ne peut mieux. Comprenant notre situation, l'homme nous invite à les suivre. En hâte nous ramassons nos affaires et nous enfonçons dans la forêt derrière eux.

Après une courte marche nous parvenons dans une minuscule clairière bordée d'arbres gigantesques, Deux huttes sommaires se dressent là, faites de palissades de rondins mal équarris jointes à la liane et recouvertes d'un toit d'écorces élaguées.

Sans attendre nous nous répartissons dans ces abris. Henki et moi prenons place avec la famille *yalé*. À l'intérieur de notre hutte, il fait plus sombre qu'au milieu d'une nuit sans lune. D'un coup de lampe, j'éclaire les lieux. Je distingue un foyer de pierres disposé entre les quatre pieux supportant le toit. Nous nous installons de part et d'autre sur des feuilles séchées, allumons le feu. Aucun conduit ne permet d'évacuer la fumée et celle-ci stagne bientôt à hauteur de visage, s'exfiltrant lentement par les interstices des parois. Je tousse, les yeux me piquent, mais je suis bien le seul à être incommodé. Rien n'est plus habituel à un Papou que de vivre enfumé.

Nous avons à peine la place de nous mouvoir, et c'est en multipliant les contorsions que je me déshabille pour mettre mes vêtements à sécher sur la claie de bois au-dessus du foyer.

Henki se montre faussement prévenant. Prétextant qu'il s'occupera du feu pendant la nuit, il choisit la place la plus proche de ce dernier et me laisse le côté des parois où s'infiltre le froid. Ses manières mielleuses commencent à m'agacer.

Le Yalé qui nous a conduits ici ne manifeste qu'une curiosité discrète envers moi. Ses gestes sont doux, empreints de gentillesse, et contrairement à beaucoup de Papous il paraît désintéressé, ne cherchant pas à tirer profit de tout. Il porte une cuirasse de rotin impressionnante par le nombre de cerceaux et un étui pénien au bout duquel est coquettement noué un morceau de tissu blanc.

– Il s'appelle Iaia, me dit Henki. Il parle un peu indonésien. Il a été à la mission d'Angguruk.

Une fois de plus je note le peu d'influence que les missions semblent posséder sur les populations qui échappent à leur contrôle direct. À le voir, je pourrais croire Iaia sorti tout droit de la préhistoire.

– Et la femme et la fillette ?

– Ce sont sa vieille mère et sa fille.

Tout en répondant à mi-voix, Iaia prépare quelques patates douces. Sans même éplucher les tubercules, il les dépose dans les braises pour les consommer de cette manière rudimentaire que j'ai vue employer partout. On ne les mange pas en une seule cuisson mais par étapes successives, chaque fois que la partie externe est cuite. L'utilisation de gamelles permettant des cuissons diverses ne semble guère avoir la faveur de ces Papous isolés. Je n'apercevrai jamais d'ustensile de cuisine dans leurs villages.

Je demande :

– Iaia, pourquoi les Yalés portent-ils des corsets de rotin ?

Il sourit un bref instant, dodeline de la tête :

– Tous les Yalés font comme ça. Mon père en portait et son père aussi. C'est la tradition de nos ancêtres.

– Ce sont de drôles de gens, dit Henki. Ils ne savent pas pourquoi ils s'habillent comme ça. Tout à l'heure, celui-là m'a raconté que dans son village il ne passait jamais la nuit avec sa femme. Les hommes dorment dans une case à part. Il ne sait pas non plus pourquoi c'est comme ça depuis toujours.

Je n'ose le questionner sur son étui pénien. Mais lorsque nous nous couchons enfin, exténués par la marche, je vérifie qu'il ne l'enlève pas pour dormir. Au cours de la nuit, miné par de nouvelles insomnies, j'ai aussi le temps de me rendre compte qu'à chaque changement de position dans son sommeil il le bascule d'un revers de main précis, comme dans un réflexe acquis avec le temps…

Pendant cette même nuit, je constaterai à nouveau que les Papous dorment par tranches. À tout moment ils se réveillent pour grignoter quelque chose, remuer le feu, bavarder ou rester à rêver les yeux grands ouverts.

Au réveil, la pluie a cessé. J'enfile mes vêtements à moitié courbé en deux, la tête cognant contre le toit. À force d'être séchés au feu, pantalons et chemises dégagent une forte odeur de fumée qui devient le premier signe, chaque matin, que l'aventure continue.

Aujourd'hui au moins je vais être sec quelques minutes. S'il ne se met pas à pleuvoir trop tôt, je peux même espérer préserver le haut de mon corps. Quant aux jambes, elles seront trempées dès les premiers pas, les cuisses par les herbes mouillées et les pieds par la boue.

Une fois habillé, j'examine mes bottes. Depuis quelques jours, leur état m'inquiète. Elles ont tant souffert que les semelles s'arrachent déjà sur les côtés malgré leur solidité. Je suis perplexe sur leurs chances de finir le raid. Pour plus de sécurité, j'ai gardé les rangers de Bernard au fond d'un sac. Mais finalement, elles tiendront jusqu'au bout.

En sortant de la hutte, j'entends mon premier chant de paradisier. Quelques notes furtives qui coulent comme une eau limpide depuis la cime d'un arbre. Très excité, je tente de localiser cet oiseau mythique, symbole de la Nouvelle-Guinée. Mais il est aux deux tiers caché par le feuillage. Un peu trop de bruit, un geste précipité, il s'envole et disparaît. Dommage. Les paradisiers sont certainement les plus beaux oiseaux du monde. La splendeur absolue. Leurs plumes sont très recherchées par les Papous pour la confection des parures. Lorsque les premiers spécimens de paradisiers furent rapportés en Europe au début du XVIe siècle ils éblouirent tant par la magnificence de leurs couleurs, la variété des dessins de leur plumage, la somptuosité de leurs aigrettes, qu'on les crut venus tout droit du paradis. Le nom leur est resté, attaché à certaines légendes : ces premiers spécimens, naturalisés par les indigènes, arrivaient sans pattes. On pensa donc que la nature les en avait privés pour éviter à de si splendides oiseaux de se souiller sur le sol. On supposa même que dans ces conditions les femelles couvaient leurs œufs sur le dos des mâles, en plein vol…

Il existe quarante-deux espèces de paradisiers dans ces forêts, toutes difficiles à observer. À une seule autre occasion durant ce raid il me sera permis d'en voir un second, subrepticement.

Notre avance reprend dans la lumière glauque et verdâtre qui suinte du dôme de la jungle. Jusqu'au soir, nous progressons comme des équilibristes sur un sol exclusivement constitué d'amas d'arbres et de branches. Le monde de la pourriture absolue. Même les rares clairières nous réservent vase et fange nauséabonde.

Souvent je m'arrête pour m'obliger à détailler ce qui m'entoure. La marche requiert une telle attention, une concentration si totale de l'esprit et de la volonté tendus tout entiers vers l'effort à fournir que, si je n'y prenais garde, je pourrais très bien traverser ces régions du bout du monde sans en voir autre chose que leurs pièges obsédants. L'épuisement consécutif à ces marches quotidiennes engendre aussi un phénomène de détachement morbide vis-à-vis du monde extérieur. Le soir, souvent, rien ne compte que le désir du repos, le seul et unique repos tant espéré, au détriment de tout le reste. Malgré la fatigue, je dois lutter contre ce sentiment qui me pousse à l'isolement et me tient à l'écart des Papous.

Les deux jeunes Yalés de notre groupe, frais et alertes, vont en tête pour tenter d'abattre des oiseaux ou tout animal qui se présenterait. Sans le moindre succès. Ces jungles paraissent vides de gibier. Je n'aimerais pas avoir à survivre ici comme j'ai dû le faire autrefois en Amazonie ou au Congo. Même avec un fusil je ne trouverais rien à manger. La faune de Nouvelle-Guinée comporte peu de gros animaux. Et en nombre restreint. Même les sangliers, les casoars, les fourmiliers ou des marsupiaux comme les couscous ou les wallabies, sont rares et se déplacent pour la plupart la nuit.

Comme la veille, des colonnes de Papous pressés croisent notre route. Ils déboulent sans crier gare, ne prennent pas la peine de s'arrêter, et je garde un sentiment d'irréalité devant ces petits hommes nus courant dans la forêt, leurs arcs à la main.

En fin d'après-midi, nous sortons brutalement de cette jungle étouffante. Sous mes yeux s'ouvre une succession de vallées transversales couvertes d'une brousse plus accueillante. L'impression de sortir du purgatoire pour entrer au paradis…

Un premier village apparaît, entouré de champs de patates douces. Il ne doit servir qu'épisodiquement, car la moitié des huttes sont vides. Je décide d'y faire halte. Les habitants nous regardent arriver d'un œil méfiant. Je constate aussitôt que ce ne sont pas des Yalés. Nous avons quitté leur territoire. Ces Papous, très primitifs, appartiennent à une tribu dont on me dira qu'elle s'appelle les Nalcas. Ils portent des *kotékas* et de gros ornements d'os ou de bois passés dans les oreilles dont les lobes sont distendus jusqu'au niveau du cou. Certains de ces ornements devaient être si lourds qu'ils ont rompu la base du lobe, laissant pendre deux horribles morceaux de chair.

Ces hommes nous permettent d'occuper autant de huttes que nous le souhaitons, et je m'établis dans l'une d'elles avec Henki.

Comme toujours la porte est si étroite et basse que je dois y entrer de profil, cassé en deux. Comme d'habitude aussi la voûte intérieure est enduite d'épaisses couches de suie déposées année après année par les feux de cuisson. Fort heureusement, le sol est recouvert d'une sorte de paille où je trouve quelque confort.

Avant que je ne m'endorme, le vieux grand-père qui nous accompagne depuis les abords d'Angguruk vient nous porter un peu de viande de porc dénichée dans le village. Il est assez rare de pouvoir s'en procurer, et il sourit de plaisir en nous la tendant. Pour la découper, il sort son couteau en os de casoar et partage les morceaux déjà cuits en parts égales. Il les réchauffe ensuite entre les pierres brûlantes du foyer, s'aidant pour les remuer d'une pince de bois faite, selon la méthode papoue, d'une branche plate pliée en deux.

Lorsqu'il nous quitte, j'aménage autour de moi mon intimité. Je crée le territoire personnel qui sera le mien le temps de quelques heures, ce territoire qui transforme l'inconnu en connu, rassure et équilibre. Je pends mon chapeau à une poutre, déposant dedans mon tabac, ma lampe, la boussole portée dans ma poche poitrine, quelques objets divers. J'étale sur le sol mon hamac – les huttes sont trop petites pour le tendre – et par-dessus la couverture. Près de ma tête je place d'un côté un livre et de l'autre mon ceinturon, mon poignard et ma machette. À mes pieds, je laisse mes bottes, et près du feu mes vêtements de marche, treillis et chemise de brousse. Sur un côté je dépose enfin les gamelles, bien rangées, non loin des sacs posés contre les cloisons.

Me voilà chez moi.

Je m'apprête à m'endormir quand des chants étranges s'élèvent d'une hutte voisine. Une mélopée triste faite de voix de femmes se répand dans la nuit, traverse l'air limpide des montagnes et vient jusqu'à moi comme un appel secret.

Je me lève, m'habille, sors dans l'obscurité. La hutte est proche, j'entre. Elles sont là, épaule contre épaule, yeux fermés, se balançant doucement, la lueur mordorée du feu caressant leurs visages. Personne ne s'occupe de moi, on ne me prête pas attention. Je m'assois sans rien dire, immobile pour ne pas rompre le charme. Ce chant me catapulte des années en arrière chez les Pygmées du Congo. Je retrouve la même utilisation exclusive des voyelles s'enchaînant dans une mélodie parfaite, les mêmes halètements sourds venant du fond de la poitrine qui ponctuent chaque rythme, et cette langoureuse harmonique qui me fascinait tant autrefois.

Longtemps je reste à l'écoute de ces souvenirs, de ce chant qui monte et descend comme une plainte au milieu du monde hostile.

XVI

En redevenant sauvage

Cette nuit-là, allongé près du feu, le corps couvert de cendres chaque fois que je m'éveille pour souffler sur les braises, je réfléchis à ce sentiment qui m'imprègne chaque jour un peu plus de retourner graduellement moi-même vers un état sauvage.

Dans cette hutte papoue au cœur de la Nouvelle-Guinée, le monde extérieur d'où je viens me semble être à des années-lumière, sur une autre planète. J'ai la sensation parfois que ce monde qui est le mien n'existe plus. Ses problèmes me sont devenus étrangers, je les sens futiles, dérisoires, comme de vieilles défroques dont je me serais débarrassé.

Mes préoccupations se sont rapprochées de celles des hommes primitifs que je côtoie. Manger, dormir, ne pas avoir froid, ne pas être mouillé. Y a-t-il quelque chose de plus important ? Comment penser autrement ici ? Mon rythme de vie s'est inversé, mes soucis sont diamétralement opposés à ce qu'ils étaient. Ma vie est faite d'autre chose. De la pluie qui tombe, des feux de bois où je trouve un peu de réconfort, de la fumée qui irrite mes yeux, de bruits différents, du sol humide qui me sert de litière, d'eau fraîche et limpide, d'hommes inconnus. Même le souvenir des êtres qui me sont chers est auréolé d'un sentiment diaphane d'irréalité.

Mon échelle de valeurs s'inverse elle aussi progressivement. La moindre petite douceur alimentaire que je garde au fond de mon sac est revêtue désormais d'une richesse inestimable alors que je la mépriserais chez moi. J'accorde également un prix exorbitant à mes objets familiers qui n'en mériteraient pas tant si je n'étais pas ici. Mes sacs à dos ou mon poignard ont remplacé mes amis fidèles, je me suis attaché peu à peu à mon chapeau, mon hamac, ma lampe torche, ma machette. Ces choses minuscules sont le centre de ma vie. J'en souris, je m'en amuse.

Seuls les livres et la musique échappent à ces nouveaux critères de valeur. Ils restent des repères inchangeables, des besoins absolus où je me retrouve tel qu'en moi-même. Quelques pages aimées, quelques notes sublimées, m'apportent plus de force aux moments difficiles que n'importe quel autre stimulant.

Dans cette nuit obscure, près du feu qui luit doucement, je retrouve chacun de ces signes du retour à l'état primitif à travers ce que je suis. Je les reconnais avec une certaine nostalgie parce que je les ai déjà vécus dans d'autres expéditions qui me ramenaient aux choses brutes de la vie.

Quinze ans plus tôt, perdu au fond des jungles du Congo, j'étais même allé si loin dans ce sens que je ne pensais plus qu'à tuer tout animal passant à ma portée, trouvant une joie terrible à massacrer singes ou oiseaux pour les dévorer. J'aurais cru à une plaisanterie si on m'avait parlé alors de chômage, de week-end à la campagne ou de carrière professionnelle.

Dans ce raid je n'en suis pas encore là. J'en suis toujours au stade où je trouve mon compte dans cette existence particulière. Je sais qu'ensuite il y aura un moment où tout basculera, où j'en aurai assez de cette vie épuisante. Alors je rêverai au retour. Pendant quelque temps, le monde que j'ai quitté sera le plus extraordinaire des mondes. J'en oublierai ses bassesses, sa jungle propre, ses problèmes, le peu de place que chacun y tient. Je ne rêverai plus qu'au petit café pris à une terrasse des bords de Seine, à la sensualité d'une paire de draps blancs, aux longues soirées entre amis, aux choses plus personnelles aussi.

En attendant, mon apparence physique aussi m'entraîne vers la vie sauvage. Mes cheveux et ma barbe poussent, crissent de crasse sous mes doigts. Je ne peux même pas voir la tête qui est devenue la mienne.

Je m'endors en songeant toujours à cette impression de redevenir sauvage. Elle est très étrange. Car si je sens qu'elle me tire en arrière vers des profondeurs inconnues je vois aussi qu'elle laisse mon esprit libre pour explorer des routes qui ne m'apparaissent jamais dans la vie quotidienne.

À proximité du village où nous avons dormi, nous trouvons le lendemain le poste de Kono. Quelques dizaines de cases et de huttes entourent des baraques de bois au sommet d'un vaste tertre. Tout semble à l'abandon, la population misérable. Ce poste construit autrefois pour contrôler la pacification et étendre le progrès respire une indigence morale inexistante dans les villages traditionnels. D'un seul coup, je me heurte à des hommes affublés d'oripeaux qui me semblent déplacés après ceux entrevus dans la forêt. C'est comme si j'entrais dans une bulle surréaliste posée par hasard dans un coin des montagnes, sans aucun lien réel avec ce qui l'environne. Il faudra sans doute longtemps avant que ces Papous, passés en une génération de la préhistoire au monde d'aujourd'hui, s'inventent un équilibre et une nouvelle identité.

À partir de ce poste et jusqu'à l'ascension de la cordillère centrale pour regagner son flanc sud, je vais progresser à travers des contrées beaucoup plus accueillantes que celles connues précédemment. J'aurai souvent la sensation d'avoir changé de pays. Brousse et végétation rase remplaceront pour une bonne part la jungle hostile et je trouverai même de petites forêts de pins odorants jonchant le sol de leurs aiguilles. Canne à sucre, maïs, bananes feront aussi leur apparition dans les champs papous, améliorant notre ordinaire.

De Kono, je mets à peine une journée pour atteindre la mission de Nalca. Seul incident notable dans ce parcours, la découverte des débordements diaboliques auxquels peuvent se livrer certains insectes pour assouvir leurs instincts. Alors que je contourne un massif de végétation, je manque tomber tête baissée dans la plus répugnante et la plus inimaginable des toiles d'araignée. Pas une toile commune, banale, comme il en existe partout. Non, celle-là s'étend d'arbre en arbre sur près d'une vingtaine de mètres… Une gigantesque toile d'araignée d'un seul tenant, jetée sur les branches comme un filet de pêcheurs aux mailles de soie translucide. Et au milieu de ce piège tendu pour les insectes volants des centaines d'araignées sont accrochées, les pattes déployées, leurs corps velus bien bombés. Elles semblent planer en un horrible ballet immobile, dans l'attente de leurs proies.

Je passe au large de cette vision cauchemardesque que le vent agite de frémissements. Je n'aimerais pas être une mouche ou un papillon en promenade…

Une heure plus tard, la mission de Nalca nous apparaît d'une hauteur.

En approchant, première déception. Cette minuscule mission est imprégnée d'une pauvreté intellectuelle à laquelle je ne m'attendais pas. Les trois ou quatre bâtiments de planches suintent d'ennui et d'une sorte de résignation pitoyable.

Le pasteur et sa femme me réservent un accueil glacial. Je dérange un ordre des choses figé depuis des années et n'insiste pas. Contre quelques billets j'obtiens tout de même quelques bougies et de quoi me loger pour la nuit dans l'une des baraques désaffectées.

Henki et les porteurs me fixent d'un air étonné. Ils supposaient sans doute que les premiers Blancs que je rencontrerais me traiteraient comme un membre de leur tribu…

Quelle désillusion ! Dans mon obsession d'atteindre Langda au mieux de ma forme avant d'entreprendre la suite du raid, je plaçais les deux missions sur ma route, Nalca et Eïpomek, à peine en dessous du paradis. J'espérais y récupérer quelque force. Je dois déchanter. Ce n'est pas ici que le moindre repos me sera accordé.

Une fois tous entassés dans la baraque, je fais le point. Messak rentre demain chez lui. C'était convenu ainsi. Le vieux grand-père et les deux jeunes restent dans les parages. C'est leur affaire. Habel, lui, décide de ne pas continuer et de retourner à Waména par étapes. Il n'en peut plus. Je ne cherche pas à le convaincre de respecter son engagement. Il en serait incapable. Je dénicherai bien un autre Papou pour le remplacer. Timatius montre aussi quelques velléités d'abandon. C'est tellement loin Langda. S'il savait jusqu'où je vais… Henki lui fait valoir qu'il est moins fatigant de poursuivre jusqu'au bout pour rentrer avec un avion des missionnaires – ce que j'ai promis – que de renoncer ici et de s'en retourner à pied comme Habel. L'argument porte.

Au bout du compte, Timatius et Silas sont les seuls porteurs de Waména qui demeurent avec moi. Quatre défections sur six hommes à mi-parcours de Langda, les pertes sont élevées… Et je devrai certainement pousser ces deux-là si je ne veux pas les voir se débander. Car plus nous avançons et plus ils se sentent en terre étrangère. Ils n'échappent pas davantage que moi au sentiment d'insécurité qui rôde autour de nous dans certains villages. Leur comportement s'en ressent. Dans ces cas-là ils n'osent plus bouger, ne desserrent pas les dents, et une crainte maladive les paralyse. Comme en outre ils ne peuvent communiquer qu'avec les Papous parlant indonésien il doit leur arriver de se sentir aussi seuls et abandonnés que je le suis moi-même.

De nombreux Papous des hameaux environnants se sont joints à notre groupe pour palabrer. J'ai allumé quelques bougies dans les angles de la baraque. Pour économiser ma lampe, mais aussi parce que j'aime infiniment leur lumière naturelle et cette capacité qui est la leur de transformer n'importe quel lieu de désolation en un univers de mystère.

Dans mon panthéon des choses de l'aventure, les feux de bois, les lampes tempêtent et les bougies valent tous les éclairages modernes. Eux seuls dégagent une telle vie, une telle chaleur humaine. Eux seuls invitent à l'intimité, savent jouer avec les ombres, jeter des lueurs vraies sur les visages.

Dans la lumière vacillante des bougies, je demande à Henki de se renseigner sur ce qui nous attend après

Nalca. La cacophonie d'informations qui s'ensuit me fait abandonner au bout de dix minutes. Comme d'habitude, trouver deux Papous d'accord tient du prodige dès qu'on aborde des régions situées au-delà de leurs frontières tribales. L'imprécision le dispute chaque fois à l'approximation. Je l'ai vérifié cent fois avec mes jambes ces dernières semaines. Ces Papous et moi parlons des langages de référence trop éloignés l'un de l'autre.

En revanche Henki parvient sans trop de difficulté à dénicher deux volontaires connaissant le pays jusqu'à la seconde mission d'Eïpomek.

Ce sont des « acculturés » comme Timatius et Silas, aux visages peu engageants.

– Tu penses qu'ils feront l'affaire, Henki ?

– *Ahoooua*, je crois…

– Bon. Et qu'est-ce qu'ils racontent ?

– Ils disent que si on était venus ici il y a quelques mois tu aurais peut-être eu des problèmes. Il y a eu une bataille entre deux tribus.

– Et des morts ?

– *Ahoooua*, bien sûr, des morts…

Timatius et Silas font des mines renfrognées.

– Et pourquoi est-ce qu'elles se sont battues, ces deux tribus ?

Henki pose ma question, vaguement gêné, se tourne vers moi :

– Ça paraît compliqué. C'est souvent comme ça avec ces gens-là. Comme il y a un missionnaire dans cette région, ils ne disent pas tout. C'est pas clair leur affaire.

Je n'en saurai pas plus. Un vieux accroupi dans un coin intervient d'une voix aigrelette. Sa voix monte, descend, joue avec les aigus et les graves. Son visage émacié est parcouru d'expressions, ses mains s'agitent devant lui. Chacun l'écoute en silence.

– Il raconte une autre histoire, explique Henki. Il dit qu'un jour deux missionnaires comme ceux d'ici ont débarqué près de Sela. C'est au nord de Nalca. Ils venaient dans un drôle d'avion, un hélicoptère, c'est sûr. Les Papous de là-bas les ont massacrés presque tout de suite. Il dit qu'ils sont très guerriers ces gens-là.

– Et ça s'est passé quand ?

– Il y a presque trente ans.

– Tu me rassures, Henki…

XVII

Le pays de la mousse

Une chaîne de hautes montagnes barre l'horizon. Malgré les jungles épaisses qui les couvrent, elles laissent voir par endroits leurs flancs à nu comme des femmes impudiques qui dévoileraient leurs charmes. Gorges et falaises coupent ces reliefs acérés. Partout d'immenses cascades se jettent des sommets, et des torrents puissants dévalent les pentes dans des gerbes d'écume. Le spectacle est tel que je ne parviens pas à m'en arracher.

Depuis l'aube, nous grimpons vers ces montagnes. Nous avons atteint une arête rocheuse qui les masquait à notre vue, et récupérons un peu avant d'affronter ce nouvel obstacle. Autour de moi les Papous se reposent en silence, contemplant eux aussi ce pays qu'ils ne connaissent pas.

L'un des deux porteurs engagés à Nalca s'approche de moi à croupetons parmi les rochers. Il n'est pas très grand, jeune et robuste, mais ses manières sont celles d'un vrai petit animal. Il en a les mêmes gestes, les mêmes postures, les mêmes glapissements. Cette fois il vient mettre son museau épaté contre mon visage pour me tenir un discours que personne n'est capable de me traduire. Les autres rient de ses mimiques. Il se tourne vers eux sans se formaliser, grogne, se gratte le dos, revient vers moi. Je suis peut-être tombé sur le simple d'esprit du village. Il plonge la tête sur ma main qui tient une cigarette, aspire promptement une bouffée sans me laisser le temps de réagir, et se redresse, la mine réjouie. Sans plus m'accorder d'intérêt il retourne dans son coin, s'accroupit comme un chien.

Du fond des vallées monte les nappes de brouillard qui à cette heure prennent toujours possession des montagnes. Elles arrivent rapidement, épousant la forme des reliefs, noyant des huttes isolées, avançant implacablement vers nous. Il faut partir sans plus attendre, les devancer. Sans quoi nous risquons d'entrer à l'aveuglette dans ces nouvelles montagnes.

Je donne le signal du départ. Notre petite colonne s'ébranle sans enthousiasme. Nous espérions tous atteindre Eïpomek en deux jours depuis Nalca. Il est évident maintenant que nous en mettrons au moins un de plus. Mais notre avance s'est beaucoup ralentie. Les « anciens », Henki, Timatius, Silas et moi, sommes à bout et je ne peux exiger davantage de personne. Mes pieds saignent dans des bottes toujours trempées, Henki marche comme un somnambule, appuyé sur son bâton, et Silas et Timatius ne valent guère mieux.

La longue litanie de la marche reprend. Montées, descentes à pic, traversée de torrents, boue, pluie, jungle, jusqu'à en avoir la nausée.

Quelques heures plus tard, nous attaquons la chaîne de montagnes. De loin, rien ne laissait supposer qu'elle puisse être différente de celles traversées jusqu'à présent. Pourtant, arrivés à mi-pente, ployant sous nos sacs, les genoux butant sur les amas de végétation, glissant et dérapant, nous entrons sans aucune transition dans une forêt fantasmagorique comme je n'en avais encore jamais vu. Je regarde de tous côtés sans en croire mes yeux. Je suis dans le pays de la mousse. Mystérieuse et glaciale, elle étouffe chaque chose dans un manteau uniforme qui semble tendu du sol jusqu'à la cime des arbres comme une immense tenture verte et spongieuse. Nous avançons en sinuant dans cet univers de fonds sous-marins absolument silencieux. Les arbres se dressent autour de nous comme des milliers de spectres velus, et des frondaisons pendent des lianules tordues qui caressent nos visages de baisers humides. Plus rien ne craque sous mes pieds. Je foule un sol d'éponge exhalant un parfum nouveau qui n'est plus celui de l'humus en décomposition mais le mélange des odeurs fades des lichens et des fougères. La lumière elle-même s'est transformée, jetant des lueurs irréelles sur un sous-bois parsemé d'échafaudages d'arbres morts recouverts du même tapis de mousse qui arrondit les formes, gomme les aspérités.

Beaucoup plus tard nous atteignons les hauteurs de la montagne, et le pays de la mousse disparaît comme par enchantement. J'en éprouve un véritable soulagement. Cette forêt inquiétante diffusait une telle oppression que même disparue elle me laisse au cœur une sensation de malaise.

J'observe alors qu'à nos pieds le brouillard s'est emparé des montagnes, coupant toute voie d'accès.

À mes côtés, le petit animal ramassé à Nalca ne paraît pas se soucier de ce brouillard. Il nous a guidés avec instinct dans le labyrinthe de la forêt moussue et attend accroupi à mes pieds que je veuille lui donner le tabac qu'il me réclame avec des jappements. Je lui tends un paquet humide de pluie et patiente jusqu'à ce que tout le monde soit rassemblé pour entreprendre la descente. Les porteurs arrivent en ordre dispersé,

Henki le dernier. Sa respiration n'est plus qu'un râle et il manque défaillir en imaginant ce qui nous attend.

– On va y aller doucement, lui dis-je. Les uns derrière les autres. On n'a pas besoin de se presser.

Je sens que si ce sommet venteux permettait le moindre refuge pour la nuit il s'écroulerait à l'endroit même où il se trouve. J'ai le cœur serré pour lui. Tout Papou qu'il est, ces territoires lui sont étrangers et rien ne le prédisposait à une telle aventure.

L'un derrière l'autre, nous pénétrons dans le brouillard. Le soleil, bas sur l'horizon, diffuse sa lumière rasante dans les gouttelettes d'eau et nous sommes aussitôt aveuglés. La visibilité est limitée à quelques mètres. Nous serpentons sur une crête effilée, distinguant à peine les précipices qui nous entourent. Par chance, les reliefs s'abaissent très vite et nous retrouvons des pentes moins dangereuses, constituées d'éboulis successifs, puis de champs de lave qui s'étendent sur des collines disposées en parallèle.

À la nuit nous sommes tirés d'affaire. Eïpomek se devine dans le lointain.

Nous y parvenons le 29 août. La mission est aussi minuscule que celle de Nalca, tout aussi perdue au milieu de la jungle, et le missionnaire protestant tout aussi distant. Il vient d'atteindre l'âge de la retraite, et après plus de trente ans en Nouvelle-Guinée il n'aspire qu'à son retour définitif au pays.

Langda est maintenant à portée de main. Mais de l'autre côté de la cordillère centrale. Traverser cette dernière exigera sans doute de nous tous des efforts considérables et j'aimerais partir avec un minimum d'informations. Hélas, le missionnaire est incapable de m'apporter le moindre éclaircissement. Autrefois il lui est arrivé de gravir les premières pentes de la chaîne montagneuse mais sans jamais atteindre son sommet et encore moins redescendre de l'autre côté. Il ne sait même pas quelles tribus vivent dans la région de Langda. Je n'en reviens pas d'une telle méconnaissance, d'un tel repliement sur soi. En quelques semaines j'aurai arpenté plus de territoires papous que lui dans cette région…

J'obtiens davantage de renseignements dans le village entourant la mission. Les habitants confirment l'existence de liaisons ancestrales de part et d'autre de la cordillère. Elles servaient autrefois au troc et à des raids guerriers contre les tribus ennemies. Je n'ai pas trop de mal à décider deux hommes solides pour remplacer les deux porteurs de Nalca. Ils se font fort de nous faire passer en trois jours. Mais ils décrivent le trajet comme un petit enfer où nous risquerons notre vie. Il y a, paraît-il, des à-pics terribles à franchir et nous ne trouverons à dormir qu'au fond de grottes glaciales.

En les écoutant, Timatius et Silas prennent peur. Par l'intermédiaire d'Henki ils me font savoir qu'ils sont d'accord pour s'engager dans une pareille affaire, mais à la condition de ne pas mourir gelés. Je les rassure. Même aux hautes altitudes que nous allons connaître il ne règne pas des températures polaires. Nous aurons sans aucun doute très froid. Mais pas au point d'y laisser la vie…

Dès les premiers contacts avec ces Papous d'Eïpomek, de la tribu des Ketembans, je deviens la terreur des petits enfants. Dès qu'ils m'aperçoivent, leurs visages expriment une épouvante sans borne et ils éclatent en sanglots en s'enfuyant de tous côtés…

Ces Papous d'Eïpomek montrent quelques différences avec ceux que j'ai rencontrés précédemment.

Leurs étuis péniens sont souvent recourbés au bout et les ornements d'oreilles semblent prépondérants sur ceux du nez. Quant aux femmes, il faut bien admettre que selon mes critères elles sont encore moins aguichantes que les autres Papoues. Leurs ventres ronds, leurs jambes courtes et maigres, leurs peaux plissées me font frémir. Les mères portent leurs bébés serrés dans des filets de fibres disposés sur le dos et retenus par une cordelette au niveau du front. Henki m'apprend que nombre de ces bébés meurent sur les chemins de montagne quand leurs mères tombent.

Les huttes aussi ont changé d'aspect. Elles sont toujours rondes, mais souvent dressées sur de courts pilotis. Certaines sont construites en écorce, d'autres avec des rondins grossièrement équarris liés à la liane. Les toits varient également. Ils peuvent être recouverts de chaume, de feuilles ou de lattes d'écorce. L'inégale longueur de ces lattes donne l'illusion de loin que le bord des toits est délicatement découpé comme de la dentelle. L'entrée de ces huttes demeure minuscule et l'intérieur identique avec un feu central au milieu des quatre pieux soutenant la toiture.

Mais ces différences mises à part les Ketembans sont tout aussi primitifs que les autres tribus de cette région. Nulle part je n'aurai vu de grands villages, de parures étincelantes, d'objets sculptés, d'instruments de musique. Ces montagnards papous peuvent à peine être comparés aux tribus *asmats* de la côte des Casuarinas ou à celles du fleuve Sépik qui ont développé un art inestimable et vivent souvent en villages de plusieurs centaines d'habitants.

Ils paraissent même pauvres en cochons, cet animal symbole de richesse pour tous les Papous. J'en aperçois qui traînent dans la boue autour des huttes mais ils sont maigres et peu nombreux. Timatius aimerait bien que j'en achète un pour que nous le dévorions en un seul repas. Mais personne ne semble décidé à se séparer de l'un d'eux.

– Ils en ont besoin pour les mariages, m'explique Henki après s'être renseigné. C'est avec ça que les garçons doivent payer les parents de la fille qu'ils veulent épouser.

– Et s'ils n'ont pas assez de cochons ?

Il se met à rire :

– Alors, pas de mariage. Ou bien ils choisissent une fille moins coûteuse…

Je suppose que certains ne doivent pas attendre de posséder le nombre de bêtes demandées pour consommer l'objet de leur convoitise. Mais d'après ce qu'on m'avait raconté du côté de Kono, la chose ne va pas sans risques. Dans cette région, si un garçon et une fille sont pris sur le fait, ils sont tous les deux attachés une journée entière sur la place du village. Après quoi le père du garçon est contraint de dédommager celui de la fille. En cochons, cela va de soi…

Nous allons nous reposer une journée à Eïpomek avant d'affronter la cordillère et ses dangers. Repos relatif car il faut se préparer à ce combat qui sera le dernier pour Henki, Silas et Timatius. Je les charge avant tout d'améliorer l'ordinaire en se procurant des provisions de voyage et des vivres frais dans le village bordant la mission. Ils rassemblent très vite une quantité appréciable de patates douces pour les jours suivants, ainsi que quelques œufs et deux poulets anémiques qui font les frais immédiats de nos repas.

Pour ma part, je m'occupe des menus travaux que ce raid exige en permanence. Il faut coudre ce qui a été déchiré par les épineux de la jungle, renforcer ce qui menace de céder, réparer ce qui a craqué, nettoyer le reste, lutter contre les moisissures qui s'installent avec l'humidité. Et puis il faut encore écrire, photographier, filmer, questionner.

Profitant de quelques rayons de soleil je fais sécher l'ensemble de mon matériel. Malgré la protection de la toile imperméable des sacs à dos et celle des sacs plastiques dans lesquels tout est emballé, la pluie parvient à s'infiltrer, Dieu sait comment et à mouiller le moindre objet.

Le calcul de mes réserves me montre aussi que je n'ai pas à m'inquiéter pour la suite du raid après Langda. Il me reste suffisamment de nourriture, de piles, de briquets, de cordelette, de médicaments et de tout ce dont je peux avoir besoin pour affronter cette partie de l'aventure dans des conditions raisonnables.

J'estime aussi mon état physique satisfaisant. Du moins en ce qui concerne les maladies. Le climat relativement sain des montagnes où j'ai pu noter le nombre réduit d'insectes m'a épargné le pire. Mis à part une bronchite et une angine dues au froid, quelques tendinites, la peau de mes pieds arrachée et la sensation d'avoir le dos et les jambes rompus, je n'ai rien subi de très grave. Je suis simplement usé par les efforts incessants et le manque de sommeil.

XVIII
Le pays sans étoiles

À l'aube du 31 août nous reprenons la route. Nous sommes six à nous lancer dans le franchissement de la cordillère centrale. Les habituels Timatius et Silas, rescapés de toutes les étapes, Henki, le Papou des villes, les deux Ketembans d'Eïpomek en excellente forme, et moi qui le suis beaucoup moins.

À nous six, nous formons une bande hétéroclite qui parle cinq langues et comporte quatre cultures. C'est beaucoup pour un petit groupe d'hommes aux motivations différentes. Je suis bien le seul à être là pour des raisons compliquées qui échappent visiblement à mes compagnons. Et parfois à moi-même.

À cette troupe dépenaillée s'est joint un jeune Ketemban qui va nous suivre quelques heures, son arc et ses flèches à la main. Je ne suis pas sûr que la chasse soit la vraie raison de sa présence. Les oiseaux paraissent l'intéresser beaucoup moins que moi…

La montée vers la passe qui permet de traverser la cordillère commence banalement par une interminable côte. Pour une fois le soleil inonde les montagnes et nous avançons en file indienne sans trop de difficultés, faisant halte dans des hameaux de plus en plus petits, parfois réduits à deux ou trois huttes familiales. Je sens qu'insensiblement nous quittons un univers pour un autre. Les

Papous que nous laissons derrière nous ajoutent à cette impression. La rencontre d'un vieux couple né bien avant l'apparition du premier homme blanc dans cette région traduit pour moi l'approche du moment le plus important de ce raid. Je découvre ce vieux couple près d'une hutte isolée. Deux êtres poignants, serrés timidement l'un contre l'autre, debout, les yeux grands ouverts.

Une image jaunie d'Adam et Ève dans leurs dernières années. Quand ils mourront, une page d'histoire sera tournée et je suis ici l'un des derniers à la lire.

Les premiers contreforts de la passe surgissent en milieu de journée, loin au-dessus de nos têtes, formés sur notre gauche par des reliefs tabulaires dressés au-dessus de hautes falaises et sur notre droite par des affaissements rocheux couverts de jungle.

Henki pousse des soupirs tragiques et continue, un air de désespoir sur le visage. Le jeune chasseur nous quitte sur un signe et redescend vers les vallées, souple et agile au milieu de la végétation. Nous attaquons les flancs de la passe. Il commence à pleuvoir, à pleurer ai-je envie de dire tant cette pluie ravive en moi un sentiment de solitude. Personne ne souffle mot. On n'entend plus que des halètements d'effort, les branches mortes qui craquent sous nos pieds.

Première halte à mi-pente. Henki se blottit contre un arbre.

– Ça va être très dur, dit-il d'une petite voix. Ces montagnes, ce n'est pas pour des hommes…

Son visage a vieilli de dix ans. Il me regarde avec des yeux misérables. La pluie, triste à mourir comme toujours lorsqu'on est loin de chez soi, semble lui fendre l'âme, lui ôter une part de son courage. Tout son corps exprime le désir d'être ailleurs, le besoin d'un peu de paix.

Dieu, que je comprends cette lassitude du corps ! Moi aussi, en cet instant où tout reste à faire, je sens le découragement me gagner. Le repos d'hier était trompeur. Comment une seule journée pouvait-elle régénérer toutes ces forces perdues depuis bientôt trois semaines dans des efforts incessants ?

– C'est comme ça, Henki, dis-je. On y est, il faut bien continuer.

Il ne dit plus rien. Il sourit de ses dents blanches pour me tromper et se tromper lui-même. Un sourire qui signifie seulement : ça ira de toute manière, n'est-ce pas ? Je tiendrai comme tout le monde…

Brave Henki. J'en oublie son comportement pas toujours très franc qui m'empêche de le considérer en ami véritable.

Nous repartons. La pluie tombe maintenant en un rideau opaque, comme si nous avancions dans une cascade. Mon chapeau dégouline comme un vieux torchon. Pas à pas nous grignotons la montagne.

Altimètre à 3 200 mètres. Nous débouchons sur un escarpement battu par le vent. Du bois mort jonche le sol en quantité. Timatius me tire par la manche, implorant :

– Du feu, du feu…

Je hoche la tête de lassitude. Il a raison. Un peu de chaleur nous fera du bien.

– On ne pourra jamais l'allumer, se plaint Henki. Il pleut trop. Timatius et Silas ont peur. Ils disent qu'on va tous mourir de froid.

– Ne raconte pas de bêtises. On va essayer quand même pour le feu. J'ai un produit spécial. Ça marchera peut-être. Protège-moi avec ton corps pendant que j'ouvre mon sac.

Je pars à la recherche de ma réserve de méta. Je ne l'ai encore jamais utilisé, le conservant précieusement pour des moments comme celui-ci.

– Ça va, je l'ai. Avec un peu de chance maintenant…

Sous la protection d'Henki, j'empile quelques cubes de ce méta sous un amas de brindilles. Ils prennent vie à la flamme de mon briquet. Les Papous hurlent de joie.

Une heure durant nous attisons ce qui peut l'être sans obtenir autre chose qu'une épaisse fumée qui nous réchauffe à peine. Mais les Papous tournent autour comme des fous, criant et criant encore, tapant des pieds, gesticulant.

Et nous continuons, grimpant dans la boue et l'humus, plus souvent à quatre pattes que debout, nous retenant aux racines crevant la pente, aux cailloux qui saillent du sol, à tout ce qui dépasse.

Brusquement, la jungle s'ouvre devant moi, et une immense plaque de pierre noire et sinistre surgit sous mes yeux stupéfaits. Longue de plusieurs centaines de mètres, inclinée à 45 degrés, large comme une avenue de ville civilisée, elle est aussi incongrue en ces lieux qu'une coulée de neige en plein désert.

Sous le choc de cette découverte, je reste un moment immobile, indifférent à la pluie crépitant sur mon poncho, à mon corps éreinté : le spectacle est trop impressionnant. Et le brouillard qui noie maintenant les montagnes ajoute encore à l'étrangeté de cette apparition.

Levant les yeux, je tente d'apercevoir la fin de ce boulevard de roc presque aussi lisse qu'un miroir, le long duquel ruissellent des eaux silencieuses. Mais il se perd vers les cimes comme la pointe d'une gigantesque épée fichée dans le ciel.

Derrière moi j'entends le souffle rauque des porteurs. À leur tour, ils sortent du ventre de la forêt et s'arrêtent, comme apeurés devant cette vision inattendue qui semble peser comme une menace.

Phénomène géologique naturel comme il y en a tant dans ce pays ? Construction mystérieuse d'un autre âge ? Qui pourrait le dire vraiment ? Mais une impression de déjà vécu m'a envahi dès les premiers instants et je cherche en moi ce qu'elle appelle…

Soudain je sais avec certitude d'où me vient cette réminiscence. Cette avenue de pierre, je la connais, je l'ai déjà vue, aussi nette et précise qu'ici. Déjà vue sur une photo dans un livre écrit près de trente ans auparavant…

Alors, à ma mémoire remontent d'un coup les visages de Delloye et Gaisseau, les images de leur extraordinaire expédition devenue, pour moi et tant d'autres, le symbole des dernières explorations.

Je fais signe aux porteurs de ne pas m'attendre et d'escalader la plaque de pierre par ses bords, là où la jungle permet des prises solides. Je veux d'abord me pénétrer de la certitude que je suis en train de franchir la cordillère centrale au même endroit que Delloye et ses compagnons en 1960. Mais il n'y a pas de doute. La géographie a sa logique. À ce niveau du 140e méridien, seuls deux ou trois cols permettent de passer la barrière montagneuse.

Je repars empli d'une joie silencieuse, une de ces joies impossibles à partager avec quiconque. Et je souris en songeant à Gaisseau et Delloye, en les revoyant penchés sur les cartes avant mon départ, me donnant leurs derniers conseils, m'encourageant dans mon entreprise. Je ne le leur ai jamais dit ni à l'un ni à l'autre, mais ils sont pour beaucoup dans ma présence ici.

Avec une lenteur désespérante, nous remontons l'avenue de pierre. À deux ou trois reprises, avisant des plaques de mousse spongieuse couvrant la dalle sur quelques dizaines de mètres, je tente de la parcourir en son centre. À chaque fois je finis par glisser et me retrouver à plat ventre, la tête dans les eaux dévalant la pente, glissant vers le bas, me cramponnant aux rares aspérités sous les yeux atterrés des Papous. À la troisième tentative je renonce et me contente d'escalader ses bords.

Je n'ai plus souvenir du temps mis pour parvenir au sommet de cette avenue. Mais elle disparaît aussi soudainement qu'elle était apparue. À sa place nous découvrons le mince torrent d'où venaient les eaux de ruissellement. Les deux Ketembans nous le montrent du bras. Il va falloir le remonter lui aussi.

Commence alors une terrible progression dont ma mémoire ne garde que des images confuses. Pendant deux ou trois heures, nous rampons sous la voûte basse de la végétation, mêlant nos corps à l'eau et aux cailloux en une inextricable communion dont je me serais bien passé. Fourbus, trempés, nous débouchons pour finir sur une prairie bosselée couverte de vasières semblables à celles des Elit Mountains. Plus un arbre, plus la moindre végétation, tout juste une herbe rase trouée de petits lacs informes et parsemés de buissons bas.

La nuit s'apprête à tomber et nous ne nous accordons pas le moindre repos, pataugeant vers le sud au milieu de reliefs arrondis passablement lugubres dans la brume.

– Il y a une grotte pas très loin, m'annonce Henki après un bref conciliabule avec les Ketembans. C'est ce qu'ils disent en tout cas. Ils disent aussi que les Papous dorment dans cette grotte quand ils traversent cette montagne. *Ahoooua*, ce n'est pas un pays ici…

Nous continuons en zigzaguant. Manifestement les deux Papous d'Eïpomek ne sont pas tout à fait sûrs de l'emplacement de la grotte. De temps à autre, ils quittent la colonne pour explorer à droite et à gauche. Je soupire déjà à la pensée qu'ils pourraient s'être égarés. Nous passerions une très, très mauvaise nuit. Henki et les deux porteurs font grise mine. La même pensée les agite.

Finalement, le jour s'achève dans un crépuscule déprimant, et nous marchons toujours. À cet instant, nous parvenons au bord d'un ravin délimitant deux vasières étagées l'une au-dessus de l'autre. Les Ketembans disparaissent derrière, poussent un cri qui nous parvient très étouffé.

– C'est la grotte, c'est la grotte, s'exclament aussitôt mes trois Papous.

Nous sautons derrière les Ketembans, atterrissant sans mal dans des touffes d'herbe. Je relève la tête. Sur notre gauche s'ouvre une anfractuosité longue d'une vingtaine de mètres sur quatre de profondeur. La fameuse grotte.

– Ç'aurait pu être mieux, dis-je, dépité, à Henki. Elle n'est pas assez profonde et trop large. On sera quand même mouillés et il va faire froid.

Cette remarque ne jette aucun découragement chez mes Papous. Ils n'en espéraient peut-être pas tant. Sans perdre un instant, ils entassent les sacs dans un coin et courent en tous sens à la recherche de bois mort, plutôt rare dans ces parages. Néanmoins, ils reviennent les bras chargés de branchages et de petits troncs dont ils font plusieurs tas. Nous décidons de construire deux feux et de dormir entre eux. À la lueur de ma lampe torche nous nous mettons en devoir de réaliser ce plan somptueux qui a l'avantage de nous obliger à nous démener. Hélas, en coupant les troncs à la machette je me rends compte qu'ils sont gorgés d'eau, et je secoue la tête en désespérant de les voir jamais brûler.

De fait, trois bonnes heures vont être nécessaires pour obtenir quelques flammes. Après y être parvenus, nous disposons au-dessus le maximum de bois pour le faire sécher. Deux gros empilements de plus d'un mètre de haut sont bientôt formés. Alors, l'eau imprégnant le bois se transforme lentement en vapeur et les deux foyers se mettent à exhaler des soupirs de tristesse tandis qu'une épaisse fumée monte vers le ciel noir.

Nous sommes affamés. Depuis l'aube, nous n'avons presque rien mangé. Ce n'est certes pas la première fois que nous connaissons pareille situation, mais sa répétition n'apporte aucune accoutumance. Bien au contraire.

Considérant notre état général, je fais cuire l'une après l'autre deux gamelles complètes de riz. J'y passe encore plus d'une heure, brûlant mes doigts sur ces feux sans forme définie qui s'écroulent sans cesse, s'éteignent à tout propos et ne consentent à repartir qu'après de multiples efforts. Mais au moins, nous pouvons songer à dormir à peu près rassérénés.

Le sol de la grotte est fait d'un amalgame de terre et de pierres que nous égalisons tant bien que mal. Puis je jette au-dessus ce dont je dispose comme tapis de sol et, blottis contre les feux, nous cherchons le sommeil.

Avec la nuit la pluie s'est pour une fois transformée en bruine. Mais des rigoles d'eau suivent le contour de la grotte, passent sous la voûte et retombent sur nous sans la moindre pitié. Pour ne rien nous épargner, le vent pousse le froid jusque dans nos bras, et bientôt ma seule pensée se résume à déterminer la distance minimale à laquelle je peux m'approcher du feu. Trop près et je risque de recevoir un tison dans mon sommeil, trop loin et je me réveillerai frigorifié. Au cours de la nuit, l'estimation de cette distance variera en fonction de ma témérité et de mon degré de résistance au froid.

Un grand pan de ciel borde la caverne. Un pan de ciel absolument noir. Je me dis avec amertume que pas une seule fois au cours de ce raid je n'aurai pu apercevoir les étoiles. Cette nuit elles me manquent. Autrefois, dans la mer d'Oman, des marins m'ont appris à les reconnaître et à les aimer. À m'en servir pour me guider. À m'émerveiller sans cesse de leur ronde nocturne et de leurs noms magiques. Plus tard encore j'ai découvert leurs légendes et leurs mythes, l'énigme de ces étendues sans fin. Avec le temps, le spectacle des nuits étoilées est devenu un bonheur parfait et le réconfort de tous les dangers. Où que je sois, même au bout du monde, le sentiment d'éloignement s'évanouit en reconnaissant les étoiles dans le ciel, chacune à sa place, toutes rassurantes et amicales. Je me sens alors chez moi n'importe où. Les longues méharées dans le désert m'ont chaque fois, chaque nuit, apporté ce sentiment de me retrouver.

Ici, quand je songe aux étoiles, je me sens perdu dans le néant.

XIX

Les montagnes de brouillard

L'aube se lève sur la caverne dans une grisaille absolue. Je me réveille brutalement. J'ai dans la bouche un goût de vase qui ne laisse plus aucune place à la fascination que ces montagnes de Nouvelle-Guinée exerçaient sur moi jusqu'alors. C'est un dégoût qui me vient comme un mal de mer, immédiat et irrépressible. Je n'ai qu'une envie : partir, échapper à la démoralisation de cet univers sans joie.

Les Papous doivent être tourmentés des mêmes sentiments. Ils refusent de manger quoi que ce soit. Eux aussi ne demandent qu'une chose, quitter au plus vite ces lieux inhumains et redescendre vers d'autres hommes.

Alors, sans traîner, nous refermons les sacs et plongeons dans les vasières. Je pars le dernier, vérifiant que nous n'avons rien oublié. Lorsque je quitte à mon tour la grotte, Henki, les porteurs et les Ketembans sont déjà loin, louvoyant dans les marais comme de petites fourmis égarées. La brume s'est levée, le regard porte jusqu'à l'horizon vers les dernières montagnes de la cordillère, festonnées de nuages argentés.

Un long moment je reste à contempler les taches mouvantes des Papous colorant l'herbe verte et ocre. Je ressens un vague sentiment de culpabilité et même de tendresse pour ces petits bonhommes que j'ai amenés ici et qui à leur manière, par ce travail épuisant, luttent pour survivre dans un monde où ils n'ont pas grand place. Aujourd'hui, comme hier et les jours précédents, ils ont dû se lever en se disant qu'une nouvelle journée de travail commençait. Une journée qui ne leur apporterait que fatigue et dangers, faim et tourments. Comment pourraient-ils comprendre mon enthousiasme, aimer avec autant de force que moi la beauté d'un feu de bois ou cette vie dure mais naturelle que nous vivons ? Il faut avoir perdu tout cela comme moi pour l'apprécier à ce point. Et puis, contrairement à eux, je suis là par ma propre volonté, poussé par le besoin de découverte, entièrement responsable de tout ce que je vis.

Alors, dans ce bout du monde hostile, je ne leur en veux plus de n'avoir pu nouer avec eux de vrais liens de complicité.

Une demi-heure plus tard, je les ai rejoints, et nous continuons ensemble vers la passe de Langda.

Autour de nous les reliefs s'affaissent peu à peu, s'arrondissent, toujours couverts de cette sorte de steppe balayée par le vent, tandis que sur notre droite et sur notre gauche se dessinent des sommets tabulaires, des pics aigus, des montagnes en forme de châteaux forts ou de pyramides. Seul l'horizon devant nous reste haut et plat, légèrement au-dessus de nos têtes, comme à l'approche d'un col en montagne.

La passe.

Nous l'atteignons après une dernière montée dans les herbes mouillées. Elle surgit sous nos yeux dans le matin clair, vaste et belle comme une promesse tenue. De là, nous dominons tout le pays alentour. Vers le sud, sur notre route, j'aperçois une toundra rébarbative qui se perd vers des vallées plus accueillantes. Vers le nord, les montagnes moutonnent à l'infini, jusqu'à l'océan.

Malgré le vent, le froid, la fatigue, je reste debout, tournant plusieurs fois la tête vers le nord, vers le sud, pour m'imprégner de ce spectacle rare que l'aventure m'offre en cet instant. Très peu de Blancs avant moi sont parvenus jusqu'ici. Une poignée tout au plus. J'ai franchi la grande cordillère centrale de Nouvelle-Guinée et je tiens à profiter de ce moment unique qui ne reviendra peut-être jamais. Toute la lassitude du matin m'a abandonné devant cette petite victoire. Dans l'émotion du moment, j'oublie de regarder l'altimètre. Hier, il marquait un peu plus de 4 000 mètres.

Et puis il faut bien redescendre. Les Ketembans nous indiquent un corridor rocheux sur la droite qui nous amène au sommet d'une falaise d'une centaine de mètres de haut. Elle plonge directement dans la toundra. Un vague escarpement est dessiné le long de la paroi. Assis sur les fesses, pieds et mains accrochés de partout, nous nous laissons descendre les uns derrière les autres comme des pantins désarticulés.

Au bas de la falaise, je peux mieux détailler la plaine qui nous fait face. Elle est assez plate, spongieuse, couverte de sa toundra d'herbes jaunâtres et planté par endroits de bosquets de palmiers nains aux palmes rabougries, comme rongées par des insectes. Des ruisseaux courent sous l'herbe au milieu des petits lacs que je connais bien maintenant, multipliant les pièges qui nous guettent sur le sol.

Des heures durant, nous traversons cette plaine désolée. La marche est moins ardue que je ne le craignais. Mais régulièrement l'herbe s'affaisse sous mon poids et je m'enfonce jusqu'à la ceinture dans une bouillie d'eau et de végétation, m'aidant des bras pour reprendre pied. Après les premières surprises, je m'habitue à ces chutes bizarres, pas très douloureuses et contre lesquelles de toute façon je ne peux pas faire grand-chose.

Peu avant la fin de cette plaine, nous faisons halte sur un tumulus surplombant un de ces bosquets de palmiers rabougris. Sur ma demande, Henki se renseigne auprès des Ketembans pour savoir quand nous retrouverons des villages papous. La réponse tombe, laconique.

– Cette nuit si nous marchons vite. Demain si nous marchons lentement.

– Tu vois, Henki, dis-je. Ce n'était pas plus difficile que ça. Maintenant, on l'a traversée, cette montagne.

Assis non loin, Timatius grommelle.

– Que dit-il ?

– Il dit que maintenant il va falloir redescendre. Il pense que ce sera dur, nous avons beaucoup monté depuis Eïpomek.

– Et que racontent les deux Ketembans ?

Court dialogue et puis Henki :

– Ahoooua, Timatius à raison, les Ketembans affirment qu'il y a beaucoup de falaises, toujours du brouillard et… Ohoo, des chemins très mauvais. On peut mourir là-dedans.

Timatius et Silas font la tête, renfrognés. En prévision de ce qui nous attend, ils sortent de leurs filets des poignées d'une feuille spéciale de la forêt dont ils se servent parfois pour détendre leurs muscles. Avec application ils se frottent les membres et les articulations pendant de longues minutes, n'oubliant aucune parcelle de peau. Après quoi ils se déclarent prêts à reprendre la route.

Une heure plus tard, nous laissons définitivement la toundra derrière nous. Malgré son aspect rebutant et la fatigue qu'elle m'a infligée, je ne la quitte pas sans un certain pincement au cœur. Nous avons eu une histoire ensemble. Je ne la reverrai peut-être jamais.

La fin de cette plaine va marquer le début de la redescente du versant sud de la cordillère centrale. Une affaire impossible.

Dès la première vallée, nous rejouons aux montagnes russes dans un impitoyable écheveau de pentes, de sommets, de petits cols, de falaises, de crêtes.

Un peu plus loin, nous tombons sur une nouvelle avenue de pierre presque aussi longue que celle de la veille. Et la descendre se révèle infiniment plus acrobatique que la monter. Cette fois je prends garde à la longer en me retenant à la végétation. Mais une autre avenue, toujours aussi lisse et raide, coupe bientôt la première comme deux rues se croisant dans une grande ville. À la jointure des deux plaques, la roche est boursouflée. On dirait que des mouvements tectoniques les ont obligées à se chevaucher. Nous profitons de ces replis pour traverser en diagonale et nous retrouver de l'autre côté sans trop de mal.

Encore plus bas, des pans entiers de la montagne que nous suivons ont été emportés par des glissements de terrain laissant apparaître des blessures blanchâtres en forme de langues de terre instables. Nous devons passer ces obstacles comme des mouches collées sur une vitre. Une fois, deux fois, trois fois, je ne sais plus… Ces éboulements ne sont jamais très larges mais nous y jouons nos vies. Sans cesse des cailloux s'arrachent sous nos pieds et dégringolent vers les profondeurs en poussant devant eux des gerbes de caillasses.

Le plus dur toutefois reste à venir dans cette « marche » épouvantable. Nous nous retrouvons un peu plus loin sur le flanc d'une paroi vertigineuse creusée d'une sente naturelle, praticable au début, mais qui disparaît soudain sur quelques mètres, laissant la paroi quasiment lisse.

Il y a là tout au plus quatre ou cinq mètres, mais je ne vois pas très bien comment les franchir sans matériel d'escalade.

Le Ketemban qui progresse devant moi se retourne et me touche les épaules pour attirer notre attention. Les yeux plissés, fronçant les sourcils dans une concentration soutenue, il nous indique du doigt quelques aspérités minuscules que je n'avais pas remarquées tout d'abord. De place en place, elles peuvent nous mener de l'autre côté. Mais sur cette roche mouillée, glissante comme du savon, ce sera à quitte ou double.

Avant de s'engager le premier, le Ketemban s'assoit, roule une cigarette et tient un petit discours à Henki qui me traduit.

– Il dit qu'il y a quelques années un missionnaire qui venait du sud a essayé de traverser la passe comme nous aujourd'hui. Des Papous l'accompagnaient. En arrivant ici, il est tombé. On ne l'a jamais retrouvé… *Ahoooua*, il aurait dû nous dire ça après…

– Il sait quand c'était exactement ?

– Il ne se souvient pas. Des hommes de sa tribu le lui ont raconté.

– Eh bien, on fera attention, Henki, on fera attention.

Les deux Ketembans franchissent l'obstacle les premiers.

Sans problème. Ils sont agiles et en bonne condition physique. Je leur lance mon sac et passe après eux. Le premier mètre se déroule sans incident. Je regarde l'abîme à mes pieds. On en voit à peine le fond, couvert de végétation. Effectivement, si je tombais là, personne ne pourrait venir me chercher. Mais j'avance sans trop de crainte. Quelque chose me dit que tout ira bien et je fais confiance à mon instinct du danger. Et puis, je n'ai pas le vertige…

Sous mes pieds et mes mains les prises ne font pas plus de quelques centimètres. Je progresse sur les orteils, agrippé du bout des doigts, moulé littéralement à la paroi. Ma peau racle sur la roche, irradiant une douleur dans tout mon corps, mais j'aimerais m'incruster encore plus dans ce mur de pierre. Transpirant, soufflant, j'avance encore, parviens enfin à portée de main des Ketembans qui tendent leurs bras vers moi, saute le dernier mètre, atterris à leurs pieds, terriblement soulagé. Je n'aimerais pas avoir à faire cela trop souvent.

Aux autres maintenant. Je prie pour Henki. S'il lui arrivait quelque chose, je m'en voudrais à vie. Pour sa femme et ses gosses. J'aime mieux ne pas y penser. Nous attrapons son sac et je l'encourage :

– Henki, tu ne regardes pas en bas… Vas-y doucement…

Les Papous lui prodiguent aussi leurs conseils, poussent des cris quand son pied ou sa main ne trouvent pas la prochaine prise, le stoppent d'un ordre bref lorsqu'il choisit mal où se cramponner. Instants de pure angoisse. Mais Henki, s'il n'est pas fort physiquement, ne manque pas de courage. Avec sang-froid, il surmonte l'épreuve et tombe sain et sauf dans nos bras.

Silas et Timatius suivent sans trop d'hésitation, mais concentrés sur le moindre de leurs gestes. Avec eux je n'ai pas trop à craindre.

Tout cela nous a amenés en milieu d'après-midi. Le brouillard commence à monter des vallées, et nous atteignons un éperon rocheux en même temps que les premières nappes de brume.

N'apercevant plus rien autour de nous qu'un halo blanchâtre, nous faisons halte sur ces quelques mètres carrés de roc et de terre délimités entre un précipice à demi invisible et une paroi verticale. Je crains pour la suite. Assis les uns contre les autres comme des mendiants perdus aux portes de l'enfer, nous restons là sans rien dire, penauds et transis. Silas entreprend bientôt d'allumer un feu à l'aide de quelques morceaux de bois putréfié. Depuis un moment il me paraissait anormalement fébrile. Il se démène maintenant pour faire prendre ce feu dans une incohérence de gestes qui frise la folie. Il pousse des jappements de chiot, roule sa tête d'un bord sur l'autre et lorsque enfin des flammes jaillissent, le voilà qui tourne autour d'elles en se frottant les côtes, tapant des pieds, hurlant.

– Ça doit être la malaria, dit Henki, laconique.

Je croirais plutôt à une crise de démence. Sous les yeux presque indifférents des autres Papous, Silas continue sa ronde délirante, se jette par terre en proférant des invectives, et finit par se rouler en boule, les deux bras ramenés au-dessus de sa tête, les épaules secouées de spasmes. Timatius nous fait signe de ne pas intervenir :

– Il est fatigué, il est malade. Après, ça ira mieux.

De fait, Silas se calme au bout de quelques minutes. C'était peut-être sa manière à lui de relâcher la tension accumulée. Une lueur de vie réapparaît dans ses yeux, ses tremblements cessent. Il nous annonce que nous pouvons repartir, reprenant de lui-même sa charge.

Mais le brouillard est toujours aussi dense, et la crête effilée que je devine dans le prolongement de l'escarpement ne m'inspire aucune confiance. Henki exprime les mêmes pensées moroses :

– C'est très dangereux par là. Les Ketembans disent qu'il faudra faire très attention…

– On va se suivre à se toucher, Henki. Dis-le à tout le monde. Si on se perd, on s'appelle. Les voix portent loin ici.

Les deux Ketembans en tête, Timatius fermant la marche, nous partons en colonne serrée. L'heure suivante est un cauchemar hallucinant. J'aperçois à peine le dos de Silas qui me précède. Ce n'est qu'une tache noire et mouvante qui apparaît, disparaît, dans un décor uniformément blanc. À chaque pas le brouillard se troue de rochers et d'arbres fantomatiques qui surgissent aussi vite qu'ils s'évanouissent, remplacés par de nouveaux rochers, de nouveaux arbres.

Puis la crête se dénude, se rétrécit, se fait pure lame de couteau, et la peur m'envahit. Je vois à peine plus loin que mes pieds et je ne dois pas avoir plus de vingt centimètres de chaque côté avant le vide. Ce chemin naturel est effrayant. De chacun des précipices qui m'encadrent monte le grondement sourd de torrents qui doivent rebondir de rocher en rocher au bas de ces abîmes. Ne rien apercevoir de ces gouffres et de ces torrents dans lesquels je pourrais basculer à la moindre erreur en augmente encore l'angoisse. Henki derrière moi ne me lâche pas d'une semelle. Nous avançons comme des aveugles. De temps à autre, Silas semble disparaître et je ne distingue plus de quel côté tourne la crête. Je pousse un long hurlement, attends debout dans la nuit blanche. Une réponse étouffée me parvient presque aussitôt, m'indiquant la bonne direction. Je retrouve le dos de Silas flottant devant moi. Mais ce sont les Ketembans qui ont disparu maintenant. Alors,

Silas à son tour lance un appel auquel répondent les deux Papous. Ils nous attendent et nous les rejoignons, les bras tendus en avant. Un peu plus loin, c'est Timatius qui nous perd et Henki qui le ramène vers nous par ses cris.

Les mêmes scènes se reproduisent tout le long de cette crête abominable dont je ne vois l'issue. Chaque fois que je trébuche, un flot d'effroi me monte à la gorge, mais je me rattrape toujours in extremis. Par bonheur, le sol est surtout constitué de pierres dégagées de végétation. Sans quoi…

Lorsque enfin nous parvenons sur une pente couverte de forêt, très inclinée et pas le moins du monde accueillante, j'éprouve un soulagement total. En d'autres circonstances, cette pente me paraîtrait un petit enfer. Mais après ce que nous venons de subir, c'est l'allégresse. Le brouillard a disparu, retenu par la voûte des arbres, et nous y voyons enfin.

XX
Les faiseurs de haches

Grognant et jurant, nous dégringolons la pente sur les mains, les fesses, le dos, dans un bruit de branches cassées et d'herbes écrasées. Couverts de boue visqueuse, les mains martyrisées par l'entrelacs des racines, nous atterrissons dans un ravin comme des balles de caoutchouc bondissantes. Devant nous s'entassent maintenant des amoncellements d'arbres morts. Passant dessus, passant dessous, rampant parfois comme au fond d'un boyau, nous gagnons l'extrémité du ravin et reprenons notre marche sur une côte abrupte.

À ce moment précis, je prends à nouveau mon raid en horreur. Quelle folie stupide a pu me pousser à vouloir venir dans un pareil endroit ? Je donnerais n'importe quoi pour être ailleurs. Mais je m'avoue en même temps que j'aurais été déçu si ces montagnes et ces forêts s'étaient montrées ternes et sans attrait comme des choses normales, si les Papous rencontrés jusqu'ici s'étaient révélés des hommes banals. Sacrée Nouvelle-Guinée ! Elle joue avec moi, me fait basculer sans cesse dans des sentiments opposés, tous aussi excessifs, comme elle l'est elle-même.

Je suis en train de subir un passage à vide. Normal. Je suis parfois dégoûté d'avoir à payer si cher pour ces découvertes.

Mais la Nouvelle-Guinée est vraiment entrée en moi. Non comme un pays à qui je vouerais de la tendresse, mais comme un pays à qui je demande le mystère de l'inconnu tout en acceptant sa violence.

Lorsque la nuit arrive nous ne sommes toujours parvenus nulle part. Inquiet de voir l'obscurité tomber, Henki interroge une fois de plus les Ketembans. De leur réponse il apparaît qu'un village se trouve à quelques heures de marche et qu'avec un peu de chance nous atteindrons Langda demain. Un instant il est question de construire des abris sur place et d'attendre le jour. Mais lorsque je sors mes deux lampes, les Ketembans proposent que nous continuions jusqu'au village. Nous voilà tous partagés entre l'envie infinie de nous reposer tout de suite et celle de dormir sur une bonne litière au fond d'une case.

Ce dernier désir l'emporte finalement, d'autant qu'en atteignant le village nous serons aux portes de Langda.

Des deux ou trois heures qui suivent, je ne garde à peu près aucun souvenir. Ma mémoire a dû évacuer avec le temps ces moments pénibles, et mon carnet de bord est limité pour eux à une ligne laconique. Je n'ai même pas eu le courage sur le coup d'en noter les détails.

Je me souviens tout de même d'une sente dans la forêt que les Ketembans nous avaient fait prendre, des faisceaux lumineux de mes lampes transformant la jungle en un monde surnaturel, des chutes permanentes dans l'obscurité, de mes mains couvertes d'estafilades et de mes jambes meurtries qui demandaient grâce.

Notre arrivée, en revanche, me reste au cœur comme un moment grandiose. Alors que nous débouchons sur un espace dégagé dont les contours se perdent dans la nuit, j'aperçois au loin des lueurs incandescentes qui montent vers nous en procession, rouges et jaunes dans le noir absolu. Du même endroit me parvient, assourdi par la distance, le son modulé et scandé des appels papous. Pas à pas, cris et lueurs se rapprochent, s'amplifient, déchirent la nuit d'une barbarie oppressante. Bientôt je reconnais des torches de bois portées à bout de bras par une multitude de Papous nus et vociférants qui avancent à notre rencontre. Ils forment un tableau saisissant qui prend au ventre par sa sauvagerie. Dieu sait comment ces hommes ont eu vent de notre arrivée, mais ils viennent voir de quoi il retourne.

Quelques instants plus tard, ils nous entourent, hurlant toujours, brandissant leurs torches. Quelques guerriers armés d'arcs se plantent devant moi. Ils ont l'air farouches, le nez percé d'ornements d'os, des poignards en tibias de casoar passés dans des bracelets autour des biceps. Mais je ne découvre qu'une joie de bon augure dans leurs regards. Ils m'engagent à les suivre et nous emboîtons le pas à cette troupe gesticulante.

Nous descendons vers le village par un sentier de plus en plus large, bordé d'arbres à peine visibles. Je ne le saurai que le lendemain, mais leurs branches servent de sépulture aérienne aux défunts de la tribu. Ces Papous des abords de Langda enveloppent leurs morts dans des feuilles et des écorces et les déposent dans ces arbres pour se concilier sans doute leurs esprits.

Une tornade menace comme nous parvenons au village. Les cases surgissent dans la fulgurance des éclairs, étagées sur une pente. Le cortège des Papous nous accompagne le long de ruelles boueuses jusqu'à une grande hutte posée sur pilotis.

Nous restons au pied de la hutte un long moment tandis que les hommes parlementent entre eux. Il semble qu'on ait décidé de nous faire dormir là mais qu'un groupe d'hommes y tienne réunion et ne soit pas très disposé à libérer les lieux.

Pendant ce temps, toute une foule de femmes et d'enfants piaillant à tue-tête s'est jointe aux hommes de l'escorte. Fasciné, je regarde le spectacle d'ombres et lumières qu'offrent ces Papous dans la lueur dansante des torches et celle plus brève des éclairs. Partout des armes se découpent sur le ciel, des visages noirs apparaissent et disparaissent, s'interpellent, rient, nous tendent des morceaux de patates douces.

Enfin, quelques hommes nous tirent vers l'échelle de bois permettant d'accéder à l'entrée de la hutte. Je grimpe les barreaux, me coule dans l'étroit espace de la porte, atterris sur un plancher d'écorce entre les poteaux soutenant le toit de palmes tressées. Au centre de la pièce, un feu brûle doucement entre quelques pierres, dégageant à peine quelques volutes de fumée. Il règne là un extraordinaire sentiment de paix.

La pièce est vide. Henki saute derrière moi sur le plancher qui craque, les porteurs suivent et nos sacs arrivent derrière, passant de main en main depuis l'extérieur. Bientôt nous sommes tous réunis. L'orage éclate. Une demi-douzaine de Papous nous rejoignent, apportant des écuelles de bois remplies d'eau fraîche, des morceaux de canne à sucre. C'est la première fois que des Papous me réservent une telle hospitalité, dénuée d'agressivité. Ces hommes pourtant, des Papous de la tribu Unas comme je l'apprendrai bientôt, ont une solide réputation guerrière. Mais leurs contacts avec le monde des Blancs a toujours été limité et cordial. Comme beaucoup de Papous, ils réservent leur hostilité aux tribus traditionnellement ennemies.

Nous sommes si serrés les uns contre les autres que j'ai à peine l'espace de bouger. Des mains me touchent, me palpent, des visages viennent se figer devant moi, chacun s'interpelle dans une cacophonie invraisemblable. Pour la première fois je remarque des ornements de coquillages sur la poitrine des hommes…

Quand l'effet de mon apparition s'est un peu calmé, Henki interroge les Unas. Une surprise de taille m'attend dans le flot des informations.

– Les anciens disent que les premiers Blancs qu'ils ont vus étaient comme toi. Ils venaient du sud avec beaucoup de Papous inconnus qui portaient leurs affaires. Ils sont passés sans rester. Il n'y a pas eu de guerre avec eux. Un de leurs porteurs est mort ici même, mais à l'époque il n'y avait pas de village…

Je reste pensif et vaguement nostalgique. Ces Unas viennent de me faire le récit du passage de l'expédition Gaisseau-Delloye en 1960 et de la mort d'un de leurs porteurs. Il faudra que je leur raconte cela au retour, et aussi le souvenir indélébile qu'ils ont laissé sur ces hommes qui en étaient alors à l'âge de pierre absolu. La Nouvelle-Guinée est décidément l'un des derniers endroits de la planète où l'on peut rencontrer des hommes nés à un moment où la préhistoire existait encore.

Les jours suivants j'apprendrai que les Unas sont les grands détenteurs des secrets de la fabrication des haches de pierre. Dans les recoins de certaines vallées existent des ateliers connus des seuls initiés. Depuis l'aube des temps les Papous y polissent les pierres de leurs haches sur des plaques de roches dures que des siècles d'utilisation ont creusées de longs sillons caractéristiques. Mais les Unas ne savent fabriquer ni arcs ni flèches. Alors, ils échangent ces armes contre leurs haches aux tribus vivant au sud de leurs montagnes, qui, elles, ne trouvent pas de pierres dans leurs jungles des basses terres. Des pistes ancestrales existent donc entre les deux régions et ce sont elles que je compte utiliser pour la seconde partie du raid.

Mais ce n'est pas tout. Les Unas sont cannibales. Et ils ne cachent pas cette bonne vieille habitude. À les en croire, la chair humaine s'apparente à celle du cochon mais est bien meilleure. Ils la mangent par goût, semble-t-il. Tout simplement. Les parties les plus délectables sont les mains et les avant-bras. Succulent. Les fesses ne valent rien. Trop dur à ce qu'ils disent… Rien que d'y penser je sens des nausées me monter à la gorge. On cuit les ennemis comme n'importe quelle viande, dans une fosse recouverte de pierres brûlantes et de feuilles. Avant cela on procède comme pour les porcs. On coupe d'abord la tête, puis on ouvre le ventre de la gorge à la poitrine, de haut en bas, pour dévorer les bons morceaux intérieurs.

Pauvres de nous…

Cela ne m'empêche pas de passer une excellente nuit. Je ne fais pas partie des ennemis des Unas, à ce que j'ai pu comprendre… Mon problème est ailleurs. Comme il fait très froid, je me rapproche du feu dans mon sommeil sans m'en rendre compte et finis par enflammer l'extrémité du hamac jeté sur moi en guise de couverture supplémentaire. C'est une odeur de carbonisé qui me réveille et me précipite sur le tissu déjà brûlé près des suspentes. Le mal n'est pas trop grand. Mais je comprends maintenant pourquoi tant d'enfants portent des traces de brûlures.

Nous repartons à l'aube dans un paysage prodigieux de beauté que la nuit nous avait caché. D'immenses montagnes se découpent de tous côtés sur le ciel, couvertes de forêts clairsemées dans lesquelles jouent les rayons d'un soleil enfin revenu.

Je ne sais pourquoi, mais une sensation de paix m'a envahi depuis la veille. En marchant, je réfléchis à ce plaisir qui est en moi malgré les souffrances du corps. Au début je ne parviens pas à en découvrir la raison. Peut-être est-il dû à l'accueil des Unas ou à ces paysages desquels se dégage une harmonie nouvelle. À moins que ce ne soit un effet de ce soleil, généralement absent ou encore à la satisfaction d'arriver bientôt au terme de cette première partie du raid.

Et puis brusquement, je comprends pourquoi je me sens si heureux. Dans quelques heures je parviendrai bien sûr à la fin de cette partie de l'aventure. Mais surtout j'aurai réussi la jonction Waména-Langda. Et je serai le premier. À force de vivre dans l'obsession d'avancer chaque jour un peu plus, j'en oubliais cette petite victoire que je visais depuis le départ…

Un chemin acceptable nous mène sur une série de crêtes effarantes, mais si banales maintenant que je ne leur accorde à peu près aucune importance. Puis nous basculons dans une longue descente. La région est parsemée de hameaux, de champs, de sentiers, de Papous qui circulent en tout sens. Je sens que nous approchons d'un pôle d'attraction, de la mission de Langda.

En fin de matinée, nous atteignons une petite rivière que nous traversons sur un pont d'arbres. De l'autre côté nous attend un raidillon à briser les jambes, le dernier à ce qu'affirment les deux Ketembans. Sur cette ultime pente, le découragement nous prend à plusieurs reprises. Timatius et Silas s'écroulent contre des rochers, jurant de ne plus bouger de là avant longtemps. J'en fais autant un peu plus loin, doutant de pouvoir jamais gravir une côte aussi raide. Henki ne dit pas un mot mais ses yeux implorent grâce. Nous sommes anéantis. Littéralement. Je me demande si la menace d'un coup de pistolet réussirait à nous faire avancer plus vite.

Mètre par mètre nous grimpons. Des enfants feraient mieux que nous. Enfin, le calvaire se termine. Tout en haut je découvre un plateau accueillant bordé d'une falaise. Et sur ce plateau les baraquements de la mission dispersés sur un vaste espace. Ce n'est pas grand-chose. Cinq ou six maisons, un temple, quelques dizaines de cases. Mais c'est une vision d'un autre monde qui respire un bonheur simple et rassurant.

Moment de joie indicible. Après les semaines et les épreuves endurées, Langda n'est plus pour moi un lieu comme les autres. Plutôt une espérance perdue dans les montagnes. Un but quelque part au milieu de l'inconnu.

Je tords mon chapeau dans mes mains, ferme les yeux, les ouvre à nouveau avec la volonté de m'imprégner de ce moment unique comme là-haut dans la passe de la cordillère.

Et puis j'avance à nouveau, les jambes raides comme des morceaux de bois. Les baraques de planches de la mission grossissent, se rapprochent. Un Blanc surgit devant une maison, puis d'autres avec des femmes et des enfants qui me regardent arriver sans bouger, un air de stupéfaction sur le visage.

– Bonjour, c'est bien ici, Langda ?

XXI

L'île des derniers contacts

Mon arrivée fait pour le moins sensation. Un revenant ne provoquerait pas plus d'émoi.

– Mais qui êtes-vous ?… D'où venez-vous ? demandent plusieurs voix incrédules.

– De Waména… Je viens de Waména.

– Comment ça, de Waména ?… À pied ?

– À pied, oui…

Un immense silence suit. On me fixe avec des yeux ahuris.

– À pied !… À pied !… répète un des missionnaires. Mais vous ne vous rendez pas compte ! Personne n'a jamais fait une chose pareille. Aucun Blanc… Et en plus, vous avez traversé la cordillère ?…

Je fais oui de la tête sans pouvoir ajouter autre chose. S'il ne me restait pas un peu de fierté je m'écroulerais sur place. L'une des femmes intervient, maternelle :

– Mais ne restez pas là, entrez, entrez, vous devez être affamé, et vos Papous aussi…

On me fait pénétrer dans l'une des maisons de planches, deux bras poussent une chaise vers moi, j'ose à peine m'asseoir. Je me vois soudain tel que je suis, boueux, crasseux, dépenaillé, éreinté. Je dois faire peur à voir. Et je me sens pris de vertige devant cette demi-douzaine de Hollandais immaculés, en bonne santé, attentionnés, qui s'entassent autour de moi pour m'examiner comme une curiosité sortie tout droit du néant. Je me sens comme un naufragé qui vient d'atteindre la côte après des semaines de tempête. Et ce n'est pas seulement une illusion. Je suis dans un îlot de civilisation, minuscule et fragile, mais bien réel, que des hommes comme moi ont créé de toutes pièces au milieu d'un océan sauvage qui s'étend sur des dizaines de milliers de kilomètres carrés. Quelque chose de magique auquel je n'arrive pas à croire.

J'apprends bientôt que vivent ici un pasteur, un instituteur, un linguiste et leurs familles. C'est considérable pour une mission.

La cuisinière à bois ronfle, ranimée par des mains expertes. Quelques minutes plus tard j'engouffre une quantité impressionnante de nourriture tandis que Henki et les autres se goinfrent de patates douces. On nous laisse faire religieusement, en silence. Entre deux bouchées, je raconte ces dernières semaines d'aventures, l'incursion dans les tribus papoues, la jungle, la traversée de la cordillère, la pluie, le froid, le brouillard, les précipices, toutes ces visions qui tourbillonnent dans ma tête. Quand j'ai terminé, le pasteur penche son bon visage vers moi et me demande :

– Mais pourquoi avoir entrepris un pareil voyage ?…

– Pour découvrir. Et puis personne ne l'avait fait, vous l'avez dit vous-même. Je suis pilote, j'ai pas mal de temps libre. Alors… Je voulais tenter une aventure comme celle-là…

Je m'en veux de gommer la vérité face à ces braves gens. Mais je ne les connais pas encore. Ils me pardonneront.

– Et cette cordillère, c'était dur ?

– Assez, oui… Vous n'y êtes jamais allé ?

– Non, non. Mais vu d'avion c'est impressionnant. Ces toundras… Ce doit être beau. On risque sa vie là-dedans, n'est-ce pas ? Vous êtes le nouveau Gaisseau, vous savez.

Je souris, ma modestie mise à rude épreuve, interroge :

– Vous le connaissez, Gaisseau ?

– On ne l'a jamais vu. Mais nous savons que c'est son expédition qui est passée la première ici, tous les Papous s'en souviennent.

Je regarde par la fenêtre. Trois cents mètres plus loin, de l'autre côté de la piste d'atterrissage, la préhistoire borde cette île surréaliste perdue à vingt mille kilomètres de chez moi. J'ai un mal fou à y croire. Bientôt je retournerai dans cette jungle, mais vers le sud, dans la région initiale du raid. J'ai enfin atteint l'une des régions les plus reculées des hautes terres papoues, un de ces endroits de la planète que bien peu d'étrangers ont pu parcourir. Une excitation intellectuelle me monte à la tête, balayant la fatigue. Je ferme les yeux une seconde. Ai-je peur de ce qui m'attend ? Un peu. Je sens bien que j'ai épuisé une bonne partie de mes forces. Mais j'irai quand même. Je ne sais pas encore par quel chemin je gagnerai les basses terres, mais je continuerai vers elles quoi qu'il arrive. Qu'y puis-je ? Seuls nos rêves et nos passions donnent un peu de sens et de liberté à notre condition. Et les miens me poussent irrémédiablement vers les choses inconnues, les mondes sans bornes, des limites toujours repoussées. Ah, épuiser le champ du possible !…

L'un des missionnaires me tire de ces réflexions :

– Et qu'allez-vous faire maintenant ?

– Si vous le permettez, j'aimerais que les Papous qui m'ont accompagné rentrent à Waména par l'un de vos avions de ravitaillement. Moi, je crois que je vais continuer vers le sud.

– Vers le sud ?

Les missionnaires échangent entre eux un regard sceptique.

– Si vous allez complètement au sud, dit le plus jeune, vous vous heurterez à des cannibales. Et ils aiment la chair fraîche…

Il a prononcé cette dernière phrase en souriant. Mais avec un fond d'inquiétude réel. Il ajoute :

– Ceux dont je vous parle sont très hostiles. On ne peut pas les approcher.

Je hausse les épaules :

– On verra plus tard. Mais j'aimerais me reposer deux jours avant de repartir.

– Bien entendu. Vous en avez besoin d'ailleurs. Et vous êtes le bienvenu ici.

Braves Hollandais ! Ils sont tous jeunes, pleins de générosité comme la foi qu'ils professent. Ce sont bien les premiers…

Henki, Silas et Timatius me regardent maintenant avec des yeux incrédules. Jusqu'à présent, j'avais été plutôt évasif sur ce qui se passerait une fois arrivé à Langda. Ils n'en reviennent pas que je veuille poursuivre plus loin. Je leur fais un clin d'œil. Eh oui, camarades, l'aventure continue…

Je passe deux journées supplémentaires à Langda. J'ai impérativement besoin de repos avant la suite de l'aventure. Si je m'écoutais, je resterais des semaines. Mais plusieurs choses m'en empêchent. La nature de ce raid d'abord. J'ai voulu pour lui une dimension de défi et une intensité que je sens incompatible avec des arrêts prolongés. Je veux qu'il soit une pénétration ininterrompue, puissante, rapide, comme l'est la notion même de raid. Je n'ai pas désiré une expédition classique pour cette Nouvelle-Guinée, pas pour cette première fois en tout cas. Et je suis maintenant grosso modo dans la zone que j'avais prévue à Paris pour mon saut en parachute. Ensuite je ne veux pas m'attarder parce que je songe aux autorités indonésiennes et à leur possible réaction si elles apprenaient comment je suis parvenu ici.

Après ces deux jours, je sais aussi à quoi m'en tenir sur l'histoire contemporaine de cette région. Tout y est neuf à l'échelle humaine. La mission n'a été ouverte qu'en 1973. Treize ans après le passage des premiers Blancs, seize ans seulement avant mon arrivée. En 1975, un autre poste, celui de Boméla, a été également créé dans la vallée voisine où se trouve aujourd'hui une infirmière. Il s'agissait de pacifier et de christianiser cette région restée jusqu'alors inexplorée.

À cette époque les guerres tribales étaient extrêmement fréquentes. En quinze ans, elles se sont beaucoup atténuées sur les pourtours de Langda et Boméla. Le travail de la mission a porté ses fruits, son influence est notable partout. Mais comme me l'explique Ton, le jeune instituteur qui s'occupe de l'instruction des enfants des missionnaires, ils n'en sont qu'au début. La plupart des tribus du sud jusqu'aux limites des basses terres sont encore isolées, retranchées dans des territoires difficilement accessibles.

Et c'est Langda qui a la charge d'ouvrir ces territoires. Peu à peu, Ton et ses compagnons effectuent ce qu'il faut bien appeler les derniers « premiers contacts » avec des tribus inconnues. La difficulté du terrain est tel que l'hélicoptère est systématiquement utilisé pour ces premières rencontres. Ton raconte :

– En ce moment, nous essayons d'implanter deux nouvelles missions, l'une près de l'Eilanden vers le sud-est, que nous avons appelé Séradala, et l'autre vers le sud-ouest, près de la Kolf River. Toutes deux juste au pied des montagnes. C'est une tâche difficile. Nous avons fait un premier contact avec des Papous *moménas* de la Kolf il y a deux ans. C'était… vraiment prodigieux…

Il cherche ses mots et je devine en lui des sentiments proches des miens pour ces régions méconnues. J'écoute avec attention. Tout ce qu'il dit me concerne pour l'avenir immédiat. Ton poursuit :

– L'hélicoptère nous a déposés près d'un village. Nous étions trois. Les Moménas s'étaient enfuis dans la jungle. Ils avaient dû avoir très peur du bruit. Nous avons attendu leur réaction. J'étais très excité. Au bout d'un certain temps, ils sont ressortis de la forêt. Ils se sont approchés. Comme toujours ils croyaient que nous étions les esprits de leurs ancêtres qui surgissaient du monde des morts. Ils sont venus nous sentir, nous pincer. On ne les en a pas empêchés. Ils ont fini par se rendre compte que nous n'étions pas des fantômes mais seulement des hommes très différents. Des hommes qui leur faisaient des cadeaux. Tout s'est bien passé. Pas d'agressivité envers nous. L'hélicoptère nous a repris huit jours plus tard et nous avons préparé la suite. Nous sommes revenus accompagnés de Papous de notre mission. Nous les avons laissés sur place. Ils ont commencé à bâtir des cases et à débroussailler la jungle pour la future piste d'atterrissage. Ils se sont plutôt bien entendus avec ces Moménas complètement primitifs qui ne s'opposaient pas à leur présence. Aujourd'hui ils nous servent d'intermédiaires en quelque sorte. Mais c'est assez dur pour eux. Ils viennent des montagnes. Ils ne sont pas habitués à ces climats malsains, à ces chaleurs humides. La malaria et d'autres fièvres les épuisent. De temps en temps, nous retournons sur place. Il faudra encore des années avant que la piste soit terminée et que nous puissions y implanter la mission. On ne peut pas emmener de machines là-bas. Nos Papous utilisent de simples outils. C'est un travail colossal dans la forêt. Mais nous avançons…

Que tout ceci se passe encore à l'aube du troisième millénaire me jette dans une excitation nouvelle. J'ai du mal à croire que des fragments de préhistoire humaine aient été ainsi oubliés. Je demande :

– Et vous n'avez jamais eu de problèmes avec ces Papous inconnus ?

Ton sourit :

– Oh, ça arrive. À Séradala, nous avons eu des ennuis, effectivement. Il a fallu suspendre notre présence plusieurs mois…

Il s'interrompt, élude ma question sur la nature exacte de ces ennuis, reprend :

– Chez les Moménas, c'est plus facile. Une fois cependant, alors que j'étais là-bas, il y a eu une guerre entre eux. À cause d'un vol de femmes, je suppose. Nous étions au milieu. Ils étaient devenus terribles. Heureusement, nous n'étions pas en cause. Et puis ça s'est calmé.

– Et comment s'appelle cet endroit chez les Moménas ?…

– Samboka. Vous ne le trouverez sur aucune carte, bien entendu. Comme Séradala.

Je reste rêveur, imaginant l'avenir de ces parcelles de jungle qui ne sont encore que des noms.

J'aimerais qu'elles gardent leur virginité, tout comme les hommes qui les habitent. Parce que les toucher c'est les détruire. Mais rien ne l'empêchera. La « civilisation » a horreur du vide. Tôt ou tard elle sera là. Et elle transformera ces morceaux de jungle et leurs Papous de l'âge de pierre. Il vaut peut-être mieux pour ceux-ci qu'elle se présente la première fois avec des missionnaires plutôt qu'avec des marchands ou des soldats.

J'imagine aussi l'avenir de ces missionnaires qui vont consacrer la plus grande partie de leur vie à ces Papous. Quand les pistes d'atterrissage seront terminées, quelques baraques construites, ils s'établiront dans ce qui deviendra deux nouveaux villages sur des cartes imprécises. En cinq ou six ans de solitude, de moustiques et de fièvres, ils apprendront la langue avant de passer les quinze ou vingt années suivantes à traduire la Bible pour quelques milliers d'hommes et de femmes dont à peu près personne n'entendra jamais parler.

On appelle cela la foi.

XXII
Dernier choix

Je me prépare dans la fièvre pour la suite de l'aventure. Si j'écoutais la petite voix qui me pousse, je partirais seul, droit vers le sud jusqu'à trouver une rivière navigable qui me ramènerait vers la civilisation. Je foncerais sans trop réfléchir au milieu de ces territoires extrêmes, faisant confiance à la chance, et advienne que pourra. Je l'ai fait si souvent. Mais je me regarde dans une glace, et l'être hirsute qui me fait face ne m'inspire guère confiance. Il est dans un état pitoyable. Jusqu'où ira-t-il ?

La jonction Waména-Langda m'a apporté une immense satisfaction. C'est une réussite parfaite. Mais elle m'a épuisé.

Un matin je m'assois et réfléchis. Je vais écouter cette petite voix mais avec quelques précautions. J'ai suffisamment pris conscience maintenant du pouvoir d'attraction que peut exercer la Nouvelle-Guinée pour m'en méfier. Je décide de ne pas me laisser ensorceler par le pays qui est devant moi. Sinon je cours à la catastrophe. Notamment si je me jette tête baissée dans les bras de ces tribus hostiles contre lesquelles Ton m'a mis en garde. Je ne suis pas dans la condition physique optimale que j'aurais eue si je venais juste de sauter en parachute pour me lancer vers les basses terres.

Si je m'enfonce plein sud, j'aurai trois dangers principaux à affronter à ce niveau du 140e méridien. Tout d'abord ces tribus belliqueuses, ensuite les barrières de falaises colossales qui par endroits tombent abruptement sur les basses terres et qu'il me faudrait contourner, et enfin les marais dans lesquels se perdent bon nombre de rivières.

Compte tenu de mon état de faiblesse je doute de sortir vainqueur de ces combats-là. Par ailleurs, je ne suis pas certain de la réaction des missionnaires s'ils me voyaient partir tout droit à l'aveuglette.

En revanche, si je me dirige vers le sud-ouest et le territoire de ces fameux Moménas en utilisant un ou deux des Papous *unas* qui servent à les contacter, j'éviterai les pièges irrémédiables tout en étant le premier Blanc à traverser intégralement ces territoires jusqu'aux plaines. Même les missionnaires ne s'y sont jamais aventurés à pied. Et, de la haute Kolf River, je pourrai gagner le fleuve Brazza près d'un village appelé Dekaï. Ce fleuve est relativement connu et en descendant son cours je pourrai rejoindre la civilisation. Évidemment, à Jakarta des prospecteurs américains m'ont raconté de sombres histoires sur cette région. Quelques années plus tôt ils étaient tombés dans une embuscade tendue par des Papous juste à l'embouchure du Brazza avec le fleuve Eilanden. Ils avaient eu plusieurs blessés parmi leurs hommes. Les tribus du Brazza ne sont pas très pacifiques bien que déjà connues. Mais ce fleuve a surtout l'avantage de ne pas être infesté de marais. Il y a juste quelques crocodiles, paraît-il. Mais ça, on en trouve partout.

Allons donc pour le sud-ouest et le Brazza !...

Ton, à qui je fais part de mes projets, hoche la tête :

– Si vous tenez vraiment à continuer vers les basses terres, c'est effectivement ce que vous avez de mieux à faire. Oui, passez par le territoire des Moménas et Samboka. Vous serez le quatrième Blanc que ces Moménas vont voir après le contact d'il y a deux ans.

– C'est excitant.

– Je pense bien. D'autant que nous ne les connaissons pas tous, évidemment. Dans ces forêts, il doit y avoir d'autres groupes que nous n'avons jamais rencontrés. Ce sont des primitifs incroyables. Ils ont des sortes de cornes plantées dans le nez et le sexe enroulé dans des feuilles, vous verrez. Un de nos propres Unas qui est à leur contact vous mènera dans les parages de Samboka où vous trouverez nos autres Papous. De là, vous pourrez rejoindre le Brazza.

Je reste pensif un long moment. Les Moménas sont maintenant une raison supplémentaire à la poursuite de ce raid et je rêve déjà à cette incursion dans leur territoire. Je ne devrais pas mettre plus de cinq ou six jours pour atteindre Samboka. À vol d'oiseau, je n'ai plus qu'une cinquantaine de kilomètres à parcourir avant de toucher les grands fleuves. En distance pure le plus long est déjà accompli. En découverte, le meilleur est encore à venir…

5 septembre 1989 à l'aube : je quitte Langda en fanfare. Tout le monde est là pour assister au départ. Henki me regarde avec des yeux de cocker.

– Salut à toi, Henki, et bien le bonjour à la civilisation.

– *Goodbye*, Patrice. Et attention…

– Salut à vous aussi, Timatius et Silas. Et n'ayez pas peur de monter dans l'avion, c'est moins dangereux que de traverser la cordillère…

Les deux Yalés me serrent la main à pleine poignée, la mine attristée. Nous nous quittons alors que nous commencions juste à devenir complices après toutes ces aventures vécues ensemble. Dommage…

Les trois missionnaires prennent quelques photos, m'étreignent presque dans leurs bras. Émotion.

– Au revoir à tous. Je vous donnerai des nouvelles. Ton, merci pour le tabac et les provisions.

Un dernier signe de la main, quelques pas seulement en direction des montagnes, et la mission disparaît derrière moi. La gorge nouée je viens de dire adieu à ma petite île du bout du monde.

Et maintenant, à Dieu vat…

XXIII

En contournant le mont Goliath

À Dieu vat, parce que je replonge dans ces montagnes perdues et que me hante à nouveau la question des débuts de ce raid : « Qu'est-ce qui va m'arriver maintenant ? Comment tout cela va-t-il finir ? Pourquoi continuer à prendre des risques, alors que beaucoup auraient su se contenter de cette jonction Waména-Langda ? » Le repos a fait ressurgir ces interrogations que la tension de la marche avait gommées peu à peu. J'avance maintenant pénétré d'un sentiment animal d'insécurité.

La première journée de marche se déroule pourtant normalement. Suivi d'une horde de Papous de Langda qui portent mes sacs en criant leur joie de voir un autre exemplaire de Blanc que les missionnaires, j'atteins le poste de Boméla dans la vallée voisine en quelques heures caricaturales de ce raid : d'abord une longue montée sur des éboulis de pierres blanches qui tracent comme une piste au milieu de la jungle verte. Ensuite une crête acérée, où je croise un groupe de Papous armés de haches de pierre, aux faciès peu rassurants d'hommes des cavernes. Enfin, une redescente parcourue à moitié sur les fesses.

Le lendemain je contourne le mont Goliath au sud duquel vivent les tribus hostiles et cannibales dont m'ont parlé les missionnaires. J'aboutis alors à la confluence de deux rivières torrentueuses et impressionnantes bordées chacune de falaises d'où dévalent de grandes cascades. Un spectacle prenant par sa sauvagerie, sa férocité presque. La première rivière vient de l'ouest, la seconde de l'est, et elles se rejoignent au sud. Je longe celle de l'est à flanc de montagne, une jambe toujours plus courte que l'autre, jouant au dahu involontaire. Parvenu à la confluence, je passe de l'autre côté de la rivière devenue unique, par un gué entrecoupé de rochers, sautant de l'un à l'autre, jouant cette fois à la gazelle. Puis, je me hisse sur l'autre versant.

Toujours rien que de très habituel.

Ce qui l'est moins en revanche, c'est l'à-pic auquel je me heurte bientôt…

Des passages de montagne dangereux, j'en ai connu beaucoup depuis le début de ce raid. Au point d'en avoir perdu le compte. Mais celui-là est l'un des pires qui soient. Un mur vertical démentiel, fait de caillasses amalgamées de végétation mouillée.

Il faut bien y aller malgré tout…

Un instant plus tard, je me retrouve accroché aux racines qui pendent de la paroi, arc-bouté sur des pierres glissantes, me demandant si je vais oser aller plus loin. Le spectacle de la rivière rugissant une centaine de mètres en contrebas me fiche une de ces frousses que je ne suis pas près d'oublier. Chute obligatoirement mortelle. Si j'avais la chance de ne pas me disloquer sur les rochers parsemant les berges, je me noierais infailliblement dans les remous. Je me dis tout cela en me demandant par quel miracle je n'ai pas encore basculé dans cet abîme. Une bonne étoile quelque part a dû me programmer pour des endroits de ce genre…

Sueurs froides. Je reste un moment agrippé comme un pantin à cette paroi, flagellé par la pluie. Mais qu'est-ce que je suis venu faire ici ! Un sentiment de solitude absolue me monte à la gorge comme un haut-le-cœur. Je me calme, réfléchis : « Les Papous passent par ici. Il n'y a pas d'autre chemin. Bon, alors, tu vas y aller aussi, tout doucement et voilà tout… »

J'aventure un pied sur une pierre saillante. Elle tient. Parfait, ça va aller. Cette fois, je refuse net de regarder en bas. Cette rivière est trop déprimante. Je lâche une main, m'empare d'une autre racine, tire doucement dessus. L'expérience m'a appris à me méfier. Une fois sur deux ces racines se révèlent de simples bouts de bois morts qui se brisent à peine saisis. Ici, la conséquence serait fatale. Encore un pas sur une encoche dans le roc terreux et je progresse un petit peu. Quelques herbes pendent à portée de main. C'est du solide. J'ai gagné un mètre. Encore dix ou douze acrobaties de ce genre et j'atteins un surplomb. Derrière c'est plus facile. Je me hisse dessus, m'assois, enlève mon chapeau, lève la tête vers le ciel, laissant la pluie dégouliner sur mon visage comme une caresse rassurante. Je songe à la fragilité des choses…

Je consulte l'altimètre. Il descend doucement. Je n'ai qu'une hâte maintenant, quitter les montagnes, entrer dans la jungle des basses terres et voir l'aiguille de cet altimètre aux alentours de zéro…

Ah ! ne plus avoir à monter et descendre d'une manière aussi infernale. Pas une seule articulation de mes jambes qui ne me fasse souffrir.

Autour de moi des Papous s'ébrouent en riant. Je ne sais plus combien il y en a. Cela change sans arrêt. J'en croise partout. Certains me suivent quelques heures, d'autres plus longtemps. Ils sont tous frais et dispos comparés à moi. J'envie cette aisance que j'ai perdue après des semaines de marche. Eux se contentent d'aller d'un village à l'autre, d'observer pendant un bout de chemin qui je suis. Il y a des hommes, des femmes, des enfants, des mines patibulaires, d'autres avenantes, des jeunes et des vieux, des nez percés d'ossements, des oreilles alourdies de gros bâtonnets, des cous ornés de colliers de dents de babiroussa – le sanglier sauvage de ces régions. J'ai l'impression d'avoir une bonne partie de la Nouvelle-Guinée autour de moi. Le seul qui soit constamment présent, c'est Silas. Un autre Silas, bien sûr, celui que les missionnaires m'ont procuré pour atteindre à trois jours de Langda un des derniers villages *unas* sur ma route de Samboka. C'est un maigrichon, le regard un peu fuyant, qui a fait ses preuves à Langda depuis quelques années et sert aux contacts avec les plus primitifs que lui. Les lobes de ses oreilles sont déchirés et pendent en deux morceaux de chaque côté de sa tête. Grand mangeur de patates douces comme tous ses semblables, il dévore néanmoins plus voracement que n'importe qui. Mais il a la bonne volonté de porter mon second sac sans rechigner. Et donc de profiter avec moi des excellentes pâtes que je transporte…

Avec lassitude, je sors mon caméscope de son sac étanche pour essayer de tourner quelques images. Mais il ne fonctionne toujours pas. Le voyant indique une humidité trop importante. C'est une bonne petite caméra, mais dans un tel milieu et sans aucune possibilité d'entretien, je ne vois pas comment elle pourrait démarrer au quart de tour.

Je la remets à sa place sans aucune émotion. Je n'ai pratiquement pas filmé depuis des semaines. À peine pris quelques photos en me faisant violence. C'est un vieux blocage qui me vient d'expériences antérieures. Un blocage en trois temps. Il y a une dizaine d'années je me suis d'abord aperçu qu'il m'était impossible de vivre pleinement des événements importants à travers le prisme d'une caméra ou d'un appareil photo. Je revenais avec des images mais je perdais l'essentiel, le moment vécu. Au lieu de regarder avec mes yeux, avec ma tête, avec mon corps, je pensais angle de vue, diaphragme, séquences ou plan de coupe. Un peu plus tard, je me suis rendu compte aussi que tout ce matériel diminuait ma liberté de mouvement. Il me ralentissait, me fatiguait, il était encombrant et lourd, il prenait de mon temps et occupait une trop grande partie de mon esprit, de mon énergie. Je n'étais plus libre. Plus tard encore, j'acquis la certitude que tous ces appareils me séparaient des hommes que je rencontrais. Chaque fois que je les utilisais, je cassais les efforts précédents pour m'intégrer à ces hommes différents. À ce troisième stade, j'ai tout balancé pardessus bord et je suis définitivement revenu à la feuille blanche et au stylo. C'était il y a déjà longtemps.

Et puis j'ai quand même dû faire quelques concessions à ce siècle qui ne vit que par l'image. Mais sans enthousiasme. J'ai repris des caméras et des appareils photo, le moins possible, le moins souvent. J'ai découvert le « baroudeur », heureusement. J'appuie sur le bouton et c'est tout, il fait son travail sans m'embêter. Mais je dois quand même m'obliger à ce geste minuscule. Le blocage est presque philosophique désormais. J'aimerais tant que les gens se détachent de cette référence trop exclusive à l'image et reviennent un peu plus à l'écrit.

Mais malgré tout j'aime l'image pour son esthétique et ce qu'elle peut apporter de complémentaire. Alors, quand je rentre d'une aventure et me réfugie dans ma tanière pour en digérer ce que je peux avant de repartir, je regrette toujours le manque d'images s'y rapportant. Ah, contradictions ! Si je pouvais toujours emmener un photographe qui soit mon double…

J'ai froid. Je reviens d'un coup sur terre. Il faut que je m'invente un peu de réconfort pour cette pause que je fais durer. Je tire mon poncho vers le haut, formant un abri au-dessus de ma tête et sors l'étui de fer de mon cigare fétiche, un Roméo et Juliette n° 2. Le meilleur, le plus gros, le plus romantique des cigares. En quittant Paris, j'ai pris la précaution élémentaire d'en cacher trois au fond de mon sac. Pour les moments importants. Malgré l'hérésie que cela représente, je les fume par morceaux, doucement et sans gaspillage. Il en reste un bout au fond de l'étui. C'est l'instant ou jamais de le finir. Je le sors, le hume en pensant avec amusement aux membres des ligues antitabac qui liront peut-être ce que j'écrirai sur lui, l'allume sous les yeux extatiques des Papous. Ils n'ont jamais vu de cigarettes pareilles… Ils fabriquent les leurs en cornet à l'aide de feuilles et de gros tabac noir. Je fume avec volupté. Et puis je leur tends les trois derniers centimètres. Il y a trop d'envie dans leurs yeux. Un à un ils se passent le Roméo et Juliette avec des sourires gourmands, l'air d'apprécier. Ils ne sont pas près de fumer à nouveau un tel cigare…

Je les regarde faire avec amusement. Après la peur du précipice, je me sens bien, presque euphorique. La Nouvelle-Guinée a ce don unique de me faire passer perpétuellement d'un état à l'autre avec une rapidité étonnante. Je peux tout maudire en me retrouvant sur un pont d'arbre glissant au-dessus d'une rivière, en pleine perte d'équilibre, et être plongé dans une joie absolue deux heures plus tard en me réchauffant simplement près d'un feu, ou en songeant dans la paix nocturne d'une hutte au privilège qui est le mien de pénétrer ce monde sauvage.

J'appelle Silas qui me tourne le dos, accroupi face à la montagne, lui fais un signe sans équivoque. Avec une grimace de dépit, il me rend mon cigare.

J'ai quand même bien envie de le terminer tout seul…

XXIV

Au cœur des piémonts

Je continue à avancer, toujours vers le sud-ouest. L'altimètre baisse. Je suis vraiment en marche vers les basses terres. Je passe vallée après vallée, marchant de haut en bas et de bas en haut, zigzaguant dans tous les sens à cause des obstacles naturels. Mais je descends graduellement. Je m'enfonce désormais dans ces piémonts de la cordillère centrale qui forment la transition naturelle entre les hautes et les basses terres. Tous les signes avant-coureurs sont là. La difficulté du terrain d'abord, beaucoup plus chaotique. Les montagnes ont des contours moins tranchés, plus insaisissables. La plupart du temps, je me demande où je suis exactement dans cet univers où la nature part dans tous les sens. La chaleur ensuite. Elle se fait de plus en plus forte et poisseuse. Et les insectes enfin. Ils étaient rares dans les montagnes. Ils réapparaissent maintenant. Des scolopendres traînent sur le sol, des mouches bourdonnent autour de ma tête. Quelques moustiques piquent déjà. Pas beaucoup, mais cela ne tardera pas à empirer.

Et puis il y a les fourmis aussi. Les satanées fourmis. Elles se manifestent la première fois d'une manière cuisante et imprévue. Je me retiens à une branche, laisse trop longtemps ma main sur cette prise et la retire brusquement en gémissant de douleur. Elle est couverte de fourmis rouges qui mordent toutes ensemble sans la moindre pitié. Je balaie cette horreur à coups de chapeau.

La jungle change également. Elle est plus moite, enveloppante comme une caresse humide. Je marche trempé de sueur et quand il ne pleut pas cette sueur mouille même mon chapeau, remontant par capillarité vers le sommet. Les sous-bois se font plus épais, infiniment plus durs à franchir. Mais parfois tout se transforme aussi. Peu après la confluence des rivières je traverse ainsi une sorte de savane incongrue en ces lieux. De hautes herbes dépassent ma tête et des fougères géantes ploient sous la brise. Je me fais l'effet d'un voyageur minuscule égaré dans un paysage démesuré de gravure à la Jules Verne. Je rencontre même des arbres nouveaux, sortes de petits palmiers aux troncs blancs mouchetés d'épines d'où jaillissent d'autres troncs plus petits et tout aussi hérissés d'épingles.

Quel monde ! Je songe qu'il était déjà là quand mes ancêtres vivaient encore dans des cavernes et qu'il n'a pas bougé depuis, identique à lui-même. Une nature préhistorique.

La combinaison de la jungle de basse altitude et des reliefs tourmentés qui s'y trouvent rend le terrain vraiment impossible. Les « sentiers » papous sont aussi nombreux que dans les hautes terres mais encore plus inextricables et déroutants, utilisant souvent des chemins naturels comme les berges de rivières ou les crêtes. La marche est harassante, chaque pas est une remise en cause de l'équilibre, un effort de tout le corps. Marcher ici me donne la sensation d'avoir inventé le mouvement perpétuel. Un pas, deux pas, trois pas, combien de milliers, de centaines de milliers, tous inégaux et brutaux ? Le podomètre est tombé en panne depuis longtemps. J'y ai vu un signe de la démesure de ce monde. Moi qui avais centré l'essentiel de ce raid sur sa dimension physique et morale, je suis servi… Quand je me dédouble pour me regarder avancer, je pense à Sisyphe roulant son rocher…

Je comprends pourquoi les missionnaires ne s'aventurent jamais dans ce milieu inhumain, se cantonnant aux pourtours de leurs missions et laissant à leurs Papous le soin de maintenir les contacts avec les tribus du sud.

Je perds la notion du temps dans cette marche de Sisyphe. Et peu m'importe bientôt. Le but qui m'obsède, c'est Dekaï, le fleuve Brazza et avant cela Samboka en territoire Moména. Ma vision immédiate s'arrête à ce point final et je ne pense à rien d'autre, essayant de ne pas perdre de temps en chemin tant je sens mes forces diminuer rapidement.

Des rivières coupent de plus en plus souvent notre route. En deux jours de progression vers le sud elles ont déjà considérablement grossi et dévalent les dernières montagnes en bouillonnant, frayant leur chemin entre des falaises. Elles sont probablement toutes tributaires du réseau de fleuves qui se jettent dans l'Eilanden et qui ont pour noms Steenboom, Modera, Kolf, Brazza…

Il y a de moins en moins de ponts papous pour traverser ces rivières et nous sommes obligés de les suivre pour trouver des gués praticables entre les rochers. Il faut passer, de l'eau jusqu'à la ceinture, s'aidant les uns les autres, à moitié emportés par la violence des remous. J'en sors chaque fois propre des bottes au chapeau… Je ne m'en plains pas. J'ai rarement eu l'occasion de me laver complètement durant ce raid…

Où que j'aille, à quelque heure du jour ou de la nuit, j'ai toujours une troupe de Papous sur mes talons, curieux, énigmatiques, fascinants. Ils surgissent de je ne sais où, disparaissent de la même manière, remplacés par d'autres et d'autres encore, comme si la nouvelle de mon passage courait jungles et montagnes, m'apportant escorte après escorte. Ces contreforts sud grouillent de Papous. Même quand aucune bande ne se montre j'ai l'impression d'être épié, surveillé, sans pouvoir déterminer exactement où, quand et comment, tant ces hommes peuvent se rendre invisibles dans un milieu qu'ils dominent et auquel ils sont parfaitement adaptés depuis des millénaires.

Cette présence permanente d'hommes inconnus avive ma solitude. Je me sens encore plus vulnérable. Silas me sert au moins de tampon jusqu'aux frontières des Unas. Il palabre sans arrêt avec ces Papous qui grognent et hochent la tête en m'observant les yeux fixes. Beaucoup portent au-dessus de leurs étuis péniens des ceintures formées de deux ou trois anneaux de rotin qui leur compriment le ventre.

Malgré toutes les difficultés, j'avance assez vite à l'échelle de ces piémonts. Les sentiers papous ne vont pas au plus courts, mais au plus aisés, au possible, évitant le pire : les barrières calcaires et les impasses rocheuses. Trois jours encore et je devrais être dans les basses terres, à Samboka. Il est certain que, sans Silas, j'aurais dû chercher ma route beaucoup plus longtemps, errant d'un sentier à l'autre.

Une nuit nous faisons halte dans un village où mon arrivée fait sensation. Quand j'ôte mes bottes, les enfants s'enfuient épouvantés, croyant sans doute que j'enlève ma peau. Des dizaines de paires d'yeux m'observent à travers les interstices de la case où l'on m'a conduit et laissé seul, des voix chuchotent derrière les parois, des femmes se mettent à chanter dans les huttes voisines. Ils agissent presque comme si j'étais une apparition divine… Pourtant, ce village, comme un second que je verrai plus tard, sert visiblement de relais à Ton et à ses compagnons pour leurs équipes de Papous se rendant à Samboka. Il y a des Unas de Langda ici. Ils doivent être chargés de maintenir la bonne parole des Blancs débarqués un jour du ciel dans leur libellule de fer. J'imagine assez bien l'effet que l'hélicoptère a pu produire la première fois sur ces hommes d'un autre âge, rugissant à deux pas des cases et lâchant de son ventre des esprits à la peau blanche…

7 septembre 1989

Journée de calvaire. Il s'est remis à pleuvoir des trombes d'eau. Rouler une cigarette aux haltes devient un exploit. Pas le moindre endroit de confort, je m'assois dans l'eau ou sur mon chapeau. Je continue à être trempé jusqu'aux os. J'avance n'importe comment, au bord de l'inanition. Ces piémonts de Nouvelle-Guinée sont une horreur. Cette fois je paye pour de bon les efforts des semaines précédentes. Je glisse et tombe de plus en plus souvent. Partout la jungle regorge de lianules griffues qui m'accrochent le corps ou traînent sur le sol comme des collets pour lapins où mes pieds viennent se prendre. Quelle pourriture ! Tous les morceaux de bois auxquels je me soutiens se disloquent sous la main comme de la mie de pain trempée. La seule force qui me soutienne est ce sentiment puissant de pénétrer un monde préservé. Et je suis prêt à payer encore davantage pour ce privilège. Payer avec la seule chose que je possède : moi-même.

L'altimètre indique 1 000 mètres. Ce sont mes derniers jours de marche en altitude. J'ai dans la tête maintenant l'idée que tout sera plus facile quand cette aiguille frôlera enfin le zéro.

Les insectes sont de plus en plus nombreux. Je tue mes premières araignées qui se réfugient dans mon sac ou mon chapeau quand je laisse celui-ci traîner trop longtemps près de moi. Les moustiques commencent à me harceler. Ils sont énormes ici. Mais ils se laissent massacrer sans trop broncher, presque à pleine main.

8 septembre 1989

Je me réveille l'œil droit si boursouflé par un œdème qu'il est complètement fermé. Un insecte salopard a dû me piquer au cours de la nuit. Me voilà borgne pour continuer à travers la jungle. Et mon œil ne se rouvrira qu'au bout de deux jours que je vais passer dans une sorte de brouillard cotonneux.

Le reste ne va guère mieux. J'avance comme un éclopé. Des épines se sont infectées sous ma peau, une bronchite me secoue de quintes de toux, mes mains sont tailladées d'estafilades, et pour achever ce joyeux tableau, des dizaines de petits furoncles sont apparus sur mes cuisses et mes genoux là où le tissu mouillé du pantalon frotte inlassablement… Triste litanie. Je me regarde de haut en bas avec résignation.

Journée épouvantable. J'ai des vertiges, les jambes brisées, les épaules douloureuses, tout le corps qui demande grâce. Simple passage à vide.

C'est ce moment que les sangsues choisissent pour attaquer. J'en avais déjà rencontré dans les montagnes. Mais de temps à autre seulement et jamais plus d'une ou deux à la fois, petites et noires, qui venaient s'incruster sur mes mains. Ici, elles surgissent par colonies entières, posées sur l'humus, dandinant leurs corps de limaces, immondes et visqueuses, à la recherche de proies vivantes. Tapies dans la forêt elles réagissent aux vibrations du sol et se mettent en marche toutes en même temps vers l'homme ou l'animal qui les provoque. Une marche silencieuse et tout aussi répugnante que leur apparence. Elles se déplacent en lançant en avant leur bouche en forme de ventouse, la queue la rejoignant aussitôt, formant une boucle en U renversé, et la tête repart à nouveau un peu plus loin, distendant le corps comme un élastique gélatineux.

Il y en a des centaines partout, qui se faufilent dans les moindres replis de vêtements à la recherche d'un morceau de peau où planter leurs dents. Elles se gavent alors de sang, atteignent quatre ou cinq fois leur taille normale, se transformant en des outres ventrues de la taille d'un doigt, et ne se laissent choir sur le sol qu'une fois gorgées jusqu'à la gueule.

L'horreur.

Les arracher à la main est presque impossible tant elles échappent à la pression des doigts. Et malsain. Elles ne lâchent prise qu'en emportant un minuscule bout de chair dont la plaie risque de s'infecter dans ce milieu pourri. Il vaut mieux les brûler d'un coup de briquet. Alors seulement elles consentent à abandonner la partie, se tortillant sous la douleur de la flamme. Mais les plaies qu'elles provoquent saignent des heures durant à cause de l'anticoagulant qu'elles injectent au moment de la morsure.

Dans un village, Silas me quitte, m'indiquant un groupe de Papous qui vont le remplacer. Ce sont des hommes de Samboka, semble-t-il. Je les suis sans même me poser de questions.

XXV

Aux frontières des Moménas

Je taille à la machette comme je peux dans le fouillis de la végétation. L'exercice n'est pas trop fréquent. Des Papous passent visiblement par ici de temps à autre. Mais ils sont moins nombreux que les jours précédents.

Un dernier coup sur un amas de branches, je pousse les débris devant moi, m'apprête à enjamber l'obstacle et stoppe net mon geste. À une fraction de seconde près je mettais le pied dessus. Il n'est pas bien long, pas très gros, je suis incapable de dire si sa morsure est mortelle ou non, mais je n'ai aucune envie d'en faire l'expérience.

Le serpent m'observe, la tête levée. Face-à-face immobile. Il n'a pas l'air commode. Puis il rabaisse d'un coup son corps noir, louvoie à toute vitesse sur moi. Mais c'est pour plonger sous des racines à mes pieds. Je bondis en arrière, le cœur battant. Mon premier réflexe est de taillader ces racines et de massacrer l'animal. Je me retiens. Réflexe stupide dicté par la peur. Mieux vaut passer son chemin.

C'est le premier reptile auquel je me heurte depuis le début de ce raid. C'est un autre signe que nous approchons des basses terres. Ils étaient rares dans les montagnes. J'en avais aperçu deux seulement, abattus par des Papous.

Je vais devoir me méfier davantage. Dans ma vie, j'ai tué des dizaines de serpents un peu partout. Chaque fois qu'ils présentaient un danger. Mais même avec l'habitude je continue à trouver ce genre de rencontre très désagréable. Surtout ici. Je n'ai aucun sérum avec moi. Pour une raison simple. Ceux qui existent contre les serpents de Nouvelle-Guinée sont presque aussi dangereux que les venins qu'ils sont censés combattre, s'ils sont utilisés hors de tout contrôle médical.

Je continue avec plus de prudence. Je descends toujours. La forêt daigne parfois s'éclaircir pour faciliter ma progression, des sentes d'animaux apparaissent.

Et puis soudain, au détour d'un fourré, je tombe nez à nez avec un casoar. Un court instant l'animal me regarde de ses yeux globuleux, aussi surpris que moi, et se met à pousser des cris d'orfraie. Mais avant que j'aie pu réagir, il détale à toutes jambes dans le sous-bois de sa démarche gauche de mauvaise autruche…

Les trois Papous qui sont avec moi ce jour-là se lancent à sa poursuite, bandant déjà leurs arcs, poussant des hurlements à faire frémir. Je reste seul, soupire, enlève mon chapeau, m'assois sur mon sac. Les Papous ne tardent pas à revenir, quelques plumes à la main. Ils ont l'air de s'engueuler copieusement. Si je comprends bien, la flèche du premier a manqué l'animal rabattu par les deux autres. Le casoar a la réputation d'être un animal stupide, mais il a été plus rapide et malin que ces fiers chasseurs… Dommage, nous aurions eu un peu de viande à griller sur le feu du soir.

Finalement, les trois Papous s'esclaffent en me montrant les plumes qu'ils plantent dans leurs cheveux crépus. Ce sont de drôles de bonshommes. L'un d'eux m'indique la forêt du doigt, mime avec ses deux mains autour de la bouche les dents du sanglier, l'air de dire qu'il y en a beaucoup par ici et qu'il aimerait bien en mettre un au bout de son arc. Ce n'est pourtant pas une chasse sans danger. Je me souviens que du côté de Langda un malheureux n'a pas survécu à l'aventure. Il avait blessé un de ces sangliers d'une flèche mal ajustée. L'animal, furieux, était revenu sur ses pas et l'avait attaqué de ses longues défenses, lui ouvrant le visage et le flanc, de haut en bas, sans rémission.

Nous repartons. Toujours vers le sud-ouest, inlassablement. L'altitude baisse encore. Pas à pas je change de monde et l'excitation me gagne de plus en plus malgré l'épuisement. La forêt devient ténébreuse et se met à vivre pour de bon. Dans les montagnes j'avais été frappé par son silence. Ici, je progresse dans un sous-bois qui retentit de tous les bruits que j'ai connus autrefois au Congo et en Amazonie. Autour de moi ce ne sont que reptations, bruissements, hululements, stridulations, craquements… C'est la grande respiration de la jungle. Tout ce qui bouge, court, vole, grimpe, rampe, anime la forêt d'un concert magique. Je marche, tous mes sens en alerte, caressé par des feuillages vernissés, écartant la végétation, scrutant les frondaisons traversées par le cri des oiseaux. Des papillons volettent en tous sens, tachetant de couleurs vives les teintes vertes de la jungle. J'avance en surveillant le sol d'humus et de fange peuplé de mille insectes différents, parcouru de colonnes de fourmis en route pour Dieu sait où. Au-dessus du toit de la forêt j'entends parfois des battements d'ailes, lourds et pesants. Ceux-là s'en vont par-dessus les obstacles.

Presque à chaque pas les Papous s'immobilisent, pareils à des chiens d'arrêt, le visage illuminé, et me désignent un cacatoès, un serpent qui s'enfuit, autre chose. Une fois même, ils ramassent une papaye sauvage que nous nous partageons assis sur un tronc d'arbre, la bouche dégoulinante de jus sucré, heureux de cette fraîcheur inespérée.

À chaque halte que je m'accorde, appuyé contre mon sac, j'observe un petit carré de jungle sur le sol. J'y découvre des mondes en miniature où toutes sortes de monstres se livrent des combats anonymes et cruels. À leur échelle, les brindilles, les feuilles, les mottes de boue, toutes ces choses de rien du tout, sont des jungles encore plus gigantesques que celle qui m'entoure. Et sans aucun doute plus implacables. Partout des ennemis déterminés attendent la moindre scolopendre, le plus petit termite aventuré hors de chez lui. Des carnages frénétiques se déroulent sous mes yeux à coups de mandibules tranchantes, de crocs venimeux, d'aiguillons diaboliques. Je m'imagine dans la peau d'une fourmi. Ce seraient des dinosaures qui me guetteraient partout pour m'écraser et me déchiqueter. J'aime encore mieux ma place…

Et je repars, lourdement, pour l'interminable descente qui me ramènera chez moi.

Quatre jours que j'ai quitté Langda. Chaque seconde a été d'une telle richesse que j'ai l'impression d'être immergé dans cette préhistoire de la nature depuis des années. Quand je touche ma barbe et mes cheveux, je me dis que le sauvage que je suis devenu ne dépare pas cette nature et commence même à se fondre en elle…

Chaque matin je pars à l'aube et marche jusqu'à la nuit, entrecoupant l'effort de rares haltes aux endroits les plus favorables : bords de rivières, clairières, troncs morts où je peux m'asseoir. Le soir, je dors dans les abris qui se présentent, huttes isolées ou hameaux. Je mange à l'aube et à la nuit. Riz ou pâtes. Trop long de cuisiner en route. Depuis le départ de Silas j'ai toujours au moins un ou deux Papous avec moi. Quand ils me quittent, ils m'en désignent d'autres qui connaissent le pays un peu plus loin et pourront me mener dans la direction des Moménas par les pistes connues d'eux seuls. Je me fie à ces hommes qui forment la chaîne établie pour les contacts avec Samboka.

Je marche toujours. Drôle de mécanique musculaire d'un pied qui avance, suivi par l'autre, et recommence tant qu'on le lui demande.

Ce quatrième jour dans l'après-midi, le rideau d'arbres de la jungle s'ouvre tout à coup devant mes yeux et je me rends compte que depuis un moment nous progressions sur une petite hauteur. Par cette trouée à peine plus large qu'une lucarne, j'entrevois en contrebas des eaux peu torrentueuses, presque ocre. Je reste un instant décontenancé. Cette couleur limoneuse, si différente des eaux claires des montagnes, est significative. Mon cœur se met à battre plus vite.

Je dégringole la pente, débouche sur une grève couverte de rochers. Je ne m'étais pas trompé, il s'agit bien d'une rivière, une vraie rivière, pas un de ces cours d'eau impossibles auxquels j'ai eu affaire jusqu'à présent. Elle est large. Au moins cinquante mètres. Sur la berge opposée, une autre muraille végétale se dresse, identique à celle que je viens de traverser, haute et régulière comme une ligne verte tranchant sur le gris du ciel.

Pas de doute, il s'agit d'une rivière de terrain plat. Précipitamment je laisse tomber mon sac, farfouille dans la poche supérieure, m'empare de l'altimètre : 150 mètres…

Je pousse un hurlement de joie sans crainte du ridicule. J'ai enfin atteint les basses terres, ça y est, je suis passé.

Mes cris inquiètent les trois Papous qui m'accompagnent depuis la veille. Ils ne comprennent pas. Mon plaisir est de ceux que je ne peux partager avec personne dans la solitude qui est la mienne. Je les rassure d'un geste, m'assois à même le sol, savourant le bonheur d'être parvenu jusque-là malgré tout ce qu'il a fallu endurer.

Je prolonge cet instant sans égal. Je me revois franchissant la cordillère centrale et éprouvant des sentiments aussi forts lorsque j'étais au sommet de la grande passe menant à Langda. Ils me récompensent de toutes ces souffrances.

La rivière ne fait presque aucun bruit. Ses eaux clapotent doucement contre la végétation des rives, drainant des morceaux de bois mort et des branches feuillues vers la mer encore lointaine. C'est probablement un tributaire de la Kolf River.

L'un des Papous attire mon attention et d'un geste du bras balaye l'espace devant nous :

– Moména, Moména, dit-il simplement.

Je hoche la tête en signe d'approbation. Cette rivière doit former la frontière de leur pays. Je les rencontrerai sans doute bientôt. En route…

Je repars ragaillardi. La proximité des Ménas et la vision de ce cours d'eau de trois fois rien, qui ne porte peut-être même pas de nom, ont réveillé en moi des forces nouvelles. J'en avais bien besoin.

Nous longeons la rivière plusieurs heures durant par des berges plates et touffues. Sans arrêt nous croisons de petits affluents. Certains ont la couleur du charbon, d'autres sont complètement à sec.

À chaque pas je m'attends à voir surgir des Moménas. Tout en marchant, je me demande quelle peut être l'étendue de leur territoire, leur nombre, si tous les groupes existants ont été contactés dans cette région, si d'autres déjà connus n'existent pas plus au sud. Quelle excitation, mélangée d'appréhension ! Elle grandit en moi d'heure en heure. Je ne marche plus, je remonte le temps, je m'enfonce dans le passé à la recherche des hommes d'autrefois.

Mais plus personne ne se montre. Un vrai désert humain. Je ne suis pas habitué à cela, plutôt au va-et-vient permanent des Papous. Mais nous sommes peut-être dans une sorte de no man's land entre les territoires *moménas* et ceux des tribus rencontrées les jours précédents.

Longtemps plus tard nous utilisons le lit desséché d'un des affluents en guise de sentier. Marche sinueuse dans la pénombre, sur un sol mou qui ponctue chaque pas de floc-floc réguliers. Nous le remontons jusqu'à ce qu'il se rétrécisse complètement. Nous le quittons alors pour repartir directement à travers la jungle. Toujours pas de Moménas.

Le suspense monte vertigineusement lorsque nous débouchons sur un petit arroyo. Au milieu de ce minuscule cours d'eau, je découvre des claies de bois en forme de canal servant à presser le cœur des sagoutiers, ces palmiers dont les Papous des basses terres tirent la farine blanchâtre qui forme la base de leur alimentation. C'est la première preuve tangible de la présence de Moménas. Mais toujours pas âme qui vive. Ne veulent-ils pas se démasquer ou ces lieux sont-ils inhabités pour le moment ? Mon impatience s'accroît. J'ai encore la sensation de présences inconnues autour de moi. Je me retourne, rien, regarde à droite, à gauche, rien non plus…

En milieu d'après-midi, nous atteignons une clairière ouverte dans la forêt. Une cahute s'y dresse sur un côté. Encore une trace des Moménas mais toujours personne à la ronde. Je commence à me demander s'ils se montreront avant Samboka.

Je suis exténué, cassé en mille morceaux. Une paillote de ce genre, c'est la certitude de passer une nuit acceptable, à l'abri. Je décide d'y planter mon bivouac. J'ai bien avancé depuis Langda. Il vaut mieux que je ménage mes dernières forces.

Je tends hamac et moustiquaire dans un angle de la cahute tandis que les trois Papous s'allongent sur un lit de feuilles. J'ôte mes bottes avec une grimace. Elles sont informes à force d'être gorgées d'eau. Les chaussettes sont roulées au fond comme d'habitude. Ce ne sont plus que de vagues morceaux de tissu troués, délavés, usés jusqu'à la trame. J'inspecte mes pieds. Par un miracle inexplicable, les plaies anciennes se sont à peu près cicatrisées et la douleur des parties à vif demeure supportable. Mais je constate que jusqu'aux chevilles la peau a pris une couleur blanchâtre ravinée par l'eau. Sans des pieds et des jambes en bon état on ne va pas loin. Enfin… on verra bien, je n'ai pas le choix… Je macère dans l'eau au moins douze heures par jour. Mes tibias également sont douloureux, bleuis par tous les coups ramassés en route. Et il y a ces furoncles, petits mais infectés, qui couvrent mes cuisses et mes genoux. Un peu de sulfamides dessus, quelques pansements et espérons…

J'allume un feu, prépare un peu de riz. Pas trop. J'ai calculé juste pour m'alléger depuis Langda. Cependant, tout ira bien si je sais me contenter de rations minimales et ne puise pas trop vite dans mes réserves d'aliments sucrés. J'utilise ces derniers seulement lorsque je ne peux rien faire cuire. J'ai beaucoup maigri, mais je ne suis pas sûr que ce soit la cause principale de ma faiblesse grandissante.

Mon tabac me cause d'autres soucis. Il diminue à vue d'œil et je ne vois pas sans tristesse disparaître le réconfort qu'il représente. Avant une semaine je n'en aurai plus, même en me rationnant comme je le fais. Mais si rien ne me ralentit, je serai à ce moment-là tout proche de la fin du raid.

Accroupi près du feu qui chante sous la gamelle, je mets en marche mon mini-magnétophone pour m'accorder un peu d'évasion. La réaction des Papous est immédiate. Ils se mettent à parler entre eux à toute vitesse, montrant du doigt mon appareil. L'un après l'autre, ils le touchent, posent l'oreille contre lui, poussent des sortes de mugissements et refusent tout net que je l'éteigne lorsque le repas se trouve prêt. Ces primitifs sont pourtant en contact avec la mission de Langda. Mais au fond, qu'est-ce qu'une mission comme Langda ? Tout juste une minuscule fenêtre ouverte sur le monde. Je dois presque batailler avec eux pour ne pas gaspiller mes piles toute la nuit. Je conçois qu'ils apprécient Chopin ou l'opéra-rock sur la révolution française, mais il faut savoir être raisonnable. Quand je parviens enfin à éteindre le magnétophone sans provoquer une émeute ils s'allongent sur leurs feuilles avec la résignation de parieurs ayant perdu le tiercé de l'année. Que peuvent-ils bien penser ?

Étendu dans mon hamac je rêvasse. Où sont les Moménas ? Se pourrait-il qu'ils aient déjà connaissance de ma présence et préfèrent m'éviter ? Ce serait bien possible. Pourquoi ? Mille raisons peuvent l'expliquer. Je chasse ces pensées. Il sera bien temps de voir plus tard. Pour l'instant, ce que je vis me satisfait. Cette jungle est grandiose, ce pays si différent de tout ce que j'ai vu jusqu'ici…

Il fait chaud, très humide. Je me retourne sans cesse dans le hamac. Une touffeur oppressante m'enveloppe. Quelle différence avec le climat des hautes terres où je grelottais chaque nuit. Depuis deux jours, je transpire même au repos. Cela n'arrive presque jamais aux Papous. Ils marchent sans perdre une goutte d'eau. Et alors que je bois en permanence à mon bidon ils se contentent de quelques gorgées aux sources claires, parfois sur le bord des rivières.

L'obscurité est emplie du murmure des feuilles qui s'égouttent après la pluie, de la stridulation des insectes qui se répondent les uns les autres, du fracas de branches mortes tombant en cascade du haut des arbres. C'est l'heure où sortent les animaux. Bruissement des fourrés, bris de brindilles, froissements insolites, sifflements d'oiseaux…

J'écoute cette magie en m'enfonçant lentement dans le sommeil.

Au loin le cri d'un cacatoès traverse la nuit.

À l'aube, je me sens fiévreux, les tempes douloureuses. Je mets ce désagrément sur le compte de la bronchite que je traîne depuis les montagnes et plie le camp sans me presser. Samboka doit être à portée de main, inutile de courir.

J'enfile mes bottes, secoue mon pantalon et ma chemise saupoudrée de cendres blanches à force d'être restés près du feu cette nuit, contemple le ciel plombé au-dessus de ma tête. Il va encore pleuvoir.

Une heure plus tard, j'entre dans une jungle bien plate, bien régulière, sans sous-bois épais, avec un sol pas trop fangeux. Une jungle exactement comme je l'aime, amicale et peu difficile à pénétrer, parcourue de sentes presque visibles… De loin en loin, nous retrouvons la rivière entrevue la veille.

Je marche la tête de plus en plus lourde. Je n'aime pas cette fièvre que je sens monter. Ma boussole indique le sud-ouest. Je me fie à ces trois Papous, mais ils sont si imprévisibles que je contrôle ma route en permanence dans l'hypothèse où ils viendraient à disparaître.

XXVI
Premières fièvres

Où peuvent bien être les Moménas ?

Je m'enfonce de plus en plus profondément dans cette poche de préhistoire qu'est leur territoire, mais pas un seul d'entre eux ne se montre. Je croise à peine quelques animaux qui souvent s'enfuient si vite que je ne peux les discerner. Mais les preuves de présence humaine se multiplient.

Un matin je découvre un pont au-dessus d'une rivière. Un pont très rudimentaire. Une grosse liane torsadée est nouée à des arbres sur chaque rive et deux lianes plus petites servent de main courante, reliées à la liane centrale par un maillage de fibres végétales. Je n'ai jamais vu un ouvrage aussi primitif, aussi instable. Nous n'avons pas à le franchir, mais je le contemple un long moment sous le sale petit crachin que déverse le ciel. Il est comme un symbole de tout le mystère de ce pays reculé. Une machine à remonter le temps m'a déposé ici et j'attends que quelque chose se passe… Je me secoue… Ne laissons pas faire l'imagination. Je furète dans les environs, bats les rives sur une centaine de mètres. Pas le moindre signe de vie. Si j'étais moins éreinté, je traverserais ce pont, chercherais un sentier de l'autre côté pour voir où il me mène. Peut-être dans un village, peut-être au bout de la jungle. Mais je dois préserver mes forces pour regagner les zones civilisées. Et il ne m'en reste plus beaucoup. Je trouverai des Moménas plus loin.

Je repars déçu, sabrant les obstacles de la végétation, me posant toujours les mêmes questions sur ces hommes invisibles. Samboka m'apportera sans doute une réponse.

Beaucoup plus tard nous tombons sur une autre rivière qui se révélera être la Kolf elle-même. C'est du moins ce que je suppose. Samboka doit se trouver non loin de l'autre côté. Regard à l'altimètre : l'aiguille est presque à zéro… Cette fois je suis vraiment dans les basses terres.

Habituellement les Papous traversent cette rivière à la nage. Samboka n'existait pas avant les premiers contacts il y a deux ans et personne n'a encore pris la peine de construire un pont.

Les berges sont bordées de pierrailles qui forment une bande irrégulière entre l'eau et le mur de la végétation. Nous y faisons halte. J'ai besoin d'un peu de repos. Je me sens de plus en plus fiévreux.

Les trois Papous s'apprêtent à plonger dans l'eau et m'engagent à en faire autant. Je les arrête d'un geste. Allons, j'ai mieux que cela. Tranquillement je déballe le canot pneumatique de survie que je traîne depuis Waména et emboîte les éléments de la pagaie démontable. Ils me regardent faire sans comprendre jusqu'à ce que je me mette à gonfler l'engin. Quand ils commencent à le voir grossir, ils restent statufiés de surprise, les bras ballants. Que peut bien fabriquer ce Blanc alors qu'il faut franchir la rivière ?…

Fatigué de souffler, je leur indique comment faire et, non sans réticence, deux d'entre eux me remplacent aux extrémités du canot. Je vois des lueurs de peur dans leurs yeux. Ils embouchent les valves à regret, s'attendant peut-être à quelque chose de diabolique. Je les encourage, ils se rassurent, et tant bien que mal l'embarcation prend forme.

Lorsque je la jette à l'eau ils saisissent enfin où je voulais en venir et poussent de petits cris où l'étonnement le dispute à la joie. Ça flotte !...

Mon canot est en butyle, un matériau d'un bon rapport poids-solidité. Deux personnes peuvent y prendre place et on peut même rajouter un sac entre les deux. Il a été fabriqué spécialement pour ce raid, mais j'ai découvert, un peu tard, que l'ensemble des collages était défectueux. J'ai dû le réparer moi-même à Jakarta avec l'aide de Bernard. Mais sans pouvoir l'empêcher complètement de fuir et de se dégonfler en moins de vingt-quatre heures... Néanmoins, j'ai jugé qu'il ferait l'affaire en prenant soin de le regonfler régulièrement.

Je décide de commencer par transborder mon matériel pour montrer aux Papous qu'ils n'auront rien à craindre en venant avec moi. Le courant est faible et la traversée d'une soixantaine de mètres se déroule sans encombre. Cela fait, je reviens prendre le premier des Papous. Il grimpe à bord comme un condamné monte à l'échafaud et s'accroche ensuite aux boudins sans oser faire un geste de plus. Je nous pousse à l'eau, pagaye en crabe pour compenser le courant. Les eaux limoneuses chuintent sur les bords du canot, j'évite les branches que charrie la rivière. Un sourire effleure les lèvres du Papou. C'est mieux que de nager ! Une fois sur l'autre berge il hurle à ses compagnons ce que je suppose être ses impressions de voyage et ces derniers se laissent transporter sans histoires en deux nouveaux voyages successifs.

Cahin-caha nous repartons le long de la rive droite. Quelques milliers d'arbres plus loin, quelques centaines de sangsues plus tard, une courte falaise apparaît, surplombant la rivière. Nous l'escaladons. Au sommet je découvre Samboka.

Plaisir extraordinaire de parvenir à une nouvelle étape qui quelques jours plus tôt me paraissait au bout du monde.

On finit toujours par arriver là où l'on doit arriver.

Deux cents mètres de forêt ont déjà été abattus pour dégager ce qui sera dans quelques années une piste d'atterrissage. Il reste beaucoup de travail. Au bord de l'eau se dressent une demi-douzaine de huttes, un peu plus loin une case plus spacieuse. J'ai sous les yeux le résultat de deux années d'efforts d'une mission en Nouvelle-Guinée pour ouvrir un nouveau territoire à la civilisation. Quelque chose qui est à la fois superficiel dans cet environnement primitif et revêtu d'un sentiment d'irréalité.

La quinzaine de Papous qui sortent des huttes sont tous originaires des montagnes, tous envoyés par la mission. Pas un seul Moména dans les parages. Déception. Ils doivent vivre cachés dans les forêts alentour.

Ces Papous des montagnes, qui m'accueillent avec la joie de reclus recevant une visite, vivent ici comme dans une oasis au milieu du désert. Ils sont là pour défricher la forêt et servir de courroie de transmission avec les Moménas dans l'attente du jour où un missionnaire blanc s'installera définitivement. Ils ne paraissent guère travailler, plutôt errer comme des âmes en peine dans ce morceau de jungle qui leur est étranger. Beaucoup sont en mauvaise santé. Peu ont l'air de s'aventurer au-delà du mini-village qu'ils se sont construit au bord de la rivière.

Après m'être installé dans la case, je m'interroge à nouveau sur ces Moménas qui restent invisibles depuis des jours. Les autres Papous m'ont montré les environs avec de larges gestes du bras en disant :

– Moména, Moména.

Ils sont par là, dans ces jungles, indifférents semble-t-il. Je me souviens avoir remarqué dans toutes mes lectures sur la Nouvelle-Guinée l'étonnement des explorateurs et missionnaires qui constataient presque partout la facilité avec laquelle ils pouvaient s'établir sur les terres papoues. Mis à part quelques tribus particulièrement belliqueuses qui attaquaient tout étranger pénétrant chez elles, les autres assistaient presque toujours passivement à la prise de possession d'un morceau de leur territoire pourvu qu'il ne s'agisse pas de lieux sacrés comme par exemple un cimetière. Les heurts violents survenaient toujours pour d'autres raisons. Il est probable que le même phénomène se produit ici. Depuis deux ans les Moménas se demandent sûrement ce qui leur arrive, mais sans réagir agressivement du moment qu'aucune hostilité ne leur est manifestée et que leur vie quotidienne n'en est pas dérangée. Ils doivent aussi trouver leur compte dans cette présence nouvelle. Les Papous de la mission sont pourvus d'un stock non négligeable d'objets de troc qui leur servent aux contacts avec ces plus primitifs qu'eux. Dans la case je découvre des lots de couteaux, des sacs de sel, des rouleaux de fil de nylon. Je ne me doutais pas au départ de cette aventure qu'il me serait donné d'être le témoin, peut-être l'un des derniers, du passage d'une poche de préhistoire vers les temps modernes. Et je ne regarde pas tout cela sans nostalgie. Aucun relent d'exotisme dans ce regret. Simplement les Papous me semblent bien comme ils sont. J'aime les peuples qui savent rester eux-mêmes quoi qu'il leur en coûte… Que seront devenus les Moménas dans un an, dans dix ans ?

Des pluies diluviennes se mettent à écraser la jungle. Il pleut à fendre l'âme. Les nuages essorent toute leur eau. La forêt est devenue toute grise, triste à mourir.

Le lendemain de mon arrivée, la fièvre que je sentais en moi depuis deux jours se fait terrible et me cloue sur place. Elle est montée d'un coup, brûlant mes tempes, couvrant mon corps de sueur. Bêtement je crois encore qu'il s'agit de cette vieille bronchite attrapée dans les montagnes et je me soigne avec des antibiotiques. Je ne songe pas au paludisme ou à une de ces fièvres malignes dont l'équateur a le secret. Je suis sans doute trop malade pour pouvoir analyser exactement le mal qui m'attaque.

Mais je me rends bien compte de mon état. Et je me demande comment je vais pouvoir atteindre le village de Dekaï sur le Brazza et descendre ensuite le fleuve dans mon canot de survie.

Par chance, je touche au but. Dekaï se trouve plein ouest maintenant. À deux jours de marche probablement d'après la distance séparant la Kolf et le Brazza sur ma carte. En principe je peux me fier au tracé des cours d'eaux. Ils ont tous été explorés, au moins jusqu'au pied des montagnes. Mais les Papous acculturés de Samboka affirment qu'il faut sept ou dix jours pour y arriver. C'est ce qu'ils ont entendu dire par des Moménas, prétendent-ils. Mais évidemment ils ne sont jamais allés là-bas. Après quelques palabres, deux décident de s'y aventurer avec moi, un Una et un Dani, en utilisant un pisteur *moména* qu'ils trouveront dans les parages. Nous partirons dès que je le pourrai.

Quelque chose me dit que je dois me presser malgré la fièvre et surtout à cause d'elle. Je la sens comme mon pire ennemi désormais et le découragement me gagne. Je mesure toute ma solitude. Je ne peux compter que sur moi-même et il va falloir que j'aille chercher au fond de ma tête mes dernières forces si je veux regagner le monde qui est le mien. J'essaie de me reposer à tout prix durant cette journée d'immobilité, ne bougeant pas de la case, allongé sur des planches. J'en profite aussi pour soigner mes mains, mes genoux, mes cuisses, mes pieds. Décidément, je paie cher la découverte de ce morceau de Nouvelle-Guinée perdu au fin fond de tout.

Contre la solitude trop envahissante, j'utilise une gymnastique intellectuelle apprise depuis des années. Je joue à être mon double, à être le compagnon sur qui on peut s'appuyer, à être mon propre ami. J'échange des idées, je me place de l'autre côté du miroir pour essayer un autre regard sur les choses. Et je me réconforte de plaisirs simples : satisfaction des découvertes que m'ont apportées ces aventures, joie d'être le premier à avoir accompli un tel trajet depuis Waména.

Drôle de fièvre. À certains moments elle me laisse comme une loque, puis me fait grâce quelques heures, revient, repart.

La nuit s'apprête à tomber. La dernière pour moi ici. Je me sens un peu mieux et j'ai décidé de ne plus tarder, de partir dès l'aube. Je suis assis devant la porte de la case. La pluie éclabousse toujours la forêt dans un bruit de tambour inlassable. Mon dictionnaire sur les genoux je continue à apprendre l'indonésien. Je peux au moins utiliser ce que je sais avec les Unas de Samboka. J'ai ainsi pu connaître le nom local de la rivière que je suppose être la Kolf : Yiaï.

C'est en levant la tête de mon livre que je les repère. Ils sont une dizaine, juste en lisière de forêt, à une cinquantaine de mètres de la case. Des Moménas… Ils m'observent de loin, cachés derrière des arbres, immobiles sous la pluie, nus, des filets suspendus à leurs fronts, des arcs à la main.

Une vision prenante dans le jour mourant.

Je ne fais pas un geste, ne cherche ni à les appeler, ni à les approcher. Nous nous regardons encore un long, très long moment. Ce ne sont pas cinquante mètres qui nous séparent mais des millénaires. Puis ils repartent, avalés par la jungle, sauf un, qui reste en arrière quelques instants de plus avant de s'évanouir à son tour.

Image fugitive et irréelle comme un rêve.

Je finirai bien par avoir un vrai contact avec eux. Ils sont là, tout autour de Samboka après tout.

Bientôt la nuit est totale. Quelques lucioles trouent l'obscurité de leurs lumières clignotantes, un voile étrange semble s'appesantir sur la forêt. Est-ce parce que le suspense de ma rencontre avec les Moménas vient de rebondir de cette manière si inattendue ?

Une ombre approche, des pieds nus clapotent dans la boue, un visage surgit dans le faisceau de ma lampe. C'est un Una qui espère un peu de compagnie. Il est aussi perdu que moi dans ce pays des Moménas. Il s'assoit à mes côtés, reste là sans rien dire. J'enclenche mon mini-magnétophone.

La *Petite Musique de nuit* de Mozart monte dans l'air mouillé, légère et limpide, s'évapore vers les grands arbres de la jungle.

XXVII

La forêt cathédrale

Au matin, un Moména d'une quinzaine d'années arrive avec les Unas de Samboka qui sont allés le chercher Dieu sait où dans la forêt.

Il est à peine plus grand qu'un Papou des montagnes, mais très mince, presque longiligne, nu, roulant des yeux un peu effarés.

Le premier Moména que je rencontre vraiment.

Détail remarquable, son sexe est enroulé dans une feuille serrée à son extrémité par un brin de fibre. Serré est un euphémisme d'ailleurs. Comprimé serait plus exact, car l'ensemble n'a pas même la grosseur de mon petit doigt et les testicules dépassent de ce délicat emballage comme deux noix volumineuses. L'utilisation de l'étui pénien par les tribus montagnardes était déjà un objet d'étonnement, mais cette façon de s'habiller est encore plus surprenante. Je n'ai jamais rien lu à ce propos. Et la taille de ce sexe me laisse supposer qu'il doit être pressé et serré très tôt dans l'enfance pour demeurer aussi minuscule.

Ce Moména est notre sésame pour gagner le Brazza, d'après ce que me font comprendre le Una et le Dani qui vont s'y risquer avec moi. Ce qu'en revanche personne ne peut m'expliquer, mais dont je suis certain, c'est qu'il est un autre maillon de la chaîne qui ouvre ce pays au monde extérieur : missionnaires-Papous acculturés-Moménas contactés il y a deux ans – Moménas encore incontrôlés.

Ces considérations achevées nous partons droit à travers la jungle par une sente presque invisible. Il est certain que de nombreux clans *moménas* vivent disséminés dans ces forêts sur une superficie importante et que des pistes relient ces groupes entre eux. L'une d'elles mène aux tribus du Brazza qui n'appartiennent pas à l'ethnie *moména.*

Après moins d'une demi-heure de marche nous parvenons sur les bords d'un affluent probable de la Kolf. Un soleil comme je n'en ai jamais vu dans ce pays incendie la rivière. La puissance de ses rayons est telle qu'ils vrillent ma tête d'une manière insoutenable à cause de la fièvre.

Magnifique spectacle malgré tout : au nord j'aperçois le mur crénelé des montagnes d'où je viens et au sud la ligne horizontale de la forêt au-dessus de la plaine.

Reste à traverser cette rivière. Il y a là une bonne cinquantaine de mètres et un courant violent draine les eaux vers un rapide situé tout de suite en aval. Je juge sans peine que l'utilisation du canot est impossible. Pas assez manœuvrier pour passer sans être aspiré vers les remous où il se retournerait immanquablement.

Sans tergiverser une seconde le Moména se jette à l'eau et nage à toute force vers l'autre rive. Je m'assois et le regarde faire, découragé. Je me vois mal nager comme lui, sac au dos, tout comme le Dani qui porte mon second sac. La fièvre me laisse sans défense, très diminué, et alors que nous venons à peine de partir, je me sens aussi éreinté que si je venais de marcher une journée entière. Je songe en outre que nous allons dans le sens est-ouest et que tous les cours d'eau qui prennent naissance dans la chaîne centrale coulent nord-sud vers les plaines. Je risque donc de les ramasser les uns après les autres.

Il faut y aller. Pas d'alternative. Je découvre alors que la chance ne m'a pas tout à fait abandonné. La rivière n'est pas si profonde. J'avais oublié aussi que je suis plus grand que le Moména. J'ai pied. L'eau monte jusqu'à mes épaules mais je peux prendre appui sur le lit de la rivière, formé de galets qui ne glissent pas trop, et progresser en crabe. Hélas, parvenu à mi-chemin, suivi des deux Papous qui s'entraident un peu plus haut en amont, je suis soudain emporté par la force du courant. Impossible cette fois de lui résister. Je coule un instant, perds tout sens de l'orientation, et la peur me gagne à la pensée de la noyade qui m'attend dans le rapide cent mètres plus bas. À ce moment précis, j'atterris sur un haut-fond où je sens à nouveau un sol dur sous mes pieds. Je m'arc-boute là-dessus de toute mon énergie. Mais quoi que je fasse, je reste immobile sans plus pouvoir ni avancer ni reculer. Je me demande comment je vais me sortir de là lorsque je vois les deux autres Papous suivre le même chemin involontaire. Ils n'ont pas l'expérience nautique du Moména. Nous nous retrouvons bientôt tous les trois collés les uns contre les autres. C'est notre salut. Nous nous enchaînons par les mains et parvenons à progresser laborieusement vers la berge opposée. Le Moména vient à notre rescousse et une minute plus tard nous sommes enfin de l'autre côté, sains et saufs.

Mais je maudis cette rivière. Pour une fois que la pluie m'épargnait, il faut que je sois quand même trempé. Moi et mes sacs. Mais suffit comme ça. Je suis vivant et la route est encore longue. D'un signe, nous replongeons dans la forêt.

Une forêt relativement clairsemée ici, comme une jungle de type primaire, avec de grands arbres élancés. Je chemine au fond d'une cathédrale sans fin aux piliers gigantesques qui jalonnent notre route. De partout pendent des frontons de feuilles, des clochetons d'orchidées, des ogives formées par les branches. La pénombre humide est traversée de loin en loin de traits de lumière qui dessinent sous mes pieds de minuscules vitraux, et chaque bruit résonne étouffé par la voûte sans cesse renouvelée des arbres. Malheureusement, le sol est constitué partout de vase et de marais, parfois aussi d'espèces de sables mouvants où j'enfonce jusqu'aux cuisses. Tous les bonheurs ne peuvent être accordés en même temps… D'autant que les insectes sont innombrables. Je suis parfois douloureusement piqué sans pouvoir déterminer les responsables. Une fois même, je reçois dans le cou une myriade de fourmis rouges et cuisantes qu'un coup de machette a éjectées de leur branche.

Comme je le prévoyais, les cours d'eau se multiplient, presque toujours perpendiculaires à nous. Et pas le moindre pont de liane pour nous aider. Il faut les traverser à gué. Les plus larges ont des eaux transparentes qui creusent leur chemin sous des tunnels sombres. Les plus petits sont couleur de sang et s'enchâssent comme de gros rubis dans la parure verte de la jungle.

Je dois parfois tailler à la machette pour ouvrir la sente qu'indique le Moména. Le plus souvent elle est quasi indistincte à mes yeux étrangers. Lui-même se perd à deux reprises, rebroussant chemin pour retrouver les signes de la route la plus directe vers Dekaï.

Peu de Papous doivent passer par ici et la végétation repousse très vite. Mais à nouveau j'ai l'impression d'être épié, guetté. La sensation de présences inconnues plane autour de moi. Je suppose que le territoire principal des Moménas se situe surtout derrière moi et que nous sommes sur sa lisière ouest, juste avant la frontière avec les tribus du Brazza, mais ils sont là, j'en suis sûr. Ils vont se montrer tôt ou tard. Où ? Quand ? Comment ? Ce sont les seules questions que je me pose.

Aux rares haltes je roule une cigarette, les doigts tremblants et mouillés. La fièvre est remontée d'un coup. Je dois avoir plus de 40 °C. Je transpire sans arrêt, mais ne montre rien de cette faiblesse pour ne pas paraître diminué.

Les sangsues nous occasionnent encore toutes les misères du monde. Il y en a partout. Depuis plusieurs jours je vis dans leur obsession. Je n'ai de répulsion ni pour les serpents, ni pour les araignées, ni pour aucun autre type d'insectes. Je les supporte. Seules les sangsues provoquent en moi une répugnance irrépressible. Parfois je découvre le spectacle de ces bêtes dressées sur le sol comme des centaines de filaments qui ondulent, la tête dressée, et qui se mettent en marche toutes ensemble vers nous. Je tente de courir pour passer ces endroits infestés, mais quoi que je fasse j'en trouve des dizaines qui grimpent le long de mon pantalon d'une manière hideuse. Alors, je ne peux m'empêcher de m'arrêter, de sortir mon briquet et de les brûler une à une. Je dois me retenir pour ne pas enlever mes bottes et chercher celles qui se sont infiltrées dans mes chaussettes et se gavent déjà de sang. Je perdrais trop de temps. Je leur déclarerai la guerre au bivouac du soir.

Les Papous aussi sont incommodés par les sangsues. Du moins le Una et le Dani. Ils sont à peine plus habitués que moi à ce milieu. Ils pataugent, trébuchent, jurent comiquement et surveillent leurs jambes pour arracher les sangsues avec le même dégoût, en s'aidant de feuilles pour saisir leurs corps visqueux. Il y en a tant dans cette région que bientôt nous devons nous surveiller mutuellement. Car elles montent traîtreusement dans le dos pour s'accrocher de préférence derrière les oreilles. Leur morsure est si indolore qu'on s'en aperçoit toujours trop tard. À ne rien faire, on finirait par se retrouver couvert des pieds à la tête.

XXVIII
Les derniers hommes

Nous longeons un nouveau cours d'eau rougeâtre, pataugeant dans une vase nauséabonde. Devant nous le Moména avance de son pas félin, se coulant entre les obstacles, souple comme une liane, admirable d'instinct.

Soudain il s'immobilise, la tête tournée vers la rive opposée. Je lève les yeux. À une quinzaine de mètres de là, une femme vient d'apparaître, puis une seconde derrière elle. Elles nous observent sans bouger, à peine visibles dans l'ombre de l'arroyo et la luxuriance de la végétation.

Le jeune Moména nous fait signe de stopper. Le Una et le Dani posent leurs arcs et leurs flèches à leurs pieds, se font très discrets. Je m'arrête aussi, près d'un arbre, sans plus faire un geste.

Les deux femmes se mettent à nous apostropher avec de grands cris, sur tous les tons, dans un discours ponctué d'exclamations et d'invectives. Le Moména répond de la même manière. Une longue diatribe s'ensuit que j'écoute fasciné. À n'en pas douter, ces deux femmes sont des Moménas. Elles portent de courts pagnes faits de cordelettes de fibres tressées qui leur tombent jusqu'aux cuisses. Des colliers de dents ornent leur cou et de longues épines dépassent de leur nez percé. Elles paraissent très agitées. Elles hurlent presque, balayant l'air de leurs mains. La scène est impressionnante.

Mystère de ce dialogue qui dure plusieurs minutes. Je ne sais à quoi m'en tenir, mais j'ai l'impression que ces femmes refusent que nous avancions davantage, qu'elles nous interdisent d'aller plus loin, vers leur village peut-être, et que notre Moména, d'un autre clan sans doute, tente de les convaincre.

Finalement, elles disparaissent tout aussi soudainement et le silence revient. Sans un mot, sans me jeter le moindre regard, le jeune Moména repart droit devant lui. Les deux autres Papous reprennent leurs armes et le suivent. Je leur emboîte le pas. Où tout cela va-t-il me mener ?

Nous marchons plus vite. Une heure passe encore. Je suis bouillant de fièvre, engourdi de fatigue. Le franchissement des rivières, qui me font passer brutalement de l'ombre à la lumière vive, m'est insupportable. Je me cache les yeux des deux mains pour atténuer la douleur, ne les ouvre ensuite que progressivement, la tête lourde et traversée d'éclairs. Nous passons ces rivières en file indienne. Rien de dangereux comme ce que j'ai connu juste après Samboka. Nous avons pied partout.

En fin d'après-midi nous bifurquons sur un arroyo que nous remontons vers sa source, de l'eau jusqu'aux cuisses. La jungle forme un toit hermétique au-dessus de nos têtes. Le soleil filtre à peine, tapissant le sol de paillettes de lumière.

Nous avançons péniblement lorsqu'au détour d'une courbe une clairière apparaît sur l'autre rive. Un tronc d'arbre est jeté en travers de l'arroyo. Les herbes sont froissées à cet endroit, je distingue même un sentier au milieu des fourrés. Tout indique une présence humaine devant nous.

Le Moména se retourne et nous signifie de faire halte. Mon cœur se met à battre plus vite. Il y a des hommes là-derrière. Le Moména pousse un long appel modulé, debout sur la berge, nu et superbe au milieu de la forêt vierge, comme une vision de liberté insoumise. Le silence lui répond. Il crie à nouveau. Alors des hurlements identiques jaillissent de la jungle. Son visage s'éclaire. Sans hésiter, il s'engage sur le tronc d'arbre et nous le suivons. Un instant plus tard, nous débouchons sur la clairière.

Une grande case communautaire est dressée à sa lisière, entourée de bananiers et d'arbres abattus. Elle est rectangulaire, posée sur de courts pilotis. Ses parois et son toit sont faits de panneaux de feuilles de pandanus tressées. Une seule ouverture est ménagée sur le côté le plus petit. Une échelle de bois permet d'y accéder.

Devant la case est assis un groupe de femmes semblables à celles aperçues le matin. Elles nous fixent sans bouger. Je suis dans un clan *moména*. La tension monte vertigineusement en moi.

Comme nous approchons, une dizaine d'hommes bondissent de la case, armés de leurs arcs. D'instinct je sens qu'aucune menace n'est à craindre. Impossible de dire pourquoi, mais je le sens. Je suis même certain que ces hommes nous attendaient et que le signal de mon passage est donné depuis longtemps.

Un court instant nous restons tous face à face et ma mémoire enregistre d'un seul regard l'image poignante de ces Papous oubliés : leur sexe est compressé dans des feuilles, des anneaux de rotin enserrent leur taille, des bâtonnets de bois trouent leurs oreilles, et de véritables cornes faites de tuyaux de plumes aiguisés sortent de leur nez percé. Ces hommes semblent avoir traversé les siècles, être là depuis toujours, identiques et immobiles.

Notre Moména leur tient un rapide discours, me désignant du doigt. Je souris de la manière la plus engageante possible. Ils s'approchent enfin, la tête en biais, curieux, l'air inoffensifs malgré ces faciès incroyables qui doivent pouvoir se faire terribles quand ils le veulent. C'est peut-être la raison d'être de ces cornes. Leur donner un aspect effrayant contre leurs ennemis. De près je constate que la plupart de ces hommes ont la peau marbrée d'inimaginables arabesques. Tatouages sur tout le corps ou maladie de peau ? Je ne sais au juste.

Plusieurs viennent me toucher et me palper, posant leur nez contre mes bras pour me renifler. Ils parlent entre eux, semblent se consulter. Je ne bouge pas. Je me laisse faire. Encore une fois je ne sens aucun danger ici. Bien moins que dans certains villages des montagnes où l'hostilité des Papous était palpable. Les Moménas sont peut-être un peuple plus pacifique que leurs voisins. À moins que les contacts avec les missionnaires il y a deux ans les aient convaincus qu'aucune attaque n'était à craindre d'hommes tels que moi. Quoi qu'il en soit, je suis sous le coup d'une émotion très douce, très prenante. La vie offre peu de moments comme celui-ci où l'impression de découverte est absolue.

Le Una et le Dani ouvrent alors un petit sac qu'ils transportaient depuis Samboka et distribuent un peu de sel et de tabac à la ronde. Scène surréaliste. Ils se comportent avec ces Moménas comme les Blancs se sont un jour comportés avec eux. Ils jouent les civilisés cherchant à gagner les bonnes grâces de sauvages inconnus. Je les regarde faire, presque incrédule.

Un Moména saisit un bambou de près de deux mètres posé contre la case. Il le dresse à hauteur de sa bouche, boit une longue rasade d'eau et me le tend pour faire de même. Le bambou a été évidé et sert de récipient. Je remercie comme je peux, en bon français. C'est certainement un geste d'accueil. D'autant plus que deux hommes apportent des tisons enflammés et les disposent devant moi à trois mètres de la case pour constituer un feu qui m'est visiblement destiné.

Aimables sauvages.

Les femmes s'agitent maintenant, environnées d'enfants qui se sont décidés à sortir de la case. Ce sont des gamins comme tous les gamins du monde. Ils frétillent autour de moi, nus et joyeux, chahutant entre eux, s'excitant de mon arrivée. Les petites filles sont jolies, plus réservées. Une demi-douzaine de familles doivent vivre ici. Près d'un foyer allumé à l'extérieur je remarque des pains de sagou enroulés dans des feuilles. Les provisions du groupe. Mais il y a aussi de la viande. On en apporte quelques morceaux qui sont mis à griller sur mon feu. Je m'assois, mange, le jour tombe lentement sur la clairière, sur ce petit morceau de paradis sauvage, indompté. Je me sens bien ici. J'ai envie de revenir en expédition pour quelques mois et non en raid.

Un instant je songe même à rester longtemps dans ce clan, comme autrefois chez les Pygmées de la Kélikéli ou les Indiens *macuje* du haut Otavella en Amazonie. Mais j'écarte cette pensée. Il y a la fièvre qui me mine, mes provisions qui s'épuisent, mon désir d'achever ce raid dans la même intensité de mouvement.

Les Moménas m'entourent toujours, me fixant de leurs yeux vifs, les cornes pointées dans ma direction. Ils fument une grande pipe formée de deux tiges de bois creuses, une grosse et une petite, emboîtées l'une dans l'autre et décorées de motifs géométriques gravés en creux. Au bout de la plus petite est plantée un mélange de tabac brut enveloppé de feuilles. Ils se la passent de main en main. C'est fort, c'est âcre, c'est probablement un des rares plaisirs de leur vie primitive.

Avant que la nuit ne tombe, je dispose mon hamac entre la case et un pieu fiché dans le sol. On ne m'a pas invité à entrer dans l'habitation et j'ai préféré ne pas prendre cette initiative. Demain sans doute. Je déballe mes affaires. Sur-le-champ, les Moménas cessent leurs discours et se précipitent vers moi. Le moindre de mes gestes fait sensation et tout ce que je possède est palpé, détaillé, examiné avec une surprise sans bornes. Ils s'exclament à propos de tout en poussant des sortes d'aspirations de la bouche, gutturales. La couleur et la texture de mes sacs étanches bleus les plongent dans des abîmes de réflexion. Ils n'arrêtent pas de caresser le plastique pour écouter son crissement, de le froisser pour le voir reprendre sa forme, de l'effleurer de leurs doigts timides.

Je les laisse agir, riant avec eux. Les Moménas semblent vraiment un peuple pacifique. Je ne jurerais pas qu'ils ne guerroient jamais contre leurs voisins ni qu'ils ne chassent jamais de têtes. Je n'en sais rien. Mais j'ai l'impression qu'ils sont plutôt du genre à ne se battre que si on leur cherche querelle.

Je ne tarde pas à m'écrouler dans mon hamac. La fièvre monte à nouveau, violente et implacable. Maintenant que l'émotion de cette rencontre avec les Moménas s'estompe, je n'aspire plus qu'à un repos total. Je voudrais dormir des jours entiers. Je suis décidé à ne plus bouger jusqu'à l'aube, quoi qu'il arrive.

La nuit vient sans crépuscule, les Papous rentrent dans leur case, mon feu rougeoie dans l'ombre. Le sommeil me fuit. Je tremble de plus en plus, des mouches noires papillonnent devant mes yeux, je sombre dans un vertige sans fin. Je m'inquiète de cette crise de fièvre plus brutale que les autres. Allons… Demain je devrais être sur le Brazza, à Dekaï. Tout ira mieux. Je n'aurai plus que le fleuve à descendre. Deux cents kilomètres avec ses innombrables méandres. Mais en quatre ou cinq jours je pourrai parvenir sur l'Eilanden, retrouver la civilisation. Quelques jours encore à tenir.

Les rumeurs de vie dans la case me parviennent assourdies, lointaines, comme enrobées de ouate. J'entends des bruits de voix, quelques rires, des cris d'enfants. Là, tout près de moi, des hommes de l'âge de pierre continuent leur vie, ignorés du monde.

Au petit matin, je vais à peine mieux. Je plie mon camp avec une lenteur irritante, les gestes maladroits. J'ai la nausée, envie de tout laisser tomber. J'appréhende la marche à venir, malade comme je le suis maintenant. Il va falloir souffrir. À des moments comme celui-ci je déteste ce raid.

Avant le départ et malgré mon épuisement, je me risque quand même dans la case. Je m'approche de l'entrée. Personne ne s'interpose. J'escalade les barreaux de l'échelle, entre. Cette fois les femmes s'enfuient sans demander leur reste, mais les hommes me laissent faire, me suivent même, l'air interrogateur, murmurant entre eux, agitant les cornes de leur nez. Mais toujours pas d'agressivité. Simplement ils ne comprennent pas que je puisse être aussi curieux qu'eux.

La case est sombre comme toutes les habitations papoues, sans fenêtres, séparée en deux par une cloison. Une pièce pour les hommes, une autre pour les femmes. Dans cette dernière des feux brûlent à même le sol, des morceaux de sagou cuisent pour le repas. Sur la paroi disposée du côté des hommes je découvre la plus extraordinaire panoplie d'arcs et de flèches que j'aie jamais vue. Les armes sont disposées par dizaines contre la paroi, en superbes éventails qui forment un tableau sauvage et guerrier. Il y a des flèches de toutes les formes et pour toutes les fonctions. Elles me paraissent mieux fabriquées que celles des tribus montagnardes. Les pointes sont en bambou, en bois durci au feu ou en os sculpté de barbelades impressionnantes. Aucune ne possède d'empennage. Toutes sont de véritables objets d'art.

Je ressors, subjugué par ces armes. Le jeune Moména, le Una et le Dani m'attendent. Nous partons aussitôt. Quelques pas vers le fond de la clairière et je me retourne. Les Moménas me contemplent, debout, serrés les uns contre les autres, silencieux. Pas de gestes d'adieu, pas de discours, ni de ma part ni de la leur. Je retourne vers ma vie, ils demeurent dans la leur. Je m'en vais comme je suis venu. Que garderont-ils de moi ? Le souvenir d'une apparition, d'un météore qui a traversé leur vie ? Ils m'ont laissé cette impression, même si c'est moi qui bougeais. Je n'ai fait qu'une incursion dans leur préhistoire. Au moins avons-nous échangé nos surprises mutuelles… Et, qui sait ? Un jour… Plus tard…

Nous marchons jusqu'au soir droit à travers la forêt. J'ai une telle fièvre que je vis cette journée comme si je m'observais de l'extérieur. Nous croisons d'autres cases et d'autres Moménas identiques aux premiers mais j'ai à peine la force de leur accorder un regard. La jungle tourne autour de ma tête. Je vois à peine les rivières, ne me préoccupe même plus des myriades de sangsues qui guettent mon passage. Je les tue presque négligemment, économisant néanmoins mes deux derniers briquets. Mais j'en massacre bien quelques dizaines avant d'arriver sur le Brazza. En traversant certains marais je ressors les jambes couvertes de ces sales bestioles. Par bonheur, j'ai trouvé une nouvelle technique pour tromper leur voracité. Je mets mon pantalon de pluie serré sur celui de marche. Les sangsues se coincent entre les deux et errent longtemps à la recherche d'un morceau de chair. Mais il y en a toujours qui parviennent à remonter le long de ma chemise comme de minuscules reptiles pour venir me donner dans le cou leurs baisers immondes.

Face-à-face aussi avec un sanglier. J'ai à peine le temps de voir son groin terreux, ses deux défenses redoutables, les crins de son corps massif, et il s'enfuit en grognant, bien plus agile que les casoars, ne laissant pas aux Papous le loisir de le flécher.

Enfin, en milieu d'après-midi le 12 septembre 1989, j'atteins Dekaï et le fleuve Brazza.

Dekaï, village désolé…

Ce sont les trois derniers mots de mon journal de marche. À partir de là je n'aurai plus ni le courage, ni la force, ni la volonté de continuer à écrire. Le jour même, une nouvelle crise de fièvre me terrasse dans mon hamac et je me demande pour de bon si tout ne va pas se terminer ici.

Mais Dekaï malgré son aspect sinistre me redonne courage. Tout indique que je suis revenu vers des régions plus fréquentées. Les Papous qui y vivent n'appartiennent pas à l'ethnie *moména* et ils ont d'évidents contacts avec les régions du sud. Il arrive également que des Blancs passent sur le Brazza, venant de la vallée de la Baliem en ligne presque directe. Des missionnaires se rendent ici aussi parfois. Je touche au but. Simplement tous ces petits faits ne changent pas la dureté de la jungle ni les Papous du Brazza dont je vérifie déjà la réputation belliqueuse. On m'observe d'un œil torve à Dekaï. Même si quelques-uns de ces Papous sont d'accord pour me faire passer dans leur pirogue les sortes de petits rapides que la décrue a fait naître juste en aval du village, les autres me regardent comme je n'aime pas qu'on me regarde. Heureusement, la plupart des hommes sont en expédition de chasse et j'en suis rassuré. Il y en a déjà suffisamment autour de moi qui me scrutent, les visages fermés.

Non, vraiment, Dekaï ne m'inspire pas confiance. Je décide de ne pas m'attarder. C'est ce que j'ai de mieux à faire de toute façon avec ma fièvre. Sur la rivière le courant me portera vite même si je reste au fond du canot sans bouger.

Mon instinct me dit que je dois me presser. Et l'avenir prouvera qu'il avait raison. Ce sont des crises de paludisme à *falciparum* qui me minent ainsi depuis des jours. Et le *falciparum* peut envoyer n'importe qui *ad patres* en moins de quarante-huit heures.

Nuit de fièvre terrible.

Délire…

XXIX

Pour une pincée de tabac

13 septembre

Quatre Papous me font franchir dans leur pirogue les petits rapides en aval de Dekaï : une courte chevauchée à coups de pagaie, rythmée par des cris chantés et le battement de l'eau contre la coque étroite. Ils me laissent deux heures plus tard sur la rive droite du Brazza et s'en retournent vers leur village dans le même effort souple de leurs corps puissants.

J'escalade la berge escarpée, tirant derrière moi le dernier sac qui me reste. La terre est glissante sous mes pieds, faite de glaise ocre et de boue gluante. J'atteins un petit tertre qui domine le fleuve. Par une trouée j'aperçois les eaux noires du Brazza qui coulent sans bruit vers la civilisation.

À la machette je dégage la forêt alentour afin d'établir mon camp. Je me sens mieux, la fièvre est retombée à nouveau. Elle continue son mouvement de bascule. Elle vient, s'en va, revient comme la marée sur une plage. Je profite des moments de répit qu'elle m'accorde pour accomplir les efforts les plus durs. Je frappe fort avec la machette. Le sous-bois une fois abattu, je choisis deux arbres aux troncs ni trop gros ni trop petits, espacés de trois mètres environ et vérifie qu'ils ne portent ni termitière, ni fourmilière, ni ruche sauvage, ni aucune autre sorte de piège. Cela fait, je tends le hamac entre eux, attache la moustiquaire au-dessus, par une cordelette bien tendue, et dispose ma bâche plastique transparente sur l'ensemble. Il ne reste plus qu'à rassembler du bois mort et à allumer un feu. Tout est trempé. Je suis obligé d'élaguer au couteau plusieurs branches pour chercher leur cœur plus sec et le taillader en fins copeaux qui acceptent de brûler sous la flamme de mon briquet. Une heure après mon arrivée je suis prêt à passer une nuit convenable.

En souvenir de Fawcet parti jadis à la recherche des cités perdues d'Amazonie, je baptise ce camp « bivouac du cheval mort ». J'ai décidé que pour le Brazza chacun de mes camps porterait un nom.

Mon arrivée n'est pas passée inaperçue. Un village doit se trouver dans l'intérieur des terres, car peu avant la tombée de la nuit, alors que je fume tranquillement près du feu, un bruit de fourrés froissés me met en alerte. Des hommes approchent. Quelques secondes plus tard, un groupe de Papous jaillit de la jungle sans s'annoncer par les cris habituels. Mais ce n'est peut-être pas la coutume ici. Ils sont une demi-douzaine, la mine peu engageante. Je les salue. L'indonésien ne leur est pas inconnu, signe supplémentaire que j'ai vraiment quitté les zones les plus primitives depuis mon arrivée à Dekaï. Ils n'en inspectent pas moins mon camp avec des gestes de propriétaires qui augurent mal de la suite. Je les laisse d'abord faire sans trop savoir à quoi m'en tenir. Après tout, je suis habitué à la curiosité des Papous. Mais une fois leur visite impromptue achevée, ils cherchent à m'entraîner dans la forêt, me poussant dans la direction opposée au fleuve. Sans doute veulent-ils m'emmener chez eux. Je n'aime guère cette façon autoritaire d'agir. Je me méfie. Il s'agit peut-être d'une offre d'hospitalité désintéressée, mais je ne parierais pas là-dessus. Une menace imprécise se dégage de toute leur attitude. Je leur fais comprendre que je tiens à rester ici pour partir à l'aube et me rassois près du feu. Ils n'insistent pas, rôdent encore autour de moi et finissent par s'installer comme chez eux au milieu de mes affaires.

Je manque évidemment l'occasion de découvrir leur village. Les tribus du Brazza ont la réputation de construire leurs habitations au sommet des arbres, position idéale pour repousser les attaques surprises de l'ennemi. Mais je ne me sens pas en sécurité avec ces hommes.

Devant mon attitude rétive, trois d'entre eux décident d'ailleurs de retourner d'où ils viennent. Mais pas les mains vides. L'un de ces trois-là, constatant que je possède du tabac, exige le paquet que j'ai dans la poche. Il porte sa main en cornet autour de la bouche, mimant le geste de fumer, et essaie de se saisir du paquet de son autre main en grognant comme un sanglier…

Il me reste peu de tabac et je ne tiens pas à le distribuer au premier venu. Surtout de cette manière. Toutefois, pour manifester mes bonnes intentions, je lui en offre quelques pincées, de quoi se fabriquer trois ou quatre cigarettes.

– *Hoon, hooon*, mugit-il, en considérant ce que je lui ai donné, mécontent.

Et il brandit son arc dans un geste significatif.

Nous y voilà. En soupirant, j'ajoute une pincée supplémentaire, ça le calmera peut-être. Immédiatement les deux autres se rapprochent, furieux et gesticulants. Ils veulent leur part. Je leur tends le paquet. Le plus âgé l'attrape d'un mouvement vif, roulant des yeux terribles à l'adresse de ses congénères qui tentent de s'en emparer. Ils renoncent aussitôt devant sa détermination et se dirigent vers mon sac dans l'intention visible de voir ce qu'ils pourront y dénicher. Cette fois ça devient sérieux. Je m'interpose, la main posée sur mon poignard, un sourire aux lèvres, indiquant de mon autre main qu'il n'y a plus de tabac dans ce sac. Je leur barre le chemin et il leur faudrait m'écarter pour s'ouvrir le passage. Ils hésitent un instant. Nous restons ainsi un nombre de secondes qui me paraît interminable...

Situation délicate. Si je ne mets pas un terme à cette comédie je risque de me retrouver dépouillé en moins de cinq minutes. Mais si je n'agis pas exactement comme il le faut, dans un mélange de fermeté et de souplesse, les choses risquent de mal tourner. Mon isolement est total, mon infériorité numérique absolue et mon armement dérisoire. Je n'aime pas ça du tout...

Je me tourne vers les trois autres Papous demeurés assis contre un arbre. Il y a peut-être quelque chose à attendre d'eux. Ils sont plus jeunes et portent des haillons européens comme les Papous vivant dans les postes de montagne. Mais ils fuient mes yeux et secouent la tête...

Ah ! si j'avais avec moi une demi-douzaine de compagnons solides ! Je suis persuadé que ces Papous se montreraient doux comme des agneaux. Moi qui pensais en finir avec les plus gros dangers du raid une fois sur ce fleuve, je dois déchanter. La menace des hommes ressurgit comme dans certaines zones des montagnes.

Sur ces entrefaites, une pirogue accoste et une autre troupe de Papous nous rejoint, s'annonçant par des cris. Ils sont identiques aux précédents, beaucoup plus grands que les Moménas ou les tribus montagnardes, plus solides, la peau moins noire. Le tam-tam de la brousse fonctionne rapidement. La nouvelle de mon passage a dû se répandre partout. Ceux-là viennent aux nouvelles, mais n'arborent pas des visages trop patibulaires.

Devant cette intrusion, les trois Papous qui me cherchaient des histoires n'insistent pas et disparaissent dans la forêt en marmonnant. Les autres s'accroupissent en rond, plus pacifiques, engagent même un dialogue en indonésien. Ouf, ça va mieux…

Tout cela nous a amenés à la nuit et des hordes de moustiques fondent sur nous dès le dernier rayon de soleil. Ils attaquent par régiments entiers, mettant fin à notre conciliabule limité. Je préfère me réfugier dans mon hamac, tout habillé, poignard et machette à portée de main. Les événements précédents m'engagent à la prudence. Les Papous ne se formalisent pas de cette réaction et s'allongent à même le sol autour du feu. Ils vont rester là jusqu'au matin. Je les plains. Ces moustiques sont particulièrement féroces. Ils vrombissent contre mes oreilles, pareils à des abeilles, collés par plaques entières à la moustiquaire. L'étanchéité de cette dernière n'est plus qu'une illusion depuis longtemps et bientôt je suis piqué de partout. Rien d'autre à faire que de supporter ce mal inévitable en attendant le jour. Je n'ai presque plus de produit antimoustique et il s'est de toute façon révélé inefficace contre les spécimens voraces du coin.

Il ne pleut pas et je relève la bâche pour surveiller les environs. Seuls quatre Papous sont encore là. Les autres se sont éclipsés sans même que je m'en rende compte. Devant l'attaque des moustiques, les quatre hommes se sont assis en tailleur autour du feu et se fouettent le corps avec des feuilles. La tête inclinée sur le côté, ils psalmodient en même temps un chant triste qui s'évapore dans l'atmosphère moite comme un écho à la dureté de la grande forêt. Les flammes jettent des lueurs mordorées sur leurs visages énigmatiques, repoussant la nuit dans l'ombre. De temps à autre, je me redresse et contemple ce cercle de lumière qui a fait basculer la jungle dans une ambiance mystérieuse. Parfois une main rajoute une bûche dans le feu, une flamme plus vive jaillit en crépitant, un flot d'escarbilles rougeoyantes monte vers le ciel, emporté par la fumée.

Je me recouche. Si tout va bien j'atteindrai la confluence du Brazza et de l'Eilanden dans quelques jours, trois au plus si j'avance de l'aube à la nuit sans perdre de temps. Et mon raid s'achèvera. Encore quelques jours de sauvagerie et tout sera terminé. Avec l'Eilanden, je déboucherai pour de bon dans des zones fréquentées, disposant de postes administratifs et de vrais villages. Et de ce fleuve je pourrai sans doute rejoindre facilement le bourg de Senggo, principale agglomération de cette région. Tout cela est à deux centaines de kilomètres de méandres maintenant. C'est peu. Je suis même en avance sur le rendez-vous prévu avec Bernard à l'embouchure du Brazza. Nous avions compté large pour tout prévoir. Vu mon état physique, je ne l'attendrai pas à l'endroit convenu. Je continuerai sur l'Eilanden jusqu'à ce que se présente l'occasion de gagner Senggo.

Je me demande comment se fera ce retour. Il est vraisemblable que sur l'Eilanden je trouverai d'autres hommes que des Papous. Rencontrerai-je d'abord des Indonésiens ? C'est le plus probable. Je me dis qu'ils auront de la nourriture en quantité et des cigarettes, c'est sûr. Je m'en régale déjà. Ou alors, je croiserai un missionnaire en vadrouille, bien surpris de me voir arriver du nord. C'est fort possible aussi. Celui-là non plus ne manquera de rien et surtout pas d'un moyen de locomotion rapide pour m'emmener à Senggo.

Je m'endors sur ces pensées réconfortantes. J'ai hâte soudain d'en finir. Je n'aime pas ces Papous du haut Brazza qui me donnent un sentiment de précarité.

À l'aube, je plie rapidement bagage et quitte le « bivouac du cheval mort » sans regret. Je me laisse glisser jusqu'à la berge et gonfle mon canot contre de gros troncs d'arbres. Avec précaution. De tous côtés des bouts de bois pointus ne demandent qu'à percer ma fragile embarcation. Lorsque tout est prêt je coince le sac à l'arrière, saisis la pagaie, m'installe devant.

En avant pour la dernière partie de l'aventure…

Il ne restait que deux Papous de tous mes visiteurs de la veille. Ils ont eux aussi sauté dans leur pirogue et me suivent maintenant. Une heure plus tard, ils disparaissent dans un village invisible du fleuve, sans même un salut. Je leur ai donné un billet de banque, ce qui m'était le moins utile, et ils l'ont comiquement tourné dans tous les sens. Ils en auront l'utilité par ici sans aucun problème ou plus bas sur le fleuve.

Je pioche l'eau de ma pagaie au milieu de la solitude. Je me sens mieux. Une beauté sauvage m'environne, différente de tout ce que j'ai connu jusqu'à présent. J'ai l'impression de commencer une autre aventure dans un autre pays.

Un soleil implacable inonde le Brazza. Le fleuve est étroit ici, profond me semble-t-il, et serpente entre deux murailles de végétation ni très hautes ni très régulières, mais épaisses et luxuriantes. Les bruits de la forêt me parviennent assourdis depuis les rives. Des perroquets traversent le ciel au-dessus de ma tête, criaillant dans la lumière matinale.

Je pagaie à genoux, sans à-coups, et le flot m'emporte à bonne vitesse dans un monde vert, noir et bleu : la jungle, les eaux du fleuve, le ciel. Je glisse entre ciel et terre au milieu des deux bras de la forêt qui m'emprisonnent.

Je suis pieds nus. J'ai accroché mes bottes au sac à dos et le sac au canot. En cas de chavirage. Il fait si chaud que les boudins se dilatent et tendent dangereusement la toile. Je les asperge d'eau d'heure en heure pour les refroidir. Corvée désagréable. Mais quel bonheur de sentir ce soleil brûler ma peau après des semaines de pluies interminables. Et quel plaisir de ne plus avoir à marcher !

Les méandres sont nombreux sur ce haut Brazza, doublant ou triplant les distances par rapport à la ligne droite. Cependant, je ne vais pas au plus court. Je préfère rester au centre du fleuve. À cause des crocodiles. Aucun ne s'est encore signalé, mais il doit y en avoir, et c'est sur les berges qu'ils présentent le plus de danger. Je les crains. Mon canot n'est qu'un fétu de paille.

J'ai à peine la place de bouger et l'ankylose vient vite. Alors, je change de position, pagayant les deux jambes allongées de chaque côté des boudins ou assis sur l'un d'eux. Parfois, je pose la pagaie, le courant me porte, je bois l'eau de la rivière dans le creux de mes mains, contemple le mur de la jungle, impénétrable. Vu du ciel je sais que le Brazza ressemble à un serpent argenté posé sur un gazon vert. Moi, je suis un petit point noir posé sur ce serpent.

J'avance, mais tout paraît immobile : aucun vent ne souffle dans les arbres, le courant se devine à peine, les nuages dans le ciel paraissent figés dans une torpeur blanche, je ne bouge presque pas. Mes bras seuls travaillent dans un mouvement régulier. De temps en temps, je me secoue pour redonner un peu de vie à ce qui m'environne, parle à voix haute pour rompre le silence.

L'immobilité apparente de cet univers est trompeur, bien sûr. Seconde après seconde le Brazza rogne les rives, creuse le sol argileux, s'empare de tous les arbres, de toutes les branches qui meurent sur ses bords. Le courant charrie ces débris énormes, les emporte droit devant lui et les jette sur les berges ou dans les courbes où ils finissent par s'amonceler. Je me méfie de ces innombrables morceaux de bois mort, cassés par le temps, brisés en morceaux informes, aiguisés et polis par le frottement de l'eau. Ils forment autant de pièges pour mon canot. Beaucoup dépassent de la rivière et sont visibles de loin, agités de mouvements de va-et-vient par le courant. Mais d'autres sont coincés entre deux eaux, même à bonne distance de la rive, et je ne les aperçois souvent qu'au dernier moment. Après deux ou trois alertes sérieuses qui m'obligent à pagayer comme un forcené pour dévier ma course, je rêvasse un peu moins et reste sur le qui-vive.

XXX

Course-poursuite

Au détour d'un méandre, un premier hameau apparaît. Il se dresse sur la berge haute de près de deux mètres à cet endroit. Une demi-douzaine de paillotes branlantes le constituent. Elles sont alignées les unes à côté des autres le long du fleuve, posées sur des pilotis, adossées à la forêt. De loin je distingue des pirogues fuselées amarrées au bas du village et trois ou quatre femmes assises devant leurs huttes rectangulaires.

Je me rapproche peu à peu, dans l'expectative. Les expériences vécues la veille et à Dekaï ne m'engagent guère à provoquer des rencontres dans cette région peu hospitalière.

Bientôt je parviens par le travers du hameau. Je n'en suis pas éloigné de plus de trente mètres lorsqu'une femme lève la tête et m'aperçoit. J'entends une exclamation de surprise, les autres femmes se redressent à leur tour, s'écrient comme la première et détalent aussitôt. En un instant la place est transformée en fourmilière. Des enfants courent en tous sens, des hommes surgissent des paillotes, se figent en me découvrant, se mettent à hurler eux aussi et bondissent sur leurs armes. Bientôt, une vingtaine de ces Papous, arcs et flèches à la main, se précipitent vers les pirogues, les détachent en un tournemain, s'entassent dedans en vociférant et se lancent à ma poursuite.

Je suis stupéfait d'une réaction aussi démesurée. Ces Papous voient tout de même parfois des étrangers. Je commence à craindre de mauvaises intentions de leur part et ce n'est pas sans appréhension que je vois débouler cette flottille inattendue. Que me veulent ces hommes ? Amis ou ennemis ? Éternelle question des rencontres de ce genre au bout du monde.

Je pagaye plus fort, mais la distance diminue à vue d'œil entre mon canot et les pirogues. Les Papous les montent debout, poussant sur leurs rames en cadence, criant toujours. Ils sont vraiment plus rapides que moi. Je serai rejoint dans quelques instants. Je ne m'interroge pas plus longtemps sur la conduite à tenir. Le mieux c'est d'accepter volontairement le contact sans montrer la moindre peur. Je fais demi-tour et remonte le courant vers les Papous.

Parvenu à une dizaine de mètres d'eux, je pose ma pagaie, me redresse et les salue d'un coup de chapeau accompagné d'un grand sourire. Sourire très contraint. Il n'y a plus qu'à attendre maintenant. En restant sur mes gardes.

Quelques secondes plus tard, les pirogues m'encadrent de tous les côtés à la fois et dix paires de mains saisissent le canot. Je continue à sourire, pas très rassuré et prêt à tout. Ces Papous sont très agités et excités. Plusieurs ne pagaient pas et portent leurs arcs à bout de bras. Mais au moins, ils ne les utilisent pas. D'autorité je serre quelques-unes de ces mains qui ne cherchent pas les miennes et tiens à tous un discours en sabir franco-indonésien où je fais sans cesse revenir le mot de Senggo. On m'écoute à peine. Des visages illuminés me parlent à toute vitesse, à droite, à gauche, devant, derrière. Je leur fais comprendre que je n'entends rien à leur langue, hausse les épaules d'une manière navrée et ils se calment un peu. J'ai l'impression qu'ils sont surtout étonnés de voir un Blanc par ici et que ma seule présence les met en émoi. Ils palpent mon canot sous toutes les coutures en ponctuant leur surprise de « hon », « hon » gutturaux. Pour rétablir le rapport de forces, j'en fais autant avec leurs embarcations taillées dans des troncs d'arbres. Elles sont particulièrement instables et étroites, mais je leur montre que je les trouve excellentes…

Tandis que nous palabrons de cette manière surréaliste, notre convoi file au gré du courant, tournoyant lentement au milieu du fleuve. Au bout d'un moment, les Papous me font signe de les suivre pour revenir dans leur village. Décidément, c'est une manie. Pourquoi veulent-ils m'emmener ? Pour m'observer tout à loisir ? Pour autre chose ? Je fais non de la tête et désigne l'aval en répétant « Senggo, Senggo ». Ils n'ont pas l'air contents. Trois ou quatre se penchent vers mon canot et entreprennent de le tirer vers le hameau. Je les repousse avec un grand rire comme s'il s'agissait d'un jeu, mais je commence à craindre le pire. Il faut que je me sorte de là. J'opte pour une méthode plus active. Prenant le ton d'un grand chef importuné par ses sujets, j'écarte la pirogue devant moi et me propulse en avant d'un coup de pagaie.

Visiblement décontenancés, les Papous ne réagissent pas et je sors du cercle des pirogues. Mais à leurs regards, à leurs gestes, à quelque chose d'instinctif, je sens qu'ils vont se reprendre et se lancer encore derrière moi, se faire plus agressifs. Alors, plutôt que de continuer ma route sans attendre, ce qui pourrait être interprété comme une fuite, je stoppe à nouveau et leur crie n'importe quoi en français, rigolant entre deux phrases. Mon assurance semble les impressionner et c'est tout ce que j'attendais de cette gesticulation. Ils ne bougent plus.

Dix mètres plus loin, je les salue une fois de plus. Ils continuent à m'observer sans un geste, les yeux ronds, neutralisés. Lentement la distance augmente entre nous. Ils se mettent à parler entre eux avec véhémence. Les Papous sont comme tous les hommes et je suppose qu'ils ne sont pas d'accord sur la conduite à tenir. Certains doivent vouloir m'obliger à les suivre, d'autres non.

Cinquante mètres nous séparent maintenant. Je pagaye plus fort. Quelques-uns des Papous m'adressent un discours peu amène mais s'en tiennent là. C'étaient probablement les plus décidés du lot. Les autres ont dû leur faire entendre raison pour me laisser aller où bon me semble. Cent mètres plus loin je juge que tout danger est écarté. Ils font demi-tour.

Je ne saurai jamais les intentions véritables de ces hommes. Mais quoi qu'il en soit, je n'ai pas aimé leur manière de faire. Il y avait trop de violence contenue dans leurs gestes, d'hostilité sur leurs visages, de forces incontrôlées dans leur comportement et leurs cris. Je décide qu'à l'avenir je ne dormirai plus dans un seul village par mesure de sécurité. J'ai vécu avec des dizaines de peuples primitifs un peu partout dans le monde. Jamais je n'ai senti d'insécurité comme ici. Même les farouches Toposa du sud Soudan ou les Dinka du Nil Blanc étaient potentiellement moins violents que ces Papous du haut Brazza. Et pourtant, ces derniers sont moins primitifs que les Moménas, les Yalés ou les Unas. Les fleuves sont une voie de pénétration si aisée qu'ils sont contactés depuis beaucoup plus longtemps. Mais leur nature est ainsi faite, je suppose. Parvenu à Senggo j'apprendrai que des cas de cannibalisme ont encore été signalés sur ce Brazza l'année précédente, et qu'un mois plus tôt des Américains emmenés en canot à moteur depuis l'Eilanden par un comparse de ce forban de S… se sont fait recevoir à coups de flèches et ont dû rebrousser chemin illico…

En attendant, je continue ma route, surveillant les rives. Je vais à coup sûr rencontrer d'autres villages et je me demande quelle tactique employer pour les éviter. Je n'ai plus envie de me retrouver pris en tenaille par des hordes de Papous gesticulants. Je regrette les Moménas. Quelle douceur à côté de ces gens du Brazza ! Je soupire en espérant que plus je me rapprocherai de l'Eilanden, moins les Papous se montreront belliqueux.

Mais pour l'instant plus personne ne se montre. De temps en temps, je découvre des cabanes mais elles sont isolées et désertées. Le fleuve continue à louvoyer dans la jungle comme une rue de vieille ville au milieu de maisons à étages. Il reste toujours aussi étroit. Au moins, je me vois avancer. Je sais que lorsqu'il deviendra plus large et surtout lorsque je serai sur l'Eilanden j'aurai l'impression de faire du surplace. Et je connais peu de sensations aussi démoralisantes sur un fleuve. J'ai connu ça autrefois sur le Nil. Pas très agréable.

En fin de journée, nouveau signe de vie. Une pirogue menée par un couple remonte vers moi, longeant la berge pour profiter des contre-courants. À l'arrière, un feu brûle doucement, conservé dans ce qui me semble être un paquet de feuilles. Ils le gardent avec eux, sans doute pour ne pas avoir à l'allumer avec des techniques rudimentaires. Dans les villages des montagnes, j'avais constaté aussi cette attention permanente à entretenir les feux, à ne jamais les laisser mourir complètement.

Le couple me croise avec des regards abasourdis. Ils ne me disent pas un mot, j'en fais autant.

Le soleil baisse sur l'horizon. Les deux façades vertes de la jungle prennent une couleur plus dense. Je me rapproche de la rive gauche à la recherche d'un endroit où établir mon camp. La carte indique des marécages partout, mais j'ai pu constater que les berges étaient toujours solides. C'est une chance. Dans le cas contraire, j'aurais été contraint de passer mes nuits au fond du canot. Je n'aurais pas tenu longtemps.

La nuit approche et je ne trouve toujours rien de satisfaisant. Les espaces terreux où je pourrais aborder sans risquer de crever le canot sont assez rares.

Enfin, je découvre un endroit convenable. J'accoste prudemment et amarre le canot à une branche qui pend dans le fleuve. Peinant dans le bourbier de la rive je me hisse sur un sol plus ferme. Machette à la main, j'ouvre un chemin étroit droit devant moi et débouche sur une forêt un peu moins dense. Après plus de dix heures de pagaie, j'ai les bras tout endoloris, mais je taille mon camp le plus vite possible : le soleil plonge dans la jungle à l'horizon et les oiseaux nocturnes crient dans l'ombre.

Lorsque j'ai dégagé une place suffisante, je retourne au canot, le hisse sur mon dos et grimpe à nouveau la pente jusqu'au « bivouac Marianne ». Je le pose contre un arbre et referme soigneusement la forêt derrière moi. Quelques branches jetées en travers de mon passage font l'affaire. Elles s'accrochent partout et camouflent toute présence. Du fleuve, le camp doit être invisible. Parfait. Je tiens absolument à éviter toute nouvelle rencontre de nuit avec les Papous de la région.

J'accroche le hamac et mes affaires. Je recrée comme chaque soir le monde personnel qui m'appartiendra jusqu'à l'aube, éphémère et fragile. La nuit est complètement tombée lorsque je peux enfin m'écrouler pour dormir, fourbu.

Je n'ai pas le courage d'allumer un feu et ne tiens pas non plus à me signaler. Je me contente des derniers aliments sucrés qui constituent mes réserves. De la pâte d'amandes énergétique, et quelques malheureux biscuits.

Puis, je cherche le sommeil parmi une armada de moustiques. Ils m'ont vampirisé la nuit précédente – couvrant pieds, mains et visage de boutons – et je ne vois pas venir celle-ci sans appréhension.

Solitude.

Elle est revenue d'un coup, après l'action et la tension du jour, impossible à repousser, coincée au fond de mon ventre. J'évite d'écouter la forêt qui m'encercle. Elle ajoute à cette solitude. Je pense à mes seuls vrais compagnons depuis le début de ce raid, ces quelques objets à la présence rassurante. Je regarde la machette plantée dans l'arbre au-dessus de ma tête. Sans elle que serais-je ici ? Chaque jour j'effile sa lame au tiers-point pour diminuer l'effort de la frappe. Elle fournit un travail admirable. Mon chapeau pend à sa place habituelle. Combien de désagréments ne m'a-t-il pas épargnés ? Il me protège de la pluie, du soleil depuis hier, des insectes qui dégringolent des arbres, des chocs répétés de ma tête contre les bois morts quand il faut se couler dans la végétation. Et mon poignard accroché près de lui à son ceinturon ? Que de choses n'a-t-il pas lui aussi coupées, tranchées, aiguisées, sciées. Et mon hamac qui tente de me réconforter malgré l'usure des ans ? Je lui dois bien des nuits de repos. Il finit ses jours ici. Quand je l'ai malencontreusement brûlé un soir chez les Unas, je l'ai condamné. Il est bon à jeter, cède de partout, mais je le garderai dans mon musée personnel. Et mes bottes retournées sur des pieux fichés dans le sol pour que ni araignées ni serpents ne s'y réfugient pendant mon sommeil ? Elles ont tenu le coup et me porteront encore.

Solitude.

Allons, il est temps que je m'accorde un dernier plaisir. Je soulève la moustiquaire, juste de quoi glisser ma main, et la plonge dans la poche du sac à dos suspendu à ma tête. Je farfouille dedans, trouve la petite fiole que je cherche, la ramène à l'intérieur du hamac. Il y a là trois ou quatre gorgées de la meilleure eau-de-vie que je connaisse, celle de mon oncle Pierre. Il la fabrique amoureusement chez nous en Corse. Un goût somptueux. « Tu comprends, m'a-t-il dit un jour, les autres ils pressent tellement le raisin qu'ils te font l'eau-de-vie avec du marc qui est comme du bois. Moi, je presse pas tant que ça, j'y laisse encore quelque chose… » Je bois une gorgée et puis une deuxième après tout. À ta santé, oncle Pierre ! Et puisque j'y suis j'en profite pour me raconter deux ou trois bonnes histoires qui m'ont toujours fait rire. Vieille habitude quand je n'ai personne à qui parler. Je glousse de joie dans l'obscurité, la solitude se dilue, disparaît…

La lune porte une pâle clarté au pied de mon hamac, comme une caresse. Le ciel est dégagé et par une trouée dans le toit de la jungle je distingue enfin une étoile, toute seule comme moi au milieu de la nuit.

Au matin j'écarte avec prudence la végétation de la berge, jette un œil sur le fleuve. Pas âme qui vive et toujours un soleil éblouissant. Impeccable. Je plie bagage et repars sans tarder. Plus de fièvre, tout va bien. Sans doute parce que je n'ai plus à marcher du matin au soir.

Je reprends ma course inlassable sur le fil d'Ariane du Brazza. Les heures passent dans le silence, à peine troublée par les coups de pagaie, le gargouillement des remous dans les courbes, les cris des oiseaux, le chuintement des bois morts et pointus agités par le courant. Le fleuve charrie toujours des branches et des troncs morts qui parviendront à la mer des Casuarinas dans quelques jours, quelques semaines ou jamais. Je continue à asperger le canot brûlant, à changer de position régulièrement, à boire sans cesse.

Les rives demeurent aussi imperméables, la jungle aussi basse. Quinze, vingt mètres peut-être. Des palmiers courbent leurs têtes vers l'eau, des racines trouent la rive comme des doigts tordus. Parfois un torrent de lianes drape la muraille végétale, parfois aussi un arbre géant dépasse de cette luxuriance, étendant au-dessus d'elle d'immenses ramures.

Toujours pas la moindre présence de crocodile. Rassuré, je commence à couper les méandres en serrant la forêt pour raccourcir le chemin. À chaque nouvelle courbe j'attends de voir ce que me réservera la suivante, quelle surprise m'y attend. Mais elles se succèdent comme les boucles d'un lasso délové, identiques.

Tout à coup, un fleuve aussi important que le Brazza se découvre sur ma gauche. Éberlué, je prends la carte coincée entre mes genoux. Rien, absolument rien n'indique un affluent de cette importance à cet endroit-là. Qu'est-ce que c'est que cette histoire ? Où suis-je ? Je me laisse dériver en réfléchissant à toute vitesse. On dirait que le courant part aussi en direction de cette autre rivière. Se pourrait-il que le Brazza se divise en deux, contournant une île ?

Je m'engage sur la partie droite du fleuve, maudissant le travail des cartographes. Si ce qui défile sur ma gauche est bien une île, je devrais retrouver assez vite une rivière, toujours à gauche et tangentielle à moi. Nous allons voir.

Mais une bonne demi-heure s'écoule sans m'apporter de réponse. L'angoisse monte en moi. Puisque la carte est fausse à un tel point je finis par me demander si le fleuve que je descends est bien toujours le Brazza. N'aurais-je pas dévié sur un bras de rivière aboutissant à des marais ? La région en est couverte et quantité de rivières se perdent dans des dédales inextricables sans berges réelles. Je me rassure en me disant que dans ce cas je pourrai toujours rebrousser chemin et emprunter l'autre fleuve. Mais je jure entre mes dents à l'idée de remonter un pareil courant.

Un moment passe encore. J'ai l'impression que le fleuve se rétrécit. Le découragement me gagne d'un coup.

Je m'apprête à faire demi-tour lorsqu'enfin je vois arriver sur ma gauche le bras d'eau tant attendu. Soulagement insigne. Il y avait bien une île énorme au beau milieu du Brazza, que la carte oubliait simplement de mentionner. Mais ai-je le droit de me plaindre ? Après tout, je suis venu chercher des territoires extrêmes. Je devrais même me réjouir qu'une surprise de cette taille me soit réservée au moment où j'aborde des zones que je considère comme « civilisées » et connues. Elles ne le sont pas tant que ça…

Je continue. De nouvelles cases solitaires apparaissent de-ci, de-là. Personne. Et puis un nouveau village se présente, identique à celui de la veille. Ce coup-ci, je prends les devants. Je me signale de loin et aborde au pied des cases, déchaînant la même agitation, la même fièvre. Les femmes sont vêtues d'étranges « strings » en matière végétale, les hommes sont nus ou portent des défroques européennes. Tous se rassemblent autour du canot, les pieds dans l'eau, surexcités. Les gamins s'éclaboussent en s'entraînant les uns les autres pour venir m'observer. J'explique que je vais à Senggo, que je suis pressé et repars en hâte. Cette fois, les Papous se contentent de galoper derrière moi sur la berge. Je leur ai à peine laissé le temps de se rendre compte de ce qui se passait, et c'est toute une foule d'hommes, de femmes et d'enfants visiblement dépités qui me suit ainsi.

Cent mètres plus loin, je me retourne. Les Papous se sont arrêtés à la lisière de leur village, là où la forêt les empêche de continuer à pied. Ils me regardent m'éloigner, immobiles…

À partir de cet endroit, je vais croiser d'autres villages, cases ou hameaux, mais en provoquant de moins en moins d'agitation. J'en déduis que les rapports des habitants avec l'extérieur sont d'autant plus fréquents que je me rapproche du sud, ce qui paraît logique. Cependant, je ne m'attarderai jamais, ces Papous se montrant toujours aussi peu engageants.

Le fleuve s'élargit sensiblement. Je coupe les courbes de plus en plus, rêvassant dans la lumière, songeant à ce retour qui approche, approche.

Et ce qui devait arriver arrive…

XXXI

Face à face

J'achève de couper l'un de ces méandres, regardant la jungle qui défile toute proche sous mes yeux, lorsque je tombe nez à nez avec ce que je redoute le plus dans ces parages…

À cinq mètres environ, flottant entre deux eaux, la queue touchant la berge sableuse, le museau pointé vers moi, il est là, immobile, me fixant de ses deux yeux à demi immergés.

J'enregistre la situation en une fraction de seconde, le temps de sentir mon cœur cogner à toute vitesse dans ma poitrine. J'aurais mieux fait de rester au milieu du fleuve.

Trop tard maintenant. J'arrive sur le crocodile.

Par chance, je suis un peu décalé par rapport à lui et ma course m'entraîne juste sur sa gauche.

Mon premier réflexe est de piler net d'un coup de pagaie et de repartir en arrière, sans demander mon reste. La partie est trop inégale. Et puis par pur instinct je sens que ne pas bouger me sauvera mieux qu'une précipitation stupide. Le crocodile me prendra peut-être pour un morceau de bois mort à la dérive. Mais si je ne fais rien, je vais quand même passer à portée de ses mâchoires et je n'ai pas envie de parier sur sa réaction. Une seule chose à faire : je plonge la pagaie sur ma gauche, m'en sers comme gouvernail et sans un geste de plus, laisse la manœuvre m'écarter peu à peu de l'animal. Avec une incroyable coordination de mouvements, celui-ci pivote lentement, à une vitesse parfaitement égale à la mienne, pour me suivre du regard. Il doit mesurer près de quatre mètres et les écailles de son dos gris-ocre luisent dans la lumière.

Quelques très longues secondes s'écoulent. J'arrive à sa hauteur, ma pagaie toujours fichée dans l'eau, les nerfs tendus, prêt à démarrer instantanément en direction de la rive opposée si le crocodile fait mine d'approcher. Mais il se contente de m'observer en continuant à tourner sur lui-même. Bientôt je le dépasse, m'éloigne, toujours immobile dans le canot. Il n'attaquera plus maintenant, c'est sûr. Il est peut-être en train de digérer ou ne s'est pas rendu compte que j'étais une proie possible. Je me remets à pagayer doucement, la tête tournée vers lui. Encore une trentaine de mètres et je souque ferme pour mettre un maximum de distance entre nous deux. Enfin, il disparaît au premier tournant.

Je pousse un vrai soupir de soulagement. J'ai eu beaucoup de chance. Les choses auraient pu se terminer moins bien. Je poursuis ma route, me jurant de ne plus couper la moindre boucle et d'être un peu moins distrait.

Le fleuve s'élargit rapidement maintenant. Il se fait boulevard liquide, les lignes droites deviennent plus longues, et les nuages du ciel semblent parfois des monuments posés au bout de ces avenues. Les rives se modifient aussi. Par endroits la jungle disparaît sur plusieurs centaines de mètres, laissant la place à de hautes herbes sous lesquelles je devine des marais spongieux. Ailleurs, des bancs de sable lèchent la forêt comme de petites plages agréables au milieu de la tourmente végétale. Deux ou trois fois, j'y fais halte pour me dégourdir les jambes. Je m'assure d'abord qu'aucun danger n'est à craindre dans les environs. Puis j'aborde, le canot crisse sur le sable, je saute à terre, tire mon embarcation hors de l'eau. Je suis seul comme jamais sur ces minuscules morceaux de monde et je me sens comme Robinson sur son île. Aussi dépenaillé, barbu, éloigné de tout, mais par grâce moins perdu que lui. Je m'allonge dans le sable, ferme les yeux. Des envies de retour me prennent à la gorge. J'ouvre les yeux. La jungle est là, bien réelle et le Brazza coule devant moi. Je remonte dans mon canot, repars. Bientôt je serai de retour. Chez moi.

La réverbération est intense. Je navigue souvent tête baissée, chapeau rabattu. J'ai bien avancé depuis Dekaï. Je ne me suis guère accordé de repos. Il m'est difficile d'estimer ma position exacte, mais je ne dois plus être très loin de l'Eilanden. Le courant semble avoir diminué. À moins qu'il ne s'agisse d'un effet de perspective dû à la distance de plus en plus grande qui me sépare des rives. Le courant est peut-être toujours aussi fort, car il continue à charrier des flots de bulles dans les courbes, m'indiquant de lui-même où il est le plus puissant.

Je suis continuellement trempé à force d'asperger le canot, ma tête et mes épaules, pour me protéger du soleil. Je songe à l'étrangeté des choses. Vivre mouillé aura été une constante de cette aventure. Même avec ce soleil étourdissant.

Et ce n'est pas fini ! Quelques heures plus tard, l'horizon se couvre de nuages noirs et boursouflés comme des châteaux forts. Le temps change rapidement dans ces régions. Et la tornade avance à toute allure. Je l'attends, résigné à mon sort. Mais c'est une pluie chaude qui s'abat sur moi, lourde et gluante comme de l'huile, sans le moindre coup de vent. Tout change d'aspect d'un seul coup. Le fleuve n'est plus qu'un miroir crevé de milliers de cratères grésillants. Je me fais l'impression du nautonier fantôme sur le Styx. Et puis l'orage passe aussi vite qu'il est venu, les nuages s'en vont dévaster d'autres régions.

En fin d'après-midi ce jour-là, le Brazza s'élargit pour de bon. Je navigue dans un silence ponctué du seul bruit de ma pagaie qui frappe l'eau inlassablement, un coup à gauche, un coup à droite. L'Eilanden doit être très proche. Les rives sont de plus en plus souvent coupées d'espaces herbeux.

Au bout d'une ligne droite qui n'en finit pas, j'aperçois une sorte d'immense lac. Le temps d'y parvenir et je ne comprends plus ce qui se passe. Le Brazza semble partir droit devant moi, mais il est bordé par deux autres bras d'eau aussi immenses. Me voilà à nouveau la carte entre les mains, réfléchissant à ce phénomène. Ce pourrait bien être l'embouchure du Brazza et de l'Eilanden. Mais pourquoi trois fleuves ? Encore une île posée au milieu de la confluence ? Une illusion d'optique ? Impossible à dire. Je suis si bas sur l'eau que je ne peux rien distinguer de précis. Je sors mes jumelles pour tâcher d'en savoir plus. Elles se révèlent inutilisables, les lentilles saturées d'humidité.

Laissons faire le courant. Je pose ma pagaie et attends. J'ai l'impression d'être perdu en mer. Bientôt j'aboutis dans des remous qui me font tourbillonner au centre de cet océan grisâtre. Je tourne en rond sans avancer dans une direction précise. Manifestement deux courants au moins se télescopent à cet endroit. Il ne me reste plus qu'à croire la boussole. L'Eilanden coule au sud-ouest. Un des bras du fleuve part dans cette direction. Je décide de le suivre. Mais avisant la nuit qui approche je pare au plus pressé : dormir dans les moins mauvaises conditions. Après un rapide tour d'horizon, je trouve une berge en surplomb qui devrait convenir.

Je me dirige vers elle lorsque j'entends un appel. Une voix claire et distincte. Je cherche de tous côtés, mais ne vois rien. Hallucination ? Je n'ai pourtant pas rêvé. J'ai eu l'impression qu'un homme quelque part attirait mon attention sur le bon chemin à suivre. Je me demande si ma fièvre n'est pas en train de revenir. À moins que ce ne soit un oiseau solitaire qui passait au-dessus de ma tête.

Laissant cela, je continue mon chemin vers l'endroit que j'ai choisi. J'arrive perpendiculaire à lui, me méfiant comme toujours des amas d'arbres et de branches. À l'instant où je vais toucher terre, je devine un morceau de bois pointu qui émerge à peine, droit devant moi. Je freine comme je peux, le canot ralenti, mais s'enfourne quand même dessus à bonne vitesse. Un horrible craquement suit. Je m'attends à voir mon pauvre esquif se dégonfler comme une baudruche, mais c'est le morceau de bois qui a cédé. Peur rétrospective… Le butyle est tout éraflé, mais il a tenu le coup. Je bénis la solidité de ce matériau. Je me vois mal assis sur une souche ici, tout seul, attendant le passage de Papous ou m'attelant à la fabrication d'un radeau…

Je patauge dans une boue infernale qui un moment me bloque les deux pieds au même endroit. Je suis obligé de m'en dégager en rampant sur les bras. Dans ces conditions, tirer le canot vers moi et refermer la forêt après mon passage relève de l'acrobatie. Je sors de l'affaire sale et crotté comme jamais. J'ai de la boue jusque dans la barbe. Et pas moyen de retourner chercher de l'eau sans recommencer la même comédie. Je me contenterai pour boire du fond de mon bidon.

Le coin fourmille de grosses araignées. Il doit y avoir un nid quelque part, car j'en tue plusieurs avant d'achever l'installation du « bivouac Nathalie ». Quel pays ! Mais au moins, cette région est dépourvue de sangsues. Je n'en ai plus vu une seule depuis Dekaï. Mystère des répartitions animales…

Enfin, je suis prêt à affronter les moustiques qui sont plus nombreux que jamais et ne me laissent pas un seul instant de répit.

Je rêve encore au fond du hamac. Le rêve est ma meilleure arme contre la solitude. Tous les rêves possibles. Le fleuve qui coule devant moi effleuré par la lune est sûrement l'Eilanden. La fin du raid n'est plus qu'une question d'heures. Je songe encore à la façon précise dont il se terminera. Qui vais-je rencontrer en premier comme homme civilisé ?

Nuit d'insomnie. Je suis écartelé entre deux sentiments contradictoires. L'envie d'en finir avec cette aventure, de retrouver un peu de confort, de paix, de sécurité, ma famille, mes amis, tout ce qui fait le monde d'où je viens. Et le désir de rester dans cet univers sauvage qui me fascine par sa virginité.

À l'aube, des écharpes de brouillard s'éventrent sur les branches et les arbres, baignant le fleuve d'une pâleur nouvelle. Je continue à suivre la direction grossière du sud-ouest, et les premières lueurs du soleil dissipent la brume. Le fleuve est immense. Cette fois, c'est certain, je suis sur l'Eilanden. L'embouchure avec le Brazza était si large qu'il était difficile de la reconnaître à ras du sol. Mais j'ai dormi exactement à cette confluence. Mon raid en lui-même est achevé…

J'ai réussi. Je mets un certain temps à prendre conscience de ce succès parce que rien n'a changé autour de moi. Mais lorsqu'il me pénètre enfin, s'installe dans ma tête, m'imprègne de partout, un besoin de défoulement me saisit. J'ai envie de danser dans mon canot, de crier, de me démener comme un fou… Je me mets à pagayer, pagayer, pagayer, jusqu'à haleter, jusqu'à ce que mes bras demandent grâce… Moment de plaisir farouche. Un de ces plaisirs uniques et rares dans une vie. Quoi qu'il m'arrive à partir de maintenant, rien ne pourra m'ôter cette victoire.

Et puis, tout retombe brutalement. Une tristesse comme cette nuit se mélange à ma joie. Cette aventure est derrière moi, elle ne reviendra plus. Elle se termine comme se termine une vie. Ces jours parmi les Papous ne sont déjà plus qu'un souvenir.

Alors, au fond de mon petit canot, je cesse de pagayer et appuie la tête contre mon sac, les yeux fermés vers le soleil. Retenir ces derniers instants, les sentir vivre pleinement, que chaque seconde soit une existence entière… Les moments les plus intenses de ce raid se bousculent en moi. Toutes les souffrances ont disparu d'un coup. Je revois les Yalés courant nus dans la jungle, la beauté tragique des hautes montagnes, la passe de la cordillère, ses toundras désolées, le froid, le brouillard, les précipices, la boue, les Unas portant leurs flambeaux dans la nuit, toutes ces images qui m'appartiennent désormais.

Les heures passent, je bouge à peine. Enfin, dans une immense boucle, un village se dessine. Je me redresse. C'est un vrai village avec de grandes cases, des toits de tôle. Lentement je m'oriente vers lui. Je vais demander où m'a mené exactement ma course. En même temps, la crainte des débuts du raid me reprend. Un village comme celui-ci, c'est peut-être à nouveau l'administration, la vie civilisée, des problèmes pour avoir effectué cette longue traversée.

J'accoste le long de la berge. Des Papous accourent. Ils sont en shorts et chemisettes, l'air plutôt sympathiques, étonnés aussi évidemment.

Tout est différent ici, je suis « quelque part ». Enfin ! Je saute de mon canot, remets mes bottes. À peine debout je suis pris d'étourdissements, je sens la faim qui mord mon ventre. Le plaisir d'arriver me faisait oublier que je suis exténué, malade, traînant ma carcasse avec des allures de va-nu-pieds. Je me secoue pour reprendre un peu contenance, demande en indonésien :

– Ce village, comment s'appelle-t-il ?

– Binam, Binam, me répondent plusieurs voix.

– Et ce fleuve, c'est bien l'Eilanden ?

– Oui, oui, Eilanden…

Et la question que j'attendais fuse immédiatement :

– Mais… d'où venez-vous comme ça ?

Prudemment je montre la jungle derrière moi :

– Oh ! juste une petite balade depuis Waména, vous savez…

Épilogue

L'aventure est terminée.

Du moins, je la considère comme telle. Avec l'Eilanden j'ai retrouvé une vraie voie de communication, relativement fréquentée, même si aucun Indonésien ne se signale encore dans les parages. Je suis désormais dans le domaine des Papous *tchitaks*, un sous-groupe des fameux Asmats dont la réputation de coupeurs de têtes était encore terrible il y a vingt-cinq ans. Depuis, la « civilisation » a progressé de façon exponentielle. J'ai pu me rendre compte que ses signes avant-coureurs étaient déjà présents sur le Brazza, que tout allait très vite dans ce domaine, même si le fonds guerrier de ces Papous demeurait encore vivace. Et je me souviens de ce qui se passe déjà dans la Baliem. Là-bas, dans peu de temps, toutes les régions environnantes seront ravagées par un tourisme destructeur.

Les Asmats, renommés aussi pour leur art extraordinaire, sont aujourd'hui en voie d'extinction culturelle. L'accès à leur territoire était relativement aisé. Ces dix dernières années, le pillage de leur patrimoine artistique – sculptures surtout, mais également crânes trophées – est allé bon train, presque aussi vite que sur le fleuve Sépik, de l'autre côté de la frontière. À tel point que les autorités indonésiennes ont fermé, pour un temps, la côte des Casuarinas aux étrangers non mandatés officiellement. D'autant que ce pillage s'est accompagné de heurts souvent violents avec les Papous.

Des Asmats, il reste surtout une réputation : celle d'avoir, il y a vingt-huit ans, tué et mangé Michaël Rockefeller, le fils du célèbre milliardaire qui s'était aventuré sur leur territoire. Sombre histoire qui fit couler beaucoup d'encre à l'époque, du fait de l'identité de la victime.

Mais même si ce village de Binam représente pour moi le retour vers une forme de civilisation, il me reste à gagner Senggo, seul endroit d'où je pourrai réellement rejoindre Waména puis Jayapura.

Allongé sur le plancher d'écorce d'une case, je réfléchis à l'avenir immédiat. L'arrêt brutal de cette aventure m'a replongé dans un état d'épuisement alarmant. Sans en avoir conscience, j'avais rassemblé mes dernières forces pour cette descente du Brazza. Maintenant que tout danger est écarté, mon corps se relâche comme une corde d'arc tendue trop longtemps.

Comment gagner Senggo ? On me dit que des missionnaires viennent ici de temps à autre en canot à moteur. Mais le prochain ne passera peut-être pas avant des semaines. Le mieux que j'ai à faire est de me reposer deux ou trois jours puis de repartir. Je finirai par rencontrer des gens capables de m'emmener jusqu'à Senggo, ou Bernard venant à ma rencontre.

Mais il était écrit que la chance serait avec moi jusqu'au bout de ce raid. Je ne suis pas à Binam depuis deux heures qu'un bruit de moteur se fait entendre sur la rivière. D'abord lointain puis se rapprochant de minute en minute. Je bondis de la case, fonce vers la rive, n'osant y croire. Mais si, un canot approche, monté par un Blanc. Je réprime mon impatience. Il aborde bientôt. C'est un missionnaire évidemment, grand, rose, américain, taciturne et peu curieux. Ce pasteur ne tarde pas à m'apprendre que j'ai effectivement beaucoup de chance. Il ne vient ici que rarement.

Mieux encore, il doit retourner à Senggo dès le lendemain. Et il m'emmènera. Joie insigne. Il ne me demande même pas d'où je viens, qui je suis, ce que je fais là. Alors, je lui raconte que j'arrive de Waména, sans préciser par quelle route. Il s'en fiche visiblement. Une seule chose le préoccupe : son travail.

Et quel travail ! Ce missionnaire, c'est Tintin au Congo. Dans les dernières lueurs du jour, je le vois s'affairer près d'une grande case aux parois ajourées. Observé par une multitude de Papous, il déballe des caisses, les ouvre, sort un groupe électrogène à essence et le fait démarrer. Où veut-il en venir ? Il tend un drap blanc contre l'une des cloisons de la case et installe un projecteur dans le fond. J'en crois à peine mes yeux. Il ne prépare tout de même pas une séance de cinéma, ici, en pleine jungle papoue ! Mais si. Il ouvre une boîte, en extrait une bobine de 16 mm. Quel film va-t-il bien leur passer ? Je me rapproche, curieux.

La nuit est tombée, les moustiques bourdonnent et piquent. Le projecteur se met en marche. Les villageois sont déjà rassemblés dans la case, les yeux ronds. Le film commence… Et je reste rêveur devant le spectacle de ces petits Papous, sagement assis en tailleur au cœur de la nuit primitive, qui regardent défiler sur l'écran la vie du Christ commentée en dialecte *tchitak*…

Le lendemain, le missionnaire retourne à Senggo comme prévu. Il emmène simplement un passager de plus.

Après avoir descendu l'Eilanden à la vitesse d'un hors-bord, remonté le fleuve Wildeman et parcouru le dédale d'une minuscule rivière, nous parvenons au bout de ce voyage.

Senggo. Un gros bourg endormi, une piste d'atterrissage à peu près digne de ce nom, des boutiques tenues par des Indonésiens où je me jette sur la nourriture, et un lodge qui m'apporte le confort d'un mauvais lit mais d'un lit tout de même.

Et puis des policiers, bien entendu.

Je vais les trouver de moi-même :

– Bonjour, je viens de Waména.

– De Waména ?… Mais aucun avion n'est arrivé aujourd'hui.

– Oh, je suis venu directement avec mon propre bateau. Tenez, voici mon autorisation pour Senggo.

On examine le *surat jalan* délivré à Waména, il y a bien marqué Senggo dessus, pas de doute. Bon, j'ai le droit d'être là et voilà tout…

Et c'est la fin de la fin de l'aventure. Quatre jours durant j'attends Bernard ou un avion qui veuille bien venir dans le coin. La vie de Senggo est d'une platitude absolue. Quand j'étais au milieu de la jungle je m'en faisais une idée prodigieuse. Un vrai paradis. Mais ce n'est qu'un coin perdu comme tant d'autres. Il n'est pas si facile que cela d'y venir ou d'en partir.

Quatre jours sur mon lit à rêvasser et reprendre des forces. Je me sens heureux et délivré. Avec mon raid, j'ai respecté cette vieille idée que, pour la découverte personnelle et l'aventure totale, pour la pénétration d'un milieu naturel et de son univers humain, rien n'égale les moyens traditionnels que j'ai utilisés : mes jambes et mon canot. Seuls ces moyens, en harmonie avec les milieux naturels, permettent d'accéder à leur intimité. L'emploi de véhicules ou de technologie n'a de sens que pour la recherche scientifique. La jungle n'est vraiment elle-même que parcourue à pied ou en pirogue, tout comme l'Arctique ne se révèle pleinement que sillonné dans un traîneau à chiens, et le désert – tel qu'il est avec sa solitude, son silence et sa propreté – ne se découvre qu'au pas lent du chameau.

À Senggo, dans cette future petite ville où les Papous ont déjà presque tout abandonné de leur âme, je repense à ce qui me paraît être aujourd'hui le problème culturel essentiel des hommes : l'uniformisation accélérée de la planète vers un modèle qui risque d'être un jour unique. Inéluctabilité d'une certaine conception du « progrès » ? Peut-être. Mais je ne peux m'empêcher d'être consterné en voyant la diversité autrefois incroyablement riche des cultures s'amenuiser de jour en jour pour nous laisser de plus en plus appauvris. Je ne crois pas, comme certains, qu'un modèle culturel unique apportera la solution aux conflits entre sociétés. Leurs différences ne sont pas les seules raisons de leurs problèmes. Et sans doute pas les plus profondes. Je vois des dangers plus graves encore à l'uniformité. Et celle-ci me fait mourir d'ennui…

Le 21 septembre, un petit Cessna atterrit enfin. Bernard Wolfrom, Olivier Le Bret, et Gilbert Loreau de TF1, en descendent. Salutations distinguées sous les ailes de l'appareil, émotion contenue, retrouvailles entre compagnons. Et étonnement de leur part. Je suis en avance au rendez-vous un peu fou que nous nous étions fixé à l'embouchure du Brazza. J'aime mieux cela que l'inverse… Mais je tire mon chapeau à Bernard pour son exactitude. Il lui a fallu payer cet avion au prix fort et surmonter mille obstacles afin d'arriver à l'heure.

Pour réaliser toutes les images qui me manquent, nous retournons sur le bas Brazza les trois jours suivants, dans une pirogue à moteur louée à un policier. L'un d'eux nous escorte, armé de son fusil. C'est la règle pour les étrangers. Question de sécurité. La chose m'amuse. Mais compte tenu de ce qui s'est passé au cours de ma descente je veux bien le comprendre.

Mes camarades filment et photographient d'une manière ininterrompue durant cette période. Il faut bien illustrer le livre futur et donner un peu de matière au reportage télé. Je n'ai pas pu faire grand-chose quand j'étais seul.

J'aurais bien aimé en profiter pour remonter le cours de la Kolf River que j'ai traversée, deux cents kilomètres de méandres plus haut, à hauteur de Samboka. Histoire de voir. Mais le chef du groupe de policiers nous l'interdit. Et n'invoque aucune raison précise. On ne tient pas à ce que nous nous y aventurions, c'est tout. Probablement pour des raisons de sécurité encore plus grandes que sur le Brazza. Ce sera pour une autre fois…

Le 26 septembre un Cessna nous ramène à Waména, puis nous regagnons Jayapura par la voie aérienne normale. Je suis retourné très graduellement vers mon univers et je sens déjà l'odeur de Paris qui flotte dans ma tête.

Hélas, le soir même de notre arrivée à Jayapura, une nouvelle crise de fièvre me cloue au lit. Cette fois un diagnostic peut être établi : paludisme à *falciparum*. Doses massives de Lariam. Malgré cela je vais mettre des mois à m'en remettre.

Mais après tout, ce que j'ai vécu valait bien ce prix-là…

Épilogue de l'épilogue

À Jakarta, siège de la société pétrolière X…, existe un service spécialisé connu des seuls initiés. Sur la porte vitrée, les mots « bureau exploration » sont inscrits en lettres blanches toutes simples. Derrière la porte, dans l'atmosphère feutrée et climatisée des grandes entreprises internationales, des hommes et des femmes s'affairent en silence au milieu de plans, de schémas, de photos aériennes, de relevés radar. Dans une salle un peu à l'écart, une grande carte de l'Irian Jaya est accrochée sur l'un des murs. Sur sa partie droite, un rectangle presque parfait a été tracé en rouge. Il va du fleuve Brazza jusqu'à la frontière de la Papouasie indépendante, délimitant la concession obtenue par la compagnie auprès du gouvernement de Jakarta. Ce n'est encore qu'une possession virtuelle, presque irréelle tant les siècles plus que la distance séparent ces bureaux futuristes de la préhistoire. Mais ce trait rouge symbolise déjà la fin d'un monde. Ici se prépare la conquête qui condamnera les dernières tribus de l'âge de pierre. À la fin de 1990 débutera le programme de recherche pétrolière déjà prêt dans les cartons de la société. Des hommes survoleront ces régions à basse altitude, corrigeant les cartes, repérant les lieux de pose pour hélicoptères, d'autres remonteront les rivières en canot à moteur, installeront des camps, des bases de ravitaillement, des stocks de carburant. Des géologues, des experts et des spécialistes en tous genres suivront, accompagnés d'armées d'ouvriers qui ouvriront la forêt, taillant dans son ventre des centaines de kilomètres de layons. En quelques années, ils feront franchir à ce pays mille ans d'histoire. Pour son bonheur et son malheur. En même temps, des hordes de touristes s'abattront sur les meilleures parts de ces terres lointaines, défigurant ces mondes vierges, souillant leur poésie. Car dans d'autres bureaux, à Paris, New York ou Francfort, on prépare déjà pour des raisons purement mercantiles des plans de bataille en forme de circuits touristiques pour consommateurs blasés de plages et de ciel bleu.

Alors, l'un des derniers espaces naturels indomptés de la planète devra courber l'échine, et il n'y aura plus de place pour ces hommes qu'on appelle sauvages.

Matériel principal du raid

– 2 sacs à dos Adidas ;
– 1 bidon d'eau ;
– 1 machette ;
– 2 tiers-points ;
– 1 poignard de survie ;
– 1 pierre à aiguiser ;
– 1 couteau de lancer ;
– 1 couteau suisse ;
– 2 boussoles ;
– 1 carte plastifiée ;
– 1 montre ;
– 1 bombe de gaz lacrymogène ;
– 1 lampe Maglite ;
– 1 paire de jumelles ;
– 1 hamac ;
– 1 moustiquaire ;
– 1 bâche plastique de couchage ;
– 1 bâche légère tapis de sol ;
– 1 couverture afghane ;
– 5 Cyalumes ;
– 3 cigares Roméo et Juliette n° 2 ;
– 2 gamelles ;
– 1 quart ;
– 1 réchaud de survie ;
– 3 paquets de méta ;
– 5 briquets à gaz ;

– 1 briquet à amadou ;
– 1 pierre à feu à magnésium ;
– 1 chapeau de brousse ;
– 1 moustiquaire de tête ;
– 1 foulard ;
– 2 chemises de jungle ;
– 1 pull ;
– 1 paire de sous-vêtements chauds ;
– 1 pantalon de treillis ;
– 1 pantalon de brousse ;
– 1 ceinturon ;
– 1 ceinture ;
– 3 paires de chaussettes ;
– 1 paire de bottes ;
– 1 paire de sandales ;
– 1 poncho imperméable ;
– 1 pantalon de pluie ;
– 20 mètres de cordelette ;
– 1 bobine de fil dur ;
– 1 bobine de fil de laiton pour piégeage ;
– 1 ensemble de matériel de pêche de survie ;
– 1 paquet de préservatifs (excellents sacs étanches !) ;
– 1 ensemble de petit matériel de survie ;
– 20 sacs poubelle contre la pluie ;
– 1 cutter ;
– 5 lames de rasoir ;
– 1 sac étanche ;
– 2 carnets de bord ;
– 5 stylos ;
– 1 mini-sac à dos ;
– 5 livres ;
– 1 mini-magnétophone ;
– 9 minicassettes ;
– 5 jeux de piles ;
– 1 appareil photo « baroudeur » ;
– 1 caméscope Fuji ;

– 15 pellicules photo Fuji ;
– 3 cassettes vidéo ;
– 1 stylo lance-fusées ;
– 5 mini-fusées ;
– 1 canot de survie en butyle ;
– 1 altimètre ;
– 1 hygromètre ;
– 1 thermomètre ;
– 1 podomètre ;
– 1 mini-kit pharmacie comprenant pierre noire et aspi-venin ;
– 1 mini-kit toilette ;
– 1 flacon de *repellent*.

Nourriture à base de pâtes et de riz ajouté de pemmican et d'aliments énergétiques (nougat, pâte d'amandes, chocolat, lait), condiments, sucre et café.

REMERCIEMENTS

La plupart des aventures, même vécues en solitaire, nécessitent pour voir le jour tout un réseau d'amis, de complices et de partenaires. Comme il est de tradition dans ce type de livre, je tiens à les remercier pour leur participation :

Adidas, Fuji, Bernard Wolfrom, Olivier Le Bret, Jean-Claude Guilbert, Roger Bambuck, Gérard Delloye, Pierre-Dominique Gaisseau, Jacques et Betty Villeminot, Interscoop, Christophe de Ponfilly, Christophe Picard, la Guilde du raid, la Société des explorateurs français, Caméra Vidéo, François-Martin Exertier, Joseph Salvetti, Jean Durry et l'Académie des Sports, Georges Vanderschmitt, secrétariat à la Jeunesse et aux Sports, UTA, Claude Schmit, Jean-Loup Julien, Jacques Peuchmaurd, Electronic et Technology, Bruno Baudry, Jean-Luc Desfontaines, John Jaworsky, Denis Chegaray, Denis Granay, le Para Club de Royan, Bernard Colas, Dominique Wendling, Marie Gérard, Pacôme de Galliffet, le Festival de l'aventure de Valence, la chambre de commerce de Valence, Jean-Jacques Cagnart, Jeannot Lamberton, Stéphan Ciejka, Laurent Hoffmann, Henri Portier, Bruno Théry, Erik Gonthier.

TABLE

QUI A BU L'EAU DU NIL…
Aventure d'Afrique

RAID PAPOU
Une incursion dans la préhistoire

DU MÊME AUTEUR

Romans

Un capitaine sans importance – Robert Laffont, Points
L'Homme de Verdigi – Robert Laffont, Points
La Dernière Manche – Ramsay, Points
Il est minuit, monsieur K – Points
Une vengeance – à paraître

Nouvelles

Le Chemin de la mer – Éditions de l'Aube
Première personne du singulier – Points
(Prix Goncourt de la nouvelle)
Dernières nouvelles du futur – Grasset

Poésie

Bourlinguer – Paragraphes littéraires de Paris
Aventures et voyages – Paragraphes littéraires de Paris
Au long cours – Éditions Saint-Germain-des-Prés
Éphémérides – à paraître

Essais

Guerre en Afghanistan – La Table ronde
De l'esprit d'aventure (avec G. Chaliand et J.C. Guilbert), Arthaud, Points
Le Regard du singe (avec G. Chaliand et S. Mousset) – Points
Combattre ! – Éditions de La Martinière
L'Aventure, pour quoi faire ? (collectif) – Points
L'Aventure, le choix d'une vie (collectif) – Points
Dictionnaire amoureux de la Corse – Plon – à paraître
Éthique du Samouraï moderne – à paraître

Récits

L'Exode vietnamien – Arthaud
Ils ont choisi la liberté – Arthaud
Paona (avec A. Boinet et D. Lagourgue) – Éditions de l'archipel
Quatre du Congo – Fernand Nathan, Points
Terre farouche – Fernand Nathan, Points

La Folle Équipée – Robert Laffont, J'ai lu
Qui a bu l'eau du Nil – Robert Laffont, Points
Raid Papou – Robert Laffont, Points
Trois ans sur la dunette – Plon, Points
Avant la dernière ligne droite – Arthaud, Points
Mourir pour Kobané – Éditions des Équateurs, Perrin/tempus

Albums

Chasseurs d'horizon – Filipacchi
« La Boudeuse » en Amazonie (avec N.Clérice) – Glénat

RÉALISATION : IGS-CP À L'ISLE-D'ESPAGNAC (16)
IMPRESSION : MAURY IMPRIMEUR À MALESHERBES (45)
DÉPÔT LÉGAL : AVRIL 2018. N° 138658 (226673)
IMPRIMÉ EN FRANCE

Éditions Points

Le catalogue complet de nos collections est sur Le Cercle Points, ainsi que des interviews de vos auteurs préférés, des jeux-concours, des conseils de lecture, des extraits en avant-première…

www.lecerclepoints.com

Collection Points Aventure

P68. Leurs mains sont bleues, *Paul Bowles*
P456. Traité du zen et de l'entretien des motocyclettes *Robert M. Pirsig*
P607. Besoin de mer, *Hervé Hamon*
P683. Balkans-Transit, *François Maspero (photographies de Klavdij Sluban)*
P1322. Mésaventures du paradis. Mélodie cubaine *Érik Orsenna (photographies de Bernard Matussière)*
P1524. Retour dans la neige, *Robert Walser*
P2110. Tabarly, *Yann Queffélec*
P3024. Avant la dernière ligne droite *Patrice Franceschi*
P3025. Boréal, *Paul-Émile Victor*
P3026. Dernières nouvelles du Sud, *Luis Sepúlveda (photographies de Daniel Mordzinski)*
P3027. L'Aventure, pour quoi faire ?, *collectif*
P3069. La Pointe du couteau, *Gérard Chaliand*
P3126. Le Regard du singe, *Gérard Chaliand, Patrice Franceschi, Sophie Mousset*
P3192. La Mort suspendue, *Joe Simpson*
P3193. Portrait de l'aventurier, *Roger Stéphane*
P3233. Aventures en Guyane. Journal d'un explorateur disparu *Raymond Maufrais*
P3290. Mes vies d'aventures. L'homme de la mer Rouge *Henry de Monfreid*
P3291. Cruelle est la terre des frontières. Rencontre insolite en Extrême-Orient, *Michel Jan*
P3314. Le monde comme il me parle, *Olivier de Kersauson*
P4041. Clipperton. L'atoll du bout du monde *Jean-Louis Étienne*

P4042. Banquise, *Paul-Émile Victor*
P4090. Pianotrip. Tribulations d'un piano à travers l'Europe *Lou Nils et Christophe Clavet*
P4091. Don Fernando. Le seigneur de l'Amazone *Fernand Fournier-Aubry*
P4132. À la recherche de mon fils. Toute une vie sur les traces d'un explorateur disparu, *Edgar Maufrais*
P4133. Un long printemps d'exil. De Petrograd à Saigon. 1917-1946, *Olga Ilyina-Laylle, Michel Jan*
P4193. À la recherche de Livingstone, *Henry Morton Stanley*
P4194. Eiger, la dernière course, *Joe Simpson*
P4277. Croquis de voyage, *Joseph Roth*
P4278. Aller voir ailleurs. Dans les pas d'un voyageur aveugle *Jean-Pierre Brouillaud*
P4377. Persévérer. On ne repousse pas ses limites, on les découvre, *Jean-Louis Étienne*
P4378. Aventures au Mato Grosso, *Raymond Maufrais*
P4418. De l'esprit d'aventure, *Gérard Chaliand, Patrice Franceschi, Jean-Claude Guilbert*
P4446. Laissé pour mort à l'Everest, *Beck Weathers, avec Stephen G. Michaud*
P4447. Les Fleuves immobiles, *Stéphane Breton*
P4498. Le Sur-vivant, *Reinhold Messner*
P4499. Paul-Émile Victor. J'ai toujours vécu demain *Daphné Victor, Stéphane Dugast*
P4557. L'Aventure, le choix d'une vie, *collectif*
P4558. Une saison de chasse en Alaska *Zoé Lamazou et Victor Gurrey*
P4559. Mémoires *suivi de* Journal de guerre, *Roland Garros*
P4603. La vie que j'ai choisie, *Wilfred Thesiger*
P4669. Inventer sa vie, *Jean-Louis Étienne*
P4690. Trois ans sur la dunette. À bord du trois-mâts «La Boudeuse» autour du monde, *Patrice Franceschi*
P4740. J'ai épousé l'aventure, *Osa Johnson*
P4741. Une femme chez les chasseurs de têtes, *Titaÿna*
P4790. Premières expéditions. Raid papou & Terre farouche *Patrice Franceschi*
P4791. Grandes Traversées. Quatre du Congo & Qui a bu l'eau du Nil, *Patrice Franceschi*